汽车行业面向智能制造的 BOM 物料管理

黄振旗　著

U0359636

机械工业出版社
CHINA MACHINE PRESS

本书全面探讨了汽车行业企业级 BOM 背景、管理理念、体系建设、业务应用、系统集成思路以及项目实施的具体方法等。主要内容包括如下四方面：首先，本书对面向未来智能制造和大规模定制进行的业务变革所需要的 BOM 管理体系进行了完整的、前瞻性的讨论；其次，基于全球汽车行业实践，本书提出了一整套全新的 BOM 管理理念，并在此理念的基础上，从多个方面对企业级 BOM 完整体系建设进行了充分探讨；第三，针对企业级 BOM 如何与各业务领域内的关键应用系统进行集成提供了指导性方案；第四，针对企业级 BOM 的规划、选型以及项目实施过程中所涉及的思路、方法、典型注意事项提出建议，并对企业级 BOM 实施过程的一些常见问题和解决办法进行了讨论。

本书主要面向汽车行业中的高层管理人员，汽车行业信息化部门主管及相关经理、项目经理，以及整车开发过程所涉及各个业务领域的工程师。

本书虽然针对的是汽车行业，但 BOM 问题在整个制造业、电子行业都是普遍存在的，相信本书也能够为其他行业的从业者带来启发与借鉴。

图书在版编目（CIP）数据

汽车行业面向智能制造的 BOM 物料管理／黄振旗著.
—北京：机械工业出版社，2019.10（2024.1 重印）
ISBN 978 - 7 - 111 - 64177 - 3

Ⅰ.①汽…　Ⅱ.①黄…　Ⅲ.①汽车企业-智能制造系统-工业企业管理-物资管理-研究　Ⅳ.①F407.471.6

中国版本图书馆 CIP 数据核字（2019）第 266670 号

机械工业出版社（北京市百万庄大街 22 号　邮政编码 100037）
策划编辑：母云红　责任编辑：母云红　张亚秋
责任校对：陈　越　责任印制：单爱军
北京虎彩文化传播有限公司印刷

2024 年 1 月第 1 版第 7 次印刷
180mm×250mm·20 印张·1 插页·366 千字
标准书号：ISBN 978 - 7 - 111 - 64177 - 3
定价：89.00 元

电话服务　　　　　　　　　网络服务
客服电话：010 - 88361066　　机　工　官　网：www.cmpbook.com
　　　　　010 - 88379833　　机　工　官　博：weibo.com/cmp1952
　　　　　010 - 68326294　　金　书　网：www.golden-book.com
封底无防伪标均为盗版　　机工教育服务网：www.cmpedu.com

序

中国汽车产业正面临大变局：一方面面临互联网、新能源和人工智能技术革命；另一方面，又面临汽车产业发展和汽车产品大量应用带来的能源、环境和交通问题。

面对这些纷繁复杂的问题，中国汽车产业正在以前所未有的投入和努力开展技术方面的创新。可以预见，在今后的 5～10 年时间内，中国汽车产业可以在技术方面赶上世界先进水平。但是，在全行业努力开展技术创新的同时，请业界同仁千万不要忘记，企业管理是我们最短的那块木板，这往往被业界忽视。

在过去的跟随、学习发展阶段，我们在学习国外先进技术的同时，也在学习他们的管理经验。从企业竞争力来看，技术上的差距是显性的，而管理上的差距是隐性的，以致管理往往被忽视。好在我们用勤奋弥补了这一弱点，或者说掩盖了这一弱点。但是，在中国汽车产业已成为世界第一大汽车产业的今天，在很多中国汽车企业已由弱小成长为世界级规模之时，管理上的弱点就更加明显地暴露出来，成为我们今天必须弥补的短板。同时，互联网技术和人工智能技术对于汽车企业管理，形成巨大的机遇和挑战。而跟随、学习阶段的企业管理与创新发展阶段的企业管理又有很大不同。因此，我们必须以与技术创新同等的努力去开展管理创新，只有在管理上也达到世界先进水平，我们才可能建成汽车强国。

BOM 管理是汽车企业管理的重要方面，希望这本书能给业界同仁以指导和参考。对于 BOM 管理，我是外行，看了书稿后有"不明觉厉"之感。本书到底有多好，有多大指导作用，就有待于行家和应用者自己去体会了。

衷心希望读者从本书中有所收获。衷心希望中国汽车企业在管理上也能达到世界先进水平！

中国汽车工业协会原常务副会长

这本书从动笔到完成初稿，花了大约一年多的时间。但酝酿这本书则是十多年前的事了。

我工作二十多年来，绝大部分时间在为汽车行业服务，深知在这样一个代表着国家工业化水平的行业，BOM 管理问题多如牛毛，并且错综复杂，给价值链上的各个环节都带来了极大痛苦。但与其所造成的痛苦不匹配的是，企业并没有一整套比较全面的、成体系的思路来解决这个问题。往往问题产生了，最终还是归结为"数据维护不准"的问题，头痛医头脚痛医脚地去解决。这样，问题一日一日地循环，周而复始。同时，由于过去国内正向开发比较少，主动管理 BOM 带来的价值也很少能够显现出来。

但中国汽车业发展相当迅猛，特别是近十几年来自主品牌车企取得了相当可观的成就。不同于合资品牌车企具有天然的、成熟的体系化优势和不需要过于关注产品研发，自主品牌车企则要在体系化"一穷二白"的基础上完成整车策划到量产上市的全价值链过程，这一挑战显然大得多。在这一发展过程中，自主品牌车企 BOM 管理问题也变得更为突出。

我的工作历程恰好与这个发展过程同步。在这个过程中，我始终在思考这个问题，研究这个问题的解决方案，并试图跳出过去局限于从数据维护层面来看待这个问题，而是将这个问题提升到企业级的正向开发体系上来看待。在整车正向研发体系的框架内，形成一整套的 BOM 解决方案，包括管理思想、业务规范、组织流程以及落地到系统平台的功能层面。目前，这一整套 BOM 管理的思想体系和沉淀这套思想体系的系统平台已经在十多个整车企业得到充分的验证。此时，我认为时机已经成熟，并于 2018 年 1 月开始提笔撰写本书。因此，这本书是我十多年来对于制造业，特别是汽车行业 BOM 体系化管理思考的一个完整总结。

从大的框架而言，本书梳理了以下三个层面的内容。

第一，从整车开发全价值链的角度梳理了企业级 BOM 管理体系的各个组成部分，包括全生命周期的配置管理、全价值链的 BOM 管理以及企业级变更管理所涉及的架构、流程、管理规范等方面的内容。这无疑是本书的核心所在，是从体系的角度对企业级 BOM 所包含的内容进行完整的阐述。

第二，在企业具备这种体系的情况下，BOM 将在各个业务领域发挥很大作用。主要体现在以项目零部件清单为核心的多业务领域，包括整车开发项目管理协同领域、采购与成本管理领域、整车颜色及颜色件管理领域、控制器软件管理领域以及模块化应用方面。

第三，企业级 BOM 规划、选型与实施也是一个十分复杂的过程。本书希望给各个车企提供一整套规划、选型与实施的方法，指导各车企有效地推进企业级 BOM 项目落地。

现今汽车行业正经历着深刻的转型，智能制造是汽车行业的目标。因此，在构建这一整套体系之时，我们始终把智能制造作为一个非常重要的因素考虑进来，而不是仅仅考虑当前行业中 BOM 存在的问题。

放眼全球，国际著名车企早在 20 世纪 70 年代就建立了自己的 BOM 体系。这些体系都是这些车企管理理念的沉淀，相对都较为封闭，并且各自差异性也较大。而中国车企则经历了长期没有体系化的痛苦过程，病蚌成珠，同时站在行业巨大转型的当口，自然可以比国际车企更有条件总结出一整套行业普遍适应的流程体系规范。这是本书的核心主旨。

在本书的成书过程中，甘棠软件系统（上海）有限公司总经理宋云以及汽车行业顾问陈凤霄、魏保国、俞申乾等都提出了不少中肯的意见，在此表示衷心的感谢！

黄振旗

目 录

第一章
概　述 ///

第一节　　BOM 的概念及其演变

对于一个制造业从业者来讲，物料清单（Bill of Material，BOM）是一个几乎每天都要接触到的术语。德国标准（DIN）第 199 章第 2 部分第 51 小节是这样定义 BOM 的："BOM 是一个完整的、正式的零部件结构序列，这些零部件构成了一个产品或者装配关系。这个序列包括每个零部件对象的编码、数量及度量单元。"

这个定义表明，BOM 是通过零部件来表达产品完整、准确的定义的。

随着企业资源计划（Enterprise Resource Planning，ERP）的应用，在 BOM 的概念上又有了广义 BOM 和扩展 BOM 的概念。所谓广义 BOM 是指考虑工艺过程的 BOM，使 BOM 承载工艺路线、工位等信息。更进一步，将资源也考虑在 BOM 中，即将设备、人工、资金等要素也考虑在 BOM 中，这种 BOM 称之为扩展 BOM。

广义 BOM 和扩展 BOM 的概念来源于 ERP 的应用，从其管理的内容（路线、工位、设备等）来看并无特别之处。作为 BOM，定义的是核心的产品要素，而其他各个业务领域可以基于自身的需要来定义 BOM 所需要承载的信息。例如，就工艺制造过程而言，需要 BOM 承载路线、工作中心、设备等信息；就采购领域而言，希望 BOM 承载零部件来源、供货路线信息；就物流领域而言，希望 BOM 承载工位、库位等信息。广义 BOM 和扩展 BOM 概念提出的意义在于，它提出了从制造的角度来看待 BOM 才是一个具有现实意义的 BOM（而不是从功能的角度），即强调零部件的"物料"属性。正是在这个意义上，有人干脆将 BOM 理解为 Bill of Manufacturing。从 BOM 的应用层面来看，即使是非常早期的产品规划阶段，BOM 的应用始终是基于如何将产品生产出来才有使用价值，比如如何考虑某个模块或总成的成本，是直接购买原材料加工而成，还是购买下级零部件组装而成，这在成本上差异是非常大的。对于采购更是如此，购买原材料和购买零部件级别的物料可能属于不同的采购专业。从这个层面来讲，回归 BOM 的制造特性，实际上起到了正本清源的作用。

在三维计算机辅助设计（Computer Aided Design，CAD）建模技术没有得以应用之前，BOM 本是一个不必澄清的概念。因为这个时候，BOM 就是简单的物料明细表，代表了要生产这个产品需要自制或者购买哪些物料。随着 CAD 技术的发展，三维建模技术、电子样机技术得到普遍的应用，从而产生大量的三维数模、二维图样数据。如何将这些数据进行有效的组织与管理以支持更好地设计各专业之间的协作，成为产品数据管理（Product Data Management，PDM）/产品生命周期管理（Product Lifecycle Management，PLM）需要解决的核心问题。围绕产品所构成的功能零部件，将三维数模、二维图样按照方便设计（基于上下文的设计及电子样机等）的要求进行组织无疑是一个非常结构化的组织方式，这就使得 PDM/PLM 中的 BOM 形态更多的是支持这种电子数据的组织，而不是面向各个业务部门的要求，驱动各个部门关键业务的展开。这一做法在有力地支持了产品虚拟设计的同时，也造成了 PDM/PLM 与 ERP 对接的困难。在 PDM/PLM 中，为了满足设计协同以及电子样机技术而构建的这一结构，更多体现的是设计视角的数模组织关系，业界一般称之为 CAD BOM 或设计 BOM。但从其构建的出发点以及管理的核心内容来看，已经脱离了"物料"（Material）这一核心要素，因而我更愿意称之为设计结构，而非 BOM。

汽车行业是非常复杂的制造业。一款车型从策划到设计再到生产到销售是一个十分巨大的系统工程，需要很多部门很多人的协同工作。而这些协同工作需要有信息载体，BOM 恰好充当了这一载体。通过 BOM 形成一条贯穿全业务链的信息索引，在这一索引上承载各业务领域工作展开的关键信息，从而达到触发各业务部门开展工作的目的，这就是本书所强调的企业级 BOM 的概念。

企业级 BOM 的概念强调两点：首先，BOM 不是流程的终点，而是流程的起点。BOM 数据不再是某个工作完成的附属成果，而是促使各项工作能够及时展开的信息索引。其次，BOM 的构建是有目的的，是面向各个业务部门的使用，而不是设计工作的"自然结果"。BOM 本身是一块独立的业务，有其组织、职责分工、业务流程和相应的管理规范。

基于这些理解，我们可以将企业级 BOM 的特性概括为以下六点。

1）BOM 代表了制造企业的核心数据。BOM 代表了产品开发周期不同阶段的产品构成要素和构成方式。

2）BOM 是企业内最基本的交流工具。BOM 帮助企业建立起端到端流程的信息索引，各业务领域的信息以此信息索引为牵引，从而使得跨业务领域的信息共享得以以结构化的、一致的方式进行。

3）BOM 是企业各职能的工作指南。BOM 定义了各业务部门开展工作的核心内容。特别是在整车开发早期阶段，在产品状态还不成熟的情况下，各个业务部门能否有效开展工作，完全取决于是否有一个高质量的 BOM 作为指导。如先期采购项目管理工作的展开，完全依赖于是不是能够在早期产生 BOM，在 BOM 的基础上确定零部件来源，从而得到外购件清单。明确的外购件清单是开展采购项目管理工作的基础。

4）BOM 是所有工程和制造活动的出发点。零部件的开发策略、采购策略、设计分工、成本分解、重量分解、寻源定点、产品质量先期策划等过程，无不以 BOM 为基础和出发点。

5）BOM 管理的思路、方式反映了企业的流程和文化。BOM 管理工作并不只是一个数据维护工作，BOM 作为整车厂的一项业务，凝聚了车企整车开发体系的核心内容。比如欧美系车企与日系车企在车型配置化管理上的差异就是由其整车开发流程和企业文化决定的。

6）BOM 为管理决策提供基础信息。BOM 建立了一条跨业务链的信息索引，企业的管理报表可以基于这一索引，按照管理要求形成。例如，通过 BOM 得到整车下每个零部件的开发状态，是最有效的跟踪整车项目开发状态的方式；通过 BOM 监控，分析整车成本、重量是否超出目标等。

第二节　汽车行业迎来巨大转型期

中国汽车行业迎来巨大转型期，这几乎是一个不争的事实。下面就一些主要的、非常确定的转型要素做简要说明。

一、新能源趋势已取得行业共识

电动汽车不是新兴事物，早在 1881 年，世界上第一辆电动汽车已经产生。早期，许多美、英、法等国公司也开始生产电动汽车。只是受制于电池等技术要素，之后电动汽车发展基本处于停滞状态，直至近几年，电动汽车发展迅速，并一跃成为未来汽车发展的大趋势，得到各国政府的大力支持。作为全球新能源汽车最大的两个市场，中美两国均颁布了一系列政策扶持新能源汽车快速发展。美国主要是退税政策，而中国则是补贴政策。这些政策鼓励，使得新能源汽车在近几年取得惊人的增长量。例如，2016 年中国新能源汽车产销量分别达到 51.2 万辆和 48.4 万辆，比 2015 年分别增长了 35.15% 和 38.75%。到 2018 年，全年新能源汽车产销量均已超过 100 万辆。预计到 2020 年，中国汽车市场的新能源汽车存量将达到 500 万辆的规模。

新能源汽车为什么在短短几年内会成为行业共识呢？可以从两个方面来做分析。

第一个方面是外部环境。世界范围内环保形势和能源形势都不乐观，使得各国政府不得不采取措施限制燃油汽车的发展。就中国而言，形势更为严峻。2016 年中国能源消耗量高达 30.53 亿 t 油当量，位居全球第一，占全球能源总消费量的 23%；石油消耗量达到 5.79 亿 t 油当量，全球范围内仅次于美国的 8.63 亿 t 油产量。能源安全以及传统燃油汽车带来的环境污染已经成为刻不容缓的问题，这是我国政府采取政策鼓励新能源汽车发展的根本驱动因素。

第二个方面是技术进步为这一发展趋势创造了必不可少的条件。上面说到，电动汽车在 19 世纪末已经产生，但由于技术原因没有发展起来。近几年动力电池、电机等领域的技术进步，已经使得电动汽车完全进入实用阶段，并且技术迭代、发展相当快。例如，到 2016 年，电池续驶里程达到 250km 以上。氢燃料电池的研发也取得了发展，即将在我国车企进入量产阶段。随着电池技术的发展，当续驶里程和充电时间得到大幅提升时，新能源汽车从技术层面而言就没有障碍了，加之我国的鼓励政策（补贴、牌照等），其市场份额逐步提升是一件可以预料的事情。另外，目前智能化汽车技术也对新能源汽车的发展起到了一定的助推作用，这是因为，相较于传统燃油汽车，新能源汽车天然具有供各种智能设备供电的优势。

二、 互联网时代对智能汽车的发展起到了推波助澜的作用

长期以来，汽车行业是一个高度结构化、高度专业化的行业。研、产、供、销形成成熟的体系化运作，特别是乘用车，主机厂以及围绕着主机厂的供应商和经销商形成了一个相对封闭的生态系统。但这一切似乎被互联网时代的技术发展撕开了一角。

IBM 商业价值研究院在调研全球 20 多个国家 170 多位高管的基础上，分别在 2008 年和 2014 年推出了对汽车行业 2020 年和 2025 年的分析报告。这两份报告显示，被认为影响行业变革最重要的前四个外部要素排名分别是技术进步、不断变化的消费者期望、政府法规以及个人移动性。技术进步在两份报告中都排名第一。

在今天这个时代，技术发展的日新月异确实令人应接不暇。而这些技术应用到

哪个行业，都会给那个行业带来颠覆性的变化。人工智能、大数据、云等这些在互联网时代取得极大发展的技术，都在推动着汽车在自动驾驶、车联网等方面的技术取得突破性发展，从而带来汽车产品的智能化以及整个汽车生态的变化。

伴随着数字化技术以及生活方式的变化，消费者对车辆购买、拥有和使用的方式将产生新的需求和期望，特别是在互联网环境下多样化、个性化的服务方面。因此，未来消费者将更多地参与到新产品创造、新服务模式的构建过程中。

伴随着技术的进步以及生活方式的变化，人们从一个地点移动到另外一个地点的方式也将发生很大变化。汽车产品将以更为智能、直观、自主的方式提供极为个性化的体验，并远远超越传统汽车以载人为功能的产品概念。车企也将从以产生汽车这一产品为主的企业演变成兼有提供全方位出行服务的企业。国际、国内主要车企在这方面都早已开始布局。国际车企，如丰田、大众、奔驰、宝马等公司都在向移动出行服务商转型；国内车企，如长城汽车集团推出了"欧拉出行"运营平台，上汽集团发布了"享道出行"品牌，北汽集团推出了华夏出行品牌等，都是在为未来的这一趋势做好准备。

总之，技术这一杠杆，不仅仅在撬动着汽车产品的升级，而且在撬动汽车行业的升级，这是一个不争的事实。

三、 竞争环境更为开放

如果把时间往前推十多年，我国汽车行业是一个极好的时代，合资企业只需要拼命增加产能就能够赚钱。那个时候，听各种咨询公司说汽车市场竞争环境在发生变化，我们是没有直观感受的。但现在完全不同，这种变化现在不再只是从咨询报告中看到，而是每个汽车行业从业人员都能够切身感受到的。

更为开放的竞争环境的形成，首先是技术等外部要素的驱动，使得汽车行业不再是一个自我封闭的生态，而是一个有更多参与者加入的开放生态。就目前而言，互联网企业、出行企业正在作为整个汽车行业不可忽视的一部分力量加入进来。在新兴的车企中，这一特点尤为突出，致使在我国市场，几乎"一夜之间"产生了数百家新兴车企。放眼全球车企发展历史，汽车行业走过了从百花齐放到最后归结成数家巨无霸的过程，我国车企相信也难以逃脱这一规律。因此，当汽车行业的这种转型达到一定阶段，为数众多的车企必然进行生死存亡的博弈，其竞争的惨烈可想而知。

开放的另一个含义是指我国市场必然更为开放。现在政策层面上能够看得到的是放开合资股比以及允许外资独资企业的存在，宝马汽车和特斯拉已分别开了先例。

这意味着合资时代种种令我国车企过得非常安逸的因素已经不复存在。而未来全球贸易必然走向更为开放，我国的汽车关税也必然进一步降低。总之，我国车企所能获得的政策性保护将越来越少，今后要靠自身实力立足于这个开放的市场，也将成为一个不争的事实。

第三节　转型中的车企应该如何看待 BOM

每个制造业的从业者，从工作的第一天也许就要接触到 BOM，并且一直为它而烦恼。但这么一个看似非常具体的工作，与上面谈到的汽车行业宏观层面的内容究竟会有什么联系呢？BOM 对于车企，其重要性究竟体现在哪里？对于转型中的车企，BOM 将发挥怎样的作用？这些问题是本节需要探讨的。

在上一节中，我们主要探讨的是新能源汽车、互联网时代的技术进步以及更为开放的竞争环境必然促使汽车行业进行转型。下面我们结合车企在转型中需要做到的基本要素来探讨 BOM 在这个过程中发挥的作用。

一、建立正向开发体系更为迫切

无论外部环境变化多大、如何变化，产品本身永远占据竞争主导地位。很难想象，如果不具备有竞争力的产品，车企如何在这个竞争激烈的市场中制胜。那么，好的产品从何而来？如果是合资企业，具有竞争力的车型可从国外母公司来。但正如上一节所分析的，未来我国汽车市场的竞争，传统的占股比 50% 的合资车企将不再是主角。今天的竞争是我国自主品牌车企直接与国外车企的竞争，以及自主品牌车企之间的竞争。也就是说，我们自己的车企必须能够拿得出有竞争力的车型。并且更具挑战的是，技术的进步并没有使得汽车研发这么一个复杂的系统工程变得更为简单，而是更为复杂。有些内容从量变到质变，迫使我们必须从产品架构上进行重新思考。电子控制单元就是一个非常典型的例子。过去电子控制单元在汽车中的使用是一直呈上升态势的，但发展到今天，就需要重新考虑汽车电子电器架构是否能够支持日益增多的、日益复杂的电子控制单元（而不是简单增加电子控制单元）。同时，能开发出满足市场需求的产品，创新是关键。技术上的创新、用户体验的创新，等等，无一不浸透在车型开发全过程中。这样一种车型研发，远不是过去只是对内外饰做一些局部调整那么简单，而是需要一种从用户需求开始驱动产品设计的正向开发思路。近几年，车型正向开发正在得到车企的普遍重视，但要完整建立起正向开发体系是一个相当漫长的过程。

那么，正向开发体系与 BOM 存在什么关系呢？正向开发对于前期产品策划阶段以及设计的早期阶段非常重视，在产品开发的前期，特别需要各业务部门积极有效地参与，这样才能够对新开发的车型进行更为全面、准确的评估。这些评估包括成本、供应链等方面的评估。如果 BOM 能够尽早做出，无疑对这些工作的展开是十分有帮助的。反之，如果没有一个质量比较高的 BOM，这些早期跨部门之间的协同就会显得比较困难、低效。

二、 需要建立全配置化管理体系

随着车型多样性不断增加，汽车产品将变得越来越复杂，管理难度也越来越大。在转型过程中，车企必须从一个更高的、更系统的层面来看待车型产品的管理。原因有二：一是传统的维度，二是面向未来智能制造与个性化定制的角度。从传统的维度来看，在面对变化多端的市场时，车企总是希望尽快推出新车型以吸引消费者的注意。而新车型的推出往往不是从头开发，而是改型换代的结果。在这种情况下，企业拼的是如何通过复用已有车型的设计、零部件尽快推出新产品，这时，产品组合管理就显得非常重要。如果车企的车型产品都有比较好的规划，成体系地进行管理，并在以前的设计中充分考虑了配置的多样性，那么新车型的设计将是在原有车型系列下进行配置重新组合的结果。这样，无论从开发周期、成本、质量等方面都将具有极大优势。从个性化定制角度来看，这样的一个业务场景就是开放更多选配供用户选择。这个模式不是一个新模式，至少早在二三十年前就已经提出，但在汽车行业，特别是以大批量生产为特征的乘用车领域，因为成本和效率问题，一直没有形成应用规模。近年来，随着智能制造、智能网联汽车的火热发展，大规模个性化定制再度在汽车行业被作为一个重要命题进行探索。如现在出现的各种顾客对工厂（Customer to Manufactory，C2M）、顾客对企业（Customer to Business，C2B）的尝试，都是对这个行业在未来是否能够达到顾客自由选配，以及达到时企业应该进行怎样的流程体系调整的有价值的探索。

无论是从传统的角度对产品多样性进行管理，还是从智能制造及大规模个性化定制角度对自由选配进行管理，一个根本的要求就是，车企必须进行全面的车型配置管理，这包括形成公司统一的配置字典，建立覆盖产品策划、研发、生产、销售等各环节的配置管理流程规范，通过车型配置表的方式形成对各阶段车型的准确定义，并建立起各阶段配置关系的关联管理。而这正是企业级 BOM 十分关键的内容。

三、 在有序的前提下提高公司运营效率

在本章第一节的探讨中，我们知道未来我国汽车市场必然是一个更为开放、更为多变、竞争更为惨烈的市场。能够活下去的车企，必然要在公司运营效率上有其过人之处，能够以最低的成本、最快的速度实现公司应对快速变化的市场所采取的举措（如更能满足市场需求的新产品的推出、通过更积极快速的订单响应以提高客户满意度等）。

车企有两大主要流程，一个是产品创造流程，另一个是订单交付流程（Order to Delivering，OTD）。上面所说的产品正向开发体系，主要是针对产品创造流程而言的。OTD 流程指从客户订单下达、生产排程、制造、整车发运直至交付到客户手中的整个过程，当然还包括支持这一过程的销售预测、销售定价等相关环节。车企的运营效率通常是指这两大流程的效率。我国车企往往靠打破规范来提高效率，但这种效率的提高往往是暂时的，并且从长远来说不利于公司研发体系的形成。真正有竞争力的效率应该是保证公司运营体系下的效率，是一种有序状态的效率、常态化的效率。

汽车研发和生产是一个复杂的系统工程。无论是产品创造过程还是 OTD 过程，都是多个业务部门协作的结果。一辆车从开始策划、研发，到整车下线被送到客户手中，是数以千计的工程师针对数千个零件协同工作的结果。各个部门之间工作的衔接，往往以 BOM 为纽带，中间涉及零部件、配置以及变更等问题。如车型策划以规划配置方式锁定新车型需求，通过规划配置将新车型需求传递给设计；研发基于规划配置的输入进行车型工程配置定义，并在采购和工艺协作下定义面向量产的BOM；采购、成本、制造、售后等基于 BOM 及零部件开展相关的先期介入活动；设计变更发生时，能够体现到 BOM、零部件上，并能够顺畅传递到这些先期介入的业务部门；制造、生产物流基于 BOM 进行路线规划，并基于正式发布的工程 BOM进行工位等的定义，进行投产生效控制，最终形成量产所需的制造 BOM；售后部门基于工程 BOM 进行备件技术定义，形成售后服务 BOM，供售后备件备货以及售后备件电子图册编制。这个过程构成了整车开发全过程的以 BOM 为线索的业务链，或者说从产品创造过程描述了 BOM 在这一过程中的作用。OTD 过程相关的环节包括：基于车型配置进行销售预测及生产预测；基于车型配置进行客户点单，形成订单；基于订单安排生产，首先需要获得该订单所对应配置的车的物料清单，进行物料筹措，最终完成订单车辆的生产。

传统乘用车生产是基于库存的大批量生产，产品创造流程和 OTD 流程相对比较

独立，中间关联相对比较简单。但对于商用车业务模式或者目前正在探索的 C2M、C2B 业务模式，产品创造流程和 OTD 流程的关联性要大得多，这主要体现在：研发与销售的对接将需要更为紧密的方式，以确保前端点单与后端设计的匹配；订单确定之后进行订单生产，零部件的筹措不是按照原来销售预测、生产计划等形成的零部件库存进行，而是要根据这个订单所需要的物料进行动态响应。采购、制造、物流甚至工程（如果涉及该订单的专用件）等业务单位需要就这个订单所需要的零部件清单开展各种工作才能保证订单车型能够生产出来。

企业级 BOM 就是要将作为管理内容的各种形态的 BOM、决定 BOM 组织方式的配置数据，以及实现在变更环境下各种形态 BOM 一致性管理的变更管理融为一体的管理体系。这种将零部件、BOM、配置以及变更融合为一体的 BOM 概念，可以说概括了上述产品创造过程和 OTD 过程中各业务领域所赖以展开工作的核心信息。如果这一核心信息链不通畅，或者传输、转化的效率很低，势必会极大地影响到全业务链的效率。

什么是能够保证两大流程高效运转的 BOM 呢？或者说怎样的 BOM 才能够保证这么多业务部门协作的高效呢？根据我们的经验，有两点非常关键：其一，BOM 必须是精益化组织的。什么是精益化？就是不要有冗余信息。各业务部门在使用 BOM 时，不是在一堆信息中去找自己所要的，而应该是直接提供这些部门所要的信息。因此，BOM 的组织方式非常重要，要从各个业务部门使用效率的角度去组织 BOM，而不是仅仅从设计方便的角度或者是看起来舒服的角度。其二，涉及跨部门协作的各种 BOM 形态之间的转化是简单的、直接的，甚至是不需要转化的。如果每个业务部门在需要应用 BOM 时都需要转化一下，那么在大量变更的情况下，这种操作只具有理论可行性，实际效率是非常低的，甚至是不具备现实可操作性的。

BOM 是企业非常基础性的工作，但恰恰基础是最难的，当然也是最重要的。车企只有在这些底层的、基础性的方面取得实质性的突破，在这些基础性的规范方面具备高效率的基因，才有可能真正实现效率的提升。

四、 成本将是企业核心竞争力

成本的重要性似乎不需要多说，在销售价格已经确定的情况下，一辆车成本越高，利润就越少。但从我国车企的实际情况来看，各车企虽然都在强调成本管理，却停留在愿望上的比较多，能够采取有效措施真正降低成本的比较少。也就是说，真正在成本上形成竞争力的车企比较少。

在汽车行业转型期，成本要素将比过去更为重要，这是基于以下四方面的原因。

首先，在第一节中谈到我国市场将更为开放。随着合资股比开放、独资车企入驻、汽车进口关税降低，我国自主品牌将直接面临与国际著名车企的竞争。而这些国际著名车企，如奔驰、宝马等，早在二三十年前就已经建立了一整套精细化管理成本体系，有专门的团队在做降成本分析及相关的工作。与国际车企相比，国内车企远远没有形成这种局面。另一方面，国内成本优势正在或者已经丧失，过去依靠低价劳动力赢得的制造业成本优势已经一去不返。

其次，就我国汽车市场来说，产能已经达到饱和状态，预计未来很长一段时间仍然是这种状态。同时，由于汽车市场有更多的参与者，即有更多的人分蛋糕，市场切割将更细。这些都意味着单靠扩大产能、通过规模效益来降低成本的方式也将变得更为困难。

第三，新技术驱动下的产品正向开发投入将进一步加大，也就是说，相比过去的逆向开发，今后每辆车在研发上的分摊成本将更大。

第四，就目前正在尝试的 C2M、C2B 模式而言，成本更是命门所在。如果不能突破成本这道关卡，那么 C2M、C2B 都将只是水中花镜中月，可望而不可得。

但成本与 BOM 有什么关系呢？我认为，一个好的成本管理体系必须要一个好的 BOM 体系支撑。

我国传统车企主要是基于 BOM 做标准成本，然后在 ERP 中基于 BOM 进行成本核算。这些工作的展开，都依赖于 BOM 进行。因此，在现实工作中，财务部门往往会由于 BOM 不准而万分烦恼。

但上述标准成本制定、成本核算只是整车成本管理的必要环节，远不是成本管理的全部。绝大部分的成本决定要素在研发阶段就已经确定，成本管控必须从产品策划阶段开始才能够具有实质性意义。但这个时候开始管理整车成本，就必须要有 BOM 支持，将整车目标分解到零部件层级，用于对设计、采购的成本指导。面向成本的设计就是要将成本工作体现在工程师的日常工作中，将成本作为设计的一个重要因素进行考虑，在整车的不同级别进行成本评估，确保整车的成本是可控的。这些工作都需要依赖 BOM 进行。

在本书的后续章节将对 BOM 和成本的关系进行专门讨论。

五、 以体系化合力应对动态的人才市场

一个行业的转型期注定是一个"诸子百家"的时代，汽车行业也不例外。新的车企不断涌现，但汽车行业的人才却是相对有限的。这意味着人才的流动将加剧。近几年新能源汽车企业的兴起凸显了这一点。我们可以看到，汽车行业的人才流动

在近几年几乎可以说比信息技术（Information Technology，IT）行业更为频繁。老车企如何接纳新鲜血液，新车企如何将来自不同背景、不同体系的人员组织在一起高效工作，这些都会是车企面临的问题。

企业级 BOM 体系的建立，是为车企建立起一整套全配置管理、BOM 管理、零部件管理、变更管理的基础规范和流程体系。有了这套流程规范体系，各业务部门工作如何衔接、如何协作就比较清楚了。企业将这套流程规范通过系统沉淀下来，可以帮助业务人员迅速形成开展工作的方式方法，从而形成一种体系化的合力。

第四节　BOM 管理体系升级

正是由于 BOM 体现在业务的各个方面，BOM 的重要性也日益凸显。理解了整车开发过程各种 BOM 的形成过程以及如何应用，就差不多理解了整车企业的整个业务。因此，业界将 BOM 称作信息的脊椎或者血液，称 BOM 系统为基干系统，更有人说"得 BOM 者得天下"。

但回顾中国汽车行业的发展，BOM 在过去相当长一段时间内并没有形成体系。

我国汽车工业虽然始于 20 世纪 50 年代，但在形成规模的时期（20 世纪 90 年代至 21 世纪）一直是合资品牌车企占主导。合资车企的研发一般在国外母公司，因此 BOM 体系以及 BOM 系统都是直接采用国外母公司的，例如通用汽车的全球产品描述系统（Global Product Description System，GPDS）、福特的全球工程发布系统（Worldwide Engineering Release System，WERS）等，合资品牌车企并不需要另外构建一整套属于自己的 BOM 管理体系和系统。

一、典型的 BOM 问题

对于自主品牌车企，过去相当长一段时间对 BOM 的价值没有充分的认识，虽然一直为 BOM 问题烦恼，但对 BOM 的处理方式往往是一种头痛医头脚痛医脚的模式，缺乏整体性的考虑，缺乏从正向开发的角度形成一种管理模式。BOM 的管理模式从一开始的自发模式，到 20 世纪 90 年代开始受到市面上商业软件包影响的模式发展，从理论上和实践上都没有形成一整套符合我国汽车行业管理要求的体系。在这种情况下，BOM 的典型问题主要体现在以下五个方面。

首先，BOM 真正纳入管理的时点比较晚。很多车企直到生产准备开始的时点才会在系统中产生工程 BOM，并进行发布。在此之前，各个业务部门对于 BOM 的需求都是通过各种零散的清单进行应对的，对业务的支持度不高，引发的问题也比较多。这种模式的弊端在于，通过编制各种零散清单应对各个业务部门的 BOM 应用需求本身工作量非常大，同时变更难以准确体现出来，导致各个业务部门信息不对称，因而引发诸多问题。这个模式之所以还可以勉强运行下去，主要是我国车企过去部门之间的协同性不强，同步工程工作模式没有很好地落地，因此对于 BOM 的应用要求本身也比较低。

其次，BOM 的构建目的不明确，组织形式不利于各个部门的应用。这一点在研发领域尤为突出。研发领域的 BOM 因为是为研发搭建的，往往基于研发工作的方便性，以及研发对于数模等数据的管理要求形成工程 BOM，因而对工程 BOM 真正应用部门的使用需求缺乏考虑。工程 BOM 组织效率往往比较低，通过工程 BOM 承载的关键信息往往不能在整车开发各参与业务部门间顺畅流转，从而造成工程 BOM 实际用途大打折扣。

第三，各 BOM 形态之间的构建缺乏统一考虑，往往各自为政。这就造成了 BOM 形态之间的转化特别困难，在大量工程变更的情况下，这种转化就变成一种不具有可操作性的工作，从而导致下游各业务部门另起炉灶构建自己的 BOM。这样，同一时期每个部门都有自己维护的一套 BOM 数据，但很难说清楚究竟哪个准确。这种状况加高了部门之间的信息壁垒。

第四，配置化管理的思路没有建立起来。车企没有形成全企业统一的配置资源库，除了研发端的 BOM 是超级 BOM（超级 BOM 是相对单车 BOM 而言的，具体将在第三章第四节中阐述）模式组织的，其他各环节均以单车 BOM 模式进行组织。并且，即使研发端 BOM 也不是真正意义上的配置化超级 BOM，而更多的是以类似备注的方式对不同零部件对应的不同配置进行说明，而不是由配置特征驱动 BOM 解析。这样的管理方式进一步加剧了不同形态之间 BOM 转化的困难。下游的制造BOM、售后服务 BOM 都是单车 BOM 方式，势必对上游按多车型组织的工程 BOM 进行拆分，形成一个个单一的 BOM，然后在此基础上维护制造、物流、售后等相关信息，形成制造 BOM 和售后服务 BOM。这个过程工作量巨大，手工干预环节多，极容易出错。

第五，变更管理混乱。我国车企由于体系化比较弱，在整车开发过程中变更十分频繁。变更管理流程规范性比较差，或者说在执行层面存在很多问题。同时管理也比较片面，往往对直接影响设计的数模、图样的控制比较多，而对 BOM、配置等的变更控制比较弱。流程与数据存在相互脱节的"两层皮"现象，导致 BOM、零部件、配置数据状态不清晰，可用度差。变更全流程管理不到位，到制造环节，特别是生产环节比较欠缺。实际生产中发生大量的临时物料替换，但没有纳入统一的管理范畴，导致制造 BOM 与生产现场日益脱节。物料断点管理（物料切换）没有形成明晰的流程、规范并落实到相应的职能部门。变更在部门之间的流转往往停留在流程层面，缺乏有效的手段保证跨部门信息的一致性，从而也加剧了各业务部门所"拥有"的 BOM 的可用度低，以及部门之间 BOM 转化难这一问题。

总之，上述问题不是某个车企的个别现象，而是行业的一种普遍现象。业内人员能够感受到这种现象带来的各种问题，但很少从这些日常问题中跳出来，从更高的角度去思考 BOM 的价值，以及如何系统性地解决这些问题的方法。这种状况直到最近几年才有大的改观，一方面是受业内标杆企业的影响；另一方面，BOM 在正向开发过程中的作用日益凸显，各车企开始重新思考 BOM 的定位，企业级 BOM 相关的工作流程体系、系统构建工作也如火如荼地展开。

二、 解决 BOM 问题的要点

那么，对于面向未来转型的我国车企，应该如何构建自己的 BOM 体系？需要建设一个什么样的 BOM 体系？本书将有大量篇幅对这些问题进行阐述，此处仅对其要点进行总结和简要说明。

首先，最重要的一点，BOM 体系的构建不应该只局限于解决眼前的问题，而更应该放眼未来的业务模式进行全面考虑。BOM 不应该只谋当下，更应该谋长远。正是在这个意义上，很多车企重建 BOM 体系过程是一个痛苦的过程，因为在这个过程中，必然会带动业务的创新。可以说，对于一个传统车企，如果上马一个 BOM 项目而没有任何业务的改变，只是把手头的工作电子化，这种 BOM 项目是没有价值的。

其次，企业级 BOM 体系的构建，旨在构建一条贯穿企业各价值链的信息索引。这条信息索引将在各种变化的业务场景之下发挥中枢指挥作用，其价值不应低估。企业级 BOM 应该面向这个目标去建设，而不应该拘泥在某个业务领域内的工作。因此，BOM 不是谋一域，而是谋全局。

第三，无论是当前还是未来的智能制造，配置化管理都会是车企对业务的重要管理方式。配置化管理对于车企各项业务展开带来的效率提升是巨大的，但前提是，车企必须建立其全过程的配置管理体系，包括全局配置资源的统一定义、策划阶段的规划或概念配置管理、设计阶段的工程配置管理、生产阶段的生产配置管理以及销售阶段的销售配置管理等。

第四，企业级 BOM 体系的构建必须面向各业务部门的协同，能够高效地支持同步工程工作的展开。

第五，企业级 BOM 体系的构建必须面向全企业效率的提升这一目标，在整体架构设计上必须考虑一体化 BOM 架构。

第六，企业级 BOM 体系的建设必须将变更体系考虑进来，只有这样才有可能从一开始就考虑对于复杂的变更场景下 BOM 管理的适应性，同时保证变更流程能够直接驱动 BOM 数据的变化，提高 BOM 数据的可信度、可用度。

第七，为了方便各个业务部门进行充分的协同协作，达到各业务的充分集成，企业级 BOM 体系必须与各关键业务领域的应用系统进行充分的集成，以确保 BOM 数据能够直接、充分地支持其他业务领域的业务运作。

总之，汽车行业正处在一个风云激荡的时代，在这个时代，能够迎接并顺应这个潮流的车企将日益发展壮大，同时也会有一些车企因为各种原因而倒下。为了迎接这种转型，车企必须在正向开发体系建设、利用产品组合优势满足市场、提升运营效率、降低成本、形成体系化合力等方面进行变革。而 BOM 在这一变革中起到基础作用，车企必须从长远、全局角度重视 BOM 体系的构建。

第五节　我国车企 BOM 技术路线之争

一、　PDM/PLM 发展历程

20 世纪 60 年代，CAD 技术在企业得到应用。作为一种比手工绘图更为先进的设计工具，CAD 的应用无疑给企业带来了巨大效益，但同时也带来了新的问题——CAD 产生了大量的电子数据，如何高效地存储、检索这些电子数据成为一个突出问题。同时，计算机辅助制造（Computer Aided Manufacturing，CAM）等技术也在同步发展，各单元计算机辅助技术日臻成熟之时，彼此之间却缺乏信息共享，这大大影响了 CAD、CAM 等计算机辅助技术优势的发挥。人们开始将注意力转向如何将这些数据进行合理、有序的组织，以充分发挥先进的设计工具的作用。PDM 正是在这种背景下产生的。

正是由于 CAD 的需求驱动了 PDM 的产生，很自然地，CAD 厂商开始开发 PDM 管理工具。最开始，PDM 仅仅是作为 CAD 的一个模块，来存储、检索 CAD 产生的设计数据。附属于 CAD 的 PDM 形成一个"电子仓库"，一定程度上解决了大量数据的存储和检索问题。但产品设计、制造过程对这些电子数据的管理需求远远不止于此，与产品相关的数据集成管理要求、以产品为核心的结构化管理要求、数据发布管理等要求变得日益突出。这促使 PDM 从 CAD 中独立出来，形成一个独立的、专业的产品数据管理平台。这一时期典型的 PDM 产品有 UG 公司的 iMAN、SDRC 公司的 Metaphase、IBM 公司的 ProductManager 等。

以 PDM 的概念而言，PDM 管理的是所有与产品相关的数据和过程。人们期望通过 PDM 平台，将产品开发过程中的数模、图文档等数据，以及产品结构、工程 BOM、制造 BOM、相关的工艺数据以及产品配置数据集中管理。事实上，这个时代的 PDM 也确实做到了这一点。特别是由于工程数据发布、制造数据发布的管理要求驱动，部分优秀的 PDM 对于工程 BOM、制造 BOM 的管理，以及从工程 BOM 到制造 BOM 的构建提供了较为可行的方案，如 IBM 全球研发和各大工厂所使用的 PDM 平台 ProductManager 在这方面就做得非常出色。在这一平台上内嵌了一整套完善的变更管理方案，并基于严格的变更管理，工程 BOM 的发布控制、制造 BOM 的重构、重构过程中工程 BOM 与制造 BOM 的同步得到了保证。

从 20 世纪六七十年代到 90 年代，我们可以称之为传统 PDM 时代。传统 PDM 的功能从电子仓库管理逐步扩展，将电子文档从简单存储、检索管理演化到基于产品结构的结构化组织，从而扩展到 BOM 管理；为了更好地管控工程数据的发布以及变更，设计变更管理也成为传统 PDM 的一个重点。同时，各 PDM 厂商也在尝试进行简单的产品配置管理。总之，图文档管理、产品结构及 BOM 管理、设计变更管理以及简单的产品配置管理是传统 PDM 的主要功能。

传统 PDM 直到 20 世纪 90 年代末迎来了一个巨大转变期。这一转变的驱动因素主要包括以下五个。

1）随着 CAD 技术越来越普遍并深度应用，对 CAD 的深度集成要求日益迫切。主流 CAD 产品各有所长，都占了一定的市场份额，导致同一家企业不可避免地要处理异构 CAD 数据之间的信息交换问题，这就要求 PDM 能够充分集成异构 CAD 技术。而传统的 PDM，对于从 CAD 发展起来的 PDM 产品，与自己的 CAD 集成尚可，而对于其他家的 CAD 则集成难度相当高；对于不是基于 CAD 发展起来的 PDM，与 CAD 集成则更加困难。

2）产品开发过程中设计协同要求提高，不同专业之间如何基于同一设计环境协同工作变得十分重要，需要有相应的平台支持这一工作的展开。

3）CAD、CAE、CAM 技术持续发展，应用越来越深入，要求通过 PDM 平台进行充分的信息共享与集成。

4）电子样机技术的发展为产品研发过程如何缩短产品开发周期、提前发现问题、降低产品开发成本带来了新的手段。

5）就纯信息技术而言，Web 技术已经成熟，企业应用系统从传统的客户端/服务器（Client/Server）架构向浏览器/服务器（Browser/Server）架构转变已经成为潮流。

在这些业务和技术双重因素驱动下，传统 PDM 在 20 世纪 90 年代末迎来了巨大变化的关键时期。从传统 PDM 到 PLM 概念正式为业界普遍接受，这中间经历了几年的时间。在这几年里，PDM 领域产生了不少新的、昙花一现的概念，如虚拟产品开发管理（Virtual Product Development Management，VPDM）、产品数据管理二代（Product Data Management Ⅱ，PDM Ⅱ）、协同产品商务（Collaborative Product Commence，CPC）、协同产品开发管理（collaborative Product Definition Management，cPDM）等。

IBM 与著名的 CAD 厂商达索系统公司一直有深度的合作。1998 年 2 月，达索公司在美国成立 ENOVIA 公司，再度与 IBM 合作，并开始以 Product Manager 为基础，研发新一代 PDM Ⅱ/VPDM 概念产品。VPDM 强调的是对于数字化产品模型的管理，如基于上下文的设计、数字化样机（Digital Mockup，DMU）、多学科协同管理等。VPDM 加上传统的以产品数据及工程发布为主体的 PDM 及 PDM Ⅱ。达索公司的 ENOVIAvpm 产品正是在这一背景之下推出的 VPDM 产品。

cPDM、CPC 更是从协同的角度提出的概念。CIMdata 公司作为 PDM 行业著名的咨询服务公司，提出了 cPDM 的概念。cPDM 是支持跨企业的协同工作环境，支持异构应用系统和异构数据的透明互操作，并具有开放式可扩展体系结构，提供多企业协作发展的完善的产品生命周期管理。cPDM 的概念是针对产品开发由单一企业自主开发向广义企业或虚拟企业异地协同开发、制造和管理产品的要求而提出的。

1997 年 7 月，对象管理组织（Object Management Group，OMG）公布了其 PDM 使能器（PDM Enabler）标准草案。作为 PDM 领域的第一个国际标准，本草案由许多 PDM 领域的主导厂商参与制订，如 IBM、SDRC、PTC 等。

PDM Enabler 的公布标志着 PDM 技术在标准化方面迈出了崭新的一步。PDM Enabler 基于 CORBA 技术，就 PDM 的系统功能、PDM 的逻辑模型和多个 PDM 系统间的互操作提出了一个标准。正是在这一背景下，1999 年 Aberdeen 提出了 CPC 概念。CPC 所倡导的是一种依托因特网技术的新型软件与服务，它把产品设计、工程、制造、原料采购、销售、营销、现场服务以及客户紧密联系在一起，形成一个全球知识网。CPC 支持商家对顾客（Business to Customer，B2C）和商家对商家（Business to Business，B2B）运作，能让离散型制造商大大改善他们的核心过程，让其产品迅速占领市场。CPC 概念得到了 PTC 的认同，并将其作为 PTC 产品的核心概念进行推广。以 Windchill 和 eMatrix 为代表，CPC 的主要特点是：基于分布式 W/B 计算框架的联邦式体系结构；基于 Internet/Intranet；采用 Java 技术。

PDM 领域在短时间内不断出现这些新的名词、新的概念，反映了在业务和技术双重驱动下 PDM 面临巨大变化时刻，各 PDM 厂商试图引领未来 PDM 潮流方向的野心与躁动不安。而这一纷争局面的终结者是 PLM 概念的提出。1999 年，美国著名的咨询公司 AMR research 的 PLM 研究主任 Michael Burkett 认为："许多公司重视新产品的即时上市，而没有认识到规划、供应链准备和制造的重要意义，没能在这方面为新产品的批量生产提供支持。"因此，他创造了 PLM 这个专业名词。

根据 AMR research 的定义："PLM 是一种技术辅助策略，它把跨越业务流程和不同用户群体的那些单点应用集成起来。与 ERP 不同，PLM 将不会成为与某一软件厂商紧密集成的系统。PLM 不会废止已有系统，它将使用流程建模工具、可视化工具或其他协作技术，通过一定的语义来整合已有的系统。PLM 的内容大致分为四个应用部分：其一，PDM 起着中心数据仓库的作用，保存产品定义的所有信息；其二，CPD 让工程师和设计者使用 CAD/CAM/计算机辅助工程（Computer Aided Engineering，CAE）软件以及所有与这些系统配合使用的补充性软件，以协同的方式一起研发产品；其三，产品组合管理（Product Portfolio Management，PPM），它是一套工具集，为管理产品组合提供决策支持；其四，客户需求管理（Customer Need Management，CNM），是一种获取销售数据和市场反馈意见，并且把它们集成到产品设计和研发过程中的软件。"

由以上 PLM 的定义可见，PLM 实际上是对之前很多概念的融合。

二、 我国车企 PDM/PLM 应用历程及应用过程中的困境

（一）我国车企 PDM/PLM 应用历程

PDM 引入我国是在 20 世纪 90 年代。这个时候，中国正是计算机集成制造系统（Computer Integrated Manufacturing System，CIMS）概念流行之时。CIMS 是通过计算机硬软件，综合运用现代管理技术、制造技术、信息技术、自动化技术、系统工程技术，将企业生产全部过程中有关的人、技术、经营管理三要素及其信息与物流有机集成并优化运行的复杂的大系统。作为国家"863 计划"重点项目，且恰逢我国 CAD 应用开始起步，20 世纪 90 年代，如何基于 CIMS 的理念实现 CAD/CAPP/CAM 之间的集成成为一个热点问题，许多高校和企业纷纷立项研究、试点这一课题。经过近十年的从论文到论文的研究，应该说成果寥寥。为什么这些研究不能取得成果呢？因为 CAD/CAM 都是别人家（SDRC、UG、达索等公司）的东西，软件具备哪

些功能、有何限制其实是一个不能改变的事实；且这些 CAD/CAM 技术各自都有自己的技术特点，互不相同，因此在自己尚未构建一整套三维设计架构的前提下，各种研究仅仅停留在如何应用这些软件的层面上。

PDM 的引入使得我国 CIMS 的研究难以为继，因为多数 PDM 产品是 CAD/CAM 厂商基于自身的 CAD/CAM 发展起来的，在这些计算机辅助技术的集成上国外厂商具有天然优势。因此，抛开 PDM 再去研究一个 CIMS 平台来集成 CAD/CAM，其价值和意义都大打折扣，更何况，当时并没有可操作的方案。

我国部分车企在 20 世纪 90 年代末开始考虑采用 PDM 来管理研发数据。经历了十几年时间的选型、应用、升级、淘汰等过程，主流车企的 PDM 平台终于尘埃落定，可以概括为以下三点。

1）基于 iMAN 与 Metaphase 基础上发展起来的 Teamcenter 成为国际整车厂主流的 PDM 平台。同时，我国车企也跟随国际市场趋势，多数选择这一平台作为企业的 PDM 平台。

2）21 世纪初，PTC 公司挟第一个基于 Web 优势的大型 PDM 产品，在中国展开猛烈的销售攻势，使得其 PDM 产品 Windchill 在中国市场的占有率迅速上升。国内也有部分车企采用 PTC 公司的 PDM 产品。

3）达索公司从 21 世纪初开始，不断调整 PDM 策略，这使得达索在 2002 年到 2008 年这几年实际缺乏大型 PDM/PLM 平台参与到市场竞争中，因而在整车厂市场上显得相对薄弱。经过几年的收购、整合，达索最终形成了自己的 PDM/PLM 产品平台 ENOVIA，特别是"V6"的理念帮助达索重新回到了企业级 PDM/PLM 这个市场中，重新赢得了一些重要客户。我国有部分车企采用达索的 ENOVIA 作为其 PLM 平台。

以上是主流 PDM 厂商在中国汽车市场三足鼎立的大致局面。

（二）PDM/PLM 应用过程中的困境

从应用策略以及应用效果来讲，我国车企的情况可以分为两种。一种是对于 PDM/PLM 能做什么、不能做什么有着清晰的认识，因而对 PDM/PLM 在企业中的定位也非常清晰。一方面，没有对于 PDM/PLM 寄予不切实际的期望，因此不会强其所难，浪费很多工夫在 PDM/PLM 不擅长的领域；另一方面，对于 PDM/PLM 比较擅长的、成熟的领域则充分利用起来，在落地上做得比较到位。在这些车企，PDM/PLM 系统的用途比较单纯——作为数模、图样等技术文档资料的管理工具，作为 DMU 管理的平台，作为不同设计专业的协同平台。这种应用方式对于企业设计数据规范的形成、设计效率的提高、工程数据的发布都有很大帮助，大大提高了研发管理水平。目前新兴的车企大多以这种情形为标杆，非常理性地对待 PDM/PLM。

相对于这种应用比较良好的状况，另一种情形则不那么乐观，甚至可以说是"一把辛酸泪"。这种类型的车企因为缺乏完整的国际大车企研发体系做参照，规范的研发体系始终未能建成。具体表现在产品开发方面，则是虽然大规模应用 CAD 工具，但 CAD 的相关规范制定、遵守非常不到位；更谈不上 BOM 体系，基本都是下游各单位出于实际需要倒逼、拼凑一份各个业务领域所需要的数据（如采购件清单、ERP 所需要的制造 BOM 等）。在这种情形下，由于 CAD 没有形成很好的规范，PDM/PLM 系统只是简单地将数模、图文档进行存储、检索，因此其作用非常有限，数据可信度低、可用性差。设计人员也更愿意将数模、图样存储在自己的计算机中，以方便修改，使得数据的共享性及时效性大打折扣。同时，由于 PDM/PLM 市场宣传的作用、各种概念的炒作，以及车企由于缺乏完整体系做参照而对自己的需求、做法缺乏清晰的认识，这些车企往往对于 PDM/PLM 寄予过高的期望并对此深信不疑。这种状况的结果就是，PDM/PLM 被主要用来管理 BOM，而设计协同以及 DMU 等的应用反而极少。一方面是一期又一期的 PDM/PLM 实施，另一方面是年复一年地重复着 BOM 问题，最终 BOM 数据甚至走不出 PDM/PLM 系统，走不出研发领域，使得 PDM/PLM 成为一个名副其实的"食之无味、弃之可惜的鸡肋"。

由于汽车行业产品组合的多样性、复杂性，同时汽车行业高生产节拍生产对于物流要求的复杂性，都使得 BOM 管理特别复杂。用 PDM/PLM 管理 BOM 的车企普遍存在一些共性问题。

首先，BOM 形态之间的转化与一致性难以保证。研发端的数据最终是为生产制造、销售、售后服务的，表现在 BOM 上，就是工程 BOM 要转化为能够支持生产制造的制造 BOM 和能够支持售后维修的售后服务 BOM。从业务的要求来讲，制造 BOM 应该准确、及时同步工程 BOM 信息，并直接为 ERP 等生产制造系统提供主数据来源，这是对制造 BOM 天经地义的要求。实现方案可以是多样的，比如在 PDM/PLM 中统一管理工程 BOM、制造 BOM，然后通过系统集成将制造 BOM 直接输送给 ERP；或者在 PDM/PLM 中管理工程 BOM，在 ERP 中管理制造 BOM，但二者必须是无缝集成，实现从 PDM/PLM 中的工程 BOM 到 ERP 的制造 BOM 的无缝对接。为什么必须实现上述无缝集成呢？因为只有这样，制造 BOM 才能够准确、及时同步工程 BOM 信息。如果这个集成过程加入人工环节，显然，其准确性、及时性是无法保证的。虽然业务要求如此，但现实是，我国使用 PDM/PLM 管理 BOM 的车企，几乎没有一家真正实现了从 PDM/PLM 向 ERP 的无缝对接。绝大多数的情形是：下游制造、物流等部门依据上游发布的各种文件（包括研发部门的工程 BOM），手工在 ERP 中另起炉灶搭建一个支持生产的制造 BOM，久而久之，上游的数据仅仅只是一种参考，而不是直接的依据。售后服务 BOM 的情形也类似，在此不赘述。

其次是变更问题。变更问题是普遍存在的，汽车行业的复杂性远远超过一般制造业，因此其变更问题尤为突出。主要表现在以下五方面。其一，变更流程与其所控制的数据是两套数据，缺乏紧密的关联，因此往往变更流程不能控制数据的状态，导致流程归流程、数据归数据"两层皮"现象，这使得数据的可信度大大降低。其二，从变更申请的提出到设计变更数据的组织、执行，到制造端的承接与执行，到生产现场的切换，往往是一个十分漫长的过程，中间涉及的部门多、业务环节多。而这一全过程缺乏总体、端到端管控，使得变更的一致性管理差。特别是在 BOM 形态转化上有问题时，同一个变更在研发环节的执行和制造环节就更容易造成偏差。其三，设计数据由于 DMU、数模组织的需要，往往存在一些其他业务领域（采购、制造、物流等）所不需要的层级。而在 PDM/PLM 中，按照精确装配方案，下面的零部件发生变更，其上级零部件及上级的上级零部件都必须升级版本，这一连串的升版本导致数据变更的范围非常之大。而往往这些层级又是其他业务领域所不关注的（对其业务没有影响），这样就导致其他业务部门必须承受由于 PDM/PLM 中数据组织方式而带来的对他们来说没有意义的变更，但他们必须去识别、处理。其四，生产现场发生紧急变更时，往往由于情况紧急，变更常常没有纳入系统进行管理。这些游离于系统之外的变更使得 BOM 数据严重失真，特别是在这种类型的变更频繁发生时。而 PDM/PLM 系统对此类变更往往缺乏有效的管理手段。其五，变更的落地环节，即断点管理也是一个十分复杂的过程，从规划到实际切换，不仅涉及复杂的信息流，而且涉及实物流。PDM/PLM 对于断点环节的信息流管理显然是力不从心的。

第三，BOM 的组织形式也是一个非常突出的问题。在 PDM/PLM 中，工程 BOM 是可以按照超级 BOM 的模式进行组织的。我国车企在 PDM/PLM 系统中管理的工程 BOM 确实也是按照超级 BOM 模式进行组织的，但配置信息管理却并不规范，很多车企配置信息只是作为说明性的信息体现在 BOM 上。这样，通过配置信息解析单车 BOM 就变得不可能，或者说，至少不能保证通过同一套配置数据对不同形态的 BOM 进行解析。更有甚者，由于 BOM 形态转化问题，很多车企制造 BOM 是基于工程 BOM 另起炉灶在 Excel 中维护、导入到 ERP 中的。这种手工维护的方式使得配置化超级 BOM 的模式变得更加困难，因此，一般下游的制造 BOM 多为单车 BOM。在 PDM/PLM 中的工程 BOM 以超级 BOM 形式存在，走出

PDM/PLM 之后，却通过 Excel 或者手工在 ERP 中维护的制造 BOM 却是单车 BOM，这种组织方式的不对等必然加剧信息不一致问题；同时，变更的传递也会由于变更对象（BOM）的组织方式不同（工程 BOM 为超级 BOM、制造 BOM 为单车 BOM）产生不对等现象。这种不对等现象完全靠手工处理、人为识别，是一项十分繁重且容易出错的工作。

总之，我国采用 PDM/PLM 系统管理 BOM 的车企，饱受上述 BOM 形态转化、变更不能有效管控、配置信息不对等等问题，从而痛定思痛，积极探索 PDM/PLM 之外的 BOM 管理方案，从而形成了目前汽车行业普遍采用的独立的企业级 BOM 平台管理跨业务链 BOM 的新思路。

三、 关于 PDM/PLM 管理 BOM 局限性的一点思考

20 世纪 90 年代，BOM 管理就是 PDM 软件的基本功能之一。那么，作为每个主流 PDM 软件都有的基本功能，为什么好像发挥不了作用呢？特别是 2000 年之后，由 PDM 时代进入了 PLM 时代，制造业，特别是汽车行业用 PLM 解决了 BOM 管理问题的情况非常少见，这岂不是咄咄怪事？

很多人认为，PDM 难以管理 BOM 可以理解，但作为产品全生命周期的 PLM 管理平台为什么不能管好 BOM 呢？我的看法恰好相反，20 世纪 90 年代部分 PDM 产品管理 BOM 其实要比现在 PLM 产品管理 BOM 更深入，更能够体现 BOM 管理的思想。其详细原因将在后续章节有所论述，简单来看，就是传统的 PDM 时代，数模的应用不是太复杂，DMU 还没有得到大规模应用。PDM 对于数模管理以及与 CAD 的集成相对较为简单。因此从 BOM 角度，可以更多地考虑下游业务部门的要求。进入 21 世纪之后，虚拟产品开发管理成为 PLM 的重心，数模、DMU 的管理要求大大加强，从而导致 PLM 平台对于 CAD 工具的集成以及互操作复杂度增强。PLM 系统数据建模必须迁就这一核心要求，即需要以几何关系为重心考虑一切数据关系。这种以几何信息为重心的数据模型与以跨业务领域协同的考虑点是完全不一样的，二者之间存在难以调和之处。这就导致了 PLM 在 BOM 管理上反而会比传统的 PDM 更加力不从心。正是在这个意义上，下面要谈的 PLM 的局限性并非是指 PLM 本身存在的问题，而是指 PLM 为了更好地满足其核心业务范畴而自然难以兼顾另外一个维度，即跨业务领域协同的 BOM 管理模式。

（一）版本管理模式的局限性

PLM 中版本管理是一个非常重要的功能，无论对于数模、图样、零部件还是

BOM，版本管理似乎是一个不可或缺的管理方式。正如日常工作中，建立一个三维模型、完成一个二维图样，甚至写一篇报告，将一个阶段性的成果存成一个版本也是一个极为方便、极为自然的做法。但同时也应该看到，版本管理方式是在极端动态、不断有变化有调整的环境中对数字化资料、信息流进行一种比较粗放式的管理方式。研发阶段，特别是研发的早期阶段，一切都没有定型，经常会发生变化，且工作成果、工作对象表现为产品数据，因此采用版本管理是一种非常实用的方法。但走出研发领域，情况就未必如此了。

当走出研发领域，零件版本对于采购、生产物流、配件维修等的作用是非常不明显的，因为实物的跟踪都以零件号为基础。这样就产生了一个由基于版本管理与基于零件号实物跟踪的信息错位，制造企业的很多突出的矛盾和问题由此引发。所谓实物跟踪，是指一个零件的出库入库管理、零件的结算、零件的切换等。为了解决这个问题，引出了一个令很多企业头痛的问题：什么时候零件该升版？什么时候该换号？业界给出的方案是 3F（形状、功能、装配，即 Form、Function、Fit）原则，即当零件的形状、功能、装配没有改变时，就不需要换号；反之，有一项受到影响，则需要另外一个零件号来表达。虽然原则如此，但操作起来却十分困难，一个典型的场景是，当零件由供应商设计时，一个设计变更是否涉及 3F，这个沟通成本是十分巨大的。更何况，只凭这三个要素是否都能满足不同维度的零件号管理要求（如，从生产切换的要求、从售后切换的要求、从零件结算管理的要求），这在整车企业实在是一个值得商榷的事情。

其实，在"实物"世界里，即跨业务领域的业务中，零件管理要求也很简单，可以概括为：当影响到物流、结算时，一定要以不同的零件号加以区分。当不影响物流、结算时，其他业务部门（如需要准确知道零件技术资料信息的业务部门，采购与供应商进行沟通时）所需要知道的，是某个时刻某个零件所对应的数模及图样的版本，而不是某个版本的零件。

从 BOM 角度来讲，其应用方式也是这样的，即给定某个时刻，人们希望得到的是这个时刻生效的零件清单是什么。而 PLM 中某个产品的某个版本的 BOM，如 C 版本的 BOM，下面有零件 P1 处于 A 版本、P2 处于 D 版本、P3 处于 C 版本……这样的信息对于研发以外的业务领域，其价值实在有限，因为处于 A 版本的 P1 零件、处于 D 版本的 P2 零件、处于 C 版本的 P3 零件合起来表达了一个什么样状态的产品其实是没有明确意义的。

在 PLM 领域，有个精确装配和非精确装配的问题与版本管理机制相关。当一个产品其结构有很多层次时，最底下一个叶子节点（零件）发生变更而升版时，其父亲节点原则上也是要升版，才能够准确管理这一次变更。同样，父亲的父亲也需要升版，一直传递上去，造成每次变更整个产品自上而下所有环节都需要升版。所谓精确装配是指严格按照这种升版机制管理产品数据；而非精确装配则是指为了简化这种管理机制，牺牲掉一些管理需求，规定只是其直接父亲升版。在车企，非精确装配往往很难满足要求，因此大多需要采用精确装配的模式，这就导致大量的信息冗余。这种冗余对于研发来说或可接受，但如果都传递到其他业务领域，则是一种灾难。

出于不愿意把这种版本管理带来的"纠结"传递到研发以外的业务领域，有些车企干脆采用两套编码来处理：零件编码与物料编码。物料编码用来管理跨业务领域的零部件相关工作，而零件编码仅限于研发内部的产品资料管理。这样做的好处是，设计人员可以比较单纯地考虑零件设计，一种设计方案的改变要不要换号则留给零件号向物料号转化的过程中来考虑；但坏处也是显而易见的，两套编码必然会带来维护上难度的增加，以及人为造成的不一致因素。

（二）BOM 结构的局限性

BOM 本质上代表了零部件以何种方式构成产品，这里的零部件是指供货级别的零部件。为什么要强调供货级别的零部件呢？我们构建一个 BOM，不论是何种形态的 BOM，都是为了把零部件准备到位，无论从物料筹措、财务结算还是先期的成本控制、寻源定点，无不是基于供货级别零部件开展的。零部件供货级别没有确定而要实质性地开展这项业务是十分困难的，这显而易见。换句话说，不能确定零部件制造加工深度的 BOM 显得没有任何业务可操作性。可见，锁定了制造加工深度、确定了供货级别，这一层级的零部件才是 BOM 的核心。但在产品开发的不同阶段，不同的业务部门出于各自需要，会以不同的方式对这些供货级别的零部件进行组织，这样，BOM 的层级就多了起来。特别是对于研发领域，出于设计分工的需要，或者出于方便组织数模的需要，会产生很多虚拟层级。当多层级 BOM 产生时，根据我们上述对于供货级别零部件的论述，不同层级的 BOM 处理方式应该区别对待，比如供货级别的零部件是我们进行物料筹措、物料拉动、财务结算等业务的基本单元，其下层结构当然是代表了该供货级别零部件唯一的构成方式，因此，当该供货级别零部件无论被用到哪里，其下层结构应该是唯一的。但供货级别零部件的上层结构则只是代表了如何组织这些供货级别零部件的一个"容器"，这个"容器"显然在不同的产品上有不同的内容，是一个更为高效的应用方式。PDM/PLM 软件对于产品结构或 BOM，以无差别的方式处理不同层级，在"容器"和"实物"管理方式上的差异化方面考虑较少，使得 BOM 更偏向表达产品结构，而对于 BOM 的核心层管理手段比较有限。同时，这种方式也必然导致不必要的数据冗余、零件号（虚拟件）数量的增加。

在 BOM 结构上，另一个值得注意的问题是 BOM 的多视图方案。PDM/PLM 自 20 世纪 90 年代就一直宣扬 BOM 多视图，不同的 PDM/PLM 产品，或者同一种 PDM/PLM 产品在不同阶段，虽然都叫多视图，但其内涵或者管理方式是不同的。其管理方式可以分为以下两种。

方式一，基于同一套 BOM 数据，工程、制造、售后等各自维护自身业务领域的信息，从而构成一个包含多业务领域信息的 BOM。在需要各自领域的 BOM 时，通过各个业务领域所设置的业务规则抽取各自的 BOM。方式一的多视图模式示意图如图 1-1 所示（以工程 BOM、制造 BOM 为例）。

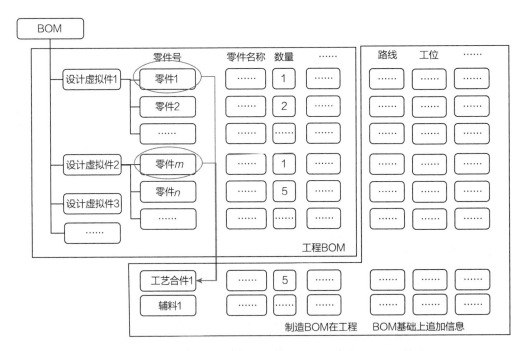

图 1-1　方式一的多视图模式示意图

在这种管理模式之下，新车型开发时研发形成一套承载设计信息的 BOM 数据，这就是传统车企通常所说的工程 BOM。在这套 BOM 数据的基础上，工艺、制造等业务部门维护工艺路线、工位甚至库位等生产、物流相关的信息；考虑到工艺过程要求、委托外协加工要求，增加工艺合件；考虑工位拆分要求，甚至还需要将工程 BOM 的一行拆分成两行制造 BOM；考虑到装配过程以及财务结算要求，还要加上相应的辅料等。所谓的制造 BOM 视图，就是通过一定的规则，从这个"大"BOM 中抽取出制造所关心的信息，典型的如不需要体现设计虚拟件、需要体现合件，以及合件与下级子件之间的关系、一般情况下不需要体现供货级别零件以下的子件，等等。

这种模式理论上看起来很完美，保证了单一数据源，但实际上如果充分考虑制造、生产物流的需求，需要从可操作性、可用性方面考虑以下三方面要素。

1）同一套数据既要表达设计领域的虚拟件概念，又要表达工艺制造领域的合件概念、售后领域的维修包概念，以及自制备件的概念，那么从数据关系来讲，BOM 下的零部件关系必然是一种网状关系，即一个零部件可能有多个子件，同时一个子件可能有多个父件（一个子件可能从设计维度属于某个设计虚拟件，从工艺维度属于某个合件）。制造 BOM 视图的"抽取"实际上是按照制造、生产物流领域的要求，从这种网状零部件关系中抽取所需要的零部件清单，这个抽取条件可能比 BOM 本身更复杂，从而使得这种数据组织模式和视图的形成方式失去可操作性。

2）产品上的一个零件发生设计变更时，有一个生效、最终切换的过程，这中间有大量的生产准备工作要做。因此，一个零件的设计变更从工程 BOM 到制造 BOM 实际上是需要体现这一生产准备过程所需要的时间的，而不是工程 BOM 上的每一个变更立刻体现在制造 BOM 上。这种制造 BOM 视图，因为所基于的是同一份数据，那么工程 BOM 的所有变化实际上是时时刻刻体现在制造 BOM 上的。而支撑生产、物流的制造 BOM 必须保证其稳定性和严肃性，否则将导致生产紊乱，特别是高节拍生产模式下，各种状态的零部件不加控制地混在制造 BOM 中，必将是一个非常棘手的问题。

3）就制造 BOM 而言，考虑到同一个产品在不同制造基地生产，制造 BOM 需要体现不同制造基地的物流、工艺的差异性。因此，如果在一套数据上来表达，将大大增加这个零部件"网络"的复杂性。复杂性越高，可操作性越低。

方式二，不同 BOM 视图各自拥有自身一套 BOM 数据，一般都是基于发布的工程 BOM 基础上、根据各自业务领域的需要重新构建的结果。仍然以制造 BOM 为例，工程 BOM 和制造 BOM 是两套数据，制造 BOM 在发布的工程 BOM 基础上根据生产准备过程的业务需要另外构建。其示意图如图 1-2 所示。

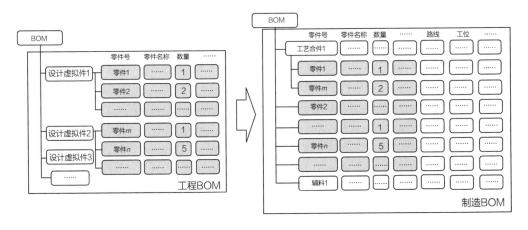

图 1-2　方式二的多视图模式示意图

　　严格来说，这种形式形成的制造 BOM 已经不能称之为一个视图，而是一个独立的业务阶段所对应的一种 BOM 形态。这种模式构建的制造 BOM 可以避免上述第一种模式的许多问题，但设计变更的同步将变成一个非常突出的问题，特别是当制造 BOM 发生大量重构的情形之下，工程 BOM 上的某个零部件发生设计变更，该零部件在制造 BOM 上可能已经被进行了工位拆分，可能已经被重构到一个或者多个合件下面。这种变更的传递是非常困难的。

　　无论是针对方式一还是方式二，上述只是讨论了单车 BOM 的情形就已经非常复杂了，如考虑超级 BOM 模式，则问题还要复杂得多。同一个功能零部件，由于系列化设计的要求，需要考虑多种配置，那么就存在多个变型零部件。这在构建合件时就增加了难度，如一个合件由三个子件构成，每个子件都有几种配置，如第一个零件有两种变型设计、第二个零件有三种变型设计、第三个零件也有三种变型设计，那么合件在理论上的组合就有 18 种。我们可以试想一下，要在制造 BOM 上重构出这 18 种合件，搭建好底下的子件关系，同时这 18 种组合情况代表了 18 种配置情形，都需要在 18 个合件上表达出来……这将是一种怎样的复杂程度？

　　总之，对于以上两种方式，方式一所谓的视图概念基本不具备可操作性；方式二是一个可行的方案，但有些关键点必须要做得非常好才具有可操作性，比如变更的同步问题，比如合件问题等。不幸的是，PDM/PLM 在上述层面都没有达到可用性要求，因此，在复杂制造业，特别是汽车行业，很少能够看到企业真正使用PDM/PLM 的这些功能在管理不同领域的 BOM。

四、 PDM/PLM 与 ERP 之间的信息壁垒

　　研发数据以及产品定义主数据如何正确、高效地传递到下游生产领域，一直以

来是一个困扰企业多年的问题。这个问题具体体现在 PDM/PLM 如何与 ERP 集成上。

PDM/PLM 从 20 世纪 90 年代中期进入中国市场以来，迄今有近 20 年的历史。在这 20 年中，有很多企业实施过 PDM/PLM，甚至有些企业实施过第二次、第三次。但讲到与下游 ERP 的集成，很少有比较成功的案例。综合起来，呈现以下两种态势。

第一种态势，企业对 PDM/PLM 实施较好，能发挥 PDM/PLM 所擅长的功能，并且能取得一定效果。在这种情况下，PDM/PLM 与 ERP 的集成往往非常困难，导致上游 PDM 数据走不出研发部门，从而反过来也影响了 PDM/PLM 效益的发挥。

第二种态势，企业弱化了 PDM/PLM 对研发的管理功能，而仅仅作为面向下游进行产品数据组织的工具。这种情况下，PDM/PLM 与 ERP 的对接会稍微顺畅一些，但缺点是 PDM/PLM 的真正功能和优势没有发挥出来，特别是对于三维协同的优势等。

以上两种态势都不是理想状况，不是我们企业所希望看到的情形。一个良好的 PDM/PLM 实施应该是既能够发挥 PDM/PLM 在设计协同、三维建模与验证等层面的优势，同时也能够很好地解决研发数据往制造、物流等下游单位传递的问题。但这个问题，即设计与制造的信息壁垒问题，一直困扰着企业很多年而没有得到很好的解决。

很多人会有疑问：以目前的 IT 技术这么发达，为什么系统之间的集成还会是一个问题呢？

确实，IT 技术从 20 世纪 90 年代到现在，20 多年来取得了很大的发展，系统集成技术从原来的点对点集成到 EAL/ESB 模式集成都已经非常成熟，从技术上讲，系统集成应该是一个不存在的问题。

我们说系统集成技术非常成熟、不存在问题，这里有个前提，就是系统之间的输入、输出要有清晰的定义，并且输入、输出信息之间的关系即便不是直接的相等关系，也应该是可以通过规则的定义而由系统自动进行匹配的关系。在这种前提下，无论多么复杂的系统接口，技术上都是没有问题的。

基于这样一个前提，我们不妨来分析一下 PDM/PLM 的输出与 ERP 的输入之间的关系。

一个比较成功的 PDM/PLM 实施，一般在三维设计协同方面做了很多工作，但从软件包功能的现实性以及企业管理方面的独特性等来考虑，PDM/PLM 很难延伸到研发部门以外。因此，从 PDM/PLM 系统输出的信息自然是研发、设计工作的自然结果，即主要是产品的设计信息。这些设计信息一方面包括数模、图样等下游 ERP 所不关心的信息，同时也包括 BOM 等 ERP 所关心的信息。但即便是 BOM 信息，也是完全以设计为出发点进行组织的，承载的是设计相关的信息，不能比较完整地承载采购、工艺、物流等生产准备相关的信息。而从 ERP 的输入要求来看，恰恰这些与供货、工艺、物流相关的信息，比如是否总成供货、供应商信息、工位的定义等是要求作为输入信息的。这中间就存在信息的差距，并且这种差距不是能够通过简单的规则可以进行映射的，而是相关业务信息的缺失。

基于以上分析，我们就比较容易看明白 PDM/PLM 与 ERP 的集成的难点所在，即 PDM/PLM 系统所输出的信息，往往不是 ERP 所要的信息，中间不能通过一些规则的定义简单进行输出／输入信息的匹配，而是缺少了相关业务环节的介入，导致从 PDM/PLM 到 ERP 这一信息链路的隔断。也就是说，PDM/PLM 到 ERP 的集成，难点本身已经超出技术之外。

另外一个值得探讨的问题是，为什么目前 PDM/PLM 实施很难兼顾到设计协同与上下游价值链的协同？

探讨这个问题前，我们首先需要澄清一下设计协同与上下游价值链协同的具体内涵。所谓设计协同，在这里强调的是通过一个设计管理平台，将设计工具（CAD，如 CATIA 等）、数字化验证工具（DMU 工具），以及工艺验证工具等充分集成，为设计团队提供一个基于上下文的、各种设计任务相互关联的环境。而上下游价值链的协同是指跨部门的管理工作，比如产品规划、产品工程、采购、制造、售后等相关业务环节在产品开发过程中的及时参与等。

对于设计协同，随着三维技术的不断发展与推广应用，这部分的核心越来越倾向于在三维模式下各设计专业的分工协作，也就是说，这一领域的协同所基于的基础信息是以几何信息为主体的、带有非常明显的"技术"色彩的数据。比如，我们采用 CAD 进行三维建模，然后基于 DMU 工具进行电子样机的相关验证、CAE 分析，通过三维工艺验证工具进行可装配性、可制造加工性验证等。显而易见，这些信息是表达了非常深的技术要素的，也就是说，这些信息以承载深度的设计技术为核心。

对于上下游价值链的协同而言，情形会有差别。这种协同对信息的要求是，产品开发不同阶段、不同部门的人需要准确地知道产品由哪些有物流要求的零部件构成。所谓有物流要求的零部件，是指产品生产最终将是这些零部件的落实过程。产品的成本考虑、采购考虑、库存考虑等都是以这些零部件为对象。比如在规划阶段，我们需要知道这样一个构成产品的完整的零部件清单，基于这个清单来决定哪些零件要全新设计、哪些零部件可沿用、哪些零部件可以在沿用的基础上进行小的调整等；在制订产品目标成本时，也是基于这些零部件来考虑制造、采购、原材料等成本；采购流程也是基于这个清单展开的；生产现场物料拉动也是针对这些零件清单进行拉动的。可以看到，从上到下，贯穿全价值链的信息主线就是这种具有物流管理价值的零部件清单，它起到传承产品、定义主数据的作用。这种零部件清单并不需要反映非常深的技术，而是从管理的宽度着眼，通过主信息链将各个业务部门串联起来。

这样，从信息的特征角度来讲，我们可以看到两种不同类型的信息链，一种是反映技术深度的、一种是反映管理宽度的。而对同一个应用系统（或者说是 PDM/PLM 系统）而言，我们很难通过同一数据模型建立起既能够反映技术深度，又能够体现管理宽度的信息链。这也是为什么 PDM/PLM 的实施会出现上述两种态势的原因。

一个显而易见的解决问题的思路是，既然存在差异、差距，那么就需要在两者之间搭建一座桥梁。PDM/PLM 与 ERP 之间集成的难题，其实际的可操作的解决方案正是如此，如图 1-3 所示。

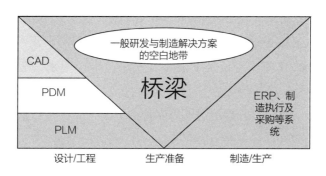

图 1-3　研发与制造之间的桥梁

上述思路首先要承认每个软件系统都有其专注的方向和最擅长的领域。比如 PDM/PLM，其所专注和最擅长的方向是产品设计本身，要延伸到生产准备和物流领域就非常勉强；又比如 ERP，其所专注和擅长的领域是与生产相关的计划、物料管理、财务等，要往前延伸到工程领域，甚至设计领域就非常困难。只有正视这样一个事实，才不会非常勉强地希望通过 PDM/PLM 或者 ERP 软件包的功能延伸来达到解决问题的目的，否则就又会走到 PDM/PLM 与 ERP 集成难的老路上去。

基于这样的思路，面对从设计到制造的现实问题，很多企业，特别是复杂的制造业，比如汽车行业的整车厂和零部件厂，曾经试图或者已经建立起一些"过渡"系统或者"中间"系统。PDM/PLM 的设计数据传到"过渡"系统或"中间"系统中，然后由数据维护人员"补齐"ERP 所需要的数据，然后再往 ERP 中发放。

总的来说，这种思路可谓对症下药，方向是没错的，但同时也存在以下问题。

1）在产品开发各个阶段，存在着大量变更，由此带来许多变更问题。这些变更往往牵涉很多部门，比如工程、制造、售后等。那么在这些"过渡"或"中间"系统中有数据管理员维护这些信息时，如何保证从 PDM/PLM 到下游更改是同步的？特别是当在"过渡"或"中间"系统中维护与工程 BOM 存在结构上的差异的制造 BOM 时，当变更发生时，这种从工程到制造的 BOM 重构的同步尤其困难。

2）"过渡"或"中间"系统为正常流程开了"后门"。很多在正常情况下应该是从 PDM/PLM 中发起的流程，可能为了便利或者快捷的要求，直接在"过渡"或"中间"系统中进行。这样就会造成 PDM/PLM 信息越来越只起到参考作用，到最后 PDM/PLM 就无足轻重了。

3）这样的"过渡"或"中间"系统似乎解决了从工程发放到生产准备阶段数据衔接问题，但并没有涉及产品开发早期阶段的要求，比如先期采购定点、成本分析等。

正因如此，"过渡"或"中间"系统在企业中很少有能够长期有效地解决 PDM/PLM 到 ERP 之间集成问题的情况。本质上讲，这种方案人为地搭建了一个"桥梁"，并由专人来维护这座"桥梁"，以取代业务部门的真正参与。因为缺少业务部门的真正参与，业务流程还是不能够有效地"串"起来，造成数据与业务的脱节。

基于上述分析，我们很容易想到更为完善的方案，那就是让这座"桥梁"直接与业务挂钩，通过它真正将各部门的业务整合在一起。

要让这座"桥梁"起到这样的作用，那么"桥梁"的跨度必须足够大，能够将产品规划、产品工程、财务、采购、生产准备、售后服务等各环节联系起来。因此我们可以说，这座"桥梁"不再是由某几个数据管理人员来维护的、局限于 IT 部门或者某一个业务部门的"桥梁"，而是一座企业级别的"桥梁"。而这座"桥梁"的实质就是代表产品定义本身的 BOM。企业级 BOM 这个概念也因此产生。

五、 车企 BOM 管理技术路线

目前 PDM/PLM 管理 BOM 存在诸多困境，那么，我国车企究竟要采用什么样的方案管理 BOM 呢？到底是该采用 PDM/PLM 系统来管理 BOM，还是采用独立的 BOM 系统？这对于我国车企是一个十分纠结的问题。

下面我们从国际车企的做法、BOM 管理与数模管理的关系等方面来进行分析。

（一）国际著名车企的一般做法

欧美系的车企早在 20 世纪 70 年代就开始构建自己的 BOM 系统，典型的，如美国通用汽车的 GPDS 系统、福特公司的 WERS 系统、沃尔沃汽车的 KDP/KOLA 系统等。这些构建于 20 世纪 70 年代的系统，虽然技术上非常古老，还是采用大机系统、非图标化页面进行操作，但一直支持这些大的整车厂的业务。概括而言，这些系统有以下共同特点。

1）是全球性的系统：针对该车企的所有部门、研发机构、制造基地乃至合资车企，均采用这套系统的数据。

2）完全是根据企业业务流程和管理需要量身定制的系统：这套系统沉淀的是该车企方方面面的管理思想、管理规范，以确保全球范围内业务模式的统一。正是由于与业务贴合紧密，因此，如果有的车企既生产乘用车又生产商用车，那么一般有两套系统来支持各自的业务，如沃尔沃，乘用车采用的是 KDP 系统，商用车采用的是 KOLA 系统。

3）都是独立于 CAD/PDM/PLM 之外的自开发的系统：这些系统既没有采用商品化的软件，也没有最终形成商品化的软件在行业内应用。

4）从管理的内容来看，都是集中在车型的定义以及零部件的用法管理。所谓零部件的用法，是指通过一系列配置特征及其逻辑关系来指明零部件是如何被用到车型上去的。换而言之，这些系统都是以超级 BOM 的模式来管理车型 BOM，并基于超级 BOM 定义零部件与车型配置之间的关系。

日系车企，以丰田、日产为代表，也有自己的企业级 BOM 系统，如丰田的 SMS、日产的 G2B 系统。相对于欧美系车企的以零部件为导向的整车开发，日系车企则倾向于在整车开发的策划阶段确定好车型及各种配置关系。这种差别体现在 BOM 管理层面，大体而言，日系车企的配置管理相对来说要比欧美系车企简单一些，可以采取矩阵表的方式，而不需要像欧美系车企那样通过复杂的配置条件来表达零部件的用法。

与欧美系车企一样，这些日系车企的 BOM 系统也是独立于 PDM/PLM 系统之外的、自开发的系统。

总体而言，这些国际著名车企，目前绝大多数都是采用自开发的、独立于 PDM/PLM 之外的系统来管理 BOM。

（二）整车开发过程中两条平行的业务线

BOM 和数模作为整车开发过程中两个非常重要的信息流，代表的是两条平行开展的业务线，即以 BOM 为核心的业务线和以数模为核心的业务线，如图1－4所示。

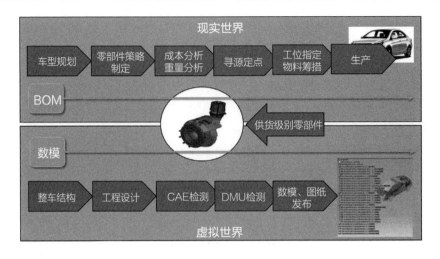

图 1－4　以 BOM 为核心的业务线和以数模为核心的业务线

简而言之，BOM 这条线代表的是围绕物料这一"现实世界"而开展的一系列的策划、采购、制造、物流、售后维修这条线；而数模这条线是围绕整车设计、零部件设计、CAE 检测、电子样机，乃至三维工艺验证等活动而展开的"虚拟世界"的业务线。这两个"世界"通过供货级别零部件这一关键要素关联起来。

围绕着 BOM 这条线，跨部门的协同协作得以展开。这些协同协作参与的业务领域及主要活动包括以下五个方面。

1. 产品规划领域

整车开发策划阶段，对于要开发什么样的车需要进行定义，往往是市场部门与产品规划部门、设计部门协同工作共同给出结果。车型规划体现为规划配置表，在规划配置表中定义了基于市场调研、分析的结果，以及企业自身技术发展规划所确定的新车型配置需求。规划配置定义了要研发什么样的车型，它将成为进一步进行工程设计的直接依据。BOM 业务也由此展开。

2. 采购领域

在产品开发的早期阶段，需要进行新车型采购规划，因此，首先要确定该新车型有哪些外购件，再根据外购件的特性，配合整车开发计划进行采购项目计划的制订。BOM 为采购提供外购件清单，采购项目管理基于该清单展开，并开始下面一系列的寻源定点工作以及零部件开发及质量管理工作。

3. 成本、重量领域

早期需要策划整车的目标成本和目标重量，设计过程中需要对整车、各系统、模块进行成本和重量的估算，以及目标的平衡与调整。这些工作都依赖于高质量的 BOM 数据。

4. 销售、售后领域

售后备件工程师基于客户满意度与售后备件的盈利要求提出售后维修件要求，这些要求在工程设计阶段就需要加以考虑，这样才能保证在产品上市时备件能及时供应。因此，在产品设计阶段，备件工程师就需要与设计部门协同工作，基于工程 BOM 提出哪些件有售后维修要求、需要拆分等。对于销售，最终上市时能够销售什么样的产品，是与研发一起基于车型配置表，以及市场营销策略定义出来的一整套销售配置数据。

5. 制造、物流领域

根据企业的设备、资源、生产线等情况，以及工艺水平确定制造加工深度，这是 BOM 非常重要的输入。同时，在生产准备阶段，需要基于制造 BOM 定义工位等信息，作为物料拉动业务的基础。

而围绕数模这条业务线，主要是总布置、各设计专业（车身、底盘、电子电器等）之间的协同，各种设计及验证辅助工具之间的集成工作，更多体现为设计内部的技术管理。

（三）PDM/PLM 中 BOM 管理与企业级 BOM 管理要求之间的差异

PDM/PLM 中 BOM 管理与企业级 BOM 管理是两种性质迥异的业务，因此从管理特性上表现出了很大的差异。

首先，从业务要求来看，BOM 支持的业务主线要求在整车开发较早阶段就要有 BOM 存在，只有这样才能支持产品策划阶段的成本分析、重量分析以及先期采购管理。这时详细设计工作还远未开始。而 PDM/PLM 中，BOM 天然是设计的结果，也就是说，只有设计到一定阶段，BOM 才会产生。这就导致 BOM 难以支持车型正向开发前期的协同工作。

其次，BOM 的关注点不同。在 PDM/PLM 中，BOM 是面向设计专业内的协同，强调 DMU 的技术深度。而企业级 BOM 是面向跨业务链的协同，强调的是管理的宽度。

第三，正是由于 BOM 的关注点、用途不同，BOM 的组织存在方式差异。PDM/PLM 的 BOM 更多是基于数模组织以及 DMU 的需要，从而形成了其特有的构成方式。这种构成方式对于数模这条业务线而言是合理的，但对于跨业务链的协同则是效率极低的。这部分内容将在第四章和第六章展开论述。

第四，管理的内容也有所侧重。在 PDM/PLM 中，管理的内容重点在对设计有影响的要素，因此对于设计变型件、焊点等信息都是需要管理的，但并非面向量产管理所有的零部件。而企业级 BOM 是面向量产、面向物料组织的所有零部件，包括没有几何要素的零部件，如软件等。

正是这些管理时点、产生方式、组织方式、管理内容的不同，体现在很多具体的管理方式上也存在非常大的差异。以零部件号为例，对于跨业务链协同的 BOM 这条主线而言，当影响到物流、结算时，零件变更需要给新的零件号；但对于数模主线而言，这个往往不是必需的，更方便、更习惯的是产生一个新的版本。

总体而言，作为跨业务链协同的 BOM 主线，其体现的是公司的管理规范和管理体系，相对来说是比较稳定的；或者说如果要变，其变化的驱动因素来自于经营方式的变化，比如由传统的大批量生产转向个性化定制与自由选配模式。而 PDM/PLM 所管理的数模这条主线是经常变化的，这种变化的驱动因素是设计、验证工具的不断进步、革新带来的。且一个先进的设计体系是需要跟随市场上技术进步而进步的，因此我们可以看到 CAD/PLM 会不断升级。而 BOM 的升级，因为牵涉的业务面太广，涉及的历史数据的迁移或切换过于复杂，对企业是一件需要慎重考虑的事情。这就是为什么我们看到国际著名车企如通用汽车等，CAD/PLM 早已不是当初的 CAD/PLM，但 BOM 系统还是当年的 BOM 系统的原因。

（四）技术路线的选择

基于上述分析，我想车企到底是在 PDM/PLM 系统中构建企业级 BOM 体系，还是采用独立的 BOM 系统构建企业级 BOM 体系，其答案应该是不言而喻的：构建一个独立的 BOM 系统无疑是目前最佳选择。

这一结论会遇到很多挑战，或者说是质疑。典型的质疑如：PLM 是产品全生命周期管理，覆盖企业级 BOM 是应有之义，为什么现在的 PLM 产品不能覆盖企业级 BOM 需求呢？能不能通过 PDM/PLM 定制化实现？

对于第一个问题，前面已有较多论述，在此从 PLM 的定义出发再补充一点说明。根据本章第五节中 AMR research 对 PLM 的定义，我们特别需要注意这一点："它将使用流程建模工具、可视化工具或其他协作技术，通过一定的语义来整合已有的系统。"从这一点来看，PLM 对于全生命周期覆盖的设想在于通过"使用流程建模工具、可视化工具和其他协作技术"去"整合已有的系统"。而企业级 BOM 是要建立起一个端到端的结构化的、完整的、一致的信息流。这一结构化的、完整的、一致的信息流的建立要远比流程集成和系统集成难得多。而另一方面，正如在本章

第四节关于 PDM/PLM 与 ERP 之间的信息壁垒所论述的，如果没有这一结构化的、完整的、一致的信息流进行支撑，要集成很多流程和系统也就会成为空中楼阁。PLM 近 20 年的实践也证明了这一点。

对于第二个问题，能不能通过定制 PDM/PLM 来达到汽车企业管理全价值链 BOM 的需求，这里要考虑的是，对于一个商业软件包，我们是否能够改变其底层架构（包括数据架构和技术架构，特别是数据架构）？如果能（但现实情况显然是不能），这当然是可以得。那么接下来的问题是：这个成本会是多大？在此基础上开发利用了原系统的什么内容？考虑清楚这些问题，才会对可行性和必要性有正确的评判。

在思考这个问题时，我想到了 20 世纪 90 年代 PDM 刚导入我国，很多人会问一个问题：为什么要 PDM 系统？为什么不能在 ERP 中实现？这个问题与为什么不在 PLM 中建立企业级 BOM 管理体系一样，其纠结之处在于：我们永远也不能证明一个软件不能做什么。不论如何回答，总绕不过一个问题：虽然管理研发与管理生产、财务等由于业务特征不同而有很大差异，但 ERP 难道不能通过定制化或者扩展功能达到上述要求吗？

今天来问这个问题当然有些可笑，可当时却是事实。

管理是一门实践的科学，过于纠结于疑问本身是没有意义的，应付诸于实践；正如过多探讨 ERP 是不是应该把 PDM 包含进来没有意义，而 20 多年过去了，ERP 和 PDM 各自的应用实践才有意义。

幸运的是，我国车企已经或正经历着这一企业级 BOM 的实践。

第二章
转型期需要什么样的 BOM 体系 ////

　　正如第一章所述，智能制造及大规模个性化定制是汽车行业转型期所面临的一项非常关键的内容。那么，智能制造与大规模个性化定制是一种怎样的关系？是不是随着跨行业技术，如云计算、大数据、物联网、人工智能等技术的发展，企业就能"水涨船高"地自然达到智能制造以及大规模个性化定制的水平？在各种喧嚣中，车企该如何稳步扎实地推进企业竞争力的提升？

一、智能制造与大规模个性化定制

　　德国、美国、英国、中国等国在近几年都提出了以智能制造为核心的制造业转型战略。2011 年，德国通过政府、弗劳恩霍夫研究院和各州政府合作投资于数控机床、制造和工程自动化行业应用制造研究，并于 2013 年正式实施以智能制造为主体的"工业 4.0"战略。美国于 2012 年推出"先进制造业国家战略计划"，提出建设智能制造技术平台以加快智能制造的技术创新，并展开以工业互联网和新一代机器人为特征的智能制造战略布局。英国将信息通信技术、新材料等科技及产品和生产网络融合为核心的工业 2050 战略。

　　在国际上纷纷以智能制造为核心推进工业化升级的各种战略大背景下，我国也高度重视智能制造的整体规划，陆续出台了《智能制造发展规划（2016—2020年)》《国家智能制造标准体系建设指南》《智能制造能力成熟度模型白皮书（1.0)》等文件，对智能制造的含义、标准体系以及成熟度模型进行了定义和规范。

　　根据《智能制造发展规划（2016—2020 年)》，智能制造是基于新一代信息通信技术与先进制造技术深度融合，贯穿于设计、生产、管理、服务等制造活动的各个环节，具有自感知、自学习、自决策、自执行、自适应等功能的新型生产方式。

《国家智能制造标准体系建设指南》对于智能制造系统架构从生命周期、系统层级、智能特征三个维度进行了定义。

生命周期维度是指从产品原型研发到产品回收再制造的各个阶段，包括设计、生产、物流、销售、服务等一系列相互联系的价值创造活动。系统层级维度是指与企业生产活动相关的组织结构的层级划分，包括设备层、单元层、车间层、企业层和协同层。智能特征维度是指基于新一代信息通信技术使制造活动具有自感知、自学习、自决策、自执行、自适应等一个或多个功能的层级划分，包括资源要素、互联互通、融合共享、系统集成和新兴业态五层级智能化要求。

这份标准体系建设指南强调了三个维度的集成，即实现贯穿企业设备层、单元层、车间层、工厂层、协同层不同层面的纵向集成；实现跨资源要素、互联互通、融合共享、系统集成和新型业态不同级别的横向集成；实现覆盖设计、生产、物流、销售、服务的端到端的集成。

同时，这份标准体系建设指南对智能制造标准体系框架从基础共性、关键技术、行业应用三个维度进行了定义。其中关键技术包括智能装备、智能工厂、智能服务、智能使能技术、工业互联网五个方面。而大规模个性化定制则被定义为智能服务的范畴。

2016 年 9 月，中国电子技术标准化研究院发布了《智能制造能力成熟度模型白皮书（1.0 版）》。该白皮书参考借鉴了《国家智能制造标准体系建设指南（2015 年版）》中智能制造系统架构提出的生命周期、系统层级和智能功能三 个维度，对智能制造的核心特征和要素进行提炼总结，归纳为"智能 + 制造"两个维度，最后展现为一维的形式，即设计、生产、物流、销售、服务、资源要素、互联互通、系统集成、信息融合、新兴业态十大类核心能力以及细化的 27 个域。模型中对相关域进行从低到高五个等级（规划级、规范级、集成级、优化级、引领级）的分级与要求。值得注意的是，在这个成熟度模型中，大规模个性化定制被定义在智能维的新型业态范畴，从成熟度层级规划来讲，属于智能制造的第五层级，即引领级智能制造级别，是智能制造实现的最高级别。所谓新兴业态，是企业在互联网的推动下，采用信息化手段以及智能化管理措施，重新思考和构建制造业的生产模式和组织方式，进而形成的新型商业模式，属于智能制造高阶段实现的内容。

从以上体系规范定义、智能制造架构规范、成熟度模型可以看出，大规模个性化的实现，代表了智能制造的最高水平，甚至可以说是智能制造整个体系的追求目标。

但从另一个方面来讲，大规模个性化定制却不是一个新概念。早在 1970 年，美国未来学家阿尔文·托夫勒（Alvin Toffler）在《未来的冲击》一书中提出了一种全新的生产方式的设想：以类似于标准化和大规模生产的成本和时间，提供客户特定需求的产品和服务。1993 年约瑟夫·派恩（B·Joseph Pine II）在《大规模定制：企业竞争的新前沿》一书中进一步阐述了大规模定制的核心要素："大规模定制的核心是产品品种的多样化和定制化急剧增加，而不相应增加成本；其范畴是个性化定制产品和服务的大规模生产；其最大优点是提供战略优势和经济价值。"从上述历程来看，大规模个性化定制可以说是萌芽于 20 世纪 70 年代，概念形成于 80 年代，到 90 年代，由于市场环境的变化、客户需求的多样性以及先进制造技术方面的进步，发达国家都在探索这种新型的生产运营模式以取得企业竞争优势。直到最近几年，围绕着智能制造为核心的制造业战略大转型，大规模个性化定制仍然处于工业制造领域的核心和前沿位置，这足以说明大规模个性化定制方式其魅力所在以及实现的难度之大。

二、 汽车行业必将引领中国智能制造转型

汽车行业无论在产品设计、规模化生产及物流的组织、生产自动化等方面，都具有高度复杂性，说汽车行业代表了一个国家的工业化水平毫不为过。

相比国外著名车企，中国车企无论技术还是管理还有较大差距。但相比其他行业，中国汽车行业仍然是制造业中体系化程度最高的。

首先，汽车产品开发是一个非常庞大的系统工程，涉及多个团队、多个学科专业的协同协作。国际车企经过几十年乃至上百年的发展，已经沉淀了一整套非常稳固、科学的结构化流程。这套流程对于整车开发全过程各个阶段质量控制阈点的划分，以及各个业务领域在各个阶段的工作内容、工作成果、协作模式都进行了详尽的定义。而通用、福特以及大众等国际老牌车企很早就在中国投资建立合资企业，将这一套整车开发流程带入我国，为我国车企整车开发流程体系的建设打下了很好的基础。其中尤以通用汽车的全球整车开发流程（Global Vehicle Development Process，GVDP）为典型，是我国很多车企，包括目前很多新兴新能源汽车企业研发体系建设的参照。而我国其他行业，除了极个别外，流程体系的完备性和结构化还远未达到汽车行业的水准。

其次，就大规模生产及物流组织而言，早在 1913 年，福特汽车公司即推出了世界上第一条流水生产线，自此掀开了汽车行业大规模生产的一种全新模式。流水生产线通过将一个重复的过程分为若干子过程，使产品的生产工序被分割成一个个环

节，工人间的分工更为细致，产品质量和产能大幅提高，极大地促进了生产工艺过程和产品标准化。大量的汽车产品以非常快的生产节拍在流水线上变成商品。汽车生产流水线以标准化、大批量生产来降低生产成本、提高生产效率的方式使得汽车工业迅速成为美国的一大支柱产业。

随着社会进入市场需求多样化的新阶段，传统的流水线生产模式在适应工业生产向多品种、小批量的发展方向中也暴露出弱点。日本丰田汽车公司正是针对这些弱点，提出了精益生产模式。第二次世界大战后，日本面临着资源稀缺的困境，同时多样化的市场要求多品种、小批量的生产经营模式。精益生产正是这一背景的产物。精益生产强调不"浪费"，即所有的经济活动都要有效，不投入多余的生产要素，只在适当时间生产必要数量的市场或下道工序急需的产品。为此，丰田汽车公司采取了一系列的管理优化措施，通过管理过程的优化，大力精简中间管理层，进行组织扁平化改革，减少非直接生产人员；推行生产均衡化、同步化，实现零库存与柔性生产；推行全生产过程的质量保证体系；通过细到内部沟通方式的规范以及每个车间操作的规范来减少和降低任何环节上的浪费。丰田汽车公司的这一系列精益化生产实践，使得汽车行业进入了拉动式准时化生产的新阶段。

我国汽车工业通过几十年的合资历程，紧跟国外生产组织模式和管理模式，相比其他行业，在智能制造方面更体现了体系化的优势。同时，在车间自动化水平上也达到了一定的高度，如大量采用机器人以及先进的检测设备，特别是车身、涂装、总装车间大量采用机器人，大大提高了生产效率、装配精度以及安全环保水平。

第三，就供应链的管理水平而言，由于汽车行业产品复杂、涉及零部件多，且大规模生产量大、生产节拍快，这些硬性要求反向倒逼汽车行业在供应链管理上形成了一整套管理体系。今天的汽车工业，其竞争已经不单单是整车厂之间的竞争，而是围绕整车厂为核心的一整套供应链体系的竞争。汽车行业从寻源定点、零部件开发过程管理到整车厂及供应商的产能预测与规划、物料筹措、生产车间的物料拉动等，都形成了相应的流程规范。这些流程规范的建立，使得车企跨出内部的价值链，为建立汽车生态体系打下良好的基础。

我国的合资车企由于具备借鉴国外体系化运作的天然优势，加之销量、产量较大，在供应链体系的构建上总体而言比自主品牌车企更为完善。

第四，汽车行业的信息化水平也相对比较成熟。要支撑业务上的体系化运作，必须有相应的信息技术系统的支持，以固化流程和规范，形成全企业统一的管理思路和行为模式。因此，车企各业务领域的关键信息系统基本都已建成，包括研发领域的 PLM 系统、生产及物流领域的 ERP/制造执行系统（Manufacturing Execution

System，MES）/物流执行系统（Logistic Execution System，LES）、营销领域的经销商管理系统（Dealer Management System，DMS）或客户关系管理系统（Customer Relationship Management，CRM）等；企业级 BOM 系统也已构建或正加紧构建。集成的采购业务管理系统也在部分车企采用，以支持采购项目管理、寻源定点、供应商报价、报价分析、成本改善、零部件先期质量策划（Advanced Product Quality Planning，APQP）管理及量产后供应商质量管理等业务。部分车企采用了体现车间设备层的集成以及在设备层之上的制造执行管理集成的 MES 系统，如在 2007 年到 2010 年间，我国某车企就陆续在其各制造基地建成了集生产控制、物料拉动、质量追溯、设备层互联为一体的集成的 MES 系统，在其企业级 BOM 系统支撑之下，为适应灵活的市场变化所需要的高节拍、柔性化生产安排奠定了基础。

总之，汽车行业被普遍认为是管理水平最高的行业，代表了最完善的先进制造水平和信息化水平；加之新能源、人工智能及自动驾驶、车联网等技术的飞速发展，使得汽车行业最有条件，也最需要向智能制造转型。

三、 智能化大规模个性化定制体系的能力要求

由于汽车行业的这种天然优势以及迫切的市场要求，我国汽车行业率先在大规模个性化定制方面做出尝试。如部分车企在几年前试点 C2M 模式或 C2B 模式，这些都是非常有益的探索。但这一探索过程必定曲折而艰苦，因为没有模式可以借鉴，面临的很多问题需要企业自己摸索，甚至是从反复试错中积累经验、沉淀最佳做法和流程规范。汽车行业有很好的体系化基础，但这种体系化基础只是开展大规模个性化定制探索的起点，相对于完善的大规模个性化定制体系的建立而言，无疑还有非常长的路要走。

大规模与个性化是一对矛盾，个性化生产的产品必然是小批量、小规模的。对于汽车这么复杂的产品而言，个性化的要求从技术上实现也许并非难事，但是如何保证快速交付？如何保证价格具有竞争力？如何保证在有竞争力的价格下企业是盈利的？采取大规模的方式去实现小批量、个性化的产品生产，就是期望借助大规模生产所天然具备的成本优势与效率优势，因此大规模个性化定制根本要解决的问题在于如何满足多样化、个性化需求的前提下，确保企业低成本、高效率地运作。低成本、高效率运作是大规模个性化定制最核心的能力要求，也是大规模生产的特征。大规模个性化定制体系的建立，就是要建立企业的关键支撑能力，使得个性化定制与大规模生产这一对矛盾对立统一起来。

围绕成本和效率，车企需要在体系能力建设上重点关注以下内容。

首先，第一个关键能力是全业务链的协同能力。大规模个性化定制是以用户为中心的生产经营模式。企业的一切活动需要高效地围绕用户展开。如果各业务领域的业务是相互割裂的，无疑将极大影响运营效率。就企业内部而言，这种全业务链的协同既包括产品创造过程的产品策划、产品设计、生产准备、采购物流、销售售后等业务领域的协同，也包括商品交付过程的销售预测、生产预测、销售定价、订单处理、整车交付等业务的协同。同时，产品创造和商品交付作为整车厂的两大主体流程，二者之间存在许多需要协同的业务环节。建成一个产品创造与商品交付充分融合的体系将是整车厂未来应对个性化定制的一个关键。

第二个关键能力是产品管理能力。个性化的订单势必会产生数量非常巨大的产品规格，如果没有很好的产品策划，那么不同产品规格的产品势必将从设计开始从头考虑，这样对于个性化订单的响应无论从周期还是从成本而言都是不能接受的。基于共同的平台衍生众多产品系列，每一系列下考虑产品不同的配置以及配置的组合，即通过产品的不同组合来满足市场的多样化与个性化是大规模个性化定制的必然途径。

产品管理最早是货车领域的管理理念，这与货车的行业特点有关。货车一开始就是面向客户的需求提供产品，这样容易造成品种多、商用车改造多，而产品的通用化程度和标准化率都比较低。这种完全由订单驱动商用车改造并机动调度生产的结果使产品线越来越长，难以管理，而企业整体利润率偏低。企业要想盈利，必须进行有效的产品规划与管理。产品管理的特色是从产品创造的早期就开始科学合理地运用经济手段、组织方式以及信息技术来建立资源配置结构，从而以标准化的产品结构管理信息连接上下游业务并形成不断优化产品组合的运作体系，以发挥企业的最大化资源价值。

具体来说，产品管理牵涉产品结构、技术结构以及企业组织结构的优化调整。产品结构优化是指从产品创造早期就开始界定未来的商品资源，并形成可管理的产品结构；技术结构优化是指将标准化的产品技术结构管理信息，贯穿产品创造及商品订单流程，形成不断优化的运作体系；企业组织优化是指通过联合的组织以及整合的业务流程，提高从产品到商品的模块化及复用比例，以提升企业整体竞争力。联合组织包括产品规划组织、产品开发组织、量产工程组织以及采购组织这四个组织之间的协同协作。

当整个汽车行业未来走向智能化大规模个性化定制的时候，那么乘用车也必然会遇到货车一样的困境，整车数量会急剧上升，特殊订单将耗尽研发、生产准备等各个环节的精力，不但成本难以控制、交付期难以保证，并且容易形成恶性循环，导致一切都不能够按照流程规范来开展工作，从而破坏、阻碍企业的流程体系的形成。因此进行有效的产品管理将会是面向智能化大规模个性化定制转型所首要面对的问题。

第三个关键能力是模块化能力。模块是由一组有明确接口定义的组件构成。模块组成一个共同的产品架构，形成产品平台。不同的模块系列在同一产品构架下构成不同产品，从而从产品开发、生产、销售等各个环节能够以更高的效率应对更为丰富的市场要求。模块化本质上是产品以何种深度、颗粒度进行系列化的组合，显而易见，模块化的实现对于大规模个性化定制的价值是非常直接的。但一个车企要达到高的模块化水平并不容易，对设计水平的要求尤其高。许多国际著名车企，如戴姆勒、沃尔沃、斯堪尼亚、大众等，在模块化方面都有非常成功的实践，且模块化优化工作一直在持续。国内车企在模块化方面的探索相对要薄弱得多，很多企业仅仅止步于产品数据的组织方面，很少将模块化作为设计的核心要素融入产品开发过程。

第四个关键能力是并行工程能力。1988 年，美国国家防御分析研究所（Institute of Defense Analyze，IDA）完整地提出了并行工程（Concurrent Engineering，CE）的概念，即并行工程是集成地、并行地设计产品及其相关过程（包括制造过程和支持过程）的系统方法。这种方法要求产品开发人员在一开始就考虑产品整个生命周期中从概念形成到产品报废的所有因素，包括质量、成本、进度计划和用户要求。并行工程的目标为提高质量、降低成本、缩短产品开发周期和产品上市时间。

并行工程强调在产品开发初期，组织多种职能协同工作的项目组，使有关人员从一开始就获得对新产品需求的要求和信息，积极研究涉及本部门的工作业务，并将所需要求提供给设计人员，使许多问题在开发早期就得到解决，从而保证了设计质量，避免了大量的返工浪费。正是秉承并行工程的这种多职能部门协同模式，很多产品开发流程将这种模式以集成团队的方式固化在流程里，如著名的集成产品开发（Integrated Product Development，IPD）流程、福特汽车产品开发流程中的四人小组等。

并行工程强调在不违反产品开发过程必要的逻辑顺序和规律的前提下，尽量使得工作并行交叉。产品设计与工艺过程设计、生产准备、采购、生产物流等各种活动，在信息充分共享的前提下尽早展开，各个业务领域的活动由完全串行到合理并行，不仅仅能够缩短产品开发周期，提高订单响应速度，同时也有利于从企业不同领域尽早发现问题。

从上述并行工程的概念及特征可以看出，并行工程更多的是针对产品创造过程，而不是针对订单交付过程的一种工作模式。其对于大规模个性化定制的意义在于，并行工程能够加快产品迭代，使得平台产品能够更快、更丰富地涵盖市场需求。精益化的产品创造过程无疑是快速灵活响应订单的基础。

第五个关键能力是与客户互动的能力。尽管经过几十年的实践，通过模块化技术、并行工程技术以及整车开发的其他技术（如丰田汽车公司的两阶段开发思想），当前的整车开发周期相比一二十年前已大幅度缩短，但整车产品开发毕竟是一个非常复杂的系统工程，当用户需求完全在当初的最大化设计、最大化生产准备范围之外时，要满足这些特殊订单并不容易，特别是当用户的需求涉及汽车产品的技术匹配性、性能甚至安全性时。因此，在未来智能化大规模个性化定制的业务环境中，如何建立与客户的互动环境，使得在产品策划、产品设计时尽可能多、尽可能准确地包含这些需求就显得特别重要。

未来智能化大规模个性化定制的业务场景中，与客户的沟通可能不仅仅局限在产品开发、商品交互的某个环节，更有可能是全方位、多环节的用户参与。典型环节包括产品策划、产品设计、销售预测、销售定价、销售点单、订单处理等环节。

目前我国的许多车企也已经开始了这方面的初步尝试并尝到甜头，如目前正在推 C2M、C2B 模式的车企，在新车型上市之前组织潜在客户参与定价；如通过客户点单行为分析市场需求，从而帮助制订更精准的产品策划和营销策略等。

第六个关键能力是柔性制造能力。柔性制造技术是现代先进制造技术的统称。其目的是通过先进的自动化技术、信息技术以及制造加工技术，提高生产的柔性，即灵活性，以满足快速响应个性化订单的要求。所谓柔性，主要体现在：生产设备的零部件可以根据所加工的产品的需要进行变换；加工产品的批量可以根据需要迅速做出调整；加工产品的特性参数可以进行调整并能够迅速组织生产；可迅速有效地综合应用新技术；对用户、合作伙伴（如供应商等）、企业内部的变化及特殊要求能够迅速做出响应等。

柔性制造能力是一个企业最终像流水线一样低成本制造出定制产品的落地环节。意识到柔性制造能力对于未来核心竞争力至关重要的作用，我国部分车企目前正对智能工厂进行规划、布局。除了采用机器人等车间自动化设备外，数字化制造、柔性生产排程、智能化物料组单及物料拉动等技术的应用也在逐步推进。

总之，企业建立智能化大规模个性化定制体系将是一个长期的、浩大的工程，是一个将全业务链协同、产品管理、模块化设计、并行工程、客户在各个环节的互动以及柔性制造技术充分融合、沉淀融入企业产品创造流程和商品交付流程的过程。

第二节 构建企业级 BOM 体系支持业务转型

面向智能制造及大规模个性化定制的体系构建，简而言之就是要以上节所述的关键业务能力的提升为目标，在车型开发以及商品交付流程的各个环节落地关键业务能力提升的业务举措或业务革新点，形成整个企业产品创造流程和 OTD 流程高度融合的、能够敏捷应对市场需求的体系。这一节主要探讨这种业务体系的转型与企业级 BOM 之间的关系。

一、产品创造流程与 OTD 融合的关键在 BOM

在整车开发和交付过程中，每个阶段的业务活动都与 BOM 有密切的关系。BOM 数据是这一业务过程最关键、最核心的信息支撑。图 2-1 所示是产品创造流程与 BOM 核心数据之间的关系。

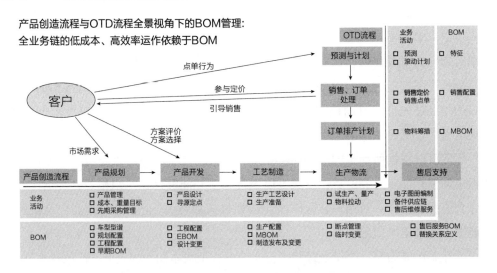

图 2-1 产品创造流程与 BOM 核心数据之间的关系

产品创造流程和 OTD 流程一横一纵构成了一个整车企业主要的业务运作框架。产品创造流程包括产品规划、产品开发、工艺制造、生产物流、售后支持等主要环节；OTD 流程主要包括销售及生产预测、销售定价、订单处理、订单交付等环节。

产品规划阶段主要是针对要开发的新车型进行策划，即基于市场调研以及企业技术路线的规划定义要开发的一系列车型，并从市场需求的角度定义这些即将开发的车型所具备的配置。企业级 BOM 体系需要将这些活动的成果管理起来，体现成为车型定义以及规划配置（或概念配置）。车型规划信息是设计、工程工作开始的重要输入，研发部门基于规划配置，将市场需求信息基于技术实现的方式进行分解，形成工程配置要素，最终形成车型工程配置表。如在规划配置中，定义要开发的车型需要具备电动座椅且头枕和腰托可调节，那么在工程设计时，需要拆分成三个要素来考虑：座椅两种配置（是否电动座椅）、头枕三种配置（不可调、4 向可调、6 向可调）、腰托三种配置（不可调、4 向可调、6 向可调）。工程上进行了这样的拆分，并将这些不同种类的配置都考虑进去时，理论上就可能产生 2×3×3 总共 18 种组合。

产品规划阶段涉及大量的跨部门之间的协同。典型的包括成本、重量管理以及先期采购管理。在规划阶段，需要制定整车目标成本，并进行目标成本分解。这一业务过程需要在整车规划阶段尽早做出 BOM，成本管理相关部门才能将成本目标、成本估算业务落地。重量管理与成本管理类似。对于采购业务而言，在产品策划阶段需要尽早开始采购业务的规划以及采购项目管理，因此需要尽早获得整车项目的外购件清单。

面向智能制造及大规模个性化定制的体系，其产品规划阶段的业务转型主要考虑基于市场需求的产品规划和产品组合管理，以及各业务领域的早期介入。企业级 BOM 管理体系通过早期阶段的规划配置以及工程配置，以支持产品规划和产品组合管理；通过早期 BOM 支持各业务领域的早期介入与协同。由于早期 BOM 的产生是在具体的设计之前，这就要求对于传统的基于设计产生 BOM 的方式要进行变革。

产品开发阶段，企业级 BOM 主要通过工程 BOM 支持零部件设计以及寻源定点工作。基于系列化车型进行设计，需要最大化重用设计、重用零部件。从 BOM 体系角度来讲，需要采用与产品系列化设计一致，以及有利于设计、零部件重用的角度进行 BOM 组织。从采购业务角度来讲，寻源定点过程是伴随着产品开发过程不断展开的过程（按照长周期、中周期、短周期零件展开寻源定点工作）。产品设计的任何变化需要通过 BOM 传递到采购，才能保证研发、采购、供应商三者之间的信息高效同步。

针对智能制造及大规模个性化定制要求，车企需要在产品设计阶段重点考虑的业务变革包括：基于车型系列进行产品设计及数字化验证，以满足产品设计对多样化需求的考虑；模块化设计的思想需要在设计过程中逐步落地，以快速通过模块组合响应用户需求；通过面向成本的设计寻找降成本机会，在产品开发早期阶段有效控制产品成本。这三个方面的业务变革对于传统自主品牌车企都是巨大的挑战，需要企业级 BOM 体系来推动落地。这些业务变革对于 BOM 体系的要求是，BOM 的组织方式是全配置化超级 BOM 模式、BOM 支持模块的规划与定义、BOM 体系必须以高效的方式支持并行工程。

工艺设计以及生产准备阶段，需要通过制造 BOM 集中承载工艺设计结果以及生产准备过程相关信息。从智能制造及大规模个性化定制所要求的高效率运作来讲，必须保证这个阶段与上一阶段（及设计）的高效衔接。从设计到制造的业务层面和信息层面的一体化非常关键。就 BOM 体系而言，要求 BOM 组织方式一体化、变更管理一体化。所谓设计到制造一体化，从 BOM 层面来讲，是指发布的工程 BOM 要自动地、无遗漏地传递到制造 BOM；从变更层面来讲，是工程变更的内容能够自动地、无遗漏地传递到制造端。

为了保证业务和信息的高效对接，以下方面的最佳实践值得借鉴。

1）工程 BOM 的组织模式。采用面向制造的工程 BOM 组织是效率最高的模式，能够极大提高业务沟通效率和信息传递效率。这种组织形式的最大特点是 BOM 充分扁平化，工程 BOM 主要定义供货级别零部件在整车上的用法，如通用汽车，是这种管理方式的典型代表。对于大规模个性化定制业务模式，这种 BOM 组织方式的价值将会得到更为充分的体现。

2）制造 BOM 的组织模式。采用超级 BOM 可配置化模式组织制造 BOM。制造BOM 如果采用超级 BOM 模式，生产准备过程和工艺文件编制效率会大大提高。如某些国际著名车企，工艺文件上的零部件都会附带配置信息，一张工艺卡片可以表达一个系列车型某种品类的相关零部件的工艺信息，这样可以显著减少工艺文件的数量。同时，超级可配置化的制造 BOM 组织方式也有利于与工程 BOM 实现无缝对接，充分共享配置信息和变更信息。

3）变更与 BOM 数据的紧耦合。变更流程需要直接驱动数据状态变化，避免流程与数据的脱节。流程与数据脱节往往是导致数据状态更新不及时，最终导致数据不准确以及 BOM 之间数据不一致的关键原因。在大规模个性化定制的业务场景下，流程与数据的脱节将直接导致整个运营体系效率的下降，矛盾将更为突出。

生产物流阶段，物料筹措、物料拉动都依赖 BOM 进行。在汽车行业传统的大批量规模化生产的情况下，经历过试制阶段、生产爬坡阶段的验证，制造 BOM 相对稳定，虽然中间过程也会出现不少问题，但总体而言矛盾并不十分突出。但在大规模个性化定制的业务中，每个订单都有可能是不同的，因此尽早精准将订单车型所对应的零部件清单传递到生产物流，是保证物料及时筹措、准确拉动的关键。当零部件清单出错时，必然导致物料拉动出错，严重时会导致生产线停线。当每个订单的车型都不同时，传统的 BOM 组织方式会导致出错的概率非常大，生产线停线将是大概率事件。

售后支持阶段，要确保售后备件在产品上市时能够准备到位，在产品开发阶段要做大量的工作，包括维修策略的制定、可维修性分析、备件技术定义等。这些工作最终沉淀成一整套的售后服务 BOM。售后服务 BOM 包含了对于车型产品上市之后所有可维修件的定义，有了售后服务 BOM，才能进行备件采购、备货。

备件领域对企业级 BOM 体系的要求与制造领域类似，也是要做到一体化管理，即工程 BOM 数据以及工程变更能够自动、无遗漏地传递到售后服务 BOM。

二、 OTD 流程与 BOM

在大规模个性化定制模式下，OTD 流程的环节需要进行一系列变革。

首先，在销售预测和生产预测环节，目前许多车企以整车为单位进行预测的方式将会变得更为困难，更为有效的方式是以基础车型加选装的模式进行预测。在不同的预测周期，采用基础车型、主配置项、次级配置项，以逼近的方法预测不同配置车型的销量。物料需求计划基于不同配置预测的比例进行计算。在这种模式下，可配置化超级 BOM 的模式将成为一种必须，同时将发挥巨大作用。

其次是销售环节，未来大规模个性化定制对销售环节的转型要求较高，引导式销售将成为主要模式。在这种情况下，全企业统一的销售产品定义就变得非常重要。所谓统一的销售产品定义，包括哪些车型可销售、每种车型的选装选配有哪些、选择不同的装配价格差异多少等。对于企业级 BOM 体系而言，需要构建能够支持多渠道、多种营销模式的销售主数据，销售定价与销售点单基于这套销售主数据进行。销售主数据体现销售策略，形成引导式销售的基础数据。同时，用户点单基于销售主数据进行，必须保证用户的点单范围小于最大化设计范围，才能确保不会产生人为的特殊订单。因此，工程配置上的设计约束关系必须传递到销售端。工程上的变更，包括配置的变更以及设计约束关系的变化，需要及时准确传递到销售端。因此，在企业级 BOM 系统中构建一整套与产品工程紧密集成的销售主数据（销售配置数据）就变得非常重要。

再次，在大规模个性化定制模式下，由于生产的车型品种多样化，对生产的动态性要求提高，对于生产排程能力的提升与优化也变得十分重要。构建全配置化 BOM 体系将有助于生产排程优化的落地。

从客户的角度来讲，在汽车行业传统的大批量生产模式下，客户对于产品创造流程和 OTD 流程的参与非常少，甚至几乎没有。但在大规模个性化定制业务场景下，客户与主机厂的关系将发生大的变化。主机厂应该让客户尽可能多参与到产品创造流程和 OTD 流程中来，使产品尽量符合客户的要求。客户参与的典型环节包括产品策划、产品设计、销售点单等环节。我国部分车企 C2B 或 C2M 实践，也在逐步探索、推进客户在这些环节的参与，并且取得了意想不到的效果。例如通过点单行为分析能够得到客户的真实需求，从而进行更准确的销售预测，或者策划更精准的产品营销；又如请客户参与车型定价，得到的价格正态分布与企业的预期吻合度非常高等。

从以上所述可知，产品创造流程和 OTD 流程的各个环节都与 BOM 密切相关。面向智能制造及大规模个性化定制的产品创造流程和 OTD 流程的变革高度依赖于高效的企业级 BOM 体系的构建。

第三节 BOM 体系对提升大规模个性化定制所需关键能力的支撑

上述两节分别讨论了在智能制造及大规模个性化定制业务模式下关键业务能力要求，以及构建这种业务体系、实现这种业务转型高度依赖与之匹配的企业级 BOM 体系。本节从关键业务能力要求出发，探讨企业级 BOM 体系的关键能力或特征。

一、提高全业务链协同能力对 BOM 体系的要求

就全业务链协同能力而言，企业级 BOM 平台需要强大的信息集成能力。全业务链是否能够集成，取决于信息流是否贯通。企业级 BOM 通过产品定义维度，建立全业务链的信息索引，基于这一信息索引整合不同业务领域的业务和不同业务领域的关键应用系统。企业级 BOM 平台最重要的能力或职能是跨业务链的协同，主要包括以下六方面。

（一）产品规划与产品设计领域的协同

产品规划的结果是产品设计的直接依据，且在产品开发过程中可能存在车型配置的变化，需要从源头产品规划开始进行确认。这个管控是产品能准确体现规划内容，且不至于由于规划的不断改变而导致产品开发体系不能按照一定规范进行的保证。企业级 BOM 需要提供产品策划阶段的配置管理，以支持产品规划和产品设计的协同工作。

（二）成本、重量与产品设计的协同

成本管理、重量管理在车型正向开发过程中是一项非常重要的工作。车型开发早期需要制定车型的目标成本、目标重量，并且分解到零部件层级。这一过程是成本部门、重量部门与设计不断沟通、协调的结果。企业级 BOM 需要通过早期 BOM、工程 BOM 支持成本 BOM、重量 BOM，基于成本 BOM 和重量 BOM 开展成本分析、重量分析工作。

（三）研发、采购的业务协同

对于一款新车型开发，采购的主要工作对象是该款车型的外购专用件。采购的要求是能够及时获取新车型的外购专用件清单，基于这些清单开始采购相关工作。企业级 BOM 系统通过早期 BOM、工程 BOM 为采购提供外购专用件清单，同时通过与采购业务系统的紧密集成实现产品研发与采购工程业务的协同。

（四）研发与工艺、制造、生产物流的协同

颜色管理、合件业务、工程变更等业务都涉及研发、工艺及制造的协同协作，而这些工作都与 BOM 密切相关。生产准备过程涉及采购、物流等各个业务部门，企业级 BOM 通过制造 BOM 集中承载生产准备过程相关信息，驱动各个业务部门的工作。

（五）研发与售后、制造业务领域的协同

售后备件基于工程开发的结果以及售后市场需求进行定义，这一过程是代表售后维修需求的备件工程师与设计工程师共同工作的结果。同时，自制备件的定义以及生产都与制造密切相关，生产切换是备件生效性判断的一个直接依据。

（六）研发、生产与市场、销售业务领域的协同

如前所述，对于大规模个性化定制业务，销售点单非常重要。但销售点单需要一整套销售主数据的支持，且销售主数据需要与工程配置数据紧密集成。销售主数据的定义本身是以市场为主体、研发及销售共同参与的结果。

总之，企业级 BOM 就是要通过建立起一条贯通整车开发各阶段的产品主数据索引，通过这一索引触发各领域业务的展开；同时，正是由于这一信息索引的建立，使得各业务领域的应用系统围绕企业级 BOM 平台实现紧密集成成为可能。这些集成包括研发领域的 PLM 系统、采购领域的采购业务系统、工艺平台、ERP/MES、营销平台等应用系统集成。以企业级 BOM 平台为核心，实现信息流贯通基础上的业务流贯通，使得产品策划、产品开发、生产准备、采购物流、销售售后、市场营销等各

业务领域基于统一平台协同协作。

二、 提高产品管理能力对 BOM 管理体系的要求

大规模个性化定制并非针对每个个性化需求完全从头开始进行设计，否则无法满足用户交付时间要求和企业内部的成本要求。只有产品组合方式才是唯一可以达到交付效率和成本目标的方式。这样，产品的组合越多，能满足市场多样性的程度越高，能应对的个性化订单越多。因此，面向大规模个性化定制的业务，必然是产品极大丰富、有着"无穷"多种组合的可能。那么，如何管理极大丰富的、有着各种组合可能性的产品将是一个十分棘手的问题。企业级 BOM 平台需要从以下两个方面帮助企业提升产品管理能力。

（一）形成统一的产品型谱定义

产品型谱是产品规划的核心内容，是产品通用性和系列化两种标准形式的结合与发展。其内涵是用最少数目的不同规格产品构成的、列出企业已有的和将来要发展的全部产品，并能满足可预见到全部使用要求的产品系列。对于汽车行业而言，产品型谱就是要定义车企已有的和将要发展的车型平台、系列、工程车型等不同层级的车型，以及不同层级车型之间的关系，确定每一层级车型的决定参数。因此，产品型谱在汽车行业又叫作车型型谱。

通常可以看到，在一个企业内，不同的业务部门对于本企业的车型有不同的编码方式、不同的叫法，这将增加部门之间的隔阂，造成沟通不畅，从而造成运营效率的下降。这都是企业没有规范车型型谱造成的。

正是因为产品型谱是通用性和标准化发展相结合的产物，规范化的车型型谱规划与定义有利于充分利用已有的设计成果进行新车型设计，从而达到降低车型开发成本、缩短开发周期的目的。

车型型谱是各个业务领域都需要用到的车型关键主数据，并且与车型配置化管理密切相关，因此适合于在企业级 BOM 系统中进行统一管理。

（二）建立全企业范围内的配置管理体系

车型的配置准确定义了一个车型，一个车企规划哪些车型、设计哪些车型、生产哪些车型、销售哪些车型，通过车型配置关系来表达。整车开发各个业务领域基于车型配置规范语言进行交流以及开展工作，不仅提高了沟通效率，而且由于基于同样的信息基础开展工作，保证了各业务领域业务模式的统一，基于系列化车型开

展各个层面的工作效率得以提升。

企业级 BOM 管理平台需要支持全企业配置资源定义，确保配置资源数据的唯一性、时效性；管理好不同阶段的车型配置，包括规划阶段、设计阶段、生产阶段以及销售阶段；同时，在超级 BOM 模式下，车型配置数据不仅仅是一份业务数据，而且是直接驱动 BOM 解析的关键信息，因此需要管理好配置数据与 BOM 数据的关系，以及在发生各种变更的情况下，配置数据与 BOM 数据的生效性同步。

需要注意的是，车型配置数据虽然与 BOM 数据密切相关，但车型配置数据是一份独立的业务数据，解析 BOM 只是其中的一项职能，其更为主要的功能在于车型规划、车型定义，因此不能将车型配置数据作为附属信息附加在 BOM 上。

三、 模块化设计对 BOM 管理体系的要求

模块化是一种设计思想，对于大规模个性化定制业务的重要性是不言而喻的。通过模块的组合实现产品多样化，无疑是提高订单响应效率以及降低成本最有效的方式。但模块化对于企业而言并不容易，除了设计思路的转变之外，BOM 的支撑作用不可小觑。

首先，模块需要作为一种企业资源进行定义。在面向大规模个性化定制的场景中，模块不仅仅是设计的概念，而且是采购、物流、销售、定价等各环节都需要应用的概念，因此需要建立企业统一的模块定义库，以统一各业务领域对于模块资源的理解与应用。模块资源的集中统一管理，也有利于模块的重用以及新模块的规划与设计。模块资源集中统一管理需要与 BOM 管理结合起来，从 BOM 层面体现模块要素。模块的产生也和零部件的产生一样，需要受到一定的流程控制，需要有模块本身的发布以及被用到车型上的发布。模块的变更会影响零部件的变更，进而会影响各种形态的 BOM。因此，当业务实现模块化转型时，必须要靠BOM 来落地。

其次，模块化是在零部件、总成、组件基础上进行系列化设计的结果，因此模块本身代表了一种或者多种配置及其组合。汽车行业的企业级 BOM 必然是一种全配置化的管理模式，车型配置之间的组合关系与模块化密切相关。利用企业级 BOM 所定义的配置资源，帮助设计人员提高模块规划的效率，使模块与车型配置以及 BOM 的关系更为紧密，从而提高整个业务链的效率，将是未来大规模个性化定制业务背景下企业级 BOM 一个能够发挥重要作用的领域。

四、 并行工程对 BOM 管理体系的要求

并行工程的落地在于信息的及时与充分共享。BOM 作为贯穿企业各个业务链的关键信息，是实现并行工程的基础性要求。并行工程对于 BOM 的关键要求可以概括为以下两个方面。

（一）BOM 产生的时点要满足并行工程的要求

整车开发规划、概念阶段，存在着各业务领域的协同工作。这些工作开展得越及时、充分，整车开发过程将越顺利、开发周期越短、问题越少。但这些工作的展开需要基础信息的支持，这个基础信息就是 BOM。正如前面所讨论的，先期的成本分析、采购寻源定点活动等，都依赖于有一个高质量的 BOM。这些业务正是在 BOM 的触发下展开的。传统车企之所以前期的协同非常困难，一个重要的原因就是没有高质量的 BOM。因为传统车企一个可供下游各业务领域开展工作的 BOM 都严重依赖设计，只有整车、零部件设计达到一定成熟度之后，BOM 才具有可用性。有的车厂 BOM 的发布甚至都晚至生产准备的启动时点，这也就意味着在生产准备启动之前，各业务领域的工作是难以以 BOM 为线索展开的。在这种情形下，管理必然是粗放式的，同时由于信息不足，各部门的信息严重不对称，并行工程事实上无法展开。

由于各部门很多协同工作的开始时间点早于设计，基于设计自然产生 BOM 的方式显然不能满足要求。这就促使我们必须重新考虑 BOM 的产生方式，即从传统的设计驱动 BOM 的模式向规划驱动 BOM 的模式转型。从业务逻辑的关联性来看，满足并行工程的要求、满足上下游各业务领域协同的要求，由设计驱动 BOM 的产生向由规划驱动 BOM 的产生转变似乎不可避免。事实上，汽车行业是一个非常成熟的行业，整车的结构都基本稳定，而一个新车型开发之初，很多东西是可以借鉴、沿用的。这就给以规划的方式产生 BOM 创造了条件。

规划驱动 BOM 产生的合理性在于：正如第一章论及 BOM 概念时所谈到的，如果不考虑生产制造特性，BOM 就没有实际意义。因此，BOM 的产生本身不只是考虑设计维度，而是设计、工艺制造、采购物流等多方面业务的结果，这一过程如图 2-2 所示。

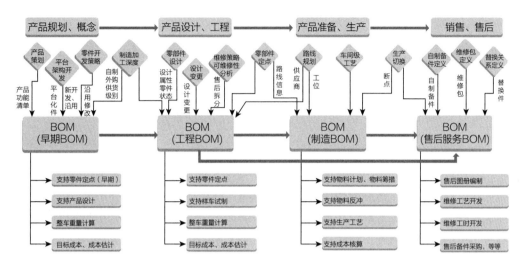

图 2-2　规划驱动 BOM 模式

　　在产品规划、概念阶段，基于产品策划所规划的产品功能清单、平台架构开发所考虑的平台化件、基于相似车型所考虑的零部件开发策略，以及基于企业制造加工策略与供应商策略考虑的制造加工深度规划产品早期的 BOM。随着设计工作的展开，零部件成熟度不断提高，设计信息进一步丰富，设计变更的受控程度进一步加强，BOM 由此演进到工程 BOM 阶段。工程 BOM 仍然服务于采购成本、制造等各业务领域，并在工程发布阶段进行正式发布，作为下游制造、售后等业务领域业务开展的正式依据。从生产制造维度看，随着生产准备工作的展开，零部件的寻源定点逐步完成，即零部件供应路线确定；同时，根据工厂布局安排路线规划、工位定义，并且确定每个零部件的投产生效时间，这就构成了制造 BOM 的主体内容。制造 BOM 作为集中承载生产准备过程相关信息的载体，主要为物料需求计划、生产物流服务。从售后服务维度看，在产品设计阶段即开始根据市场维修需求以及备件盈利策略定义售后备件，确定售后拆分件、自制备件等；并跟踪每个变更单，确定每个变更件的替换关系；同时要考虑同步制造 BOM 上的切换时间。这就构成了售后服务 BOM 的主体内容。售后服务 BOM 作为承载备件技术定义的信息载体，主要为备件供应链的运行以及备件电子图册的编制服务。

　　在上述 BOM 形态的演变中，一直贯穿着一条不变的主线，即锁定了制造加工深度的零部件。这一条主线是设计、采购、工艺制造等业务领域共同参与的结果，同时，无论从产品设计、采购、成本控制、制造物流还是售后等不同业务角度，这些零部件都是各业务领域工作的核心。各阶段的 BOM 只是围绕这一核心添加各个领域的相关信息。因此，BOM 就像血液，携带着各领域的"养分"，在企业这一"人体"中流动。因此可以说，BOM 既是并行的结果，同时又服务于并行工程。

（二）需要建立满足并行工程所要求的 BOM 发布与共享机制

BOM 创建的目的就是要服务于各业务领域的业务工作展开。因此，BOM 的发布机制与共享机制非常重要，特别是在产品开发的早期阶段。

在产品开发的早期阶段，各业务部门越提前介入，产品后期的问题越少，后期各阶段工作越容易展开。这些道理很浅显，各业务部门人员也非常清楚、非常理解。但事实上，各业务领域的早期介入是非常少的，或者说，即使介入，效率也非常低，导致最终难以为继。主要困难在于：信息不能充分共享，导致业务工作难以实质性展开；早期变化特别大，如果采用正式的工程变更控制，会降低设计效率，如果不采用工程变更控制，相关业务部门又不能得到有效的变更信息，造成数据状态模糊、各部门工作的基础不一致。

因此，企业级 BOM 平台需要建立起 BOM 在早期阶段的高效发布及共享机制，在不影响设计效率的前提下，各业务部门能够得到早期介入的关键，并同步此后的变化，一目了然地识别变化点，使得各业务领域的工作可以基于变化点展开。这个发布方式和共享方式将在后面的章节中详细展开。

五、 提升客户沟通能力以及客户参与度对 BOM 管理体系的要求

面向智能制造的大规模个性化定制业务中，客户有效参与到整车开发及整车交付过程将是一个体现整车厂业务差异化和产品能否准确瞄准市场需求的关键点。客户参与可能在各个环节，如产品策划环节、产品设计环节、销售预测环节、产品定价环节、销售点单和订单处理环节。大规模个性化定制就是要打通客户与企业内部流程之间的壁垒，形成一个面向客户需求的灵活的供应链体系。在这个体系的形成过程中，围绕 BOM 为核心的一整套配置体系、变更体系的建立是重中之重。

但汽车是一个非常复杂的产品，整个研发体系、供应链体系就其复杂性、广泛关联性而言，比喻为大象一点也不为过。要求大象随着客户的需求翩跹起舞谈何容易！举个例子来说，面向客户可自由选配的产品销售，客户的一个"简单"的点单行为可谓牵一发而动全身，将给这个庞大的体系带来非常艰巨的挑战。图 2-3 表达的是一个点单行为给企业带来的挑战，以及需要怎样的 BOM 体系支持。

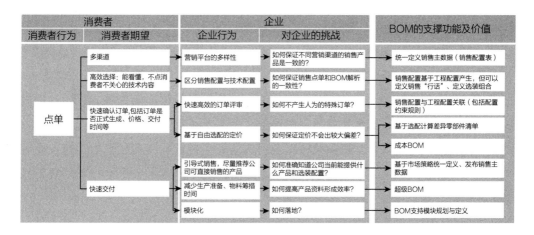

图 2-3　自由选配模式带来的挑战及需要的 BOM 支持

从客户角度来看，点单应该是一个非常轻松的事情，客户的基本期望有如下几个方面。

（一）可以有多种方式

随着互联网及电子商务越来越深入应用，普通消费者对于购买行为也在不断与时俱进，传统的 DMS 模式将日渐式微，取而代之的是各种基于互联网的渠道，包括车企的销售官网、各种专卖店，甚至社交软件如微信等平台的专店等。虽然销售渠道多样化，但不同渠道的信息应该是一致的。这就要求车企面向不同的营销平台提供一致的销售车型、车型配置以及用户可选配置的定义。因此，多渠道销售以及多样化的营销平台要求企业定义统一的销售资源，或者说是销售主数据。

（二）简单、高效地点单

互联网应用的一个重要特点是用户可以"无师自通"，不经过培训和特别的咨询就可以轻松完成点单。为了满足这一要求，企业必须考虑区分销售配置和技术配置：纯技术要素和不涉及用户关注点的要素不应该让客户来选择；同样一个配置项，纯技术角度的描述往往不利于客户，特别是普通消费者理解，或者不能体现销售亮点，因此要有一整套销售"行话"。这样，将销售配置与工程配置（技术配置）区分开来，确实将解决用户高效点单的问题，但是如何保证前端的点单行为落在最大化设计范围之内？也就是说，作用在工程配置上的一系列设计约束关系如何推送到销售端，使之成为销售引导的规范，从而制约用户的点单行为，将成为一个难题。企业级 BOM 就是要建立起面向技术策划与产品设计的工程配置与面向销售策略的销售配置之间的关系，既要解决客户点单简单、高效的问题（通过独立的销售配置表），又要解决销售配置因缺少与工程配置之间的关联而导致人为特殊订单问题。

（三）快速确认订单

在大规模批量生产的模式中，确认订单不是太复杂。但在个性化定制模式下，订单的确认涉及设计、生产准备、生产物流、定价等各个层面的内容，如果这些内部流程不能快速响应，那么简单地在销售层面为了提高客户满意度而快速确认订单，将是一件风险较高的事情。比如某些车企目前就发生过这样的问题：为了快速给客户反馈，针对客户点选的一个特殊配置项，"拍脑袋"确定了一个价格，最终发现车企在这项配置上亏钱了。

综合而言，对于快速确认订单的要求，企业需要做好两件事情。第一件事情是提高订单评审效率。如果 BOM 系统能够做到销售配置与工程配置的一体化管理，则会减少由于点单的随意性而产生特殊订单的机会，同时也有利于迅速判断订单是否在设计范围之内，这无疑对订单评审、确认的效率提升起到非常关键的作用。第二件事情就是基于自由选配的定价。在传统车企车型比较固定的情况下，整车的定价可以是比较粗放式的，个别配置的增减在定价层面可以不用考虑太细，只需要保证整车盈利即可。但在可自由选配的模式下，单个配置变化导致价格的变化就需要进行精细化管理，否则很有可能该订单是不盈利的。定价是一个综合性问题，既要考虑零部件的成本，顾及企业的盈利要求，也要考虑市场上同类产品的价格。从 BOM 应用角度来讲，抛开定价策略不谈，定价的前提至少要搞清楚选择这种配置导致的零部件差异在哪里，以及这些差异化的零部件的成本。在这些信息的基础上进行合理定价，才会保证客户的满意度和企业的盈利。而这些都是需要 BOM 体系进行支撑的。

（四）快速交付

大规模个性化定制业务中，产品的交付周期同样是一个影响客户满意度的非常重要的关键绩效指标（Key Performance Indicator，KPI）。

为了缩短交付周期，车企应进行模块化设计以及引导式销售。模块化设计和引导式销售都是尽可能通过产品组合来满足客户的需求，这毫无疑问对于缩短交付周期将有非常大的帮助。

但即便是可以通过产品组合满足客户需求，产品的交付时间也不见得很短，因为还有一个生产准备的过程。如果每个订单车都是独立的单车 BOM，不存在基于车型系列或者平台的超级 BOM，那么基于客户的订单所确定的车型配置，也不能够迅速确定需要哪些零部件，更不用说确定该订单所涉及的每个零部件的生产准备状态了。因此，要提高生产准备过程、物料筹措过程的效率，必须要有更为高效的 BOM 组织方式。

由上述分析可见，客户参与的一个简单行为，可能导致企业内部非常棘手的问题，需要由灵活的体系去应对。这种灵活的体系，不论是研发层面、供应链层面还是营销层面，对 BOM 体系的基本要求是，建立一个研发、生产、销售一体化的配置管理体系，并基于此体系管理配置化超级 BOM。

六、 提升柔性制造能力对 BOM 管理体系的要求

柔性制造能力是先进制造技术的关键内容，而在工业 4.0 时代或者我国制造 2025 规划中，智能工厂、智能物流正是围绕柔性制造能力开展的探索与实践。

在大规模批量生产模式下，工厂的管理容易做到标准化、规范化。但个性化定制业务模式下的多品种、小批量生产可能对刚性的生产线带来一定冲击。生产线将需要灵活应对多种不同配置车型的生产。而 BOM 体系在支撑这一转变过程中将发挥巨大作用。对于 BOM 体系建设而言，相应地需要从以下层面考虑对这一应用场景的支持。

1）需要支持混线生产模式甚至同一辆车的跨线生产模式。大量不同配置、不同颜色的车在一条生产线进行生产将是常态，同时考虑到不同车间的特点以及生产线的平衡，有可能会出现同一辆车跨生产线生产的情况，制造 BOM 要面向这种需求进行定义。

2）支持更为灵活的物料拉动模式。BOM 是物料拉动最为关键、最为基础的信息，通过制造 BOM 集中承载零部件采购路线信息、工位信息、库位信息等，确保这些信息的一致性、时效性，将使得物料拉动、组单变得更为快捷、方便。

3）完全打通 ERP、MES 等下游生产系统。高度柔性的制造体系需要强大的 ERP、MES 的支撑，但仅有这个显然不够，因为主数据的不及时、不准确将导致 ERP、MES 无法正常工作。企业级 BOM 平台必须保证这些制造主数据是通过系统无缝集成的模式传递到 ERP、MES 的，而不需要针对生产订单手工在 ERP 系统中临时维护制造 BOM 数据，这是基本要求。

对于以上三点，我国的部分汽车企业实际上早已实现。如上海的某自主品牌车企信息化规划比较完整，且各业务领域的应用系统做得比较深入。从制造执行角度来看，该车企向上与 ERP 连接、向下与工厂设备层连接，并通过企业级 BOM 系统提供与准确的生产订单相关的物料清单，支持各种物料拉动模式。

但未来的数字化、智能化工厂的前景还远不止于此，具有百年荣耀的福特流水

线生产方式将受到冲击,甚至彻底打破。各种先进的技术将加入进来,如无人机物流、3D 打印等技术在车间的应用。这些将对制造 BOM 的灵活性有更高的要求。因此,以上三点只是在柔性制造能力方面最基本的要求。我国大部分车企离这个要求还有相当距离。也许有人设想,在未来各种高科技手段引入车间的情况下,是不是可以"弯道超车"越过这个阶段呢?我想这是不可能的,不论多么智慧的工厂和多么智慧的物流方式,针对订单的精准的物料清单是必不可少的和基础性的要素。

总之,传统车企在向面向智能制造及大规模个性化定制的业务转型过程中,必将充满挑战,甚至体系上的"阵痛",由很多关键能力需要在此过程中逐步建立、提升。BOM 管理体系的建设必须走在前面,为这些能力的提升提供必要条件,为业务实现成功转型创造基础。为了支撑关键能力建设以及实现业务转型,BOM 体系必须具备以下关键特征。

1)BOM 体系必须面向跨业务链协同,起到整合各业务链的作用。必须支持各业务领域尽早参与到产品开发过程中来。

2)BOM 体系必须支持面向系列化产品规划、产品设计、生产准备过程,通过配置化实现产品多样性以及产品组合管理。

3)BOM 体系必须支持模块化设计在产品数据层面的落地。

4)BOM 体系必须支持高效的 BOM 组织模式,包括采用配置化超级 BOM 等模式以提高生产运营效率。

5)BOM 体系必须支持研发、制造、销售一体化运作,确保产品创造流程和 OTD 流程充分融合,以提高对于客户订单的响应能力。

6)BOM 体系必须能够整合各业务领域的关键应用系统,典型的如研发领域的 PLM 系统、采购领域的集成采购业务系统、生产领域的 ERP 系统和 MES 系统、销售领域的营销系统,以及售后领域的备件供应链运行系统和售后服务系统。

第三章
企业级 BOM 架构探讨 ////

第一节　整车开发过程中的 BOM 形态

整车开发过程中，在不同阶段和不同业务领域有不同的 BOM 形态。各企业由于习惯等因素，对各种 BOM 形态的叫法并不统一。为了后续探讨方便，本节首先从业界比较流行的叫法来统一定义各 BOM 形态，明确各形态 BOM 的内涵、服务对象及作用。这些 BOM 形态包括早期 BOM（Early BOM）、工程 BOM（Engineering BOM，EBOM）、CAD BOM、成本 BOM（Cost BOM）、采购 BOM（Purchasing BOM）、试制 BOM（Prototype BOM）、工艺 BOM（Process BOM，PBOM）、制造 BOM（Manufacturing BOM，MBOM）、服务 BOM（Services BOM，SBOM）、打散（Knock-Down，KD）件 BOM（KD BOM）等，如图 3−1 所示。

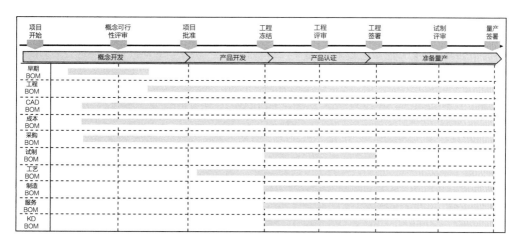

图 3−1　整车开发过程中的 BOM 形态

一、 早期 BOM

早期 BOM 是指在整车开发策划阶段，根据市场目标对将要投入开发的整车项目进行评估所需的整车 BOM。早期 BOM 是在平台车型架构、车型规格式样书以及相似车型等输入要素的基础上，考虑新车型零部件开发策略的结果。早期 BOM 的形成过程是考虑平台规划、新车型市场需求、模块化规划，以及车型项目财务目标、企业制造能力、供应商体系等基础上进行零部件重用决策的过程。

早期 BOM 的发布是对新车型计划采用哪些零部件的确认。因为是早期，所以在后续的过程中难免有变化，甚至有较大调整。但这种早期阶段的确认是非常必要的，这使得成本、重量、先期采购等工作的开始有了依据。特别是成本要素，因为财务指标是新车型开发在规划阶段非常重要的决策依据，而这些指标的评估必须基于精细化的成本评估基础之上。高质量的早期 BOM 决定了产品策划阶段成本评估能否做到精细化。

早期 BOM 在正式开始进行工程开发之后转入初始工程状态，形成初始化的工程 BOM。

二、 工程 BOM

工程 BOM 的核心是面向量产定义零部件在车型上的使用关系，简而言之，即定义量产时所用到的零部件清单。工程 BOM 的发布代表对车型、零部件使用关系的确认，是下游各业务单位开展工作的正式依据。

工程 BOM 因为其服务对象与早期 BOM 类似，都是服务于整车开发过程中参与的各个业务部门（而不仅仅是设计），包括成本、采购、工艺、售后等，因此其管理内容、组织形式最好与早期 BOM 一致。其区别在于，早期 BOM 代表的是车型与零部件关系的规划，可变性较大；而工程 BOM 代表的是车型与零部件关系的正式确认，后续的变化需要更为严格的变更控制。这种关系如图 3-2 所示。

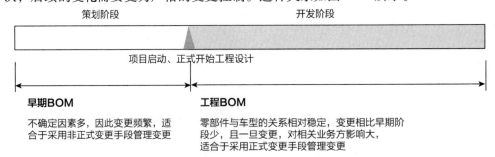

图 3-2 早期 BOM 与工程 BOM 的关系

因此，早期 BOM 和工程 BOM 是同一种 BOM 形态在车型不同成熟阶段的体现，二者的关系是一脉相承的，其核心是体现车型与零部件的使用关系。早期 BOM 是零部件针对车型的规划，工程 BOM 是零部件针对车型的正式确认与发布。随着零部件开发工作的不断展开，工程设计相关的信息，比如零部件的数模号、数模版本、图纸号、图纸版本、计算重量等，也会以早期 BOM（对于沿用件）／工程 BOM 为载体，将这些信息传递到相关的使用者。

三、 CAD BOM

整车开发和零部件设计过程中，将产生大量的数模和图样。并且随着 CAD 技术应用的不断深入，如基于上下文的设计、数字化样车（DMU）等的应用，数模关系的组织变得越来越复杂，需要基于这些应用合理组织数模和图样数据。CAD BOM 正是为了满足这种要求而产生的一种产品数据管理结构。这种结构具有以下特点。

（一）CAD BOM 是面向设计内部跨设计专业协同的产品结构

汽车是一个非常复杂的产品，汽车产品的设计分工非常细，是一个多专业、多学科共同协作的结果。CAD BOM 必须面向如何帮助不同设计专业组有效开展工作而构建。因此，CAD BOM 往往针对整车划分不同的工作包来指导开发工作。工作包一般的组织方式如下。

1）将项目所有设计工作组织成工作包，工作包是项目中最小的交付单位。

2）每个工作包对应一名负责人，所有成熟度与校审会签工作都以工作包为单位开展。

3）工作包是本专业内可独立完成的设计任务，可用于与其他专业进行沟通、协调。

4）工作包按某项功能或位于某个区域进行切分。

从广义的设计概念，工艺设计也是设计的一部分，特别是涉及三维工艺验证与工艺设计，与 CAD 的关系更为紧密。因此 CAD BOM 必须支持产品设计与工艺设计的协同。

（二）CAD BOM 以几何信息为核心表达设计层级关系的产品结构

CAD BOM 构建的目的是更好地管理数模结构和组织 DMU，因此其构成方式、管理内容应该以如何高效地发挥三维工具的作用、应用先进的设计思想和设计工具为出发点。

总之，CAD BOM 是支持产品设计的过程数据，与面向量产进行车型、零部件关系发布的工程 BOM 存在本质的区别。

四、 成本 BOM

成本 BOM 主要用来进行目标成本分解、设计阶段成本评估以及量产阶段成本核算。因此成本 BOM 是贯穿产品策划、产品设计、生产准备、量产等全过程的一种 BOM 形态。

成本 BOM 的主体内容来自早期 BOM、工程 BOM、制造 BOM。这些 BOM 形态上的零部件构成了整车成本分析的主体。但从成本构成角度来讲，还有一些与成本相关的因素要考虑，比如原材料、包装材料等，都会影响成本分析，因此也需要体现在成本 BOM 上。

在进行成本分析时，需要针对零部件进行成本分解，如零部件的直接物料成本、制造成本、物流成本、研发分摊、模具分摊等。因此，每个零部件按照成本要素分解的成本是构成成本 BOM 的另一个要素。由于同一个零件，来源不同、供应商不同、送货地点不同，其成本及成本的构成都有可能不同；同时，由于原材料价格波动、汇率波动以及降价措施等因素，同一零部件不同时期的成本构成也是不同的。尤为复杂的是，采购模式也会影响到成本的构成，如直购模式、有偿调拨、无偿调拨等对于二级零部件的不同采购策略会影响到一级零部件成本的算法。这些因素使得成本 BOM 非常复杂。

成本分析时，需要从不同层级进行统计，如整车层级、系统层级、子系统层级、模块层级等。这样，就要求成本 BOM 有基于成本分析角度的结构。

正是因为成本分析伴随整车开发全过程，且成本 BOM 的主体内容（装车零部件清单）来自早期 BOM、工程 BOM、制造 BOM，所以成本 BOM 本质上是基于早期 BOM、工程 BOM、制造 BOM 的应用。在整车开发不同阶段，需要与相应阶段的 BOM 形态进行信息同步，以确保成本 BOM 准确反映了当前的变更。

五、 采购 BOM

采购 BOM 是服务于采购业务的一种 BOM 形态。采购业务包括先期采购项目管理、寻源定点以及采购订单执行等过程。在不同阶段，采购业务人员对于采购 BOM 的要求也有所不同。

在先期采购业务（包括采购项目管理、寻源定点）中，支持采购业务的主要是针对车型的外购件专用件清单，因为对于新车型项目的采购寻源定点而言，主要是针对新的采购件。沿用件往往已经完成寻源定点而不需要纳入新车型项目的先期采购业务进行跟踪，除非有工程变更发生。采购执行阶段则需要经过合并的所有外购件清单（车型上同一零件号用在不同的地方，对于采购订单而言无差别）。满足上述两种不同采购业务场景的外购件清单就是业界所说的采购 BOM。

在早期 BOM 和工程 BOM 上，一般都会定义零部件供货级别及来源，即定义了一个零部件是自制还是外购或者是二级采购。根据这个信息即可获得相应的外购件清单，以满足采购业务的需要。因此，采购 BOM 不是一种像早期 BOM、工程 BOM、制造 BOM、售后服务 BOM 一样的独立的 BOM 形态，而是从早期 BOM、工程 BOM、制造 BOM 上根据零部件来源获得的一个零部件清单，因此属于早期 BOM、工程BOM、制造 BOM 的一种应用。

六、 试制 BOM

试制 BOM 是一种指导样车零部件试制计划、样车装车的 BOM 形态。在样车试制过程中，工程 BOM 上的零部件开发状态不一，有些零部件需要采用手工件或替换件装车，或者需要采用试制工艺或试制工艺商，因此装到每辆试制车上的零部件与最终量产状态可能存在差异。试制 BOM 就是记录这种差异的信息载体。

试制 BOM 按照整车试制计划，在工程 BOM 以及设计人员对于工程 BOM 上零部件状态确认的基础上产生。同时，由于试制过程本身是对设计的一种实物验证，在试制过程发现的设计问题（如在装车过程发现试制 BOM 漏件、错件等）将以工程变更单的方式进行修正，反映到工程 BOM 上。

七、 工艺 BOM

工艺 BOM 是反映产品加工、装配过程的一种 BOM 形态，是工艺设计过程的反映。因此，工艺 BOM 结构往往是与工艺设计文件相匹配的。

在汽车行业，不同的工艺对于 PBOM 的要求不太相同。如车身和总装，其PBOM 的管理内容存在较大差异，对于车身而言，PBOM 主要要反映车身焊接和拼装过程；对于总装而言，则主要是定义总装零部件的路线及工位等。

在三维工艺验证与设计软件中，一般会将工艺结构定义为工艺过程清单（Bill of Process，BOP）。我认为这种定义更为合理，因为就三维工艺验证与设计的信息源头而言，工艺结构应该来自 CAD 结构（如车身焊点信息等），用 BOM 来表达工艺过程结构并不确切，有泛化 BOM 概念之嫌。

对于很多整车厂，PBOM 主要是以反映总装要求为主，体现零部件路线、工位、辅料等工艺规划与设计结果信息的 BOM 形态。本书以后章节对于 PBOM 的讨论，主要是基于这种状况而言。

八、 制造 BOM

制造 BOM 是面向生产和物流定义的一种 BOM 形态。一个零部件在工程上发布了、在工艺上发布了，不见得立刻可以用到生产上去，还需要考虑诸如供应商状况和库存消耗等要素。因此，制造 BOM 一个最核心的管理要素在于确定零部件的投产时间。

一般当整车在不同制造基地生产时，投产时间不一定相同，因此制造 BOM 一般面向不同制造基地进行构建。

部分车企在海外投资建厂，海外工厂进行整车生产所用到的 BOM 同样也属于制造 BOM 的范畴。

九、 服务 BOM

服务 BOM 又称售后服务 BOM，是基于售后维修部门的要求（满足客户满意度和本企业内部备件盈利要求）而进行的车型备件技术定义。服务 BOM 作为售后维修的主数据，主要支持备件供应链的运行和售后电子图册的编制。

服务 BOM 基于工程 BOM 产生，管理的主要内容包括售后备件专用件（基于维修要求的拆分件、自制备件以及维修包等）、售后替换关系等。

同时，服务 BOM 需要同步零部件的切换时间，因此服务 BOM 需要与制造 BOM 同步。

十、 KD BOM

KD BOM 是面向海外 KD 工厂的包装、运输等物流要求而构建的一种 BOM 形态。在以散件形式出口、到海外工厂进行组装的订单业务中，需要一份按照海外散件打包要求的准确的物料清单，即 KD BOM。

KD BOM 一般基于工程 BOM 构建，管理的内容包括 KD 专用件、KD 件的物流信息、供应商信息、属地化件清单等。

同时，KD BOM 也需要同步零部件的切换时间，因此 KD BOM 需要与制造 BOM 同步。

第二节　企业级 BOM 关注的重点 BOM 形态

车企 BOM 形态如此之多，从企业级 BOM 的层面来讲，应该重点关注哪些 BOM
形态呢？

一、 企业级 BOM 应具备的特征

根据汽车行业的实践，我认为从企业级层面关注的 BOM 形态应该具有以下
特征。

1）这种形态的 BOM 应该是具有跨业务领域协同价值的 BOM。当某种形态的
BOM 只是为某个业务领域服务时，往往这种 BOM 形态所承载的是该业务领域过程
性信息。且由于这个领域的专业性，其结构往往具有特殊性，不利于从企业级层面
构成完整信息链的一环。

构成企业级完整信息链一环的 BOM 形态，其构建的目的就是面向多业务领域协
同，而不是仅仅属于某个业务领域的应用。

2）这种 BOM 形态应该代表了一种在整车开发过程中面向量产的可重复使用的
企业资源。BOM 管理是一个严格受控的过程，之所以严格受控，主要是 BOM 数据
产生之后被多部门重复使用。如果数据只是一次性使用，那么其管理价值就很小。
从企业级层面关注的 BOM 形态，首先应该是大量重复使用的主数据，而非只是在特
定场合用到的数据或使用次数很少的数据。

3）这种 BOM 形态代表了整车开发过程关键数据的一种发布，而不仅仅是一种
应用。对于智能制造及大规模个性化定制而言，符合以上三个特征的 BOM 形态对于
产品创造以及 OTD 过程效率都有极大影响，因此是每个车企必须充分重视、从企业
层面进行高度关注的 BOM 形态。

二、 各 BOM 形态在三个特征维度上的评估

结合本章第一节中关于 BOM 形态的探讨，表 3－1 基于上述 BOM 形态在三个特
征维度上进行评估。

表 3 – 1　各 BOM 形态特性评估

BOM 形态	跨业务链特性评分	重复使用性评分	发布特性评分	总评分
早期 BOM	5	5	5	15
工程 BOM	5	5	5	15
CAD BOM	1	1	1	3
成本 BOM	1	1	1	3
采购 BOM	1	1	5	7
试制 BOM	3	1	3	7
工艺结构（BOP）	1	1	1	3
工艺 BOM[1]	5	5	5	15
制造 BOM	5	5	5	15
服务 BOM	5	5	5	15
KD BOM	5	5	5	15

① 工艺 BOM 指承载工艺结果信息的 PBOM。

表 3 – 1 中，我们对 11 种 BOM 形态按照三个维度特性表现的强弱分别打分，分值从 1 到 5，代表了由弱到强的次序。1 代表完全不具备这种特征，5 代表完全具备这种特征，中间值代表部分具备这种特征。下面分别就 11 种 BOM 形态及评估情况进行说明。

（一）早期 BOM

早期 BOM 构建的主要目的是为成本、重量等业务领域进行产品的早期评估、目标制定以及采购业务领域、工艺领域（大路线规划）的早期介入，因此其跨业务链协同价值非常明显。早期 BOM 代表的是对整车与零部件关系的规划发布，正是具有这种发布性质，早期 BOM 才能够成为各业务领域工作的基础。早期的并行工程工作基本依据此数据展开，因此早期 BOM 无疑是被广泛、重复使用的数据。

（二）工程 BOM

工程 BOM 代表的是一种面向量产零部件与整车关系的正式发布。工程 BOM 既是在设计阶段各业务领域并行工程（包括面向成本的设计、工艺制造的并行参与、采购项目管理及寻源定点、售后可维修性分析等）的基础，也是下游业务部门开始工作的正式依据。因此，工程 BOM 无疑属于跨业务链协同特征非常强，且在产品开发过程中不断重复使用的主数据。

（三）CAD BOM

CAD BOM 是高效进行数模、图样组织以及 DMU 组织的一种产品结构，主要用于设计内部。而设计结果的发布更多体现在数模和图样本身的发布上，而不是结构的发布。这个结构更多承载设计任务分工打包、设计过程跨学科基于上下文设计协同，以及基于 DMU 的要求进行整车装配与虚拟验证等信息与职能。正是由于这些特点，CAD BOM 的数据组织有其特殊性，比如重点在几何关系的表达、设计分工及 DMU 要求的各种中间层级等。数据的组织往往基于各种设计以及数字化验证的需要，随着设计的推进而具有多态性、易变性，因此比起面向量产的数据，其大量重复使用特性表现得不明显。

（四）成本 BOM

成本 BOM 是一种应用型 BOM，即本身不代表任何意义上的主数据定义，而只是为了进行成本统计、分析，在早期 BOM、工程 BOM、制造 BOM 的基础上形成成本分析图。其核心在于零部件本身的成本分解，结构（成本 BOM）只是起到辅助分析的作用；且结构随着早期 BOM、工程 BOM、制造 BOM 的变化而变化。不同阶段、不同分析维度都可能影响到成本 BOM 的构成，因此具有极高的动态性。

（五）采购 BOM

采购 BOM 作为一种应用型 BOM 的特征尤其明显，采购 BOM 也是根据早期 BOM、工程 BOM、制造 BOM 基于零部件的自制、外购特性形成的一份外购件清单。且零部件的来源（外购、自制）是基于早期 BOM、工程 BOM 而发布的，而不是基于采购 BOM 发布。但车型项目的外购件清单在采购业务领域是重复使用度相当高的数据。

（六）试制 BOM

试制 BOM 面向整车试制，虽然以试制业务部门为主体，但也包括研发、工艺、采购、物流等跨部门的协同。只是比起量产车而言，这种跨部门的协同特性相对弱一些。试制 BOM 代表试制车的零部件清单，且这一清单与工程 BOM 往往存在差异，因此试制 BOM 具有一定的发布意义（对某批次试制车零部件清单、状态的正式确认）。但比起面向量产的制造 BOM 而言，试制 BOM 往往是针对特定批次的试制车进行定义的，因此不是大量重复使用的产品主数据。

（七）工艺结构

正如 CAD BOM 一样，BOP 是反映工艺设计过程的数据，其结构具有特殊性，且往往局限于工艺部门内部使用。工艺数据的发布往往是以工艺文件为主体，而不是针对 BOP 的发布。特别是在三维工艺验证与设计环境下，BOP 与 CAD 结构密切相关，也同样存在动态性。

（八）工艺 BOM

工艺 BOM 承载工艺设计结果，代表了对于整车各零部件路线规划以及工位定义的发布。这些信息是很多业务部门工作的基础，如采购、物流等。物流拉动就依靠 BOM 上所携带的工位信息展开。毫无疑问，这些信息都是在量产过程中被大量重复使用的数据。

（九）制造 BOM

制造 BOM 代表了投产生效实践的发布。后续的一切生产、物流工作据此展开，ERP 的生产计划、物料计划等工作也是以制造 BOM 为源头数据展开的。

（十）服务 BOM

服务 BOM 代表了售后备件技术定义的发布。服务 BOM 是售后备件供应链运行的基础，涉及备件预测、备件采购、备件库存等多方面业务领域的工作。

（十一）KD BOM

KD BOM 代表了针对 KD 件工厂的车型 KD 件的发布。KD 领域的包装、物流、采购等工作基于 KD BOM 展开，毫无疑问，它也是一种重用度高、跨业务领域协同的主数据。

综上所述，车企在构建企业级 BOM 平台时，应该将不同 BOM 形态区别对待，特别是区分代表整车不同阶段数据发布的产品主数据含义的 BOM 形态和代表某个业务领域应用的应用型 BOM 形态，这样才能区分不同类型 BOM 的构建方式，避免传统车企经常面临的 BOM 形态之间转化的难题。

图 3-3 表现的是这几种 BOM 形态与企业级 BOM 平台及相关应用系统之间的关系。

图 3-3 中，早期 BOM、工程 BOM、工艺 BOM、制造 BOM、服务 BOM、KD BOM 等代表了整车开发过程中最核心的 BOM 形态，这些 BOM 形态都是面向跨业务领域协同、面向量产的大量重复使用，以及代表某个阶段产品定义发布的 BOM 形态。这些 BOM 形态构成了一条企业级信息索引，触发各个业务领域工作的展开。

而 CAD BOM 则是设计内部的一种应用，是 PDM/PLM 所涵盖的一种产品结构形式。BOP 与 CAD BOM 类似，是工艺设计、工艺验证业务的一种结构形式，在三维工艺平台上应用。

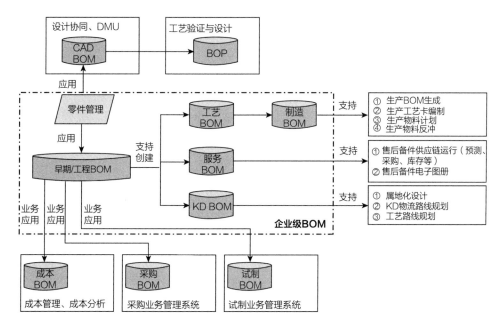

图 3 - 3　不同形态 BOM 之间的关系

　　一个信息化完善的车企，需要建立成本管理系统、采购业务系统以及试制业务系统。而成本 BOM、采购 BOM（外购件清单）以及试制 BOM 分别是这些系统开展业务的基础。这三种 BOM 形态属于典型的应用型 BOM，是早期 BOM 和工程 BOM 在不同业务领域的应用。

第三节　企业级 BOM 业务架构——BOM 是独立业务

　　一个汽车企业业务繁多，如产品策划、产品设计、采购、工艺制造、生产物流及销售售后等，都属于企业非常重要的业务。这些业务有各自的组织、流程、考核制度及信息化系统等来支持业务工作的展开。

　　BOM 问题一直是车企的一个难题，特别是在面向车型正向开发以及面对大规模个性化定制转型的情况下，BOM 的复杂程度和重要程度都是空前的。正是在这种背景下，BOM 作为一个企业层面的话题被提出，并且受到企业董事长和总经理级别领导的重视。但一个车企要将复杂的 BOM 问题解决好，首先应该将 BOM 作为一块业务独立出来，而不是其他业务的附属部分。所谓作为一块独立的业务来运作，是指像产品设计和采购等业务一样，要有相应的组织、流程以及相应的职能职责。与 BOM 组织相关的内容，我们将在第九章（企业级 BOM 规划、选型与实施）中探讨。

一、 整车开发过程中与 BOM 相关的业务

整车开发过程中与 BOM 相关的业务包括三个方面的内容以及两种类型的业务。

配置化管理模式决定了 BOM 的组织方式，而变更管理决定了各种不同 BOM 在大量设计变更情况下如何做到一致性管理。因此 BOM 本身的构建、维护与发布管理，决定了 BOM 组织方式的配置管理，控制 BOM 一致性的变更管理，这三个方面的内容构成了 BOM 管理的主要内容。正是因为配置管理决定了 BOM 组织方式、变更管理决定了 BOM 的控制方式，脱离配置谈 BOM 和脱离变更谈 BOM 都没有太大意义。因此，BOM 体系的建立，除了 BOM 本身的构建、维护、发布体系之外，配置管理体系和变更管理体系都是十分重要的内容。

两种类型的 BOM 业务，一种是企业级基础规范性的业务，与具体的车型开发无关；另一种是与车型开发过程相关的业务。

（一） 企业级基础规范性 BOM 业务

首先来看企业级与基础规范相关的 BOM 业务。这种类型的业务包括以下 7 方面。

1. 整车结构规范

很多国际著名车企都有一整套对本企业车型产品统一的产品结构以及零部件划分方式。这是一种十分值得借鉴的方法。我国很多车企也陆续采用这种方式，形成本企业规范化的整车结构。这一套整车结构规范与 BOM 管理体系关系密切，因此常常作为 BOM 管理体系的一部分纳入到 BOM 管理组织的范畴。

整车结构规范包括整车结构分解规范、各层级编码规范以及整车结构的发布规范等内容。

2. 零部件管理规范

零部件管理规范包括零部件编码规范、新件号申请规范、零部件命名规范、零部件描述规范、零部件的生命周期状态等基础规范，同时还包括各个业务领域对于零部件的属性要求等。

3. 特征管理规范

特征代表了一个车型的某种配置，在面向大规模个性化定制的业务环境中，特征将成为一种十分重要、运用十分广泛的工程规范。车企需要从编码、名称、分类等层面进行全局性的统一管理。

4. 配置管理规范

配置管理规范包括对整车开发各阶段相应的车型配置数据的定义规范、各种配置数据的编制及发布规范等。

同时，车型的配置信息是由各业务领域的工程师决定的，因此一张配置表，如工程配置表，来源于很多设计工程师的输入。因此需要制定如何协同这些工程师提供高质量的信息输入的相关规范甚至模板文件等。

5. BOM 管理规范

BOM 管理规范包括本企业对于各种 BOM 形态的定义、整车开发流程中对 BOM 这一重要交付物的具体要求定义、各业务领域所需要的 BOM 信息定义、BOM 的编制与发布规范等。

与车型配置信息一样，BOM 也是众多工程师工作的结果，因此如何有效协同这些工程师的工作，需要由相应的规范甚至工作模板文件来支持。这些也是 BOM 规范的重要内容。

6. 变更管理规范

变更管理规范包括变更的分类、变更单编码方式、变更单要素定义、变更评审会议组织方式、变更流程定义、变更发布及生效机制等相关规范。

企业级 BOM 管理模式下，变更涵盖的范畴更为广泛，包括配置变更、一般的设计变更、工艺制造领域的制造变更、售后领域的售后变更、KD 领域的 KD 变更等规范的制定。

断点，即变更发生时在生产现场零部件的实际切换时点，是变更管理非常重要的一环。因此，变更管理规范应包含断点的规划、执行的相关规范。

7. 颜色相关管理规范

汽车产品的颜色管理十分复杂，特别是未来面向大规模个性化定制环境下，内外饰风格成为首当其冲的用户可以选择的要素。而一种内外饰风格的变化，涉及大量的内外饰零部件。因此，颜色管理是 BOM 管理体系一个重要的组成部分，建立规范的颜色管理模式非常重要。

颜色管理规范包括内外饰风格的规范化定义、零部件颜色代码库的建立、颜色方案发布机制等内容。

以上简要说明了 BOM 业务在基础规范方面的内容，这些内容将在后续各章中再进行讨论。

（二）与车型开发过程相关的 BOM 业务

1. 产品策划阶段 BOM 相关业务

在车型开发的策划阶段，首先需要制定 BOM 业务子计划。整车开发过程是一个多业务领域协同工作的过程，涉及上千数量级的人员共同工作，因此需要强项目管理来推动。整车项目在开始时就会制订整车开发项目计划，定义项目推进的各时间点的要求，各阶段业务部门的关键工作，各质量阀的输出物以及准入、准出标准。各业务领域基于整车开发项目主计划制订该领域内的子计划，如采购领域需要制订采购项目管理计划等。BOM 业务子计划也如采购项目管理计划一样，是推动 BOM 业务，使之满足各业务部门对于 BOM 管理需求的工具。

车型策划阶段，产品规划部门需要对新开发的车型要满足哪些市场需求进行定义，形成产品规格式样书。基于产品规格式样书形成一份详细的车型功能清单定义，并最终形成对于新车型全配置进行详细描述的配置表。这份配置表一般叫作车型的规划配置表或概念配置表（为方便起见，本书统一称之为规划配置表）。因为是在车型早期策划阶段，各方面的信息还不成熟，所以规划配置表往往是用描述性语言来表达整车功能，而并不需要对表达这些功能的配置统一通过特征码来表达。

规划配置在一定范围内达成一致之后，为了指导产品设计，需要将规划配置定义的车型配置要素进行技术分解。规划配置中定义了一个市场需求，如电动座椅、腰托及头枕可调节，那么从产品设计角度来讲，需要从座椅是否电动可调、腰托 4 向可调或 6 向可调、头枕 4 向可调或 6 向可调三个方面进行技术拆分，形成三组配置项。这种基于市场需求进行技术拆分形成的车型配置关系即工程配置表。

工程配置表不仅是一份工作指导文件，而且直接参与超级 BOM 解析。因此在工程配置表中的特征必须是编码化管理。

在车型策划阶段的另一个重要的 BOM 业务是早期 BOM 的构建。BOM 作为各业务领域协同的工具，越早构建越有利。但在早期阶段构建一个高质量的 BOM 并不容易，需要一整套的工作方法和工作规范。

车型设计往往会选定一个参考车型，早期 BOM 的构建因此也会是从选定一个参考车型开始。BOM 工程师与车型开发项目经理一起选定参考车型，并基于参考车型 BOM 开始搭建早期 BOM。

早期 BOM 的搭建是一个制定零部件开发策略和制造加工深度的过程。所谓零部件开发策略，是指对于新开发的车型下的零部件，确定是沿用、新开发还是沿用修改。对于新开发或者沿用修改件，需要产生新的零件号，这就涉及新零件的申请流程以及相关零部件名称、描述等的应用。所谓制造加工深度的确定，就是需要结合本企业的制造加工能力、供应商状况确定零部件供货级别。这一确定过程是研发、采购和工艺等部门共同工作的结果。

BOM 创建之后，通过一定的发布机制使其他相关部门能够获得 BOM 信息。这时，成本、重量部门可以基于 BOM 开展目标成本管理和目标重量管理等业务；采购部门可以基于 BOM 开展采购项目管理业务；工艺部门可以基于 BOM 制定工艺路线（如零部件由采购到总装等大的路线）等。这些活动将延续到车型开发的后续各阶段。

2. 产品设计及验证阶段 BOM 相关业务

此阶段 BOM 信息随着车型及零部件的设计进程不断成熟，而各领域的业务也深入开展起来，因此设计变更对各业务领域的影响逐步增大，因而需要采用正式的工程变更流程进行控制。BOM 也从早期阶段转化到工程阶段，形成工程 BOM。

在此阶段，成本、重量等部门依然需要基于 BOM 开展相关管理、分析工作；工艺、制造等部门持续基于 BOM 有效介入到整车开发流程；采购寻源定点工作基于各零件的开发周期特性有序展开；售后备件技术定义工作也需要在这个阶段介入，以及早根据维修策略、可维修性分析确定哪些零部件需要作为备件考虑，以便尽早进行备件采购和备货。

进入工程数据发布阶段，工程配置表、工程 BOM 作为产品开发过程重要的交付物，需要正式进行发布，以作为下游相关流程的正式依据。

车型试制部门依据各方面试制、试验要求制订试制计划，进行车型试制工作。在进行车型试制之前，首先需要基于发布的工程 BOM 确定试制车的零部件清单及零部件状态，形成试制 BOM。

3. 生产准备及生产阶段 BOM 相关业务

此阶段与 BOM 相关的主要业务是组织制造 BOM。

工程 BOM 正式发布之后，制造部门接收研发发布的工程 BOM 进行制造 BOM 初始化工作。工艺部门基于制造 BOM 进行路线规划、工位定义和辅料维护等工作，并根据业务需要定义合件。

投产生效控制是这一阶段至为关键的工作。无论是承载整车配置信息的配置表，还是制造 BOM，都需要进行投产生效管理。

制造 BOM 作为集中承载产品及生产准备过程中工艺和物流等信息的载体，是 ERP 等系统最重要的信息输入，因此需要进行发布。

制造 BOM 发布之后，任何对于制造 BOM 的改动，包括路线和工位等信息的修改、合件和辅料等的变化等，都需要通过制造变更单进行管理和发布。

工程 BOM 上发生的任何设计变更，在该设计变更发布之后，都需要通过工程变更单的同步机制同步到制造 BOM 上。

4. 销售、售后阶段 BOM 相关业务

产品上市之前必须完成产品销售定价以及备件备货。这分别依赖于在此之前定义好的销售配置表以及服务 BOM。

工程配置表发布之后，市场部基于销售策略对销售车型以及销售车型的配置进行定义，形成车型销售配置表。销售配置表是销售定价和销售点单的基础数据，因此需要进行发布。工程配置上的任何变化，都需要通过工程变更单同步到销售配置表，以确保前端销售与设计和生产准备同步。

工程 BOM 发布之后，即可根据售后业务的要求，选择时点开始服务 BOM 编制工作。服务 BOM 基于发布的工程 BOM 构建，同时基于维修策略、可维修性分析进行自制备件定义和备件拆分等工作。

服务 BOM 是备件供应链运行的基础，对于备件采购等流程影响很大，因此也需要正式发布。发布之后服务 BOM 的变更都需要通过服务变更单进行管控。工程BOM 上发生的设计变更都需要通过工程变更单同步到服务 BOM。

二、 以 BOM 为索引的业务集成

在第一章中我们谈到，传统制造业的信息化"孤岛"，其形成的根本原因不在系统集成的技术手段，业务缺乏集成才是关键。企业级 BOM 的构建，正是通过一条贯穿各业务链的信息索引，将各业务领域的业务围绕这一核心信息索引集成起来。通过上述 BOM 相关的业务分析可知，企业级 BOM 范畴内几乎每一个 BOM 相关的活动都与多个业务领域相关，这是 BOM 能够作为一条业务集成主线的原因。图 3 - 4 简要表达了围绕着 BOM 业务相关领域的主要业务活动。

图 3 - 4 中，灰色底纹框中的内容为企业级 BOM 相关的主要活动，无底纹框中的内容为各业务领域的相关活动。为了简便起见，划分了以下五个领域。

（一）产品设计领域

零部件设计以及工程变更是 BOM 业务与产品设计领域业务关联度非常大的两块业务，BOM 构建过程的零部件开发策略决定了新车型项目需要开发哪些新零件，后续的设计工作基于这一规划展开。在整车开发过程的设计变更涉及 BOM、零部件、数模等的变更，需要通过企业级变更将整个过程集成起来，达到变更的统一管理、流程与数据充分同步的管理目标。

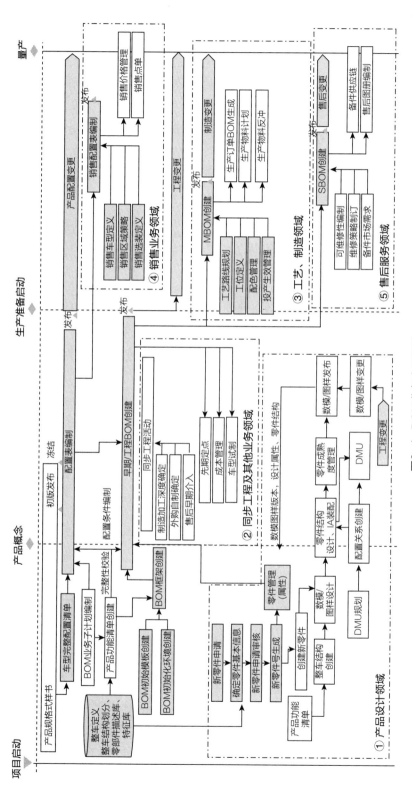

图3-4 BOM业务主要活动

（二）同步工程及其他相关领域

整车开发过程是一个多部门参与的过程。在车型概念设计、工程设计阶段，各业务部门参与的时点以及参与的质量对于整车开发周期以及后期的变更有很大影响。正如本书前面章节所谈到的，BOM 的构建过程既是同步工程的结果，又服务于同步工程。成本相关的分析工作、重量相关的分析工作、路线的先期规划、采购先期规划等工作都依赖于一个高质量的 BOM 展开。售后维修性分析、备件技术定义等也是在 BOM 基础上开展的工作。因此这些业务部门的早期介入工作得以推进，高度依赖于这个时点是否有支持这些业务开展的 BOM。

车型试制是伴随着整车开发设计过程的一块重要业务，有了工程 BOM，在工程 BOM 基础上对零件状态的确认，是整车试制工作能够开始的一个前提。

（三）工艺、制造领域

工艺路线规划、工位定义、颜色管理、合件规划、油漆等辅料管理、物流相关规划等业务都与 BOM 业务密切相关，并且最终都将通过制造 BOM 承载这些核心信息，成为生产领域生产计划、物料需求计划、制造执行过程的物料拉动以及成本管理等业务的支撑信息。

基于制造 BOM 进行投产生效控制是制造领域一块非常关键的业务。车型、零部件设计生效之后，还需要按照相关供应商的情况和本企业生产准备的状况安排零部件的投产。这一业务过程，特别是涉及工程变更之后的零部件切换过程，是一个多业务部门围绕制造 BOM 参与的业务。

（四）销售业务领域

销售业务领域与 BOM 业务的关联，是中国汽车行业在掀起智能化制造、大规模个性化定制、互联网＋热潮之后的一个新的热点，也是实现新的营销模式的关键。因为新的营销模式更为迫切地需要一整套全公司一致的销售主数据作为销售定价、销售点单的基础。这一套销售主数据即销售配置表。那么销售配置表为什么要纳入企业级 BOM 范畴呢？这是因为，要保证前端点单受工程约束的制约，销售配置表必须在工程配置的基础上考虑销售策略进行制订，才能保证前端的销售点单能够落在最大化设计范围之内，否则就会造成人为的特殊订单。并且，当工程配置发生变化时，这些配置变更信息要能够准确、及时传递到销售端，才能够保证研发、生产、销售业务的一致性。

（五）售后服务业务领域

备件市场需求、可维修性策略的制定、备件技术定义集中通过服务 BOM 来承载，形成一整套备件主数据，触发相关的备件供应链运行流程以及备件电子图册编制业务。

三、 BOM 业务集成是企业信息集成和系统集成的使能器

车企构建企业级 BOM 平台的意义在于：通过统一平台进行与跨业务领域协同相关的各种 BOM 形态的管理，从而使 BOM 业务能够基于企业统一标准、统一业务架构和技术架构进行管理，实现 BOM 业务在跨业务链管理上的高度集成。实现 BOM 业务在跨业务链管理上的高度集成，才能够形成一条贯穿车企整车开发流程和 OTD 流程的信息索引，达到信息在全业务链的高效集成与贯通，在此基础上将各业务领域的关键应用系统实现无缝集成才是水到渠成的事。

从以上论述可以看出，企业级 BOM 平台的建立并非要取代各个关键应用系统，而是使得各业务领域内关键应用系统在更好地发挥其本职工作的同时，实现基于企业级 BOM 平台的业务贯通。这些应用领域的关键业务系统包括：研发领域的 PDM/PLM 系统、采购领域的采购业务系统、制造及生产领域的 ERP/MES 系统、销售领域的数字化营销平台/DMS/CRM 系统、售后领域的售后服务系统、成本领域的成本管理系统、试制领域的试制业务系统等。而这些系统的紧密集成，被认为是智能制造的核心要素。

在描述企业级 BOM 平台作为架构在各业务领域关键应用系统之上，使得各业务领域关键应用系统能够基于统一 BOM 平台进行高度集成运作这一特性时，部分读者也许要将企业级 BOM 平台与业务流程建模（Business Process Modeling，BPM）或者企业服务总线（Enterprise Services Bus，ESB）等同了。这里对此稍做说明。BPM 是流程管理平台，希望借助统一的流程管理，实现多业务领域的流程集成。但 BPM 平台并没有手段对跨业务链的信息进行整合，形成全企业的信息索引。事实上，为了兼容各种类型的流程，BPM 甚至不强调信息的结构化，因此更谈不上跨流程的信息整合。而没有这种信息的整合，业务流程的集成就变得貌合神离和价值有限了。而 ESB 则是从集成的集约化、标准化入手，形成一条信息交换的总线，对形成贯穿全企业的、整合的信息链无能为力。无论是 BPM 还是 ESB，都是中间件的范畴，都是纯 IT 技术的概念。而企业级 BOM 则是从业务上和信息链整合的层面解决问题，所强调的是通过一致的产品定义，以及在此基础上的各业务的协同协作形成贯通的信息索引，从而达到系统集成的难题不解自解的目的，完全不是单纯从 IT 技术角度看待集成问题。在具体技术实现上，企业级 BOM 平台与各个业务领域的应用系统的集成在大多数车企正是通过 ESB 实现的。两个系统之间通过点对点方式集成或者通过

ESB 集成，差别只在于集成的规范程度以及集成效率上；而企业级 BOM 在系统集成方面的价值则体现在两个系统之间的信息是否能够对接。只有业务流程所依赖的信息是集成的，业务才可以集成，从而运行该业务的系统才能够实现真正意义上的集成。

第四节　企业级 BOM 技术架构——BOM 的组织形式

车企中有很多 BOM 问题是由 BOM 的技术架构决定的。本章将从这些问题入手，分析合理的、高效的 BOM 技术架构应该如何设计、具备哪些特征。

一、与 BOM 架构密切相关的三个典型问题

与 BOM 架构相关的问题中，有三个表现得非常突出：第一个是关于数据冗余问题；第二个是关于不同形态 BOM 之间的转换问题；第三个是关于配置信息的传递问题。在现实生活中，我们往往意识不到这些问题是 BOM 架构导致的，因此往往会头痛医头、脚痛医脚地解决问题，或者在系统层面找解决办法，解决效果往往不理想。

（一）数据冗余问题

数据冗余带来的问题非常明显：同一份数据在产品上被重复定义，必然带来产品数据不一致性，不一致性带来的问题是变更管理的问题。当同样的数据被定义在两处甚至多处，发生设计变更时，必然要考虑如何同步的问题。另外，数据冗余也会造成不必要的工作量增加，数据维护困难。

很多企业至少在研发端的 BOM 都按照超级 BOM 模式进行组织，这是否解决了数据冗余问题呢？答案是否定的。超级 BOM 在一定程度上确实缓解了这一问题，但超级 BOM 本身也存在一个如何搭建的问题。如果超级 BOM 本身的架构不合理，则这一问题还是显得非常突出。比如我们接触过的企业，很多都以分组为单位组织 BOM 数据，有的企业甚至会将全车所有的小开关放在一个分组下，其中任何一个发生变化，都需要重新构建一个分组。而每个小开关的变化实际上是比较独立的，从分组上并无共同的特性，这样就会导致分组不断增加，以满足其中任何一种开关的变化以及这种变化的组合。这种模式下，所谓超级 BOM 相对于单一产品 BOM，其实并无优势可言。

（二）不同形态 BOM 之间的转换问题

不同形态 BOM 之间的转换问题，尤以工程 BOM 到制造 BOM 的转换为典型，是

制造业的一个长期存在的难题。

大部分传统车企，工程 BOM 的搭建只是从设计的角度出发，导致结构层级与 CAD 结构比较接近，而对 BOM 应用部门的要求考虑得比较少。这样做的后果有两种情形：一种是制造 BOM 干脆另起炉灶，由下游的制造或者生产物流专门组织人员基于研发、采购和工艺等部门提供的文件重新搭建一套制造 BOM；另一种情形是直接将工程 BOM 上的设计虚拟层级带到制造端，使得制造 BOM 效率极低，应用受到诸多限制。这两种情形的根本原因是，很难实现由基于设计角度出发而定义的工程 BOM 向面对生产的制造 BOM 转换，特别是发生工程变更的情况下，二者之间的同步将变得极为困难。

（三）配置信息的传递问题

配置信息的传递问题在我国企业中也非常突出。我国很多车企配置化信息实际上没有被充分利用，基本都停留在配置表作为记录产品信息以供下游参考的表单，研发端的 BOM 虽然以超级 BOM 方式组织，但真正利用配置信息进行 BOM 解析的很少，到制造端就更难了。从数据组织方式来看，研发端的 BOM 往往会基于设计的需要定义一些中间层级，这些中间层级包括上面所说的分组以及一些其他设计虚拟件。配置化信息往往作用在这些层级，而这些层级无论是制造、试制、售后甚至研发端的成本分析、重量管理都可能不需要。这样问题就产生了，当 BOM 向其他领域传递时，这些配置信息就"丢失"了，需要各个业务领域重新梳理配置关系，这就导致了各个业务领域所需的 BOM 事实上完全独立，而不能做到贯通。因此，这个问题不解决好，将会直接导致上面讲到的第二个问题。

在实践中，很多企业对于配置化管理实际上心存畏惧，总期望走一个"既借鉴国外先进管理经验，又照顾本企业实际情况"的"稳妥"的路子，把配置管理考虑得过于简单、过于"具有可操作性"（例如在分组层级定义上，对汽车这样的复杂产品，最多也就200 至 300 个分组，配置条件很好定义），从而导致实际上没有什么配置化管理。

以上三个问题要从根本上解决，必须从 BOM 如何搭建入手，而不是固守已有的搭建方式不变去找解决方案。

二、 超级 BOM 的组织方式

超级 BOM 是相对单车 BOM 而言的。所谓单车 BOM，是指按照单一车型组织 BOM 数据，每个单一车型都有一个单独的 BOM。因此企业有多少个车型就有多少份 BOM 数据。而超级 BOM 是指将一系列车型的 BOM 组织在一个 BOM 中，当需要单车 BOM 时，通过配置关系由系统自动计算得出。超级 BOM 与单车 BOM 概念示意如图 3-5 所示。

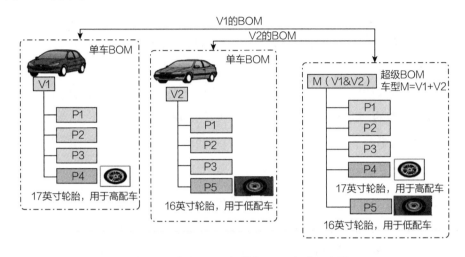

图 3-5　超级 BOM 与单车 BOM 概念示意图

图 3-5 中，V1 和 V2 分别代表不同配置的车型，一个高配，一个低配。车型 V1 由 P1、P2、P3、P4 四个零件构成，其中 P4 代表 17 英寸轮胎；车型 V2 由 P1、P2、P3、P5 四个零件构成，其中 P5 代表 16 英寸轮胎。这两个车型有三个零件是相同的（P1、P2、P3），只有一个零件不同，即代表 17 英寸轮胎的 P4 和代表 16 英寸轮胎的 P5。车型 V1 和 V2 如果按照这种方式分别搭建 BOM，则为单车 BOM 模式。但我们不难发现，如果将这两个 BOM 合二为一，那么我们只需要搭建 P1、P2、P3、P4、P5 这五个零件，并且在 P4、P5 上通过高配、低配即可区分什么车型应该用 P4 这个零部件，什么车型应该用 P5 这个零部件。这种模式就是超级 BOM 模式。

从以上组织模式不难看出，超级 BOM 的组织模式有比单车 BOM 的组织模式更为复杂的地方。那么，车企为什么要采用超级 BOM 模式呢？

首先，超级 BOM 模式是与车型的系列化开发业务模式相匹配的。汽车行业发展到现在，几乎没有哪家车企在车型策划、设计时只考虑单一配置的车型。这时因为，如果每次车型开发只考虑单一配置，车型之间相互独立，那么无论从周期、成本还是质量都难以保证。既然车型的规划、设计、生产准备都是按照系列化车型来考虑的，那么将这一系列车型的 BOM 组织在一起就是自然不过的组织方式了。

其次，超级 BOM 的组织模式管理效率更高，能够大大降低数据冗余度。如果按照单车 BOM 模式，那么 BOM 数量与车型之间是一个线性关系，而超级 BOM 模式中 BOM 并不随着车型数量增加而线性增加，如图 3-6 所示。

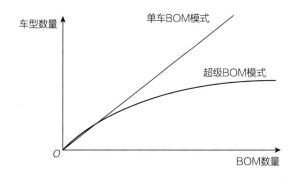

图 3-6　不同 BOM 模式下车型数量与 BOM 数量之间的关系

显而易见，采取超级 BOM 模式使得变更同步更为容易。当采用单车 BOM 时，如果一个零件发生变更，则用到该零件的所有车型 BOM 都需要逐个更改。在超级 BOM 模式下，在一个超级 BOM 范围内的车型只需要更改一次。

再次，物料需求计划、优化生产排程等需要基于超级 BOM 模式才能达到最高效率。

就面向智能制造及大规模个性化定制而言，当车型配置，特别是可供用户选配的项目增多时，由配置项进行组合而形成的车型数量将急剧增加。这种情况下，传统的整车物料号也将失去产生和管理的价值，那么针对单一配置的车型进行 BOM 管理更无从谈起。因此，对大规模个性化定制业务而言，超级 BOM 几乎是业务的必须。

三、　车型 BOM 技术架构模型

车型定义包括三个层级，如图 3-7 所示。

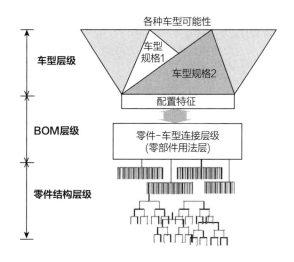

图 3-7　车型定义的层级划分

第一个层级为车型层级。由于市场需求的多样性，车企往往基于系列化进行规划、研发和生产。这样，车型将会变得非常多，比如有些商用车企业，销售车型可达上万个，甚至几十万个。管理车型之间的关系，包括平台、车型系列、具体配置的车型之间的关系，有利于车型的规划与研发向体系化方向发展。这一层级往往是车型规划部门重点关注的层级。

第二个层级为零部件与车型的连接层级，即表达零部件与车型的关系。在配置化模式下，零部件与车型的关系通过配置特征来表达，因此配置特征就成为车型、零部件之间的联系纽带。这一层级是 BOM 的核心。这一层级起到承上启下的作用，是工程、制造、采购、物流、成本等业务部门所共同关注的内容。这一层级具有极高的复杂性，是企业级 BOM 管理的重点内容。

第三个层级为零部件结构层级，表达的是构成整车的零部件其自身的结构。这一层级是零部件设计师所关注的范畴，通常在 PDM/PLM 领域管理得比较好。

就企业级 BOM 管理思路而言，BOM 所肩负的使命是贯穿全业务链、跨业务领域的协同管理。这一思路需要体现在 BOM 架构中才能够得以落地。对应到上述产品定义的三个层次，BOM 架构应考虑以下三个方面的内容。

1）超级 BOM 应该在哪个层级搭建比较合理？

2）BOM 层级如何划分？超级 BOM 以下分多少层结构比较合理？车型下这么多零件，如何组织比较高效？

3）配置定义在哪一层级比较合理？

超级 BOM 的技术架构就是围绕上述三个问题展开的。

四、 超级 BOM 的技术架构

（一）超级 BOM 应该在哪个层级搭建

在实施企业级 BOM 时，一般首先讨论车型型谱。所谓车型型谱，就是指各层级车型（平台、车系、工程车型等）由哪些参数决定、各层级车型之间的关系。

车型型谱的定义对于企业非常重要。车型型谱定义有助于在全企业范围内，从产品规划、产品设计、产品制造到产品销售形成统一的对产品家族的完整认识，确保策划的产品能满足市场需求，设计、生产的产品与规划相匹配，从而与市场一致，确保销售能够正确引导市场的购买行为等。当然，车型型谱并不是为 BOM 而定义的，不实施 BOM 项目，也需要规范化的车型型谱定义，以利于车企内部各部门之间基于统一的车型定义形成高效的协作机制，并且有利于基于平台的设计重用。

在企业级 BOM 平台实施中探讨车型型谱定义，是期望企业能够比较全面、长远地建立起超级 BOM 构建策略，并形成规范。所谓 BOM 构建策略，是指超级 BOM 应该搭建在哪一层级的车型上，例如，是基于平台搭建还是基于车型系列搭建，新的改型项目要不要另外搭建一个 BOM 等；或者说，企业要搭建一个多大的超级 BOM。

对于这一问题，不同企业答案会有差异。以我们实施项目的经验，总结了以下关键因素。

1）企业实施平台化程度及对设计重用度的期望。平台化水平越高，或者对设计重用度要求越高，超级 BOM 可以考虑在更高层级搭建，即超级 BOM 可以搭得越大。

2）人员专业技能状况及业务规范程度。超级 BOM 的层级越高，配置管理越复杂，对配置工程师、BOM 工程师的能力要求越高，对业务规范化程度要求也越高。

3）历史数据的状况及复杂程度。历史较长的车企，在从传统模式向配置化超级 BOM 模式转化过程中，历史数据的梳理、转换与迁移是十分复杂的，工作量巨大。超级 BOM 构建得越大，历史数据梳理越复杂，BOM 校核的难度与工作量越大。

4）生产切换的要求。在超级 BOM 模式下，一个好的做法是在超级 BOM 范围内进行垂直切换。即当零件发生一个设计变更时，在超级 BOM 范围内的所有车型进行同步切换，而不只是部分车型切换，其他车型不切换。这样做的好处是提高生产运营效率，但有可能会牺牲一定的库存为代价。

以上四个因素决定了 BOM 在哪一个层级构建。项目实施时，需要就企业的具体情况进行以上四个因素的分析。

以上讨论的是 BOM 架构的第一个问题，即超级 BOM 应该在哪一层级进行定义的问题。简而言之，定义层级最好对应到车型型谱的一个固定层级，从设计重用角度来看，这一层级越高越好，但需要考虑历史数据、人员技能、规范化程度、生产切换等具体情况进行具体分析。

（二）BOM 层级如何划分

关于零部件的组织模式，可以简单定义图 3-8 所示模型进行说明。

在上述模型中，零部件组织模式可以简化为三层结构，即代表零部件上层组织的设计虚拟层、BOM 核心层以及零件结构层。

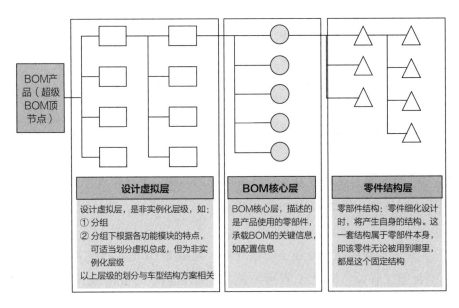

图 3-8　零部件三层结构组织模式

设计虚拟层可以对应到企业中一般的分组、模块层级或者其他虚拟总成级别。从企业级 BOM 管理思路来讲，这一层级搭建得越深，BOM 管理效率越低。企业级 BOM 管理中一个重要的实践经验是扁平化思路。所谓扁平化思路，就是尽量使得这一层级的层次变少，甚至没有。设计虚拟层最大的用途与价值在于数模的组织、DMU 以及设计分工。作为工程 BOM，在业务环节上起到承上启下，协同设计、工艺、制造、物流、售后等相关业务领域的作用，如果采用与设计结构相同或者相近的结构，将会产生如下问题。

1. 数据冗余

当增加一层虚拟层级时，如果虚拟层级给零件号，则下面任何一个零件发生变更，虚拟层级将发生变更，在 BOM 上产生一整套该虚拟层级完整的数据。显然，新产生的这套虚拟层零件及下级结构与原来的结构存在大量的数据冗余。且层级越深，冗余度越高。

2. BOM 发布效率低

当工程 BOM 结构与设计结构一致时，在 PDM/PLM 中，往往会以设计虚拟层级作为权限单元以及发布单元。BOM 也会受到这种限制，产生很多问题，如 BOM 需要通过创建/发布虚拟节点才能组织/发布 BOM；同平台同一子系统的虚拟节点包含该平台所有项目的数据，只有该节点的负责人才能更新 BOM，因此同一时间只有一个人有权限更新 BOM，造成 BOM 管理协同困难；虚拟节点处于流程中则无法更新

BOM，造成 BOM 的及时性和准确性难以保证等。

3. 变更的"冒泡"问题

在精确装配的设计结构中，下面一个零件发生变化，上面的零件也要升版或者变号，以此类推，其上级的上级结构也需要发生升版或者变号，因而会引发一系列的变更。而这些中间层级的变更实际不具备工程变更的业务含义，即采购、物流等业务单位并不需要关注这些变更。但由于工程 BOM 的组织方式，可能将这些本来应该限制在设计内部的变更带入到采购、物流等领域，带来整个业务链效率的下降。

图 3-8 中的第二个层级为 BOM 核心层。BOM 核心层是指无论哪个业务领域都非常关注的层级。那么哪一层级才是各个业务领域都关注的层级呢？毫无疑问，是生产线上所需要的具体的零部件，这些零部件实际由装配供货级别和采购供货级别零部件构成。BOM 在规划、工程、制造、生产、售后等各个业务环节流转时，这些信息是不可缺失的。而 BOM 如果能够保证这些信息准确无误地传送，才能说达到了贯通各个业务领域协同的作用。因此，这一层级才是 BOM 的本质。

当然，如果车企做到了从设计到采购再到制造生产的模块化，那么模块这一层级就是核心层级（与供货级别零部件等同）。

第三层级零件结构层级，是指零件本身的设计结构。这一层级的特点是下面不再有配置变型，即任何一个零部件底下的结构代表了一个固定的结构，确保在不同地方被使用时，这个零件的固定结构是一致的。

（三）配置层级的定义

讨论完以上关于零部件组织方式的问题之后，配置层级的定义就有了水到渠成的答案：所有 BOM 的核心信息都需要定义在 BOM 核心层，才能够保证信息在各个业务领域的贯通；配置信息作为超级 BOM 最为关键的信息，毫无疑问应该定义在该层级。

这一理念表达如图 3-9 所示。

不同业务领域实际上是针对这些零部件的不同应用，BOM 的构建过程实际上是从产品策划开始，产品设计、产品策划、采购、制造等一起确定零部件的采用以及其制造加工深度的过程；BOM 首先是管理这一过程的信息化工具，其次是承载这一过程各阶段的成果。

为了说明上述配置层定义以及零部件组织方式导致的问题，以右前门锁举例。

右前门锁总成包含前门锁扣、右前门锁体总成、右前门外把手以及其他标准件等，如图 3 - 10 所示。

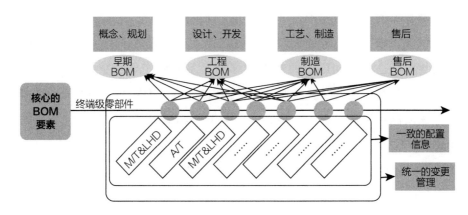

图 3 - 9 配置信息基于 BOM 核心层定义

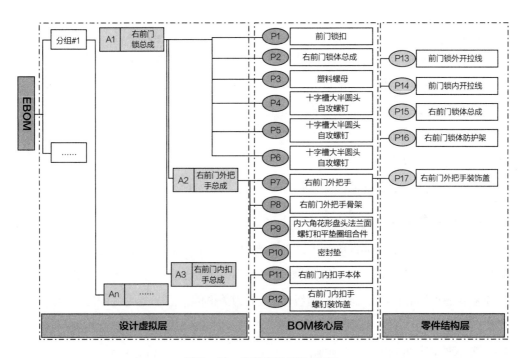

图 3 - 10 右前门锁 BOM 示例

对于门锁总成，一般外把手与车身造型相关，是有可能变化的零件，而其他零件相对比较固定。如两款同一车系的车型右前门外把手不同，将产生两个变型件，如图 3 - 11 所示。

右前门外把手	配置关系
P7-A	F01
P7-B	F02

图 3 - 11　右前门外把手配置变型件示例

即在配置 F01 下用的右前门外把手零件号为 P7-A，在配置 F02 下用的右前门外把手零件号为 P7-B。对于这样一个结构，有以下三种方案搭建 BOM 及配置关系。

第一种方案，将配置关系作用在分组级别，如图 3 - 12 所示。

如图 3 - 12 所示，如果在分组级别定义配置条件，那么当车型配置发生变化时（增加一种配置 F02），对于零部件而言，仅仅增加了一种 P7-B 的方案，但从 BOM 数据组织而言，需要再建立一个单独的分组#1-B，其下面的总成、零部件除了 P7-B 有差异之外，其他则完全相同（即冗余数据）。

第二种方案，将配置层级作用在右门锁总成这一级别，如图 3 - 13 所示。

在这种情况下，当车型配置发生变化时（增加一种配置 F02），对于零部件而言，仅仅增加了一种 P7-B 的方案，但从 BOM 数据组织而言，需要再建立一个右门锁总成 A1-B，其下面的总成、零部件除了 P7-B 有差异之外，其他则完全相同（即冗余数据）。

第三种方案，将配置层级作用在右前门外把手这一供货级别零部件，如图 3 - 14 所示。

在这种情况下，当车型配置发生变化时（增加一种配置 F02），对于零部件而言，仅仅增加了一种 P7-B 的方案，从 BOM 数据组织而言，也仅仅增加了 P7-B 这个零件，无冗余数据。

从上述例子可以看到，三种方案差别非常大，第一种方案数据冗余度最大，BOM 效率最低；第三种方案数据冗余度最小，BOM 效率最高。

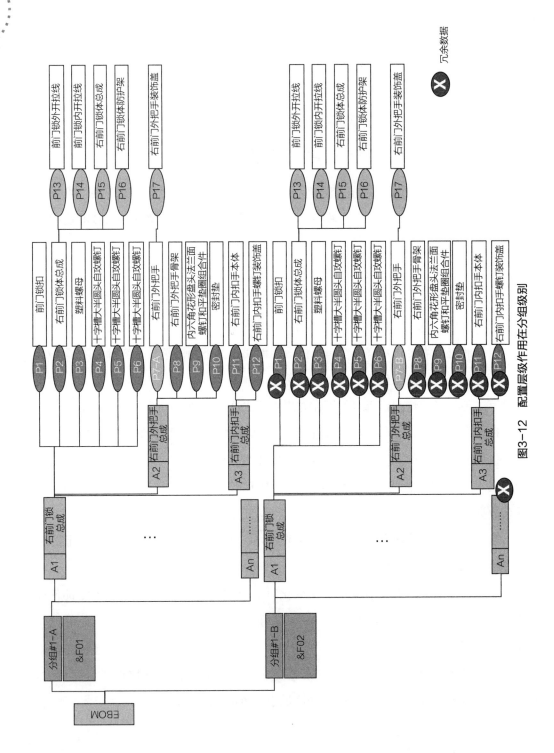

图3-12　配置层层级作用在分组级别

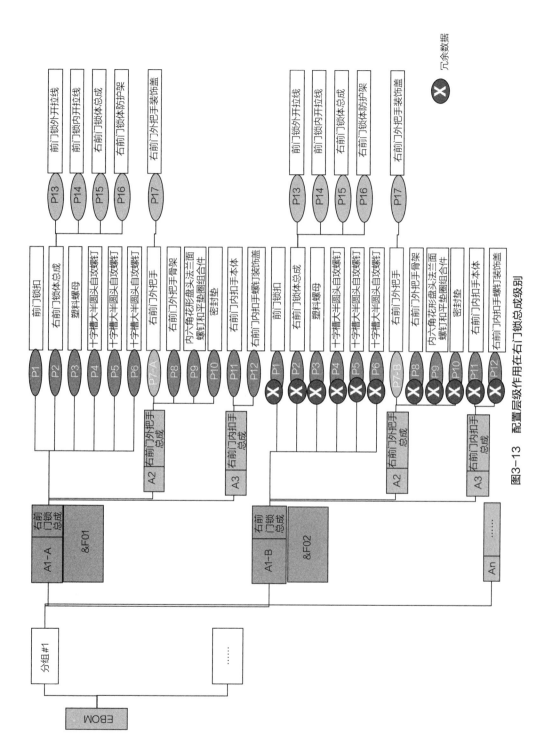

图3-13 配置层级作用在右门锁总成级别

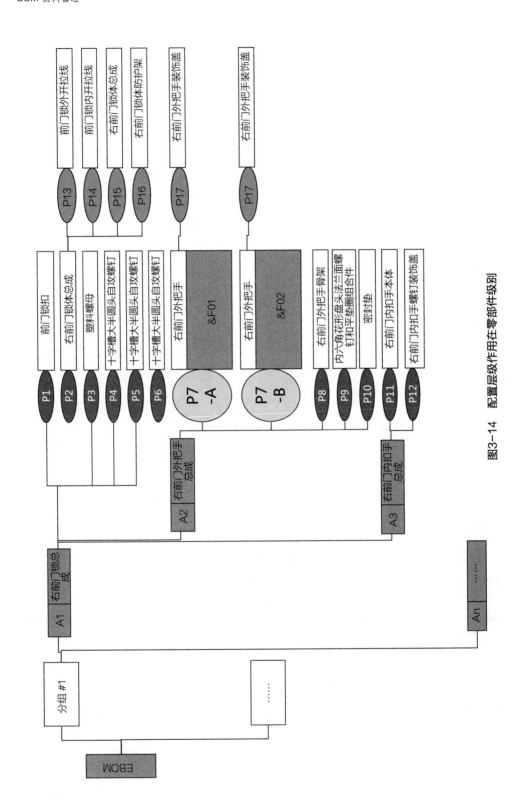

图3-14　配置层级作用在零部件级别

第五节　企业级 BOM 架构最佳实践总结

上面讨论了整车开发过程中的 BOM 形态、企业级 BOM 所关注的重点 BOM 形态、企业级 BOM 的业务架构，以及技术架构等方面的内容。下面对汽车行业在企业级 BOM 架构层面的最佳实践，以及面向未来智能制造及大规模个性化定制业务要求所应具备的 BOM 架构进行简要总结。

（一）将 BOM 作为一块独立的业务运作

BOM 不是一个简单的数据维护工作，而是车企一块完整的业务，有一整套流程、组织、规范要求。BOM 业务是实现跨业务领域业务集成的使能业务，在此基础上，可以帮助企业打破部门之间的壁垒，形成贯通各业务单位的一致的信息流。

（二）采用独立的企业级 BOM 平台架构

正如上文所讨论的，BOM 形态基本可以分为跨业务链协同和某个业务领域内部使用两大类。这两大类 BOM 由于构建目的不同、用途不同、服务对象不同，构建方式和管理方式也不同。业界标准做法是将跨业务链协同的 BOM 形态独立出来，形成贯穿整车开发流程和 OTD 流程的企业级信息索引，并基于这一信息索引实现跨业务领域的业务集成和系统集成。

从智能制造及大规模个性化定制业务角度来看，跨业务链的系统集成是一个关键要素。因此，有一个独立、高效的企业级 BOM 平台显得尤为重要。

（三）采用全配置化管理模式

几乎所有的国际著名车企都采用配置化管理模式。

针对智能制造及大规模个性化定制，需要支持用户选装选配管理，因此全配置化管理将成为一个必须具备的基础条件。

（四）BOM 扁平化

车企实践经验证明，扁平化 BOM 在跨业务领域协同层面能够发挥最大效率，使得管理精益化程度提高。未来智能制造与大规模个性化定制业务在扁平化 BOM 架构支撑下将更容易达到所要求的生产运营效率。

第四章
全配置管理体系的建立 ////

全配置管理体系在国际著名车企早已成为一种标准模式，但在我国车企，这一体系的建立或者完善还任重道远。本节针对全配置管理体系建立的必要性、全配置管理体系所包含的内容、全配置管理体系的核心要素，以及全配置管理体系与 BOM 的关系进行说明。

一、车企建立全配置管理体系的必要性

汽车产品的复杂性有目共睹。首先，从零部件层面而言，单一一辆车有超过三万个零部件，如只考虑供货级别的零部件，一般也有 1500～2500 个。如此数量庞大的零部件，要准确管理其状态才能够确保单一车辆的质量以及生产效率，这是一件十分复杂的事情。其次，从整车角度而言，车型的策划、设计、生产准备以及营销是一个基于系列化车型进行考虑的业务过程，即在新车型开发时，需要考虑多样化的功能以及功能之间的组合，以满足丰富的市场需求。当考虑的可选功能很多时，这个组合从理论上讲是一个天文数字。这些组合所形成的车型状态的实际有效范围一般也在几百到上万之间，这仍然是一个巨大的数字。因此，车企开发一个新的车型系列时，就面临着如何管理数量巨大的车型变型以及每辆车下数量巨大的零部件问题。

在智能制造及大规模个性化定制的场景下，这一问题变得尤为突出，这基于以下四个原因。

（一）在自由选配模式下，车型的组合变型数量急剧增长

传统造车模式下，往往一款车型会按照限制在十几种配置之内以及固定的配置

组合进行设计和生产准备，这样才能满足高效率生产的要求。但在大规模个性化定制的业务场景中，可自由选配的配置项增多，之间组合的可能性也随之急剧增长。如果可自由选配项达到 30～40 项，那么车型组合理论上可能已达到千亿到万亿之间。这种数量级的增长导致两个方面的问题变得非常突出。其一，虽然说是自由选配，但配置与配置之间也不会是毫无关系的，相互之间会存在着复杂的技术制约，这种技术制约将决定很多种车型组合是不可能的。但如何表达这么复杂的技术制约关系，如何将这些技术制约关系准确传递到车企各个业务链，如何让这些技术制约关系在各个环节自动发挥其制约作用，就变得异常重要。其二，可销售的终端车型的管理，传统的做法中，由于可配置的要素以及要素之间的组合被严格控制，因此终端车型的数量在可管理范围之内，一般采用提前生成整车物料号的方式进行管理。但在可自由选配的模式下，终端车型产生的不确定性大大增加，按照传统的管理整车物料号的方式，显然不能满足这一业务变化的要求，而由点单行为产生整车规格的按需求驱动模式将成为未来的标准模式。

（二）从销售到交车过程复杂度急剧增加

传统模式下，配置及其组合都已经确定，按照基础车型加配置比列方式进行销售预测，并按照预测的车型及配置安排生产计划、预测零部件毛需求进行物料筹措是一套可行的、效率能够满足生产、交付要求的做法。这一做法本质上还是计划驱动生产并通过库存来满足市场的方式。在大规模个性化定制的业务场景下，由于自由选装及组合增加，销售、生产的可预测性和可计划性都将比传统模式有所下降，点单所产生的动态需求驱动生产的模式将取代计划驱动生产的模式，订单的处理和交付过程要开展的工作更多，要做的事情更复杂。这些工作包括订单评审、定价、根据订单车型进行物料筹措等，以上工作的协同性和规范性要求都将大大提高才能满足交付时间要求。

（三）销售与工程设计的矛盾将凸显

传统模式下，销售车型相对固化，销售模式也相对单一，因此尽管市场、销售与工程设计之间或多或少存在沟通不畅之处，但问题并不突出。在大规模个性化定制情况下，情形将发生改变，主要体现在以下两方面。

1）销售渠道增多，对销售主数据的要求更高。随着互联网应用的日益广泛，汽车销售模式将变得多样化，传统 4S 店销售模式将弱化，多渠道销售模式将逐步成为主流。在多渠道模式下，针对不同销售渠道，企业提供的销售车型及配置等销售主数据应该是一致的。因此，车企企业范围内对于销售主数据的统一定义变得非常重要。

2）引导式销售将成为销售的核心能力。可选配置多并不代表纵容客户进行肆意组合，这样对于企业和客户都不见得是好的选择。但引导式销售的前提是可销售的车型及配置组合是在充分融合了设计端技术约束基础之上的组合，否则销售或者客户订单点出的车型完全有可能落在最大化设计范围之外，从而产生人为的特殊订单。因此，在大规模个性化定制的业务场景中，如果销售部门与工程部门信息衔接不好，销售抱怨工程什么订单都响应不了、工程抱怨销售什么单子都接的矛盾将日趋激烈。

（四）车型变型多样性导致零部件管理更为复杂

同一系列车型下车型变型的多样性导致该车型系列下零部件关系的复杂性是显而易见的。此处仅以我国某车企为例做说明。该车企准备针对高端定制车型将内饰颜色相关选项开放给客户，且支持自由定制模式，例如座椅颜色和面料（5 个选项）、缝线颜色（9 个选项）、装饰条颜色（2 个选项）、装饰板的纹理（10 个选项）。在没有设计约束的情况下，将存在 $5 \times 9 \times 2 \times 10 = 900$ 种内饰风格。若按传统车企的做法，需要对所有的内饰件颜色分别维护不同内饰风格下的 900 种颜色方案。这对研发而言，显然十分困难。

因此，当个性化定制脱离了传统的少量内饰风格可自定义模式，升级到具体内饰颜色件独立定制模式时，其对颜色管理和颜色件管理的业务挑战是巨大的。通过定义内饰风格种类及每种内饰风格下颜色件的颜色方案，这种传统的解决方案显然无法满足如此自由的内饰颜色定制模式。

总而言之，无论是传统模式还是面向大规模个性化定制模式，汽车产品变型数量巨大，且有不断增长的趋势。车型产品的管理越来越难，车辆交付过程的工作越来越多、越来越复杂，要保持一个市场允许的运作效率，必须要靠精准的信息流支持 OTD 各业务环节的业务运转。这使得汽车行业配置化管理几乎成为一种必须。

二、 全配置管理体系所包含的内容

之所以称为全配置管理体系，是因为配置化管理思想贯穿整车开发策划、研发、生产、销售全过程。全配置管理体系就是要建立起针对车型策划、车型研发、车型生产以及车型销售四个领域的全面支持业务流程、管理规范等，如图 4 - 1 所示。

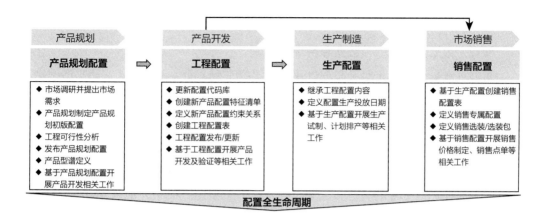

图4-1 全配置管理体系包括四个业务领域的配置管理

产品规划阶段，通过市场调研以及对本企业未来技术路线发展的规划对新开发的车型规格进行定义，形成车型规划配置。因此车型规划配置是承载以市场的语言来描述市场对一款产品需求的载体，是产品设计的重要输入。

在规划配置表发布之后，结合工程开发方案、造型选择、法规要求和安全等信息构建工程配置。工程配置是对规划配置的技术分解，直接支持工程开发工作。

工程配置代表了工程设计对车型的定义，在生产制造阶段，需要根据制造基地的情况对车型投产生效进行管理。特别是在同一款车型在不同制造基地生产的情况下，当有配置变更发生时，不同制造基地对于配置变更的采用时间可能不同，因此对于配置变更的投产生效控制尤为关键。基于这种需要，有必要针对制造基地构建生产配置表，以管理该制造基地的投产生效时间。

市场部门基于发布的工程配置/生产配置，根据市场营销策略对车企可销售车型以及销售车型的配置进行定义，形成销售配置。销售配置支持销售定价以及销售点单业务。

综上所述，在整车开发过程中，通过车型规划配置支持规划阶段的业务以及产品需求描述，通过工程配置承载工程设计对车型的定义，通过生产配置来控制生产制造阶段投产生效，通过销售配置统一企业对于销售主数据的定义，从而形成全过程配置管理。从规划配置到工程、生产配置的转化是产品化的过程，从工程、生产配置到销售配置的转化是商品化的过程。

三、全配置管理体系核心要素

全配置管理体系的构建有三个核心要素，即统一配置主数据管理、从规划到工程/生产再到销售的一体化管理以及配置变更管理。

（一）统一的配置主数据管理

配置主数据包括车型主数据和配置资源库。

车型主数据是指车企对于车型以及不同层级车型之间关系的定义，即车型型谱。车型配置主要是基于车型定义车型与配置项之间的关系，因此车型主数据是配置管理的一部分，是很重要的配置主数据。车型型谱可以从工程设计的角度进行定义，称为工程型谱；也可以从市场营销的角度进行定义，称为销售型谱。工程型谱是定义工程配置和生产配置的基础；销售型谱是定义销售配置的基础。只有全企业统一形成对本企业产品资源的规范和定义，各阶段的车型配置关系才能够建立起有机的联系；否则，会相互孤立，相互脱节。

第二部分配置主数据为配置资源库。汽车产品通过模块、零部件来实现各种功能，每种功能可以抽象成为一种配置，比如发动机的排量和规格等，又比如带不带天窗等，都代表了车辆的一种配置。在全配置化管理体系下，这些配置都需要作为一种资源集中统一管理，成为企业范围内可共享应用、可作为一种标准化的语言进行沟通的工具，这样才能够在企业范围内贯彻配置化管理思想。

（二）一体化配置管理

上面谈到，整车开发各阶段都有相应的配置管理，且各阶段管理的要素、重点内容都有所不同，但这并不代表各阶段互不相干；恰恰相反，各阶段的配置存在着环环相扣的紧密联系，这是因为不同阶段的车型配置本质上反映的是在不同开发阶段对车型的定义。当不同阶段的配置互不相干时，配置化管理就无从谈起。因此在构建全配置管理体系时，需要建立起从规划配置到工程/生产配置再到销售配置的一体化管理模式。作为企业级管理平台，需要管理这四种配置形态之间的关联关系，这样才能够保证产品设计准确反映产品规划的内容，同时销售的产品资源是产品设计和生产准备的产物。

在大规模个性化定制的业务场景中，这种一体化的管理尤其重要，是实现高效率产品交付的基础。比如客户点单是基于销售配置，而形成订单要进行订单生产，首先要得到该订单车型的 BOM。而形成该订单车型的 BOM 则依赖工程配置。如果销售配置与工程配置脱节，那么订单车型如何得到 BOM 就将是一个问题。如果该 BOM 不能依赖销售配置转化为工程配置对 BOM 进行解析得到，这势必是一个费时、费事且容易出错的过程。

但要做规划、工程/生产到销售配置的一体化管理并不容易，尤其是销售配置与工程配置的衔接，需要针对汽车行业配置化管理的特点进行非常有针对性的、周密的底层系统设计。

（三）配置变更管理

在车型开发过程中，变更管理永远是一件十分复杂、十分令人头疼的事情，配置变更管理尤其如此。这是因为车型配置的变更往往比一般的设计变更影响要大，特别是对于成本的影响更大。在整车开发的早期阶段，如规划阶段，就需要对车型的目标成本进行分解、发布。而车型配置变更一般会影响到车型成本，当发生变更时，需要通知车型成本分析人员，因此往往需要更早启用工程变更管理的手段对配置变更进行管控。

同时，因为配置变化会影响到零部件、BOM，因此配置变更需要与 BOM 变更同步，确保配置的生效与 BOM 的生效是一致的，这样才能确保通过配置信息解析出正确的 BOM。

在大规模个性化定制的业务场景下，从客户点单到车辆生产存在时间差。在这个时间差中，可能会发生很多变更，或者在途的变更生效等。这样，如何保证点单的内容与生产该订单车辆所依据的制造 BOM 的一致性，就变成一个十分重要的问题。

四、 配置管理与 BOM 的关系

配置化管理应用在业务的各个方面，不只是与 BOM 管理相关。聚焦到 BOM 这一方面，配置管理与 BOM 管理的关系是组织形式和内容的关系，即配置化的管理模式决定了 BOM 需要采取配置化超级 BOM 模式进行组织。在第三章讨论 BOM 架构时，我们探讨过 BOM 的技术架构层级以及超级 BOM 相比单车 BOM（一车一 BOM）的好处，此处就这两个问题基于配置的视角再做一些补充说明。

在探讨 BOM 技术架构时，我们论及零部件与车型的连接层级，该层级是 BOM 的核心层级，描述的是零部件与车型之间的关系，或者说是零部件的用法，表达零部件是以何种方式或者何种条件下被用到整车上去。对于单车 BOM，连接层级非常简单，直接将该车辆所用到的零部件组织在车辆下即可；对于超级 BOM，则是通过配置关系来表达的，其示意图如图 4 - 2 所示。

在单车 BOM 模式下，通过直接建立零部件与单一车辆之间的关系形成单一车型的 BOM。从 BOM 搭建的原理来看，这种搭建方式简单明了，容易理解。但问题是，当配置内容增加时，组合出来的单一配置车型（单车）将越来越多，如果采用这种 BOM 组织模式，那么势必每产生一个单一配置的车就需要单独构建一个 BOM，BOM 数量将十分巨大，数据重复组织，产生大量数据冗余。当变更产生时，需要在多个 BOM 上进行更改。

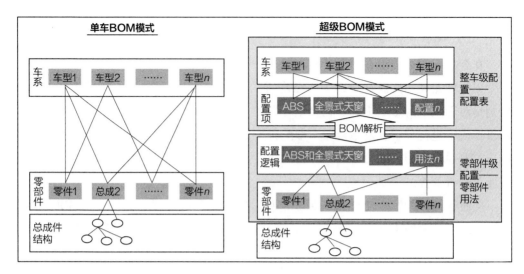

图 4 - 2　配置化与超级 BOM

在超级 BOM 模式下，一个车系下所有车型的零部件是组织在一起的。车系下的车型将建立起与该车系规划的配置之间的关系，这就是配置表的内容。而车系下面的零部件则通过配置项之间的逻辑关系来决定该零部件应用到具体配置的车型上。

在第三章 BOM 架构说明中，我们论及超级 BOM 的优势时，谈到整车开发的业务特征就是按照系列化展开，超级 BOM 是与这种业务模式相匹配的 BOM 组织模式。这里从配置管理的角度对这个问题做进一步说明。

首先，从车型管理角度，可以从两个层面来看超级 BOM 与单车 BOM 的差别。

1）基于基础车型的变型车型管理。采用超级 BOM，车型配置管理颗粒度更细，通过对车型具体配置特征的管理，更容易识别变型车与基础车之间的差异。对于单车 BOM 而言，不同车型即变型车按照不同的代码管理，众多车型间配置差异不容易识别。

2）多样化的客户选装配置管理。在配置化超级 BOM 模式下，可以通过"积木式"快速配置客户选装车型，直观方便。但在单车 BOM 模式下，无法清晰表达选装装备的内容，用户识别车型困难。

其次，从零部件设计角度，可以从以下三个方面来看配置化超级 BOM 与单车 BOM 的差异。

1）系统/子系统模块化设计理念。在配置化超级 BOM 模式下，将零部件模块（系统 - 子系统）有效分组，且与整车功能关联，清晰明确设计团队的设计分工及边界范围，有利于协同设计及项目监控的开展。对于单车 BOM 模式，虽然可以管理模块化零部件的边界范围，但无法与整车的配置功能进行关联，不利于项目整体监控。

2）基于车型平台进行快速开发新车型的模式。在配置化超级 BOM 模式下，基于对零部件的配置管理方式，借用模块或零部件无须多次维护。在单车 BOM 模式下，新车型必须重新维护所有零部件，包括借用模块或零部件。

3）配置化管理的灵活性。在配置化超级 BOM 模式下，可基于模块级别或零部件级别灵活实施配置管理。但在单车 BOM 模式下，BOM 将与配置化管理模式脱节。

第二节　配置资源管理

全配置管理首先要建立配置资源的编码化管理规范。

整车产品由几千上万个零件装配而成。一个或多个零件可以实现整车的某个功能，这些功能也称为配置。每辆整车有几百种配置，每种配置均有一种或多种方案可供选择。同一种车型系列，选择不同的配置方案即可得到不同的车型产品。

采用规范的语法对需要管理的配置及其方案进行编码，并形成公司的产品配置编码语言，可实现产品配置的统一管理。公共的产品配置编码语言让公司各业务部门可共享标准统一的配置信息，同时方便地实现对配置进行信息化管理，以便于其实现信息化管理后在各信息系统接口之间传递配置信息。

业界一般用特征、特征族来描述配置资源。把每项配置（即功能）的一种方案定义为一个特征（Feature），如 1.6L 的发动机即一个特征。同类的特征归为一类，即特征族（Family），如发动机即为一个特征族。特征族起到审核作用，每一族仅允许一个选项出现在车辆订单中。很多企业特征也称为特征值，是针对同一特征族下不同选项值而言的。配置资源的编码化管理就是针对特征族、特征进行企业范围内的唯一编码。产品的配置资源码可表示如下：

配置资源唯一标识码 = 特征族代码 + 特征代码

因为各个业务领域都需要频繁用到配置资源，因此配置资源的编码应尽量做到简洁。通常，车企的编码有 4 ~ 6 位。不同性质的特征族，特征族和特征之间的多样性往往不同，为了充分发挥编码资源的效率，不必强性限制特征族和特征各自所占码位的长度。以某车企为例，其配置资源代码为 4 位。内外饰颜色都作为配置资源进行定义。对于特征族而言，用一位进行区分即可，比如 1 代表内饰颜色、2 代表外饰颜色。但无论是外饰颜色还是内饰颜色，今后可能会特别多，即特征（或特征值）会特别多，因此用 3 位来代表内外饰颜色的特征（或特征值）。如用 ASC 来代表燕尾灰、BSD 来代表皇家蓝、CSC 来代表中国红等。这样，配置资源代码 1ASC 就代表了燕尾灰的内饰颜色，2BSD 就代表了皇家蓝的外饰颜色，2CSC 就代表了中国红的外饰颜色。而相对于另外一些特征，则需要通过特征族来包含更多的含义，而特征本身则相对比较简单，不需要很多码位来描述多样性，以是否配置巡航控制为例。这种情况下，可用 3 位来描述特征族，1 位描述特征（或特征值）。如 DS1 代表巡航控制，特征代码 0 代表无，特征代码 1 代表有，则 DS10 则代表无巡航控制，DS11 代表有巡航控制。

不同的配置资源用途可能不尽相同。例如，有的特征用于表达具有整车特征的配置，有的特征用来根据技术特性描述可行驶整车的装备，有的特征用于明确与制造相关的特殊数据并控制更改的实施，有的特征用于表达汽车生产和交货时所需表达的装备特征或管理特征，还有一些特征用于在技术参数卡或整车装备表中描述一辆整车的尺寸特征、性能特征和装备特征的标志等。某些车企也会将不同用途通过编码体现在配置资源编码中。

工程配置要素和表达市场需求以及销售策略的市场、销售配置都是企业配置资源，因此作为企业全局配置库，需要定义这两种类型的配置资源，并以不同类型区别开来。一般而言，工程配置资源直接驱动超级 BOM 解析，而销售配置资源则主要用于销售车型定价与销售点单，并通过与工程配置资源的联系而间接驱动超级 BOM 解析。

不同业务领域对于同一个配置资源，由于业务应用的不同，需要将配置资源进行不同维度的分类。如从工程开发的角度，配置资源可分为动力总成、内部配置、外部配置、操控配置、安全配置、灯光配置、多媒体配置等；而对于营销领域而言，从吸引客户出发，配置资源可分成智能科技、舒心娱乐、无忧安全等，以便更好地支持营销平台的点单业务。

配置资源有时需要用于专业部门之间建立联系。有两种方式，一种方式是特征族代码与各专业建立对应关系，专业包括车身、电子电器、底盘、内外饰、暖风和空调、动力系统、变速器等；另一种方式是建立特征族代码与功能区域码之间的关系。功能区域码将在第六章讨论整车结构时进行说明。建立特征族代码与功能区域码之间的关系，除了从更细的维度建立起配置资源与专业部门之间的关系之外，还可以利用这种关系辅助进行零部件配置条件的编写与校验。

由于全配置化管理下配置资源的重要性，必须保证配置资源的唯一性。这样，不仅需要针对配置资源进行唯一标识码方面的规范，而且要通过统一的系统来产生这些编码，数据源头必须唯一。

第三节　规划领域配置管理

车型规划阶段需要根据市场需求对新车型进行产品定义，包括车型型谱管理以及规划配置管理。

一、 车型型谱管理

通过产品组合的多样化来满足市场的多样化是大规模个性化定制的基本做法，这一做法体现了车型型谱管理的重要性。

对于车企而言，一个新车型的开发总是期望在原来车型基础之上进行进一步的创新设计。但一个单一车型而言，其通用性是有限的，只能满足一定范围、一定条件下的使用要求。如果将车型（包括已有的和规划中的）按照通用性等要素将不同规格的品种构成系列，并通过分析、比较、筛选优化规格品种的划分，形成一整套企业车型划分规范，必将使得新车型开发遵从范围更广、界定更为清晰的重用和借用关系。这一工作的实质就是车型产品规划。

车型产品规划是根据企业的产品战略制定的直观体现产品的设计规则及种类划分。车型型谱作为车型产品规划的载体使产品战略得以体现。车型产品规划的目标是建立并完善适应企业定位、满足企业发展需要的产品体系，通过产品的通用化、系列化和模块化，提高产品的标准化率。只有通过产品一级的合理规划，才能从根本上减少向下分类的零部件的种类，降低各类成本。

由此可见，车型型谱定义是产品规划阶段的一个核心工作，承载了产品规划的结果，是产品创新的基础。大量的、无序的、状态不清晰的车型产品将带来车型开发、生产过程中极大的浪费。建立清晰的车型型谱有以下几个好处。

1）避免重复开发。新车型开发有据可依，在型谱框架下最大化利用已有成熟产品的成果，以此为基础进行调整和升级，以缩短车型开发周期。

2）平台、车型系列的规范化，使得关键、核心技术和零部件以平台、车型系列的方式承载下来，服务于新车型项目，有助于稳定新车型质量，使新车型质量达到一个较高水准。

3）通过对本企业车型产品化繁为简、条理清晰的梳理与规划，实现车型及零部件的通用化、系列化和模块化，以降低车型开发、生产、运营、营销和管理成本。

4）统一规划、定义车型及车型之间的关系，使得各业务部门基于对本企业车型产品同一理解基础上开展工作，因此有助于加强部门之间的沟通和协作。

在车型型谱的划分上，乘用车和商用车的考虑稍有不同。

（一）乘用车型谱划分

大体而言，乘用车型谱的划分可以从平台、工程车型，以及工程车型往下再根据关键配置项进一步划分一个更细分的车型层级这三个层级来进行定义。

在结构上有一定共性的架构称为平台。基于平台开发，就是要利用同一平台下共性的内容提高开发效率，缩短开发周期。设计方案、技术储备、底盘规格、生产工艺、制造设备、工作流程和安全性结构设计等都可以沉淀为平台的内容。一个平台往往代表了一种出身，在此平台下衍生的一系列车型具备这个平台下包括上述各种要素的"血脉"关系。因此，平台对一款车型的安全性、驾驭性、可靠性等方面有很大影响。

但具体而言，在不同车企乃至不同发展阶段，平台的概念都会有差异。传统而言，平台往往代表了相同的底盘、动力系统的通用性以及安全等级。但随着车企对模块化的重视程度越来越高，平台的概念也在演进，已经不再拘泥于上述底盘、动力总成的通用性，而是更多考虑在确定的发动机布置方式之下模块的通用性。模块通用性也不局限于模块下面零部件是否通用，而是包括开发方案、开发标准、材料标准等是否具有通用性。基于模块考虑的平台，从研发、生产制造贯穿整个车辆诞生全过程，代表了一整套从研发到生产工艺、设备、零部件乃至质量控制体系，构成了一款新车型开发的基础性方案。这样，相同平台的产品承接共同的模块化架构，包括发动机布置方案、线束、悬架、制动、传动和变速器等车辆构成要素，达到在平台范围内的模块共享。

在平台之下，往往需要有一个车型层级来定义工程设计的范围。不同车企对这一层级的命名也不尽相同，此处采用一种稍微普遍一些的命名，即工程车型。工程车型作为车型研发的一个管理单元，往往被用来作为零件用法的发布单元。在某些车企，工程车型可以直接用来作为市场销售的车型。同一品牌、同一平台下不同的车身型式以及装饰级别一般被划分成不同的工程车型。

部分企业按照车型年（工程意义的车型年）来管理，车型年针对平台进行定义，与工程车型一道构成工程设计的管理单元。车型年定义的目的在于以下三方面。

1）更好地在全价值链内部管理好产品更改。产品更改涉及上下游很多业务单位，包括工程开发、采购定点、测试和认证、物流、试生产和正式生产以及销售等环节。采用车型年有利于统一控制这个环节的起始和结束。

2）在整个生命周期中区别不同的产品内容的发布。

3）便于产品更改在市场上的沟通（新车型投产）。

车型年的管理方式，对于工程更改的实施、新老计划的切换、新老状态零部件的切换以及产品数据的精益化都有明显好处。

在某些车企，车型年并不会作为车型型谱上的一个层级来定义，而是以年型包的方式来管理。所谓年型包，就是将一段时间内发生的产品更改（车型配置更改）打成一个包，随着下一个年度车型进行统一发布和切换。

上述两种方式对于 BOM 管理方式将产生一定影响，总体而言，采用车型年的方式，BOM 管理相对简洁明了，因而变更管理也更为高效；而年型包的模式则往往不需要单独组织超级 BOM，但管理复杂度高一些。

工程车型以下，为了更好地进行配置规划，一般还会产生一个车型层级。这一层级的车型代表的是同一工程车型系列下的不同配置（关键配置）。发动机、变速器、驱动形式和排放等是这一层级的车型定义的主要要素。车型的选配关系也基本在这一层级进行定义。整车物料号正是在这一层级的车型下进行选装组合的结果。所谓整车物料号，代表的是一款所有配置，包括内外饰颜色都确定了的车。

（二）商用车型谱划分

相对于乘用车，商用车型谱的划分则要复杂得多。这是由商用车具有更大的多样性决定的。

对商用车进行型谱定义，首先要对商用车进行产品分类。按照商用车通用产品分类，商用车可分为货车和客车。其中货车按照国家分类标准及行业通行标准，又分为中型货车、重型货车和超重型货车；客车可分为城市客车、旅游客车和校车等。并且，无论货车还是客车，底盘都有可能单独研发、生产和销售，因此，底盘往往也会独立成为货车或者客车之下的一类产品。

对于货车，车企一般在轻型、中型和重型等这一分类层级下，根据技术平台和用途或工况进一步划分，形成车型的一级型谱。货车技术平台的概念与上述乘用车类似。所谓用途或工况，是指货车是用于公路还是工程或是其他特殊情况。在一级型谱下，再根据载重、驱动、悬架、驾驶室类型、轴距等进一步划分出工程车型。

对于客车，一般在旅游客车和城市客车等大类之下，再按照车身长度、电量（新能源汽车）等要素进一步划分。改款和换代一般也会作为车型型谱的一个层级体现。

无论乘用车还是商用车，我国车企有一个普遍现象，即将车型公告号作为车型型谱的一个层级进行定义。这样做的好处，是可以将研发的车型与国家的法规要求直接对应。但也有不少弊端，主要体现在以下三方面。

1）车型公告号是国家法规要求，而企业对应自己的车型规划与设计应该体现本企业的发展战略与思路，而不是简单与国家法规要求对应。

2）特别是在新能源汽车领域，国家法规要求也是处于变化之中。这种变化不应该带来企业研发的颠覆性变化。

3）不同国家有不同的法规要求，如果公告号作为一个层级体现在车型型谱上，必然带来海外销售上的困扰。

基于以上原因，在实施企业级 BOM 项目时，一般不建议以公告号作为车型型谱的一个层级进行定义，而是通过与车型型谱的某个层级建立一定的关系来管理。

二、 规划配置管理

规划配置（在某些车企也叫概念配置）是产品规划依据市场调研信息编制的规划性质的配置表，是以市场的语言来描述市场对一款产品的需求。规划配置是在产品策划阶段对即将开发的车型基于市场需求，经过工程可行性分析以及成本收益分析的基础上对车型的定义。

规划配置涉及的业务职能部门包括市场营销部门、规划部门、车型开发项目组等。一般由市场营销部门进行市场需求调研；规划部门基于市场营销部门的输入进行产品战略规划、项目前期规划，展开前期技术分析以及工程可行性分析工作，并编制规划配置表；规划配置表经过车型开发项目组评审，并提交给公司领导审批。

规划配置管理的内容主要包含三个部分，即规划的车型系列下所包含的车型、规划的配置项以及配置项与车型之间的关系，如图 4-3 所示。

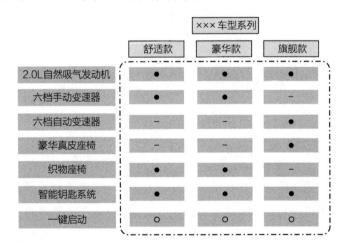

图 4-3　规划配置示例

第四节　工程设计领域配置管理

上面讲到的产品规划配置是以市场的语言定义产品配置，其中主要是定义了产品的设计开发范围。而工程设计阶段的配置，即产品工程配置则是以技术工程的语言翻译了产品规划配置表的内容，是设计开发部门开发范围的依据。

一、 车型特征清单定义

在产品规划阶段，规划配置针对开发的新车型定义了基本要求，比如座椅是否要求是真皮，轮胎是 17 英寸还是 18 英寸的等。但很多与造型相关、技术方案相关的要素仍然不能确定，比如真皮座椅的具体规格、轮胎的宽度、油箱规格等。这些内容将在工程设计阶段进一步定义，并体现在工程配置表中。

定义工程配置的第一步，就是按照上面所述，基于规划配置进行技术层面的分解，形成要开发的车型的特征清单。

企业的配置资源定义为全局特征库。全局的含义，就是这些特征是有可能用在任何车型上的。因此作为企业配置资源池的全局特征库，特征是不与车型建立关系的。特征与车型建立关系是在车型特征清单上体现，比如发动机排量，全局特征库中可能有 1.4、1.6、1.8T、2.0 等，这意味着在生产、设计或未来规划的车型中有可能会有这种排量的发动机。但对于具体某个新车型开发，则在规划阶段将会锁定某几种排量，如对于某个车型系列，只将 1.6、1.8T 两种特征规划进去，那么对于这个车型系列的发动机排量而言，就只有 1.6、1.8T 两种，这样一个清单就构成该车型系列的特征清单。

在规划新车型特征清单时，是基于全局特征库进行选择的。某些配置如没有，则首先需要申请新的配置资源，并在全局特征库中定义。

显而易见，车型的特征清单决定了车型开发的范围，影响了包括成本在内许多方面的工作。因此，车型特征清单锁定之后，一旦有变化，对车型开发影响较大。为了管控这种变化，许多车企采用面向产品战略的产品变更来进行管理。

二、 配置约束关系管理

车型特征清单的定义，明确了车型开发项目所覆盖的配置范围。但这些配置项之间往往不是完全可自由组合的，会受到很多从车型开发策略或者技术方案上的限制。下面是一些例子。

1）当有旋钮式一键起动系统时，必须有无钥匙智能进入系统的功能；反之，如有无钥匙智能进入系统的功能，则必须配置旋钮式一键起动系统。

2）对于前排座椅调节，如选择 6 方向电动可调座椅，则必须配置真皮材质座椅；但配置真皮材质座椅，不一定配置 6 方向电动可调功能。

3）二者只能选一的情况，例如防滚架与车厢护栏，如果装备不锈钢防滚架，则一定不会装备车厢护栏；反过来，如果装备车厢护栏，则不会装备不锈钢防滚架。

4）车身内外饰风格的搭配，如某种内饰风格（如黑/灰内饰风格）不能与某种外饰风格（如玫瑰红外饰风格）搭配。

……

上述规则不胜枚举。并且，在实际车型开发项目中，约束关系远比上面的例子复杂。

管理这些配置约束关系的意义在于以下三点。首先，只有对这些规则进行定义，才能够显性化地去跟踪，而不是保存在人脑中的不可共享、不可管理的状态。其次，这些规则大大缩小了在同一车型系列下各种配置组合的可能性，从而限制了有意义车型的数量。因此，配置约束规则将成为校验、辅助形成工程配置表的重要支撑。第三，这也是未来面向大规模个性化定制最为重要的一点，这些约束关系应该制约前端的点单行为，使得前端点单形成的车型落在工程约束关系所限定的车型范围之内，从而避免人为的特殊订单出现。

三、 工程配置表构建

至此，我们已经说明了车型型谱、车型特征清单以及车型配置约束关系三个方面的内容。这三个方面的内容与工程配置密切相关。有了这三个方面的定义，工程配置表的框架就已经形成。车型型谱定义了平台车型或车型系列下各车型之间的关系。新车型项目中，首先要对开发的车型在公司车型型谱体系的大框架下进行定义，构成了工程配置表进行配置管理的各车型。车型特征清单构成了车型项目所管理的配置项。工程配置表即定义车型项目下各车型与各配置项的标配选配关系。而车型配置约束关系则构成对车型配置进行校验的工具，将不符合规则的配置组合从车型配置表中剔除出去。

车型与配置选项的关系，一般企业用"S""O""－"三个符号来表达。S 表示该配置作为标准配置用在该车型上；－表示该车型不具备该配置选项；O 表示该配置选项在该车型上是可选装的配置。但某些车企，特别是国际著名车企，车型与配置的关系更为复杂，这三种关系还不能完全定义车型与选项的关系，因此会派生更多的表达方式。如某车企以如下五种关系来表达。

A = AVAILABLE 可用，表示可由用户定制

B = BASE 基本，表示模块族的基本配置

S = STANDARD 标准，表示该配置选项对车型是标准配置

R = REQUIRED 要求，该配置选项与其他选项联系使用

－ = NOT AVAILABLE 不可用，表示该配置选项对该车型不可用

第五节 生产领域配置管理

以下就生产领域进行配置管理的必要性、生产配置表的构建以及整车物料号相关问题进行探讨。

一、 进行生产配置管理的主要出发点

研发的配置组合虽然在配置约束关系的限制下大大缩小了组合的车型数量，但其组合数量理论上仍然是非常大的。整车生产时，如果针对这一理论数量进行物料筹措，势必造成极大浪费。因此，虽然从设计来讲，车型可组合配置数量非常大，但实际生产则是在销售预测与销售策略约束之下进行考虑的。

同时，在全配置模式下，BOM 以超级 BOM 模式进行组织。车型的配置关系直接决定了车型 BOM 解析是否准确。对于支持生产的制造 BOM 而言，时间是其非常重要的管理维度。由于在整车开发过程中发生大量设计变更，而设计变更在生产上的落地需要考虑如供应商、库存等很多要素，非常复杂，这就导致制造 BOM 上每个零部件其投产生效时间有可能是不一样的。也就是说，虽然用的是同一套制造 BOM，但不同时点造出的车所采用的零部件或者零部件状态是不同的。同样，车型的配置项也有一个投产生效性问题。比如某款车型增加某个配置，也并非设计一发布就马上在生产上生效。配置的变更影响到零部件及 BOM，可能会导致零部件及 BOM 的变更，而车型配置又是车型进行 BOM 解析的输入，与车型 BOM 解析直接相关。这样，就需要管理配置与 BOM 的生效性，并且在生产中解析制造 BOM 时，必须保证配置的生效时间与制造 BOM 的生效时间是匹配的，这样才能够解析出正确的 BOM。

更为复杂的是，同一车型系列的车可能会在不同制造基地和不同工厂生产。当变更发生时，无论是配置的变更还是零部件、BOM 的变更，不同制造基地或工厂实施的时间可能是不一样的。也就是说，对于同样一张变更单，虽然工程发布时间一样，但在不同制造基地或工厂进行变更切换的时间却是不一样的。关于零部件、BOM 部分的变更，将在下面的章节进行详细探讨，此处单就配置变更而言，是需要考虑同一配置变更在不同制造基地或工厂的实际切换。

二、 生产配置表的构建

针对以上问题，解决之道就是建立面向制造基地的生产配置表。生产配置表基于工程配置表构建，其关系如图4-4所示。

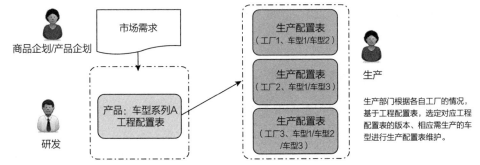

注：车型1、车型2、车型3均为车型系列A下不同车型。

图4-4　生产配置与工程配置的关系

图4-4中，工程配置表以车型系列为单位组织，即工程配置表定义了车型系列A下所有车型的配置关系。工程配置表由研发部门发布之后，生产单位可以根据生产的实际安排组织各制造基地/工厂的生产配置表，以定义在该制造基地/工厂生产的车型及车型配置。图4-5所示是一个基于工程配置表构建生产配置表的例子。

工程配置表

特征族	特征	特征代码	版本	车型1	车型2	车型3
发动机						
	1.4	E001	00		B	B
	1.4T	E002	00			B
			05		R	
			10		R	
变速器						
	5档手动	M001	00	B	B	
			05			R
	4档自动	M002	00			
			05	R	R	
			10		A	A
	5档自动	M003	00		R	B
制动系统						
	ABS	B001	00	B	B	
	ESP+ARP	B002	00			
			05		A	
空调系统						
	冷暖一体空调	C001	00			B
			05			
	不带空调	C002	05			A

生产配置表

特征族	特征	特征代码	版本	车型1		车型2				车型3
				规格1	规格2	规格3	规格4	规格5	规格6	规格7
发动机										
	1.4	E001	00	B	B	B	B			
	1.4T	E002	00					B		B
变速器										
	5档手动	M001	00	B						
	4档自动	M002	00		B		B			
	5档自动	M003	00						B	B
制动系统										
	ABS	B001	00	B	B	B	B			
	ESP+ARP	B002	00						B	B
			05			A		A		
空调系统										
	冷暖一体空调	C001	00							
			05	A	A	A	A	A	A	
	不带空调	C002	05							A

图4-5　基于工程配置表构建生产配置表的例子

由上面例子可以看出，生产配置是针对要生产的车型配置的进一步锁定，因此在生产配置表上，基于工程配置表的同一车型，根据锁定的配置关系派生出更多车型。如车型1，在工程配置表上变速器定义为5档手动为基本配置，而4档自动为"Required"型配置，即与其他配置项关联的配置。在生产配置表中，车型1拆分成两种规格，规格1以5档手动为基本配置，规格2以4档自动为基本配置（与4档自动关联的配置项通过规格2的配置进行固化）。这两种规格的车型对工程配置的多样性进一步锁定，使得生产准备更为容易。

从上面的例子也可以看到，生产配置不一定体现工程配置的所有版本。配置在某个制造基地/工厂不见得随着研发端的工程配置的生效而生效。

三、 关于整车物料号问题

某些车企将具有相同特征、可用于生产的整车产品进行编码，称为整车物料号。企业生产、营销、财务等很多流程基于整车物料号进行运作，如用于商务进行市场需求表达、用于生产进行生产计划编制、用于工厂进行生产制造组织、用于运输部门进行仓储运输、用于市场进行整车销售等领域，以及用于整车流系统间进行信息传递等。

正是因为很多业务以整车物料号为支撑，所以在很多车企，整车物料号都是由有含义的编码组成。品牌、平台、系列、车身形式、装备等级、发动机、变速器、内饰风格、外饰颜色以及选装等都以固定的码位来表达。

整车物料号的好处很明显，一个整车物料号代表了唯一一种所有配置都确定的车，通过唯一性编码保证了整车定义的唯一性，简化了对整车的管理；同时，因为整车物料号上每一位都代表了特定的含义，各个业务部门在使用时，可以从整车物料号上直接识别整车的关键特征。

但整车物料号的产生是一个非常棘手的问题。因为一个整车物料号代表了一个所有配置都确定了的车，而当一个车型系列下选配项增多时，车型的组合数量就是一个天文数字，这就势必会形成大量的整车物料号。举个例子，假设在某个车型系列下有 2 款发动机、3 种变速器、5 种外饰颜色、2 种内饰风格、2 种座椅、36 种选配，那么整车的理论组合数量为

$$2 \times 3 \times 5 \times 2 \times 2 \times \left(C_{36}^0 + C_{36}^1 + C_{36}^2 + C_{36}^3 + \cdots + C_{36}^{35} + C_{36}^{36} \right) = 343037567387$$

这是一个理论上 3000 多亿的组合！

当事先生成整车物料号时，一般根据配置表中的选装，列出所有可能的组合情况，然后在其中挑选出计划要生产的车型。这个过程无疑是十分复杂的。但复杂度还不止于此，因为整车开发过程中每天都在发生工程变更，包括车型的配置。当整车物料号生成之后，配置发生变化，则需要重新生成，而原来生成的整车物料号很可能不能再用。同时，整车物料号与配置生效性之间的对应关系也难以管理。

正是由于整车物料号的管理存在上述难点，我国部分车企已经弱化整车物料号在业务中的作用。因为在全配置管理体系下，一个基础车型加上特征清单就能够代表唯一配置的整车，并且比整车物料号更全面、更灵活地描述了整车。这样，在绝大多数情况下，基础车型加特征清单就能够起到整车物料号的作用。只是在某些系

统由于各种原因不得不采用整车编号时，可以通过系统产生流水码来代替。

在未来大规模个性化定制的业务场景中，随着可以选配的内容越来越多，整车的组合情况也将剧增，整车物料号的矛盾将更加突出。事先生成大量整车物料号的模式将变得不可能。这时可以采用上述弱化整车物料号的模式，或者，即使要保留整车物料号，也需要通过销售点单触发整车物料号的形成，这样才能够保证产生的整车物料号代表了真正需要生产的车。

总之，事先生成整车物料号的模式，是典型的以产定销模式；而未来以销售拉动生产的模式下，情况将发生改变。按需生成整车物料号或者取消整车物料号将成为这种模式下的必然选择。

第六节　销售领域配置管理

以下就销售领域进行配置管理的必要性以及销售配置表的构建进行探讨。

一、销售配置考虑的主要出发点

目前的商用车市场是一个定制化要求很高的市场。因此，考虑未来面向大规模个性化定制业务所面临的问题，今天的商用车市场具有很好的借鉴意义。商用车市场面临的典型问题有以下三个。

1）特殊订单过多。几乎每个订单都是特殊订单，都需要从研发端开始，即典型的面向订单的工程模式（Engineering to Order，ETO）。

2）所有订单，包括特殊订单和正常订单，几乎都需要从头开始组织产品技术资料，使得订单周期拉长、订单交付风险高。

3）在频繁发生工程变更的情况下，变更（特别是产品配置变更）不能高效传递到销售、采购等领域，因此无论是在销售的前端所依赖的产品资源数据，还是在供应链过程中所依赖的 BOM 数据都不能及时、准确体现工程变更信息，导致销售与研发脱节以及供应链运行效率低下。

以上问题导致的后果有二：其一，研发始终围绕着订单转，而不能集中精力搞研发；其二，产品盈利能力普遍不高，有的车企年销量名列行业前茅，而企业却处于亏损状态。

解决上述问题，一个基础性的要求是配置化管理对全业务链的覆盖，特别是对于销售业务的覆盖。呈现在客户面前的销售资源，只有充分与研发端对接，才能充分反映研发的产品资源组合的多样性以及限制性，才能准确地展示本企业多样化的产品，基于多样化的产品配置组合进行引导式销售，而不是让用户"自由选择"产生过多的"人为"特殊订单。也只有销售资源与研发紧密衔接，订单车型才能够基于配置化 BOM 快速形成车型 BOM，以开展相关的物料筹措及订单生产工作，才能够尽量减少研发对于订单的过多参与。也只有销售资源与研发的紧密衔接，产品配置的变更直接驱动工程配置表变更，并由工程配置表的变更驱动销售资源变更，才能使销售前端展示的销售车型及配置及时、准确反映内部的变化，提高订单处理效率。

在未来智能制造及大规模个性化定制业务中，上述问题将更加尖锐。并且，随着互联网应用的不断深入，未来4S店销售模式将逐步弱化，更多样化的销售模式和销售渠道将产生。面向多种营销模式和销售渠道，需要有统一的销售主数据支持；面向多样化的客户群体，需要制定差异化的销售策略。看似简单的销售点单的背后，需要强大的、与研发紧密集成的销售配置支持。

二、 销售配置表的构建

工程配置表发布之后，市场部门将基于发布的工程配置表，按照销售策略进行拆分，形成销售配置表，如图4-6所示。

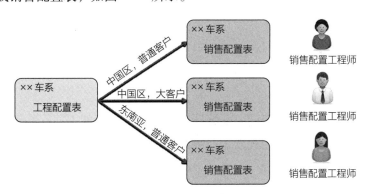

图4-6 销售配置表与工程配置表的关系

所谓销售策略，就是针对不同销售区域、消费群体，主打销售的车型将有所不同，推荐的配置也将有所不同，甚至包括定价及促销方式也采用不同策略。对于同一车型系列，即同一份工程配置表，根据这些差异将定义不同的销售配置。因此工程配置表和销售配置表是一对多的关系。

销售配置表的主要用途有两个。第一，支持销售定价。销售定价一般基于销售的标准配置车型进行定价，然后再对选装定义差价。这样，在销售点单时，用户选择车型（或者匹配上车型）之后，点单系统就可以给出该车型的基础价格；客户每选择一个选装，点单系统就能够给出相应的价格。销售配置表定义了销售车型以及销售车型与各选装的关系，是进行销售定价的基础数据。第二，支持销售点单。有了销售配置表，企业能够销售什么车型以及各车型能够提供什么选配就有了明确定义。且基于上述模式的定价，客户选择选装，相应的价格也能够通过销售点单系统及时提供给客户。

构建完整的销售配置表包含以下几个方面的内容。

（一）定义销售车型

前面从产品规划以及设计的角度对车型型谱进行了说明。但从销售角度，对车型产品的分类不一定与上述从规划与工程设计的角度定义的车型型谱相一致。比如车型型谱按照平台、车型系列、工程车型三个层级划分，销售车型分类则按照品牌/子品牌、款式及年款、配置等级（如精英、舒适、尊贵等）划分。销售车型按照销售分类进行组织，可以直接对应到工程车型型谱的某一层级车型，也可以是基于车型型谱的某一层级车型往下分解成销售车型（基于型谱上某一层级车型锁定某些配置形成的进一步细分的车型规格）。

（二）定义销售描述语言库

同样一个配置项，面向工程设计与面向最终客户，在命名上往往有所不同，以使客户更好地理解或者增加对客户的吸引力。这样就导致工程配置表上的每一项特征，在销售配置表上的描述可能不同。这就要求基于同一特征编码，需要有专门针对销售领域的描述。

同时，不同销售领域对于同一配置项，描述上也有可能不同。特别是全球销售的车型，在中国、日本、韩国和欧美、中东地区等，都需要采用本地化语言描述车型的配置项。这就不仅需要同一配置项工程与销售的描述有差异，而且要根据销售区域的不同而不同。这样，不同区域的客户进入销售点单系统时，就能够以自己的本地语言进行选配。

（三）定义销售选装包

为了客户点单方便，同时也是为了车企内部缩小生产准备的范围，很多车企愿意将不同选配项打成一个包进行销售。如将大容量油箱和全尺寸备胎打包成为远航包等。

（四）基于工程配置表定义销售特征

销售配置表上体现的特征不一定与工程配置表上定义的特征构成一一对应关系。一般有以下几种情形。

1）体现销售亮点，但不影响车型设计的销售特征。如后排平地板设计、车门未关报警灯、车门未关报警提示等，这些都是为了在销售时体现功能多而有的特征。这类特征在工程配置表上找不到对应的工程特征与之相匹配。

2）在工程配置表上体现为一项特征，但在销售配置表上体现为多项特征。如工程配置表上定义了 ESP（车身电子稳定系统），但在销售配置表上将体现为 ABS（制动防抱死系统）、TCS（牵引力控制系统）、HBA（液压制动器辅助）、HHC（驻坡控制系统）四个配置项。

3）在工程配置表上定义了多个配置项，但在销售配置表上对应到一个配置特征。如在工程配置表上定义了"驾驶人电动防夹升降器（自动闭盗）""前排乘员电动非防夹升降器"以及"后排电动防夹非升降器"三项配置，在销售配置表上则只是让客户选择"四门电动车窗（驾驶座升降）"这一配置项。

4）当然还存在一对一的情况，比如工程配置表上有"胎压检测系统"对应到销售配置表上 TPMS（智能胎压检测系统）。

正是由于存在一对多、多对一和一对一等情况，工程配置向销售配置的转化是一个十分复杂的事情。但建立起这种关系非常重要，它不但是销售前端点单能够落在最大化设计范围之内的保障，而且是能够根据点单结果进行 BOM 解析的基础。

（五）定义销售约束规则

在构建工程配置表时，我们谈到了配置规则是非常重要，同时也是非常复杂的事情。在销售配置表上，同样也可能出于销售策略的考虑，需要定义销售选配项之间的约束关系。但这种约束关系应该以不影响工程约束规则为前提。

在前端销售点单时，客户的点单行为既要受工程配置规则的约束，也要受销售配置规则的约束，这样才能确保客户选择的车型是符合设计要求、经过设计验证的。

（六）确定销售车型与销售配置特征之间的关系

在上述几方面的内容定义完成之后，就需要确定销售车型与销售配置选项之间的标配、选配关系。完成车型标配、选配关系定义即完成了销售配置表的定义。在此过程中，销售配置约束规则将对销售配置表起到校验的作用。

总之，销售配置表是未来面向客户自由选配模式下非常重要的车型数据。销售配置表数据的变化将直接影响销售定价及销售点单，因此销售配置表需要进行发布管理，以确保数据的有效性。

第五章
全价值链 BOM 管理 ////

第一节　全价值链 BOM 概述

本章主要探讨企业级 BOM 所重点关注的几种 BOM 形态，即早期 BOM、工程 BOM、制造 BOM、售后服务 BOM 和 KD BOM 五种 BOM 形态。整车结构以及零部件管理规范与各种 BOM 形态都相关，因此这部分内容也会在本章作为重点进行讨论。

这五种 BOM 形态相对应的整车开发流程阶段以及各种 BOM 形态的输入输出关系如图 5 - 1 所示。

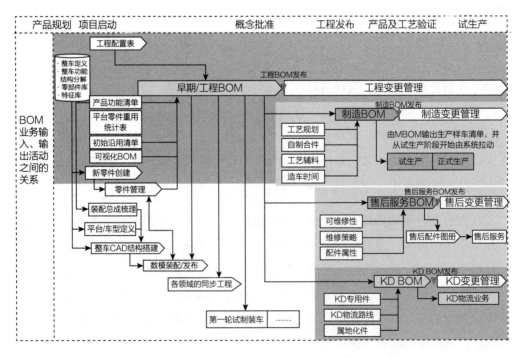

图 5 - 1　各 BOM 形态的输入输出关系

研发领域的 BOM 形态主要包括早期 BOM 和工程 BOM 两种形态。在本章第三节将详细讨论这两种形态 BOM 的输入信息。这两种 BOM 形态的主要作用在于以下四方面。

1）支持零部件设计相关工作的开展。锁定零部件的制造加工深度以及零部件开发策略，并体现在 BOM 上，从而确定了需要新开发哪些零部件或要沿用修改哪些零部件方案。

2）支持产品开发阶段的同步工程工作的开展。在车型开发的早期阶段，通过早期 BOM 提供的零部件清单，支持制造工程先期进行大的工艺路线规划；支持先期采购项目管理、成本分析、重量分析等工作的开展；售后可维修性分析也可同步展开，以便尽早提出售后拆分要求。

3）支持各轮次试制装车。工程 BOM 定义了一个面向量产的零部件清单，各轮次试制基于这个清单，对该轮次试制所采用的零部件状态进行确认，形成试制车装车的零部件清单。

4）通过工程 BOM 的正式发布，形成下游各业务开展工作的正式依据。工程 BOM 的正式发布，意味着从产品设计的角度已经锁定了面向量产的零部件采用。正式的生产准备和售后备件供应链都依据这一正式的发布结果开展工作。

工程 BOM 发布之后，工艺和制造部门根据车型投产时间，选择时点构建制造 BOM。制造 BOM 集中承载生产准备过程中的相关信息，以支持试生产、正式批量生产。这部分业务的详细讨论将在第四节展开。

售后领域则在发布的工程 BOM 基础上构建承载备件技术定义的售后服务 BOM，以支持备件采购、电子图册的编制等工作。这部分业务的详细讨论将在第五节展开。

如有海外 KD 件工厂，海外事业部将根据发布的工程 BOM 考虑 CKD、SKD 等业务，形成支持 KD 件物流业务的 KD BOM。这部分业务的详细讨论将在第六节展开。

同时，在汽车行业有一些普遍关注的 BOM 问题，如有关车型年管理问题、超级 BOM 模式下合件管理问题以及白车身结构搭建问题等，这些问题的解决方案将直接影响 BOM 方案的可用性以及 BOM 管理的深度。这些问题将在本章第七节集中探讨。

在汽车行业乃至整个制造业，一个突出的问题是各个业务领域的 BOM 各自为政，相互之间衔接很差，很多单位甚至另起炉灶搭建本领域的 BOM，从而造成各部门之间信息壁垒严重，无法体现 BOM 价值。企业级 BOM 的一个重要使命就是要将 BOM 这条企业信息索引贯穿各个价值链，解决上述 BOM 难点问题。解决之道就是针对以上研发、制造、售后、KD 等领域，推行一体化 BOM 管理模式。一体化模式的要点可以总结为以下三条。

1）EBOM 上的所有信息能够自动地、无遗漏地传递到下游各形态 BOM，包括工艺/制造 BOM（Process/Manufacturing BOM，P/MBOM）、SBOM 和 KD BOM 等。各领域 BOM 在此基础上管理各自的 BOM 业务。

2）发生在 EBOM 上的工程变更可以自动地、无遗漏地传递到下游各形态 BOM。

3）所有 BOM 形态共享统一的配置资源以及配置解析逻辑。

下游各形态 BOM 都是基于 EBOM 构建，因此 EBOM 的组织模式、构建模式是是否能够做到与下游各形态 BOM 一体化的核心要素。不少车企追求 EBOM 扁平化，正是出于 BOM 一体化的目的。同时，EBOM 上的配置条件以及其他有价值的信息尽量在供货级别零部件层级进行管理，其出发点也是 BOM 一体化。

第二节　整车结构及零部件管理规范

国际著名车企一般都会形成一整套适合自身管理模式的整车分解规范，并以此为基础，形成零部件范围定义、编码等管理规范。这些规范的形成，对于各业务领域的 BOM 管理方案有较大影响。因此，在探讨各业务领域 BOM 方案之前，我们先来探讨整车结构及零部件管理规范。

一、整车结构分解规范

对于整车以何种方式进行分解、形成企业规范，各车企在做法上稍有不同。以德国大众汽车和通用汽车为例，大众汽车使用 Umfang 把整车零件划分为若干区段，在同一 Umfang 下通过 Takt 号进行排序。Umfang 是德语"范围"的意思，即通过 Umfang 划定整车的零部件范围。而 Takt 则是在同一范围下的一个流水码。Umfang 和 Takt 与工段工位的安排有关。例如，在某款车型上将整车划分 25 个 Umfang，通过 Umfang 将整车结构做层级划分。在分配零件号时，首位代表零件大类，而第二位和第三位代表小类，这样，通过零件分类将整车分为二层结构，第一层 10 个区域，第二层 192 个区域。而通用汽车的做法则有所不同。鉴于我国车企多采用通用汽车模式或在此模式基础上进行调整，在探讨整车结构分解规范时，我们以通用汽车的 VPPS 体系为例进行介绍。

（一）通用汽车整车分解及产品结构体系简介

通用汽车整车分解及产品结构（Vehicle Partitioning & Product Structure，VPPS）

体系按整车功能打散的结构，把整车分成不同系统，如底盘、电子电器和外饰。根据每一个功能子系统的需要，功能的层次从整车级别延伸到几个不同层次的子系统级别。每一个层次的内容由相邻的上下层次内容清晰描述，使得整车内容的描述从顶部到底部各级别保持一致。

VPPS 将整车分解为八个层级。第一个层级在整车（整车属于 00 层级）下定义了十大系统，包括动力传动系统、动力集成、底盘、供暖/通风/空调与动力总成冷却系统、内饰、车身结构、车身开闭件、外饰、信息与控制以及电子电器。第二层级在第一层级下划分成 57 个子系统，如动力系统下分解为动力产生、动力传动、动力控制与诊断三个子系统。第三层基于第二层进一步分解，形成大约 240～250 个模块。以下依次逐层分解，直至第八层。

VPPS 定义包括以下七个主要原则。

1）针对整个企业、所有车型的统一的整车产品内容模板，而不是针对某个车型的标准。这个模板是被流程所反复使用的。

2）以整车为起始，按照层级划分不同等级，并且采用用户易于理解的简易编号规则进行编码。

3）VPPS 包含完整的整车内容，但在 VPPS 中的内容不意味着在某个整车开发中都需要用到。

4）VPPS 逐层详细定义整车的不同等级内容，但并不表示产品选项或类型（如手动和自动变速器或 2 门和 4 门等）。

5）零件按照相似功能被包含在 VPPS 的功能视图范围里，并不是指物理位置。

6）VPPS 应用于分类整车产品相关数据，而不是用于制造流程。

7）VPPS 是一个不断演化的标准，如随着汽车创新，新功能的引入可能会调整 VPPS。

（二）VPPS 的用途与价值

VPPS 通过对整车产品内容的统一定义，形成一整套企业规范，是所有工程开发活动的基础，可以说是产品开发的 DNA，具有多方面的用途。

首先，VPPS 是对于整车的完整定义，任何一个车型开发项目都是在这一框架下展开的。因此，可以通过 VPPS 来支持早期阶段的整车动态定义、计划编制与执行。例如在车型策划阶段，可以基于 VPPS 定义整车功能清单，进而定义零部件的开发策略，即定义哪些零部件可以沿用、哪些零部件可以基于原来方案进行修改、哪些零部件需要重新申请进行全新开发，这决定了车型开发项目的复杂度。如在采购领域，还没有早期 BOM 时，可以基于 VPPS 来定义零部件在哪一层级进行采购，从而基于 VPPS 结构制定先期采购项目计划。

其次，为工程开发活动提供基础支持，辅助进行早期设计相关工作的展开。这些工作包括：在规划阶段生成设计 BOM：根据整车结构在 PDM 系统中生成一个虚拟的产品结构树，并给各部件命名和编码；在产品造型阶段，可以基于整车结构生成一个造型设计 BOM，所有和造型 A 面相关的数据都会生成，便于和 A 面相关的零部件进行关联设计。

第三，可以通过 VPPS 规范设计数据的组织形式。在设计过程中（设计早期），可以根据需要按照 VPPS 迅速在 PDM 系统中生成符合设计规范的设计结构，以进行数模的组织和管理；可以针对同一车型生成不同用途的结构，如用于预研的结构和用于正式数据发布的结构。在 PDM 中通过 VPPS 组织数模数据，如图 5 - 2 所示。

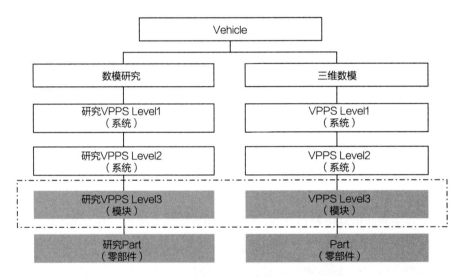

图 5 - 2　数模在 PDM 中的组织方式

图 5 - 2 中，在采用 VPPS 规范的车企，一般将 VPPS 的前两层作为 PDM 中的数模组织层级，而第三层对应到 PDM 中的安装装配（Installation Assembly，IA）层级。IA 是整车中按照配置和零件位置组织在一起的、具有特定功能的子系统。IA 是由设计者创建并维护，IA 的准确与完整是在整车位置创建和共享数据（生产零件、售后零件、焊点、造型面等）的基础。

第四，通过 VPPS 可以支持更高效的 BOM 组织模式。BOM 从管理层面而言，越扁平管理，沟通效率越高。通过 VPPS 码，可以将扁平结构与产品结构关联起来，形成一种层级结构。这使得完全扁平的 BOM 搭建方式成为可能。我们还可以看到，通用汽车体系的零部件编码是采用流水码的，这种流水码机制也是在有一整套 VPPS

体系下使用才会更加方便。因为整车上的每一个零部件，并不需要通过零件号来表达该零件属于哪个分组，直接通过 VPPS 代码就可以。

同时，VPPS 码还可以用来辅助进行配置校验和 BOM 校验工作。如将配置特征项按照 VPPS 方式组织，辅助在超级 BOM 上进行零部件配置条件的编写；可以利用 VPPS 结构在整车开发时标定哪些零部件在该车型上是必装的，从而可以将这个清单作为检查解析的单车 BOM 完整性的辅助工具。

第五，VPPS 在产品数据的分析比较、设计的标准化、企业知识管理等方面起到促进作用，包括以下方面。

1）提供了跨平台、跨品牌和跨车系产品数据的可比性。

① 车企内部所有车系、车型的零部件比较。同一功能的零部件在不同车型上的零件号有可能不同，但 VPPS 号是一致的，这样就可以 VPPS 为索引来比较不同车型之间同一功能零部件的差异。

② 将竞品纳入该标准体系来理解和比较。与以上做法类似，对于竞品车，同样可以采用 VPPS 结构进行组织，以便于进行功能、成本等方面的比较。

2）提供了标准化设计的立足点。

① 将各种功能拆解为标准模块，提高零件的通用化率。

② 便于搜索相似功能的零部件和标准化提供体系和实际数据的支撑。

③ 规范设计流程，使得相同功能、相似功能组件的设计更加有章可循、有模板可以借鉴，更加有利于形成企业自己的设计流程的数字化衡量标准。

④ 有利于形成新部件的标准件化流程，提高设计的标准化研发素质和能力。

⑤ 通过标准体系，校验整车设计的完整性。

3）促进企业的知识管理。部分车企将问题、设计知识、变更经验教训以及方案等都按照 VPPS 模式进行组织。这样，后续设计人员进行零部件设计时，可以从该零部件对应的 VPPS 上找到以前的经验教训、设计检查清单等作为输入，以提高设计质量。

二、 零部件管理规范

完整定义一个零部件要素如下：

零件号 + 零件名称 + 功能区域码 + 功能位置码 + 零件描述

（一）功能区域码与功能位置码

为了更有效地进行零部件范围及用法定义，车企一般引入功能区域码和功能位置码的概念。所谓功能区域码，就是按照整车上具有相对独立的功能的系统部件划分若干功能区域，并通过编制不同的功能区域码进行识别。而同一功能区域下不同用法的零部件则通过功能位置码来描述。

在上一节中谈到 VPPS，那么 VPPS 码与功能区域码、功能位置码是什么关系呢？同时采用 VPPS 码以及功能区域码、功能位置码的企业，一般将功能区域码与 VPPS 码的层级建立关系，并通过相应层级的 VPPS 码自动进行功能区域编码，如图 5-3 所示。

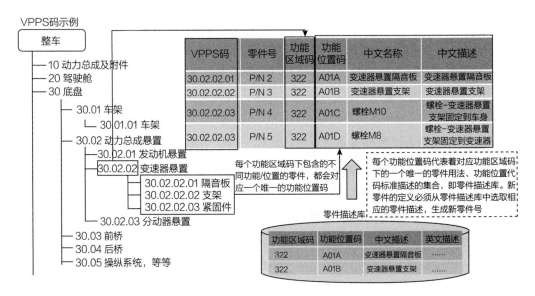

图5-3 VPPS 码与功能区域码、位置码的关系

在图5-3中，整车的功能区域按照 VPPS 的第三层级进行划分，并且通过 VPPS 第三层的编码形成缩写码作为功能区域码。相同功能区域码下不同用法的零部件通过功能位置码进行区分。功能位置代码一般有如下使用规定。

1）同一功能分组代码下，相同使用位置的零部件，但技术状态不同，其功能位置代码相同。

2）同一功能分组代码下，相同技术状态的零部件，但使用位置不同，其功能位置代码不同。

（二）零件名称与零件描述

管理比较精细的企业，零件名称与零件描述是分开的。零件名称表达零件自身的特性，与零件使用位置无关；而零件描述则是表达同一零件在不同功能区域的用法。因此，零件描述一般与零件功能区域码＋功能位置码一一对应，一个功能区域

码 + 功能位置码确定了唯一一个零件描述，如图 5 - 4 所示。

功能区域码	功能位置码	中文描述	英文描述
131	B01A	螺母-发动机控制单元	NUT-ECU
131	B01B	螺母-发动机控制单元支架	NUT-ECU BRKT
---	---	---	---

图 5 - 4 零件描述与功能区域码、位置码的关系

功能位置码和零件描述对于标准件和通用件非常有意义，因为标准件和通用件在同一整车上可能用在不同功能位置，这样就可以通过功能位置码和零件描述来唯一标识同一零件号多次出现在 BOM 上的含义，对于 BOM 的使用部门非常有帮助。如工艺部门可以基于功能位置码和零件描述识别相同零件号的不同 BOM 行，从而针对不同零件用法定义零件工位；如海外业务部门向海外 KD 件工厂发送零部件清单时，可以把标准件定义得非常准确，避免由于标准件错件或者漏件导致运输费用以及索赔损失。

零件描述有指示零件用法的含义，因此，零件描述方式可以按照一定的方式进行规范，以便于应用。以下是一些规范的例子。

1）关键名词必须在前面且与功能及安装位置描述名词以连字符分开。

2）关键名词之后紧跟着是带功能性描述的词语，共同定义零件的基本用法，这些描述性词通常是缩写形式。

（三）关于零件编码

车企的零件编码有两种流派，一种流派主张零件编码应该是有意义的编码；另一种流派主张零件编码需要聚焦到其核心作用是作为零件的唯一识别码，因而不需要携带相关业务含义。国际著名车企中，这两种流派都有代表性的企业。如通用汽车体系采取除前面两位代表区域、部门或品牌含义外，其他都是无意义的流水码方式；而大众体系则采用有意义的编码，按照大类、小类、零件流水码和更改标记 4 个号段共 11 位进行编码，如图 5 - 5 所示。

我国车企除了个别参照通用汽车体系采用无意义流水码之外，大多采用的是有意义的编码模式，并且编码含义多受国家行业标准汽车零部件结构分类的影响。国家标准中对汽车产品零部件的分类采用如图 5 - 6 所示的方式。

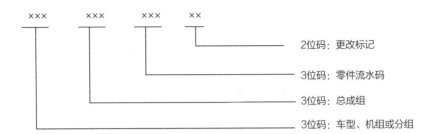

图 5-5　大众体系零件编码示例

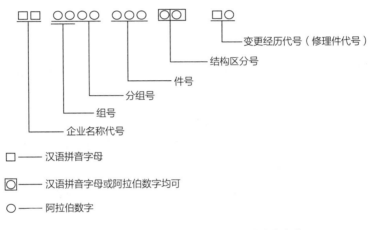

图 5-6　国家标准中的汽车产品零部件分类方式

对于新兴的车企（新能源汽车企业），其人员大多来自传统车企，带有各自原有的工作习惯，一般也倾向于采用有意义的编码，但会对所包含的意义进行简化，一般包含首次使用车型项目和分组号两个要素。

那么，零件号到底应该采用有意义的编码，还是采用无意义的流水码？采用有意义的编码的好处是直观，能够从零件编码中获取零件的相关信息，但弊端也很明显，包括以下七方面。

1）有意义的编码多采用按产品、零部件的隶属关系编号的方法，这种方法适合于单一车型，不利于系列车型的开发和平台化设计。

2）有意义的编码往往只是在编码产生时意义是明确的，但随着时间的推移，编码时的意义可能发生变化。例如，将首次使用车型作为编码的一部分，假设有两个车型项目 A 和 B 同时在进行，且项目 A 计划早于项目 B 量产。某零件开始是基于车型项目 A 申请，即其首次使用车型为车型 A。车型项目 B 也需要用到该零件，那么该零件在车型 B 上属于借用件。但由于种种原因，车型项目 A 延误，车型项目 B

先于项目 A 投产。那么从这个意义上讲，该零件首次使用的车型应该是车型 B 而不是车型 A。

3）当零部件成为通用件时，相同零件可能用到不同功能区域，如果零件号含有分组信息，在这种情况下，分组号就不能正确表达零部件所使用的功能区域。

4）不利于接纳新的管理方式。比如将分组号作为零件编码的一部分，在这样的一个背景下，如果再采用功能区域码、功能位置码的管理方式，那么，功能区域与零件号所携带的分组信息就会有产生重叠、冲突的地方。

5）无意义流水码对于编码资源的限制少，而有意义的编码有可能导致有限的编码资源占用完而不得不扩张码位的问题。

6）从是否有利于信息化的角度来讲，零件号中包含有意义的字段，作用仅仅在于零部件人工识别，没有信息管理的作用。如果为了管理的需要，增加零件或 BOM 属性表达同样的含义，势必造成数据冗余、不一致。

7）有意义编码容易造成人为的管理复杂性。零件种类繁多导致无法用一套有意义的规则时，就不得不设立多套零件号体系。因此，有些采用有意义编码方式的车企往往要专门开发一个编码器来专门进行编码工作。而流水码则可以由系统统一、直接给出，简单，高效。

基于以上考虑，采用无意义的流水码显然是具有很大优势的一种方案。很多人之所以倾向于有意义的零件号，一是出于习惯，二是出于试图通过零件号的识别来防止出现差错。其实通过对于零件的追溯、物流及现场零件的防差错，零件号仅是防差错措施的基础数据，并非防差错的手段。零件编号的规则，对零件的防差错无关联。而零件号的唯一性及零件号与零件的一致性却是防差错的关键因素。零件号编码越趋于流水号，越能确保零件号的唯一性及零件号与零件的一致性，保证零件的正确使用。加之其对 BOM 管理和系统管理的诸多优势，无意义的流水码是现代化零件追溯、物流及现场零件防差错体系的有力保证。

第三节　研发领域 BOM 管理

研发领域主要的两种 BOM 形态是早期 BOM 和工程 BOM。这两种 BOM 形态就 BOM 的服务对象、组织方式、管理内容而言具有极大的相似性，但由于处于不同的整车开发阶段，对于变更的控制手段有差异，如图 5-7 所示。

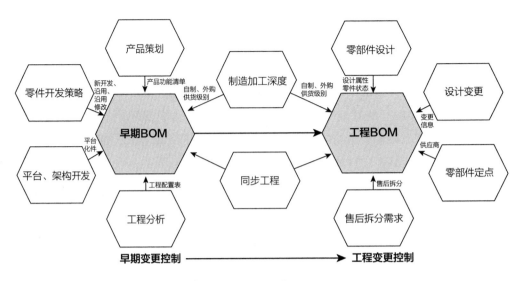

图 5 -7　早期 BOM 与工程 BOM

在研发阶段，还会涉及 BOM 在成本、采购和试制领域的应用，这部分内容将在后续章节分专题讨论。

一、　早期 BOM 管理

早期 BOM 管理包括早期 BOM 组织形式、早期 BOM 构建、早期 BOM 管理内容以及早期 BOM 的发布与共享模式等方面。

（一）早期 BOM 组织形式

第四章 BOM 架构讨论部分我们详细探讨了超级 BOM 的组织方式。在此简单回顾一下配置化超级 BOM 这一组织形式的要点：配置化超级 BOM 模式与系列化车型开发的业务模式是匹配的，并且可以很大程度上降低数据冗余、提高变更的一致性，因此，配置化超级 BOM 是国际上整车厂普遍采用的一种方式。不同车企将根据自身情况制订超级 BOM 的构建级别，主要考虑设计重用度、流程规范程度、历史数据情况以及生产切换四个方面的要素。

车型策划是基于平台车型或系列化车型进行规划，早期 BOM 作为沉淀车型开发早期策划阶段工作成果的重要输出之一，采用超级 BOM 模式进行组织当然是最贴近业务需要、效率最高的组织方式。

早期 BOM 以超级 BOM 方式组织，并且与后续的工程 BOM 在相同级别定义超级 BOM，有利于早期 BOM 与工程 BOM 的无缝对接，避免相同用途、相同管理内容、相同服务对象的 BOM 数据割裂成完全不同的两份数据。

（二）早期 BOM 构建

BOM 构建时间越早，越有利于车型开发中同步工程工作的展开。但要在车型开发早期阶段构建出一个高质量的 BOM 是一个很大的挑战。我们从早期 BOM 构建的输入以及构建方法来探讨如何在早期阶段构建一个高质量的 BOM 这一问题。

首先，我们来探讨一下构建早期 BOM 需要哪些输入。

1. 早期 BOM 输入

1）项目主计划。项目主计划定义了整车开发各阶段研发、市场、采购、制造、质量、财务等各业务领域的相关活动。这些业务活动既是对 BOM 创建的前提输入进行规划，同时也提出了对于 BOM 的输出时间要求。比如，市场与规划部门何时发布规划配置表（或概念配置表）等构建 BOM 必要的输入信息等；再比如，目标成本何时需要发布、新车型采购项目管理何时开始等，决定了早期 BOM 何时必须进行发布。正如第四章所讨论的，BOM 是整车厂一块单独的业务，因此很多整车厂在车型开发项目主计划中，将 BOM 作为一条单独的业务线体现在主计划中，体现 BOM 业务与其他业务之间的关联关系。BOM 的构建时间必须满足各业务部门对于 BOM 的使用要求，因此 BOM 的构建要依据整车开发项目主计划所要求的时点开展工作。

2）产品规划配置表。如第五章所述，产品规划配置（或概念配置）是产品规划依据市场调研信息编制的规划性质的配置表，是以市场的语言来描述市场对一款产品的需求。规划配置是在产品策划阶段对即将要开发的车型在市场需求、经过工程可行性分析以及成本收益分析基础上的对车型的定义。产品规划配置表定义了车型开发的范围，也即规定了针对此车型项目的 BOM 的构建范围。

3）新产品车型代码。对于新车型项目，需要确定该车型基于什么平台进行开发，或者基于什么车系进行衍生开发。确定新车型在车型型谱中的隶属关系，并给出新车型代码以作为 BOM 编制的对象。

4）产品功能清单。基于整车功能结构分解（VPPS），定义新车型所需的功能模块，以作为新车型零部件分析的基础输入。产品功能清单样表见表 5 – 1。

表 5 – 1　产品功能清单样表

VPPS 码	功能区域码	中文描述	沿用产品	标准版		舒适版		高配版
				1.6/5MT	1.6/6AT	1.6/5MT	1.6/6AT	1.4T/5MT	1.4T/6AT
10.01.01		发动机							
10.02.01		自动变速器							

（续）

VPPS 码	功能区域码	中文描述	沿用产品	标准版		舒适版		高配版	
				1.6/5MT	1.6/6AT	1.6/5MT	1.6/6AT	1.4T/5MT	1.4T/6AT
10.02.02		机械手动变速器							
10.02.03		分动器/动力输出单元							
10.03.01		发动机管理系统							
10.03.02		变速器管理系统							
15		动力附件							
15.01		进气系统（空滤）							
15.01.01		空滤进气管							
15.01.02		空气滤清器模块							
……	……	……							

由表 5-1 可知，新车型产品功能清单一般是以 VPPS 码为索引，在沿用产品功能清单基础上进行定义。

5）平台架构件清单。一般将以下特征的零部件定义为平台架构件：

① 能够适应对车辆功能和性能的限制。

② 能够使用共同的制造系统。

③ 拥有柔性的尺寸范围（能够适应整车尺寸的变化）。

④ 拥有共用的接口（关键的物理和功能接口必须支持架构件共用策略）。

⑤ 对周边零部件有重要影响（架构件的改变会导致周边相关零部件的更改）。

⑥ 较高的物料及模具成本。

⑦ 较长验证周期及较高验证费用。

6）可视化 BOM。在车型开发早期，根据平台件、模块沿用，形成可视化 BOM。可视化 BOM 是早期 BOM 构建的重要输入，如图 5-8 所示。

图 5-8 中，通过不同颜色表示了不同级别零部件的重用度。例如用不同颜色分别表示共同沿用零部件，工装模具不改、尺寸修改即可实现的零部件，外形修改或工装、模具费用不高的零部件，全新开发的零部件，以及目前还不能确定的零部件等。

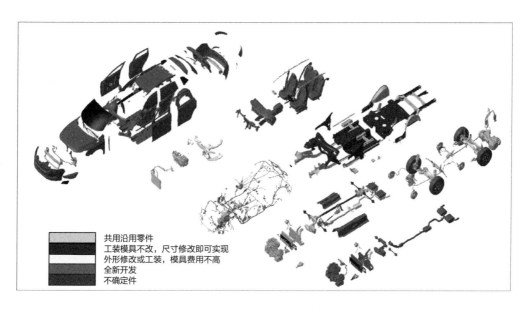

共用沿用零件
工装模具不改，尺寸修改即可实现
外形修改或工装，模具费用不高
全新开发
不确定件

图 5-8　可视化 BOM

7）工程变更清单。新车型所涉及的沿用件（包括修改沿用）可能正处于工程变更流程中，需要将这些变更单在新车型项目中进行跟踪。

8）工程部门分工清单以及零部件工程师清单。各分组的 BOM 需要相应的部门、设计工程师进行输入、确认，在 BOM 构建过程中涉及大量的协同、协调工作，因此在 BOM 构建之初就需要确定各分组相关部门以及设计工程师。

9）其他输入。其他输入包括零件描述定义手册、整车装备描述手册、标准件手册等基础规范文件。

2. 构建早期 BOM 的步骤

接下来，我们针对如何构建早期 BOM 进行探讨。

第一步，选定构建新车型 BOM 的参考车型。

一般车型开发都会或多或少基于原来车型进行考虑，在开始构建新车型早期 BOM 时，BOM 工程师和车型开发项目经理将根据规划配置表信息，选定包含沿用零件多而且 BOM 完整性和准确性能得到保证的车型作为参考车型，用其 BOM 作为新产品项目 BOM 的框架。

对于全新车企，由于没有原车型可参考，第一款车型的早期 BOM 构建也就不会有这一步，而是直接根据 VPPS、产品功能清单搭建新产品项目 BOM 框架。

第二步，梳理新产品项目特征清单。

配置管理工程师参照基准车型配置表，按标准模板逐系统地梳理新产品项目特征清单。

1）分配交叉功能配置的负责人，以免遗漏内容。

2）梳理汇总完毕，再次参照基准车型的配置特征清单校验新项目配置特征清单的完整性。

第三步，沿用功能/零件确定。

车型项目管理根据新产品项目的特征清单、平台架构件清单、可视化 BOM、零件共用化率统计表以及初始沿用清单梳理等，梳理出新产品项目对于基准车型的沿用功能、沿用件，分析参考车型 BOM，确定初版的沿用件清单。

第四步，根据新产品项目特征清单进行 BOM 分工。

BOM 工程师根据确定的沿用功能，参照配置特征清单，初步确认 BOM 的完整性和准确性。在此清单的基础上进行分工，提交工程各个部门。

第五步，梳理零件。

各专业设计部门按产品功能清单分工，按照系统—子系统—模块逐个梳理零部件，确认零件开发策略，定义沿用件，改制沿用件和新开发零部件，并编制各系统专业 BOM 清单。具体包括如下内容。

1）产品工程师根据配置表、产品功能清单和设计需求梳理功能分组下需要使用的终端零部件。

2）产品工程师根据配置表按 BOM 模板对梳理的终端零部件填写配置条件、零件描述、用量等 BOM 信息。

3）各部门项目主管汇总本部门初版 BOM，部门评审后提交 BOM 工程师汇总校对。

第六步，BOM 完整性确认。

BOM 工程师及各设计专业进行功能完整性和 BOM 完整性确认。

1）功能完整性确认。用产品功能清单校验功能的完整性，检查每个功能模块在 BOM 中是否存在。

2）BOM 完整性确认。检查配置特征清单中每个功能配置项在 BOM 中是否有零件；检查每个功能下在 BOM 中是否有零件；结合参考车型，检查每个功能配置的零件品种是否相符，并结合开发深度分析其合理性。

通过以上过程可以看出，BOM 的构建过程涉及大量的协同工作。最重要的协同工作是确定零部件制造加工深度的过程，需要研发、采购和工艺制造环节一起确定。其次，各设计专业需要提供该专业内相关零部件的分析，各专业之间以及专业与整车之间需要大量的协同。第三，配置信息与 BOM 信息密切相关，配置工程师与产品工程师以及 BOM 工程师之间也存在大量协同工作。BOM 工程师一个非常大的价值在于将这三方面的协同工作推动起来，扮演一个产品定义领域项目经理的角色。

（三）早期 BOM 管理的内容

早期 BOM 作为协同各业务部门在整车开发早期阶段参与到开发过程中的工具，其核心信息是初步确定了制造加工深度和开发策略的零部件。

由于是在早期阶段，大部分设计工作还没开始，很多人以为早期 BOM 只是一些系统、子系统、模块层面的大的框架类描述。其实不然，对于采购、成本分析等业务的开展，这些信息的确没有太大帮助，而真正有帮助的是对于这些业务有实际意义的零部件，即确定了供货级别以及是否沿用/沿用修改/全新设计的零部件。问题是，如何在整车开发早期就能够确定这样一个清单呢？这就需要研发、采购、制造一起协同工作，基于 VPPS 和相似车型从车企的制造加工能力、供应商能力、平台沿用等情况综合考虑。因此，早期 BOM 不是设计的自然结果或附带输出，其本身是同步工程的结果。

在早期阶段，对于成本分析、重量分析等业务，需要形成特定的成本分析、重量分析车型，并形成相应车型的 BOM。这涉及 BOM 的解析，即从超级 BOM 中得到相应的成本分析车型、重量分析车型的 BOM。因此，早期 BOM 需要管理零部件的配置条件。

部分车企，特别是对于零件号管理比较严格、零件号编码采用有意义编码的车企，在早期阶段对于部分新设计的零部件，为了提高早期效率，可能采用临时件号体现在早期 BOM 上，通过临时件号来承载设计、采购和成本等相关信息。临时件号在一定的设计成熟度下需要转化成为正式零件号。对于这种车企，具有临时件号的零部件也是早期 BOM 管理的重要内容。

（四）早期 BOM 的发布与共享模式

由于在早期阶段，车型开发变化因素比较多，作为体现车型定义的 BOM 信息也在不断变化之中。一方面，应用 BOM 的各相关业务部门希望能够及时、准确地获取 BOM 的变化信息；另一方面，在过多变更产生的情况下，如果启用正式的工程变更管理这一阶段的变更，则会影响设计效率。为了平衡这两方面的因素，可以考虑使用两种早期 BOM 的发布与共享模式，如图 5 - 9 所示。

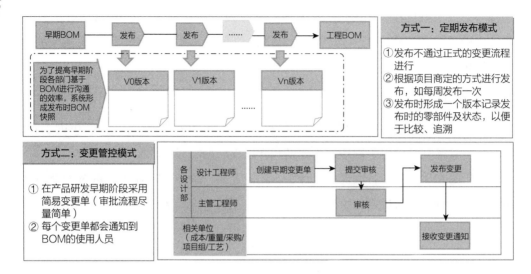

图5-9　早期 BOM 的两种发布与共享模式

方式一：采用定期发布模式。

在这种模式下，BOM 工程师根据各业务部门应用 BOM 的要求，与车型开发项目经理一起制订一个一定频次的 BOM 发布计划。具体多长时间发布一次，与车型开发的阶段相关。如前期发布周期可以长一些，比如每个月发布一次或者每两周发布一次；越到后期，发布周期可以缩短，比如每周发布一次等。对于 BOM 的应用部门，比如采购部门，每次接到发布的 BOM，同时可以通过系统辅助得到这次得到的 BOM 与上次 BOM 的差异件清单，从而可以获得这两次发布之间 BOM 的所有变更。采购部门则只需要根据这个差异清单来调整相应的采购相关工作，如采购项目计划等。

方式二：采用早期变更管控模式。

在这种模式下，早期 BOM 初始发布之后，任何对于 BOM 的变更，都通过变更单来进行发布。但正如上面所谈到的，正式的工程变更控制将影响到早期阶段的设计效率，因此这种变更与正式的工程变更应该有所区别，应该采取更为简单高效的流程。各 BOM 的应用部门可以得到每个变更单的变更通知，从而知道并获得 BOM 上发生的变更信息。

在这种模式下，变更与 BOM 数据的紧耦合对于 BOM 的应用部门才有意义。因为，对于 BOM 的应用部门而言，接到变更单不是目的，及时得到更新的 BOM 才是目的。如果只是得到变更单，而变更没有直接体现在 BOM 上，则对于 BOM 的应用部门而言将是一件非常痛苦的事情。

以上两种方式在国内整车厂都有应用。相对而言，第一种方式更为简洁高效。

这种简洁高效不仅体现在 BOM 的应用部门，而且体现在 BOM 的维护部门。BOM 工程师可以基于各个设计专业提交的差异清单进行汇总，集中维护 BOM 数据。第二种方式则管理更为严格、精细，但对于体系化不是很完善、前期变更非常多的车企，这种方式的可用性则值得探讨。毕竟各业务部门每天都接到一大堆变更单不会是一个好的工作体验。同时，对于第二种方式而言，如果各个业务系统（包括采购业务系统、成本分析系统等）实施得比较完备、深入，能够从企业级 BOM 直接接收变更单信息以及相应的 BOM 变更，则可操作性将大大提高。

二、 工程 BOM 管理

在对早期 BOM 的组织方式、构建方法和管理内容探讨清楚后，再探讨工程 BOM 管理就是一件非常简单的事情了。因为工程 BOM 无论从服务对象、构建目的还是管理内容而言，都与早期 BOM 类似，二者的区别只是控制方式的差异。

（一） 工程 BOM 组织形式

与早期 BOM 一样，工程 BOM 采用配置化超级 BOM 模式进行组织，并且超级 BOM 的组织单元最好与早期 BOM 一致。即，如果早期 BOM 基于平台产品构建，则工程 BOM 同样基于平台产品构建；如果早期 BOM 基于车型系列构建，则工程 BOM 也基于车型系列构建。

（二） 工程 BOM 构建

当设计成熟度达到一定程度，设计输出趋于稳定，设计变更的数量也在可控范围内时，引入正式的工程变更控制以使得车型开发过程处于严格受控状态，这无论对于相关业务领域参与到整车开发过程的质量还是产品信息的追溯都是一件十分有益的事情。在这个时点，将早期 BOM 组织在一个发布单中，面向工程进行统一发布，从而形成工程 BOM。BOM 也从早期受控状态转化成为工程受控状态。

（三） 工程 BOM 管理的内容

就管理内容而言，工程 BOM 与早期 BOM 并无区别。对早期 BOM，我们只是强调初步确定制造加工深度以及开发策略的零部件是早期 BOM 管理的核心内容，这些无疑也是工程 BOM 管理的核心内容。在此我们就对确定了制造加工深度以及开发策略的零部件在工程 BOM 上体现的信息稍做展开，进行一般性说明。这些信息同样也适应于早期 BOM，只是这些信息是一个从早期阶段到工程阶段不断完善的过程。

1）零部件号及用量。这是构成 BOM 最基本的信息，反映了哪些零部件被用到新开发的车型项目上以及零部件的数量。

2）用到该车型上的零部件的功能区域码、功能位置码以及相应的零部件描述。

3）零部件的配置信息。零部件配置信息或称零部件配置条件、使用条件，一般是通过特征以及逻辑符所构成的一个逻辑表达式来表达。该逻辑表达式表达了该零部件是如何被用到具体的车型上去的。逻辑符一般包含与、或、非关系，比较复杂的还会在表达式中应用括号等。如某零件用于 1.8T 发动机（特征值为 A01）、带导航（特征值为 B02）、带 CD（特征值为 C01）、带 MP3（特征值为 E01）且不带天窗（假设带天窗的特征值为 F02）的车型上，则该零件的配置条件可表达为 A01&B02&C01&E01&－F02。

4）零部件的设计信息。它主要是指零部件的数模、图样编码及版本信息。这些信息一般在 PDM/PLM 系统中产生，通过系统集成的方式传递到 BOM 上。

5）其他信息，如是否颜色件、是否左右件、扭矩、计算重量等。

上述所列只是一些最基本的信息。车企在工程 BOM 上具体需要承载哪些信息，需要根据包括采购、成本、制造等各业务部门对 BOM 的使用要求确定。

（四）工程 BOM 的发布

工程 BOM 上的所有零部件，必须通过工程变更单进行发布才能生效。发布之后，BOM 行处于工程生效状态。只有工程生效状态的零部件才能传递到下游的制造 BOM、售后服务 BOM、KD BOM 等 BOM 形态，作为下游各业务单位开展业务工作的正式依据。

三、 CAD BOM 与早期 BOM/工程 BOM 的区别

在第四章对 BOM 架构的探讨中，已经对 CAD BOM 的特性进行了描述。概括而言，CAD BOM 主要是一种面向设计内部协同、表达设计工作状态的结构，是一种面向 DMU 和数模组织的、重点关注几何信息的结构。显然，这种结构构建目的和服务对象都与作为跨业务链协同的早期 BOM 和工程 BOM 不一样，因此在组织方式、管理内容上存在很大差异。

（一）组织方式上的差异

为了描述这种差异，我们首先从整车功能结构分解的角度进行说明。

首先，我们来看早期 BOM 和工程 BOM。图 5－10 所示描述了从整车功能分解结构角度进行 BOM 定义的过程。

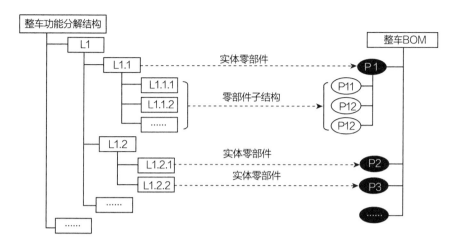

图 5 - 10　从整车功能分解结构角度定义 BOM 的过程

在图 5 - 10 中，左边表示一个抽象的汽车产品功能分解结构，通过 L1、L2 等表示第一层结构，可以理解为动力系统、底盘、车身等。第二层用 L1.1、L1.2、L1.3 等表示，如动力系统下分动力产生、动力传动、动力控制与诊断等。依次往下分解，形成一个完整整车的功能分解结构。在整车开发规划阶段，研发、采购、制造等业务部门可以基于这个结构以及参考车型来确定制造加工深度，如对于 L1 这一子系统，确定 L1.1、L1.2.1、L1.2.2 为供货级别，通过供货级别的零件 P1、P2、P3 来实现这一方案。依次类推，其他子系统也是根据车企自身的制造加工能力、供应商能力等因素在不同级别确定满足本车型项目的方案，形成供货级别的零部件清单。为了方便起见，这些零部件统称为实体零部件，在图中用实心圆表示。实体零部件自身有下级零部件，如 P1 下面有 P11、P12、P13 等下级零部件，图上用空心圆表示。

对于早期 BOM 和工程 BOM 而言，这些实体零部件是其核心，其上面有或者没有虚拟总成，只是这些零部件的组织方式稍有差异，不会影响实体零部件清单本身；而实体零部件的下级零部件表达的是该实体零部件的自身结构，可以理解为该零部件的固有属性，是实体零部件的详细设计所决定的。

但对于 CAD 结构而言，实体零部件之上的虚拟总成对数模起到了组织作用，同时往往承载了数字化装配所必要的几何位置信息，因此也是非常重要的管理内容。当在结构上需要考虑这些层级时，其复杂度不仅是增加了一些层级，而是在超级 BOM 模式下会产生大量的数据冗余，同时将只是设计内部管理方式带来的变更带到所有的业务领域。图 5 - 11 所示是以实体零部件为核心的早期 BOM 和工程 BOM 与 CAD 结构在针对不同配置变型情况下的不同处理方式。

CAD BOM数模装配结构

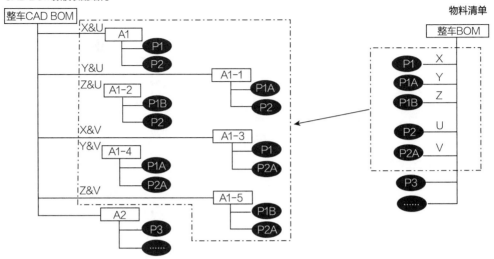

图 5 - 11　配置变型情况下 BOM 与 CAD 结构的不同处理方式

在图 5 - 11 中，左边代表面向实体零部件的物料清单（早期 BOM 和工程 BOM），右边代表面向 DMU 应用的 CAD 结构。图上 X、Y、Z 代表同一特征族下的三个特征值（三种配置）；U、V 代表另一特征族下的两个特征值（两种配置）。在右边的 CAD 结构中，A1、A2 等（白色方框）表示基于各种可能的需求需要将设计虚拟节点实例化，即通过一个具体的零部件号来代表原来的一个虚拟节点。如 A1 代表在数字化装配中将 P1、P2 组装在一起，A2 代表将 P3 和其他零件组装在一起。在这种结构下，当 P1 产生另外一种变型 P1A 时，在 CAD 结构上需要产生另外一个 A1 - 1 这一装配结构，将 P1A、P2 组织在一起。而对于右边的物料清单，则只需要简单加上 P1A 即可。这样，当 P1 在 X、Y、Z 三种配置下分别产生 P1、P1A、P1B 三种变型，P2 在 U、V 两种配置下产生 P2、P2A 两种变型时，A1 就演化为六种变型。

（二）管理内容

以上从两种 BOM 形态的构建方式说明其差异。就管理内容而言，不仅存在上述虚拟层管理差异，而且还在以下方面体现出两者的差异性。

1. 零部件管理范围差异

早期 BOM 和工程 BOM 是面向量产定义零部件资源的，因此，所有量产车型所用到的零部件都应该包含在内，既包括有数模和图样的零部件，也包括没有数模和图样的零部件，如产品辅料、软件等。

CAD 结构主要是面向 DMU 进行数模组织的，因此不需要管理几何关系的零部件都不包含在内。但由于数字化装配、验证的需要，存在一些量产所不具备的零部件状态，主要包括临时方案件或多方案件、焊点件、RPS 信息载体、骨架等设计参考零件、软体件等。

2. 配置管理差异

首先，从配置管理的范围而言，早期/工程 BOM 管理的是一个平台车型或者车系下所有配置的情况；CAD 结构则原则上关注对于几何关系有影响（如产生位置干涉等）的配置，在进行 DMU 数字化验证时，也并非就穷尽量产的各种可能的单一车型进行验证，而是将多种配置综合在一起形成典型车型进行验证。

其次，从配置关系的定义方式而言，对于早期 BOM 和工程 BOM，除非企业开展了很好的模块化工作，能够在整个设计到供应链体系上贯彻模块化思想，否则在供货级别零部件上定义零部件的配置条件是效率最高的方式。CAD 结构虽然也可以定义在这一层级，但很多时候定义在虚拟层级反而效率更高。

另外，出于方便组织数模的考虑，部分车企甚至对 CAD BOM 和工程 BOM 按照不同的单元组织。如对于左右舵车型，数模的差异大，在 CAD 结构中可能处于两个不同的 CAD BOM，但面向量产的零部件资源定义则在一个超级 BOM 中处理，不会增加太大的复杂度。而对于其他数模差异相对较小和零部件资源定义相对较大的情况，则数模可以组织在一个 CAD BOM 下，便于设计重用和数字化验证，但 BOM 则分别组织成两个超级 BOM。

第四节　工艺和制造领域 BOM 管理

在工艺、制造领域主要讨论两种形态的 BOM，即工艺 BOM（PBOM）和制造 BOM（MBOM）。

一、工程 BOM 向制造转化的两种模式

业界在探讨工程 BOM 向制造转化时，存在两种模式。第一种模式为体现工艺化过程的转化，第二种模式为面向制造的发布。

对于第一种模式，即体现工艺化过程的转化，从工程到制造 BOM 之间存在工艺 BOM 这种形态，如图 5 - 12 所示。

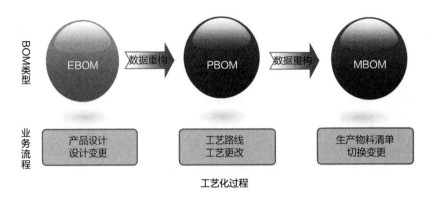

图 5-12　工程 BOM 向制造转化模式一：体现工艺化过程

　　这种模式下，EBOM 更偏向于设计，以子组等形式创建 BOM 数据，包含产品设计结构、整车功能架构的匹配关系，但是并不具备制造 BOM 物料及采购 BOM 采购件的主特性。在工艺环节，通过对 EBOM 进行数据重构、分配工艺路线、补充制造工艺信息和确定采购状态等生成 PBOM。在制造环节，通过对 PBOM 进行数据重构、补充制造物料信息和添加断点等生成 MBOM。

　　对于第二种模式，即面向制造发布工程 BOM 的模式，则不存在 PBOM 这一环节，由工程 BOM 直接到制造 BOM。这一模式如图 5-13 所示。

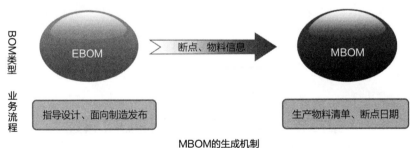

图 5-13　工程 BOM 向制造转化模式二：面向制造进行发布

　　这种模式下，EBOM 面向制造进行发布，按照零件的用法来创建 BOM 数据。EBOM 本身具备制造 BOM 物料及采购 BOM 采购件的主特性。在制造工程环节，在 EBOM 的基础上，不需要通过数据重构，仅补充相关业务信息（断点、制造信息等）生成 MBOM。

　　就实际案例来看，采用模式一的车企相对于采用模式二的车企，一般有两个特征：其一是有一个庞大的工艺部门，这个部门在不同车企叫法不同，有的称为规划院，有的称为技术部，但其职责都是针对整车厂的四大工艺进行工艺规划与设计的；其二是这种车企一般采用较深的 BOM 结构。

从实施的经验来看，我们更推荐第二种模式。主要考虑如下四点。

1）扁平化的结构相对于层次很深的结构，无疑具有更高的协同效率。

2）第一种模式看似将研发和工艺的职责通过两种 BOM 分割得非常清楚，其实不然。实践中我们发现，在采用模式一的车企中，对各业务领域真正有用的 BOM 形态是 PBOM，而不是 EBOM，因为只有锁定了零部件制造加工深度的 BOM 才能开展实质性的工作。这样，工艺部门往往在整车开发很早的阶段就要与研发同步维护PBOM，提供给采购等业务部门使用。

3）第一种模式在 EBOM 到 PBOM 或者 PBOM 到 MBOM 环节，存在大量复杂的BOM 重构工作。这种工作增加了业务集成和系统集成的难度，容易产生数据不一致问题。

4）两种模式在 EBOM 上的人员投入大致相当，但在工艺和制造环节，第一种模式的比例为 1:3 左右，即研发投入 1 人、制造投入 3 人；而第二种模式人员投入比为 1:1 左右。综合而言，第一种模式人员投入约为第二种模式的两倍。

以上两种模式看似差异很大，但从最终管理的内容来看，第一种和第二种差异并不大，都是通过制造 BOM 承载了工艺结果信息，并基于制造 BOM 进行投产生效控制（断点管理）。为了讨论方便简洁起见，下面不再针对这两种情况分别展开，而是以 P/MBOM 来统称工艺和制造领域的 BOM 形态。

二、 P/MBOM 的构建策略

P/MBOM 基于 EBOM 构建，但 P/MBOM 与 EBOM 并非一对一关系，如图 5 – 14 所示。

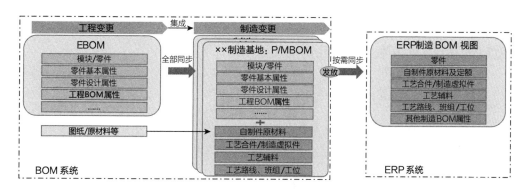

图 5 – 14 制造 BOM 与工程 BOM 的关系

首先，在构建 P/MBOM 时，需要考虑同一车型在不同制造基地生产的情况。在这种情形下，不同制造基地的制造资源经常难以保证绝对一致，包括工位安排、供应商等都会存在差异。因此，为了表达这种工艺以及物流方面的差异，在构建 P/MBOM 时，需要面向制造基地进行构建，即不同制造基地有自己的独立的 P/MBOM 以承载本制造基地的物流、工艺信息。

其次，P/MBOM 必须考虑与 EBOM 的一体化管理。EBOM 到 P/MBOM 的一体化管理的含义包括：EBOM 上的信息必须能够自动、无遗漏地传递到 P/MBOM 上；通过工程变更对 EBOM 的更改必须自动、无遗漏地传递到 P/MBOM 上；P/MBOM 必须通过系统集成方式自动传递到下游 ERP 系统。只有做到这种一体化的管理，才能真正打破研发到制造的信息壁垒。反之，在工艺、制造领域将不得不卷入大量的人工环节承接上游的研发信息（包括 BOM 及变更），从而使得信息的一致性难以保证，久而久之必然导致 EBOM 对下游只是一个参考，而下游的 P/MBOM 则是另起炉灶重新搭建。

第三，P/MBOM 组织的单元建议与 EBOM 相同，以方便变更的同步。如 EBOM 以"平台车型 + 车型年"构建，则 P/MBOM 以"平台车型 + 车型年 + 制造基地"构建。

最后，还有一个形成初始 P/MBOM 的时点问题。P/MBOM 最初从发布的 EBOM 中初始化而来，那么是不是 EBOM 一发布就需要基于发布的 EBOM 形成初始的 P/MBOM 呢？对于这个问题，我们需要分析 P/MBOM 的用途。在企业级 BOM 系统中维护 P/MBOM，就是为了支持在正式生产线上装车。根据经验，一般正式装车前三个月开始准备 P/MBOM 时间应该是比较充足的。但从 EBOM 正式发布到在生产线上装车，一般时间还很长。因此，如果在这个时点立刻构建 P/MBOM，则不得不同步在此阶段发生的所有工程变更，反而会增加不必要的工作量。当然，这个前提是 EBOM 真正能够发挥 EBOM 的价值，而不是靠 PBOM 来确定零部件供货级别。在这一点上也体现了上述模式二（面向制造发布）的优势。

三、 P/MBOM 管理的内容

P/MBOM 管理的内容包括以下五方面。

（一）工艺信息

工艺信息主要包括工艺路线和工位。这些信息主要用于 ERP 进行物料需求计划以及制造执行系统（MES）进行物料拉动。维护工艺路线和工位信息，应该基于车企标准化的制造主数据进行，即需要对所涉及的制造主数据等进行编码化管理，确保 P/MBOM 上维护信息的准确性。如与工位相关的制造主数据包括工厂、车间、生产线、工段、工位等，如图 5 – 15 所示。

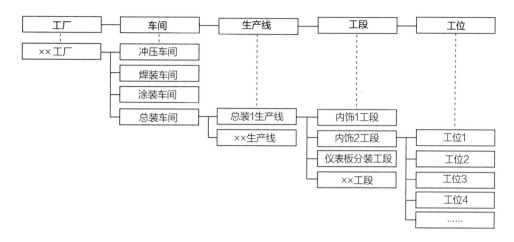

图 5 –15　与工位相关的制造主数据

同一条 BOM 行，可能拆分到不同工位进行安装，这时需要基于 P/MBOM 进行工位拆分。

（二）物流信息

很多车企将制造执行系统中所用到的物流信息，如送货道口、库位甚至安全库存等信息也通过 P/MBOM 由物流工程师维护进来。

（三）采购路线信息

零部件采购路线即该零部件由哪些供应商供货。部分车企也希望通过 P/MBOM 集中承载、传递零部件供应商信息。零部件供应商由采购的寻源定点流程决定，一般在采购业务系统中产生。因此，如车企建立了比较完善的采购业务系统，则这部分信息可以通过与采购业务系统集成传递到 P/MBOM 上；如果没有采购业务系统，则可由采购员维护到 P/MBOM 中。

（四）P/MBOM 上的特殊零部件

在 P/MBOM 上，根据业务需要，可能维护一些在 EBOM 上不存在的零部件，包括冲压车间所用到的板材、涂装车间所用到的油漆等原辅料，以及在某些特定情况下需要的工艺合件等。

基于超级 BOM 维护合件非常复杂，有关部分的内容将在本章第七节进行探讨。

（五）变更及断点信息

P/MBOM 是一个对时间管理要求特别高的 BOM 形态。由于工程变更以及制造变更每天都可能发生，这就导致对于同一车型，其下面的每个零部件可能存在多种状态。而对于制造 BOM 的应用要求是，任意给出一个时间点，都能够准确获取该时间点的零部件清单（准确的零部件状态）。这就需要对 P/MBOM 进行时间轴管理。并且这一时间轴是由发生在这些零部件上的变更和断点驱动的。断点，即发生工程变更时实际在生产现场进行新老零部件切换的时间。

第五节　售后领域 BOM 管理

售后服务对我国汽车企业一直是一个问题非常多的领域，同时又是一个非常重要的领域，而且未来这种重要性将更进一步显现，车企需要以体系化的思考和创新精神去迎接这种挑战。正是因为这种重要性，我们将在本节比较详细地探讨售后领域相关业务所面临的问题以及相应的解决方案。

一、售后业务概述

当前的汽车行业是一个竞争空前激烈的行业，消费者对汽车消费观念日益成熟。成熟的消费者不仅将新车性价比（功能与售价的比值）作为品牌选择的衡量指标，而且将售后服务质量及水平也作为购车的重要考虑因素。同时，随着国家对整车售后政策的日益重视（如汽车三包政策等），对车企售后服务的管理水平也提出了新的要求。另外，随着企业所生产的车辆社会保有量不断增加，售后保养及维修需求不断增多，售后业务也成为企业面对消费者的直接窗口，其水平及质量（备件的价格及质量、维修周期、同一故障维修次数等）将直接影响已有用户对品牌的认可度。而已有用户对品牌售后体验的口口相传会形成企业品牌的口碑而影响潜在用户。综合上述原因，对于现阶段的整车生产企业来说，要想在激烈的竞争环境中生存及发展，必须将提高售后及备件业务的管理水平作为提高企业核心竞争力的问题来看待。

（一）售后业务管理存在体系化思考不足的问题

成熟的车企一般在企业发展过程中，都会形成一整套对于售后及备件管理独特的理解以及相应的管理模式。这是在企业发展过程中，从实践中摸索出来的一整套方法，在整车企业的新生与急速扩张阶段有非常强的实用性。但这些方法产生于某些特定的时间与环境，对售后管理往往缺乏统一的宏观考虑。在市场环境越来越成熟的情况下，这种缺乏体系化考虑的不足便显现出来，主要表现在以下三方面。

1. 未实现将售后业务作为企业利润增长点的思维转型

在一个成熟的国际汽车市场，整车销售和零部件利润只占总体利润的20%，而其余80%来源于包括汽车售后服务（售后维修保养服务、车载信息服务等）、汽车金融（汽车消费贷款、汽车保险、二手车交易等）等增值业务。随着我国汽车市场微增长时代的到来，国内各汽车企业国产化率逐渐调整和完善，汽车制造及销售的利润率逐渐下滑，未来汽车行业利润的主要增长点将从整车制造销售转向售后服务。目前很多整车生产企业仍停留在依靠整车销售利润为经营收入主要来源的状态，而将售后及备件业务作为整车销售的附属保障业务来看待，未能给予汽车售后服务足够的重视。从长远来看，这将不利于企业在激烈的市场竞争中赢得先机。而在这些增值业务中，最应该也是最容易做好的是售后维修保养服务。

2. 未能构建完善的售后业务工作体系

售后业务涉及备件技术定义（备件技术方案设计、售后维修工艺方案定义和售后维修工时管理等）、备件的供应链管理（经销商预测要货、备件供应物流、备件包装仓储等）、备件财务管理（备件定价和备件成本核算）、备件营销等多个业务范围。而整车企业在构建业务的工作体系时往往存在如下不足。

1）工作流程缺乏对售后及备件业务的考虑。由于售后及备件业务涉及新车型项目开发、日常产品变更等工作业务流程，并且需要各业务部门统一协调共同工作，如果没有规范售后及备件业务在流程中的输入、输出文件及介入时间点，将无法正常有序地开展此业务。因此需要在这些工作过程中规定售后及备件工程师如何参与到这些工作过程中来，否则将会在新车市场投放后产生诸多问题。如新车型项目开发流程中，在零部件设计过程中需要考虑零部件设计的可维修性，以防止零部件在售后维修的拆装过程中产生问题；在工程发布阶段需要开展备件技术定义工作，以保证车型投放市场后售后维修工作的开展；在车型投放市场前三个月就应开始进行对各经销网点备件的铺货工作，以避免新车上市后售后网点却无备件的问题等。

2）跨部门信息沟通协调不畅。在车型新项目开发过程或是日常产品演变过程中，即使在流程中规定了售后及备件相关人员的工作，却往往仍会出现备件部门人员未获得相关信息而未开展相关工作的情况。新车型项目或是日常演变工作过程中，常常由项目管理或研发部门发起，而这些部门往往因为 KPI 考核目标更多的是在研发进度及工业化生产目标和期限的保证，所以他们常常会忽视对售后及备件工作的信息输入，因而会造成诸多问题。例如新车投放后，网点备件未准备好；修改模具的产品更改由于未提前储备老件，而导致经销商无法向供应商订购老备件等问题。

3）缺乏综合性人才的培养。由于售后业务的各项工作内容是售后与某项专业技术的综合集成，需要具备两项或多项专业知识的综合性人才。如备件技术方案设计工作，需要岗位人员既要有较强的产品设计能力，又要有整车拆解及装配的维修工艺经验，这样才能合理地完成新车备件的技术方案设计工作。但一般企业中由于不同部门重视的能力发展方向不同，往往忽视跨专业能力的培养。同时跨部门人员流动的机制不健全，因此往往出现销售部门人员缺乏产品设计的经验与能力或研发部门人员缺乏售后维修的知识与经验。他们工作经验的不足将可能直接导致售后问题。

3. 售后业务的信息系统构建与完善还有许多工作需要开展

我国汽车行业特别是自主乘用车的发展是从近 20 年才开始的，企业的信息化建设是从近 10 年才开始大量的投入的，并且初期的信息化建设专注于设计研发、生产制造、ERP、销售和财务等主营业务领域，而售后及备件信息系统的建设相对而言则处于初级阶段。因此，对售后及备件业务的管理大多停留在手工或是纸质文件阶段。如很多 4S 店还停留在使用一本厚重的售后宝典——备件手册来指导售后维修的状况。另外，对于售后非常重要的车型生产追溯信息，更是没有通过售后系统与MES 系统的接口实现售后系统中的管理。这种状况也对售后及备件业务的良好运行产生极大影响。

（二）完整的售后业务体系

完整的售后业务体系包括三部分：第一部分为备件供应链运行流程体系，第二、三部分为两大支撑流程体系，即备件技术定义及供应商准备流程体系和工程变更支撑流程体系。

所谓备件供应链运行流程体系，是指为满足从经销商要货到区域配件中心、备件中心、整车厂、备件供应商的生产及供应过程，需建设合理的供应链网络并构建高效的供应链运行体系。从整车厂的业务运行来看，这些都是基本业务，并且各厂家大体环节类似，总体而言问题并不十分突出。出现问题多的环节反而是在备件技术定义以及工程变更两大支撑流程体系，因其不完善而导致诸多问题。

首先，从备件技术定义流程体系来看，备件技术定义是售后、研发和工艺三方协同协作的结果，售后维修的需求以及可行性等需要在车型设计阶段进行考虑，才能避免后期因为备件定义不到位而出现的采购周期不够和备货不到位等问题。这一流程体系如图 5 - 16 所示。

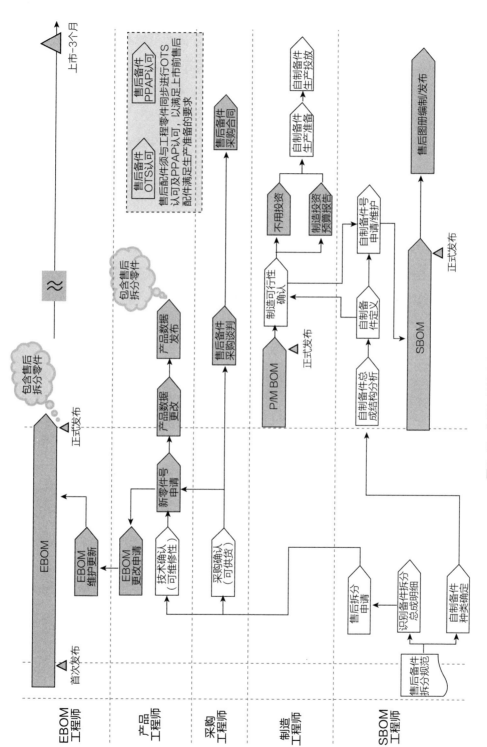

图5-16 售后备件技术定义流程框架

图 5-16 中，SBOM 工程师（备件技术定义工程师）在整车开发设计阶段即积极参与到开发过程中来，代表售后维修提出需求，并协调组织相关方进行确认，最终形成 SBOM。很多车企在这一流程的缺失之处即在此——缺乏一个有力的角色（SBOM 工程师）参与进来，因此不能及时提出需求，不能及时进行维修工艺可行性评估，也不能及时进行备件拆分工作。

SBOM 工程师这一工作岗位可设置在售后部门，也可设置在研发部门。美系车企多设置在研发部门。

其次，对于变更支撑流程，体系的不完整之处通常在售后没有有效地介入到变更方案的评审，从而也失去了在这个环节代表售后维修提出变更是否影响售后备件、变更是否要变号等问题的机会，导致变更实施时造成事实上的售后难以处理的被动局面。同时，变更在后续执行阶段，在生产上的切换（即断点）通常也缺乏手段及时反馈到售后。关于变更及断点问题，我们将在第七章全面讨论。

二、 售后服务 BOM 的构建

售后服务 BOM 是车型售后服务的物料清单，根据售后需要定义售后 BOM 层级结构，维护售后专用件、组合包和总成打散件等信息，并指导对售后产品及零部件的追溯。

上面的备件技术定义流程描述了 SBOM 的构建过程。本小节针对 SBOM 的构建策略以及管理内容进行探讨。

（一）SBOM 的构建策略

SBOM 基于发布的 EBOM，根据售后维修策略构建，且由于涉及合件以及断点同步问题，P/MBOM 也是 SBOM 的重要输入。售后服务 BOM 与工程 BOM、制造 BOM 之间的关系如图 5-17 所示。

EBOM 以配置化超级 BOM 方式组织，SBOM 也采取这种方式管理是最高效的。在 EBOM 不以车型年为超级 BOM 构建单元的情况下，建议 SBOM 的组织单元与 EBOM 相同，如 EBOM 按照平台车型为单位构建，那么 SBOM 也以平台车型为单位构建。但在 EBOM 组织以车型年为单位时，由于 SBOM 要反映车型的整个历史，按照车型年为单位进行组织不见得是最高效的方式，有的企业会选择不采用将各车型年组织在一起的方式。

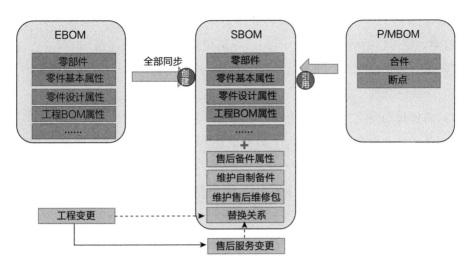

图 5-17　售后服务 BOM 与工程 BOM、制造 BOM 之间的关系

与 P/MBOM 一样，SBOM 也必须考虑与 EBOM 的一体化管理。EBOM 到 SBOM 的一体化管理的含义包括：EBOM 上的信息必须能够自动、无遗漏地传递到 SBOM 上，这些信息包括零部件的配置条件；通过工程变更对 EBOM 的更改必须自动、无遗漏地传递到 SBOM 上；SBOM 必须通过系统集成方式自动传递到下游 EPC 系统。只有做到这种一体化管理，才能真正打破研发到售后的信息壁垒。否则，在售后及备件技术定义领域将不得不卷入大量的人工环节承接上游的研发信息（包括 BOM 及变更），从而使得信息的一致性难以保证，久而久之必然导致 EBOM 对下游只是一个参考，而下游的 SBOM 则是另起炉灶重新搭建。

SBOM 的构建过程如下。

1）首先，基于发布的 EBOM 形成一份初始的 SBOM 数据。这份数据与 EBOM 内容相同，继承了 EBOM 上所有的必要的信息。

2）在此基础上，识别哪些是售后件，并进行标识。通过售后备件标识可以形成售后备件清单。对于 SBOM 的使用者，则只是关注打了售后备件标识的零部件。

3）基于售后备件清单进行售后相关属性信息维护。

4）定义自制备件、售后维修包等。

5）维护售后备件的替换关系。

6）最后，完成定义的 SBOM 通过售后服务发布单进行发布。发布之后的 SBOM 如有任何变更，需通过售后服务变更单来驱动更改。

（二）SBOM 管理的内容

1）自制备件：自制备件特指在生产上不需要，但需要作为一个维修件定义的合件。其定义过程一般先由售后备件技术定义工程师（SBOM 工程师）提出需求，经工艺确认后（包括确认下面的子件），申请相应的合件号搭建在 SBOM 上。

2）维修包：指没有装配关系、但需要成套维修的件。

3）下级拆分件：需要将总成下级件作为备件的情况。

4）备件采购路线：备件与生产件在某些车企会采用不同的采购策略。

5）备件的变更及时间轴：当工程变更发生时，需要同步该工程变更的实际切换时间作为 SBOM 设定生效时间的参考。

6）替换关系：当零部件发生变更时，新旧零件的替换关系非常复杂。在我们实施过的案例中，一般表达为表 5 - 2 所示十种替换关系。

表 5 - 2　售后替换关系

序号	替换类型	说明	含义
1	单数完全替换	$A \leftrightarrow B$	新旧零件可以互相替换
2	单数不完全替换，单向替换	$A \leftarrow B$	新零件可以替换旧零件
3	单数不完全替换，单向替换	$A \rightarrow B$	旧零件可以替换新零件
4	拆分替换，完全替换	$A \leftrightarrow B + C$	旧零件可以与新零件组合互相替换
5	拆分替换，单向替换	$A \leftarrow B + C$	新零件组合可以替换旧零件
6	拆分替换，单向替换	$A \rightarrow B + C$	旧零件可以替换新零件组合
7	组合替换，完全替换	$A + B \leftrightarrow C + D$	新旧组合零件可以互相替换
8	组合替换，单向替换	$A + B \leftarrow C + D$	新零件组合可以替换旧零件组合
9	组合替换，单向替换	$A + B \rightarrow C + D$	旧零件组合可以替换新零件组合
10	无替换关系	$A \neq B$	新旧零件不可以互相替换

表 5 - 2 替换类型包括拆分件与拆分件、拆分件与合件、合件与合件之间的替换类型等。

第六节　海外工厂及 KD 领域 BOM 管理

一、　海外工厂及 KD 领域业务概述

车企在海外的制造、生产业务工厂包含两种类型。一种是车企直接在海外建厂，生产自己研发的车型。为了方便起见，我们把这种类型的工厂为海外工厂。另一种是海外的厂商针对车企的车型进行组装、销售，这种类型的工厂称之为 KD 工厂。

KD 是英文 Knocked Down 的缩写，是"散件装配"的意思。在汽车行业，按目前国际通行说法，KD 又分 CKD、SKD，在国际汽车贸易中，整车出口国的汽车公司把整车予以拆散，以半成品或零部件的方式出口，再由进口国厂商在所在国以自行装配方式完成整车制造并进行销售。CKD 即 Completely Knocked Down，是"全散件组装"的意思，是指进口或引进汽车时，以完全拆散的状态进入，之后再把全部零部件组装成整车。SKD 即 Semi - Knocked Down，是"半散件组装"的意思，是指从国外进口汽车总成，如发动机、驾驶室、底盘等，然后在本国国内装配制造成整车。

一般而言，从制造生产管理来看，海外工厂等同于车企的异地工厂，因此整个整车生产的工艺、物流、生产方面的管理都属于整车厂需要管理的范畴，且海外工厂从信息化的角度，也会遵守车企的国内标准和规范，使用同样的系统。而对于 KD 工厂则相对简单，在海外组装的过程并不需要整车厂负责；整车厂只需要派出工艺人员进行一定的技术支持即可。KD 组装厂也不需要用整车厂的 IT 系统，它是一种相对独立的运作模式。

KD 业务就是针对出口的打散零部件的包装、物流业务。在整车厂，KD 业务也是以项目方式运作的，项目一般分为谈判准备阶段、物流包装方案规划阶段、样件试制与发运阶段、小批量生产阶段、批量生产阶段等几个阶段。

但无论是海外工厂还是 KD 工厂，都会涉及 KD 业务。KD 工厂自不待言；对于海外工厂，整车上的大部分零部件也是从国内采购、制造，然后运输到海外的。一般海外工厂 KD 打散程度会比纯粹 KD 工厂更深。

需要出口的打散件清单称为 KD BOM。KD BOM 是为海外 KD 项目服务、反映 KD 车型海外装配状态和零部件结构的装配清单，同时可基于 KD BOM 定义供应 KD 物料的物流、供应需求量等信息。

由 KD BOM 导致的问题往往比一般的 BOM 问题带来的损失更大。比如，零部件已经装入集装箱时如果发现某个零部件状态不对，为了找出这个零件，或许需要将所有集装箱打开检查，再重新装箱。如果零部件已经运到海外工厂，在组装时发现错件，除了要支付高昂的零部件运输成本之外，还需要承担出口国厂商的索赔费用。相比国内工厂的制造 BOM，KD BOM 管理准确度以及精细度要求更高，比如对于标准件，国内工厂往往不是靠 BOM 来指导装车，因此允许 BOM 上不针对标准件进行精细管理。但对 KD 则不行，因为在海外装车时不可能像国内一样从一大堆标准件中选择、装车，而必须准确。这就要求从发运到装车，标准件都必须与车型匹配好。部分车企在 EBOM 上对标准件进行粗放式管理（如不按照功能区域码 + 功能位置码的方式管理标准件），在 KD 业务中则不得不针对标准件逐个重新核对，不但费时费力，而且工作的成果仅仅局限在单个的 KD 业务中，是一种低效率、被动的工作方式。

二、 KD BOM 管理

一般车企 KD 相关的业务由海外事业部负责，专门负责海外业务的物流部门将编制 KD BOM。KD BOM 的编制主要基于研发发布的 EBOM 以及 KD 项目信息，在此基础上形成初始 KD BOM，定义 KD 专用件、属地化件（属地化件是指采用出口国供应商的零部件）、维护路线信息（包括物流路线）以及供应商信息等。海外事业部物流部门发布维护完成的 BOM，以支持 KD 项目的包装方案设计以及物流发运等业务。以下主要就 KD BOM 的构建策略以及主要管理内容进行说明。

（一）KD BOM 的构建

KD BOM 基于发布的 EBOM 构建，如图 5 -18 所示。

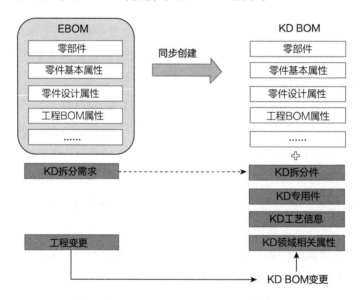

图 5 -18　KD BOM 与工程 EBOM 的关系

KD BOM 同样以超级 BOM 的方式组织，但由于针对某个海外工厂或 KD 工厂而言，一般只是生产、组装某一车型系列下特定的车型，因此 KD BOM 的组织单元通常比 EBOM 小，只是 EBOM 的部分车型。在最初构建 KD BOM 时，首先需要根据 KD 项目规划好车型，依据这些车型的配置清单从 EBOM 上解析出相应的零部件集合。这一零部件集合是 KD 项目下所有车型的零部件清单汇总，因此仍然是一个超级 BOM。这一过程如图 5 -19 所示。

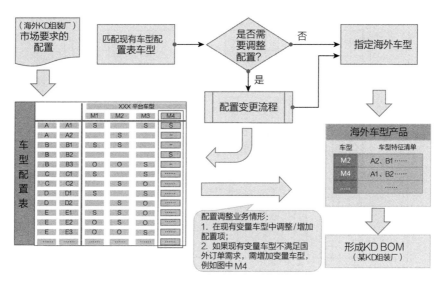

图 5-19　KD BOM 的形成过程

同 P/MBOM 一样，与 EBOM 的一体化也是构建 KD BOM 一个非常重要的要求。EBOM 零部件及相关信息要能够自动、无遗漏地传递到 KD BOM 上，包括零部件的配置条件。发生在 EBOM 上的工程变更能够自动、无遗漏地传递到 KD BOM 上。KD BOM 通过 KD 变更单进行变更控制和发布。

（二）KDBOM 管理的内容

KDBOM 管理的内容包括图 5-20 所示的几个方面。

1）KD 件：对于同一零部件，国内、国外供货级别可能不同，如国内生产在总成级别供货，而海外需要子件级别供货，则在车型研发阶段，KD BOM 工程师提出 KD 拆分需求，在研发阶段根据 KD 需求对总成件进行打散。

2）属地化件：部分零部件由在海外/KD 工厂所在地供应商供货，这部分零部件需要在 KDBOM 上标识出来。从 KD BOM 上应该能够导出属地化零部件清单，以支持这些零部件的采购等业务。

3）KD 合件：对于需要组装成合件进行发运的零部件，需要在 KD BOM 上体现合件号，并管理其下层零部件。

4）KD 件供应商信息：KD 零部件供应商某些情况下会与国内生产工厂有差异，除了上面所说的属地化件之外，其他件在国内可能是多个供应商供货，到海外为了简化管理，通常锁定其中一家。并且，如果是自制件，对于海外工厂/KD 工厂而言，则整车厂本身是这些件的供应商。

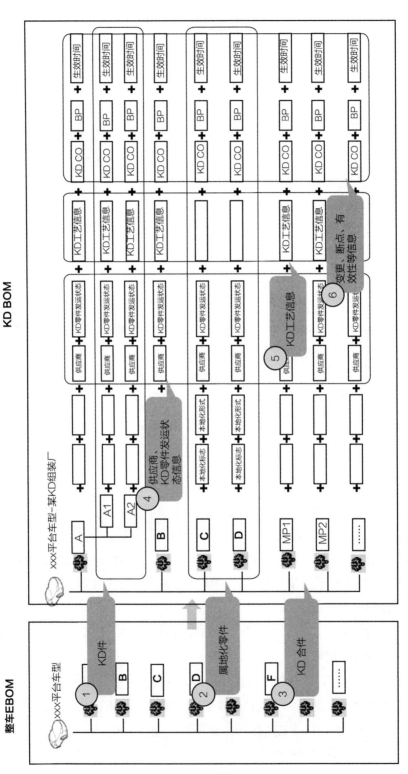

图5-20　KD BOM管理的主要内容

5）KD 工艺信息：主要指路线信息，包括制造路线、装配路线和物流路线等。

6）变更、断点及生效信息：与制造 BOM 一样，时间轴的管理对于 KD BOM 也非常重要。KD 变更单一方面承接 EBOM 上发生的工程变更单信息，一方面管理 KD 内部的变化，并驱动 KD BOM 状态以及时间生效性管理。从断点层面来看，KD 件的切换时间不见得与国内工厂制造 BOM 上的切换时间同步，但一般需要以此为依据进行切换管理。

三、 海外工厂 BOM 管理

海外工厂不仅要管理 KD BOM，而且要管理海外工厂的制造 BOM。海外工厂 BOM 之间的关系如图 5-21 所示。

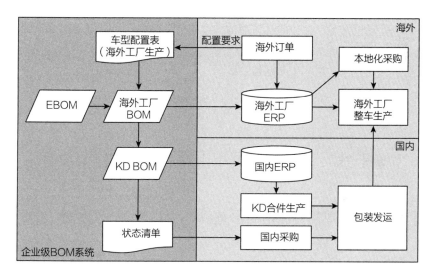

图 5-21　海外工厂 BOM 之间的关系

在海外工厂业务场景下，首先需要根据海外生产的车型从发布的 EBOM 上获得这些车型的 BOM 作为海外制造 BOM 的基础。这一过程与上面所述 KD 车型类似，也是依据这些车型的特征清单（配置项），从 EBOM 上解析零部件清单的集合。形成初始制造 BOM 之后，针对海外工厂维护制造 BOM 信息。这一过程与制造 BOM 相同。

对于海外工厂制造 BOM，一方面是海外工厂 ERP 进行生产所需；另一方面，需要在制造 BOM 的基础上，针对需要由国内采购或制造并发运到海外工厂的零部件进行定义，形成 KDBOM。

综上所述，海外工厂 BOM 由服务国内 KD 业务的发运状态清单（国内采购、制造向海外发运的 KD 件清单）、海外工厂当地采购的属地化清单以及海外工厂自制件清单三部分构成，其组成关系如图 5-22 所示。

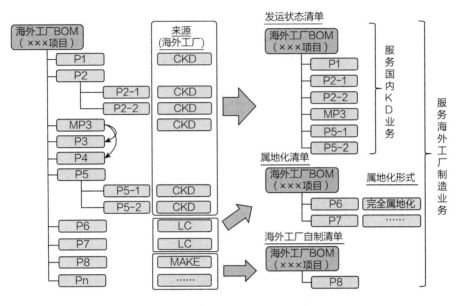

图 5-22　海外工厂 BOM 的组成关系

第七节　汽车行业几个重要 BOM 问题的探讨

　　汽车行业 BOM 管理有几个普遍关注的问题，包括车型年的管理、超级 BOM 模式下合件的管理、白车身管理以及 BOM 完整性校验等。这些问题对于车企的 BOM 管理非常重要，有一定的复杂性，且管理模式通常跨越了不同的 BOM 形态。

一、　关于车型年 BOM 管理

　　对于一个车型，上市之后或多或少由于市场、成本或其他方面的原因，可能会有车型配置的变化。这些配置的变化将带来 BOM 的变更、物料的切换，从而产生一些新的销售车型。但这些变化又不足以构成对车型的一次改款。车企一般将这种变化按照年度进行组织，形成车型年。这种车型年既可以与销售年款相结合，也可以是独立的工程意义上的一个年型。车型年管理的意义在于：首先，车型年是为了产品更改在内部价值链得以控制，控制工程开发、采购定点、测试和认证、物流、试生产和正式生产以及销售等环节的起始和结束；第二，在整个生命周期中通过车型年区别不同的产品内容发布；第三，通过车型年便于产品更改在市场上进行沟通和新产品的投产。

针对车型年的管理，业界一般有两种方式。

第一种方式是将车型年作为一个构成超级 BOM 的要素。这种模式下，超级 BOM 以平台车型或车型系列 + 车型年为单位构建，同一平台车型或车型系列，不同车型年另行构建超级 BOM。这种方式实际上是将车型年作为每一年都需要完成一次新数据发布的管理方式，不仅将车型年作为积极响应市场需求的需要，而且作为对于工程数据进行年度大扫除的需要。

这种车型年 BOM 管理方式的弊端是每年都要组织一次 BOM，有一定的工作量；但好处也是非常明显的，包括以下几方面。

1）便于相关工程更改的实施。将相关的工程更改集中在年型车上进行处理、切换，简化了多个变更在不同时间进行切换带来的业务复杂性，提高了生产运营的效率。

2）便于集中人力资源在某一阶段进行数据清理工作。正如上面所提到的，年型车重新组织一次 BOM 是一次数据大扫除，对数据进行了一次完整的清理，甩掉一些历史包袱。

3）便于制订、释放新的车型订单计划，新老计划状态清晰、新老状态车辆容易识别。

4）清空生产线切换新状态零件，便于下游对老状态零件的处理及新零件的重新匹配工作。

第二种方式为变更单打包的方式。在这种方式下，车型年不单独组织 BOM，而是将计划纳入下一车型年的工程变更打包，称为一个年型变更，如图 5 - 23 所示。

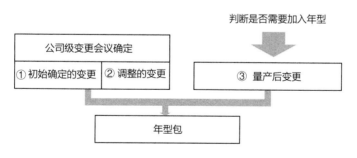

图 5 - 23　年型变更

一个新的车型项目上市后，持续的改款项目也已经启动。因此，发生在平台车型或车型系列（超级 BOM 的组织单元）下的工程变更既有可能是项目中的变更（新的改款项目），也有可能是量产后变更（针对已经上市的车型的变更）。因为这两种变更对于业务的影响程度不同，所以处理方式也不尽相同。图 5 - 23 中左边部分表示项目中变更。在改款项目中规划的变更，特别是车型配置的变更，可以由公司的变更管理会议决定是否纳入下一个车型年产品内容进行发布。项目中初始规划的变更和后来由于各种原因（质量、成本等因素）进行调整的变更都可以灵活地纳入年型包中来。对于量产后的变更，特别是配置变更，在紧急程度允许的前提下，原则上也需要纳入下一个车型年实施。

综上所述，上市车型、年型包和改型之间 BOM 的组织关系如图 5 - 24 所示。

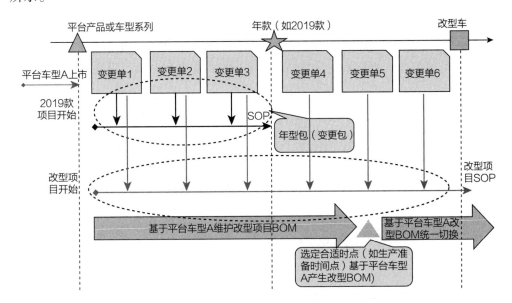

图 5 -24　上市车型、年型包和改型之间的 BOM 组织关系

由图 5 - 24 可见，不论是年型包还是改型车，其内容都是一系列工程变更的集合。年型包是通向最终的改型车的一个中间状态版本。二者由于管理的变更数量不同，而采取不同的 BOM 管理策略：改型车项目是利用原来超级 BOM 基础上另行构建 BOM，而年型车则将变更打包成年型包来表达。

第二种年型车的管理方式避免了第一种方式所带来的每年都需要重新进行 BOM 组织的弊端。但相对于第一种方式的缺点也非常明显，即属于年型车的零部件状态没有那么清晰，导出一个完整的年型车 BOM 比较复杂。

二、 超级 BOM 模式下的合件管理

零部件设计是按照设计专业进行分工的，但存在跨设计专业的零部件需要组装在一起的情况，如仪表板总成就是一个典型，其零部件设计包含车身内饰、电子电器等多个专业。由于存在采购、物流或结算的要求，这些跨设计专业的零部件组装

在一起时，经常需要针对组装的零部件给出零件号。这时，合件管理的需求就产生了。这些跨专业组装在一起且需要给总成件号的零部件，称之为合件。

在单车 BOM 模式下，合件在 BOM 上的组织相对比较简单。因为单车 BOM 上每个零部件不存在因车型配置不同而产生变型方案，即合件与子件的关系是明确的、确定的。但在超级 BOM 模式下，每个子件都可能有多种配置变型件，那么对于合件来讲，就形成了这些子件之间不同配置关系的组合，每个合件代表了一种组合情况。比如仪表板总成，假设下面有仪表、开关、线束三种零部件组成，而仪表有 2 种变型、开关有 3 种变型、线束有 3 种变型，那么，仪表板总成理论上就有 18 种可能性（2×3×3）。在超级 BOM 模式下，如何规划这 18 种可能的合件，以及每个合件与子件之间的关系如何构建就变得比较复杂。下面以委托外协合件为例来说明如何在超级 BOM 模式下管理合件。

基于超级 BOM 构建合件按照以下六个步骤进行。

（一）定义委托外协件分装模块库和产品模块清单

定义模块以对委托外协分装合件进行归类，如前保险杠总成需要进行委托外协分装并且需要分装合件号，那么就定义一个模块（为了便于理解和识别，模块名称可为"前保险杠总成"）与之相对应；同样，如果仪表板总成需要定义委托外协合件号，则定义一个名称为"仪表板总成"的模块号。注意，这个模块号并不是传统意义上的模块零部件号，而只是代表一个组别，用于第二步定义属于该合件的零部件范围。为了便于重用，这个模块库可基于全局定义。不同车型项目可以直接引用，这样就可以避免在不同车型项目中需要重复定义。当车型产品（对应超级 BOM 的组织单元）需要定义合件时，首先需要将该合件对应的模块引用过来，这样就形成了一个车型产品的模块清单。这个模块清单起到校验作用，正如配置管理中谈到的车型特征清单一样。

（二）定义合件模块及构成合件的主体零部件

一个合件下面通常有几个甚至十几个零部件，在超级 BOM 模式下，因为所有子件以及子件的变型件（针对不同配置的零部件）都出现在同一个 BOM 上，所以子件数量会更多，复杂的可能达到几十个以上。那么在超级 BOM 上就需要标识哪些零部件属于委托外协合件的子件。上面第一步所定义的模块就派上用场了，比如仪表板总成合件，下面子件包括仪表板上部总成、下本体总成、控制开关总成、右侧氛围灯总成等下级零部件以及各种螺栓、螺母、垫圈等紧固件。这些零件统统在 BOM 上标识为"仪表板总成"这一模块分组。正是因为子件数量多，且配置带来的变型多，组合的合件数量可能特别多。为了减少这种组合的数量，可以针对属于合件的子件，指定哪些是构成合件的主体零部件，由主体零部件的组合来规划合件的各种组合情况。

（三）生成合件模块实例及合件配置条件

有了以上对于子件的模块组定义，就可以借助系统自动根据子件的配置关系计算出所有可能的组合，并自动根据子件的配置条件（零部件的配置逻辑表达式）计算出合件的配置条件。

（四）确认并生成合件

系统辅助列出了各种组合，并不代表每种组合都需要生成合件号。具体哪种组合需要生成合件号要视业务需求定。因此，设计需要针对系统给出的各种情况选择、确认需要生成合件号的组合。

越是高效务实的企业，对于零部件号的控制越严，非必须情况不随便产生新的零件号（因为一个新的零件号对上下游业务而言增加了一系列的工作）。如某家车企，对于仪表板总成这一委托外协合件，规定了很多业务规则，例如，如果合件内子件的变更不影响外部接口、子件的变更导致的成本在某一金额之内等，则不单独给合件号，而是通过定期给供应商按照产量进行一定金额的价格补差来解决结算问题。

（五）在 BOM 上增加合件

在上一步中，设计对系统计算的各种组合情况，选择需要生成合件号的组合并确认之后，正式形成该种组合的合件号。有了合件号之后，便可以将该合件添加到 BOM 上。

这里还有一个问题值得探讨，即合件应该加在什么形态的 BOM 上？是在 EBOM 上增加然后传递到 P/MBOM 上，还是只在 P/MBOM 上增加？我的建议是加在 EBOM 上，作为 EBOM 的一部分。理由有三。其一，合件的规划工作在产品设计阶段就已经开始，并且产品设计需要作为主要角色参与到合件定义过程中来。其二，合件不仅生产需要，采购、售后等部门都需要。而采购件清单、SBOM 等一般都是基于 EBOM 形成的。合件体现在 EBOM 上，则更为方便传递到这些清单或者 BOM 形态上。其三，如果在 P/MBOM 上直接定义，则构成了一种 EBOM 与 P/MBOM 结构不同的情形。满足此种情形必须依赖 BOM 的重构，从而给数据一致性及变更传递带来一定的复杂性。

（六）合件及子件发布

合件号产生之后，系统可以根据配置关系自动计算该合件号下的子件。车型对该合件的采用以及合件下的子件结构都需要发布才能生效。

三、 白车身结构在 BOM 上的管理方式

车身是由车身钣金件逐层焊接而成，一个典型的白车身示意性结构如图 5 - 25 所示。

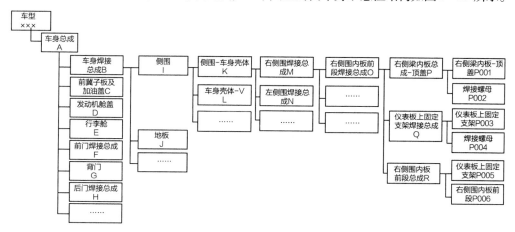

图 5 - 25 白车身结构示意

在图 5 - 25 所示的结构中，底层的钣金件随车型的配置不同而有不同的变型设计。假设白车身各个层级都给零件号，那么与合件原理一样，钣金件上层结构将会产生大量不同配置的组合，层层依次而上，直到白车身，产生一个合件套合件的结构。由前面关于合件的探讨可知，单层的合件管理就已经十分复杂，白车身结构如果每个层级都按照这个逻辑形成上层零部件，不但复杂程度已经超出可操作性，而且会产生大量的实际永远也用不上的零部件。这显然不是一种可取的做法。

下面，我们就车企的具体实践来探讨几种做法。

（一）白车身扁平化管理

第一种做法是按照彻底扁平化的思路来管理白车身。在 EBOM 上只管理白车身钣金件，钣金件以上的层级均不体现在 BOM 上。这种模式效率高，且能够满足绝大多数业务要求。

那么，白车身本身要不要号呢？在整车生产中，由于以下方面的原因，有白车身号更有利于管理。

1）白车身拉动：白车身车间之间的物料拉动。

2）报废的结算处理：由于各种原因导致的报废，需要单独对报废的白车身进行结算。

3）排产不同步：焊接、涂装和总装各车间生产节拍不同步，一般有缓冲区来管理。有白车身号更有利于这种不同步的排产管理。

4）由于各种原因，有对白车身需要单独下生产订单的情况。

5）售后维修需要白车身号。

在白车身 BOM 扁平化方案中，针对白车身号又有两种处理方式。

方式一是在 BOM 上不给白车身号，对于上述需要白车身号的情况，前面四种（针对生产和结算）采用单独的车身内部号进行管理。车身内部号一般由 BOM 工程师给出，形成一套企业规范，以满足焊接车间等对白车身的管理要求。对于第五种情形，即售后需求，可以在售后服务 BOM 上添加白车身号，并根据维修需求由售后服务 BOM 工程师单独搭建下面的结构。这种处理方式实际上是将白车身作为自制备件处理。

方式二是在 EBOM 上给白车身号，但白车身号与底下钣金件之间的关系不进行维护。需要白车身结构时，可以基于整车功能分解结构及功能区域码 + 功能位置码定义哪些件属于车身钣金件，由系统根据白车身总成件号的配置条件、钣金件的配置条件以及车身钣金件导出白车身总成下具体的钣金件清单。

（二）在 BOM 上体现白车身结构

在部分车企，由于在 ERP 中的成本核算等特殊要求，要求白车身需要按照一定的层级结构搭建，体现中间层级的总成件号。这种情况下，有一种简单的处理方式，即在研发端按照单个白车身总成搭建底下的结构。这种模式的弊端非常明显，实际上在白车身部分完全采用了单车 BOM 的模式。因为白车身零部件多，这样使得整车 BOM 的配置化管理大打折扣，在此不做详细探讨。下面描述一种按照配置化管理白车身结构的模式。

配置化管理模式的核心思想是将钣金件以上各层级，直到白车身本身，都作为虚拟层级看待，每一层级下面都是一个超级 BOM。各中间层级只有在需要给号的情况下才针对这一层级的虚拟总成进行实例化。这里所说的实例化，是指针对虚拟层给出一个有物流或结算意义的、实物意义的总成件号。这个总成件号体现在 BOM 上，同样需要维护其配置条件。实物意义的总成件号与虚拟总成件号构成一对特殊的"实例化"关系。由于虚拟层实际上是一个超级 BOM，下面含有这个车型系列下所有配置的零部件，而实例化的总成件号代表的则是虚拟总成下多种配置组合的一种，一个虚拟总成可以实例化多个实物意义的总成件。这一原理与上述委托外协合件的生成原理类似，因此可借助 BOM 系统辅助进行配置组合计算、实物意义的总成件号的配置条件的生成，甚至其下子件的计算。

这一方案的好处如下：第一，具有配置化管理带来的管理效率的提升；第二，复杂程度适中，业务上具有较强的可操作性；第三，满足了下游各业务对于白车身结构的需求。但同时应该看到这一方案的局限性，即几乎所有商业软件包目前都难以处理这种模式，特别是下游的 ERP 系统。这就需要在 BOM 系统与 ERP 系统集成时，将整车上的白车身 BOM 按照各层级的实物意义的总成件进行 BOM 结构打散。这使得 BOM 系统与 ERP 系统之间的集成非常复杂。但这一方案技术实现是没有问题的，我国某车企的实践也证明了该方案的可行性。

四、 关于 BOM 完整性的校验问题

BOM 完整性校验是一个十分头疼的问题，很多车企寄希望于系统自动化实现。但由于整车上该不该出现某个零部件完全是一个设计决定，过于寄望于系统自动化就目前的技术而言是不切实际的，真正有效的还是传统的实车验证模式。

在探讨实车验证之前，仍就系统可能的一些辅助作用稍做说明。

在本章关于整车结构与零部件规范部分，我们谈到过功能区域码＋功能位置码。这一套管理规范的重要意义在于：在车型配置化管理模式下，不同车型相同的功能零部件号通常不同，但功能区域码＋功能位置码则是相同的。利用这一特点，就可以在很多方面做一些辅助工作。比如针对一个新开发的车型系列，可以定义哪些功能位置码必须有零部件，例如，对比不同单车 BOM 时，就可以以功能位置码为索引，同一功能位置码上，车型 A 是 P1 零部件，车型 B 上是 P2 零部件……如果没有功能位置码这一参照，显然车型 A 上的 P1 与车型 B 上的 P2 是无从比较的。

基于功能位置码定义哪些功能位置码必须有零部件，以及基于位置码进行单车零部件清单比较，无疑可以帮助 BOM 工程师对 BOM 进行校验。这种辅助校验的意义在于：配置化超级 BOM 模式下，单车 BOM 是动态的。BOM 上的配置条件发生变化，解析出来的单车 BOM 就有可能发生变化。这样，今天校验过的单车 BOM 并不能保证明天校验时是一样的。通过必须有零部件的功能位置码清单，可以随时检查当前时刻下单车 BOM 是不是缺少这一基本清单上的某个零部件；同一超级 BOM 下按照功能位置码形成的多个单一车型的零部件对比表也更容易发现问题。

以上是系统层面能够做的一些辅助校验的工作。下面回到实车验证上来。

实车验证从大的阶段上来看，分为工程样车试制阶段的验证和在正式生产线上进行车辆试装的验证两个阶段。

（一）工程样车试制阶段的实车验证

工程样车试制阶段的验证是 EBOM 工程师基于试制 BOM 在试制车间完成对 EBOM 完整性核对，主要有以下三个工作步骤。

1. 准备工作

这阶段的工作包括试制车装车数据准备、核对前数据处理及跟踪表单编制、人员分工及现场核对环境准备等。试制车装车数据指试制装车计划、试制车辆具体车型、试制 BOM/EBOM 及工程配置表、试制样件的到件情况/存放位置/零件标识情况等。核对前数据处理及跟踪表单编制指对所要试制的车辆的 EBOM/试制 BOM 进行比对，记录差异，形成试制 BOM 差异清单；EBOM 按照装车顺序排序，形成 EBOM 跟踪表；编制问题记录模板等。人员分工是指安排好验证时谁负责在系统中查找数据、谁负责零件实物检查确认以及谁负责记录 EBOM 跟踪表并形成问题记录单等。

2. EBOM 现场核对

在装车现场，按照设定好的分工进行零部件实物验证，核对和记录相关内容。包括：有零件号的记录零件号；无零件号的记录厂家型号或保留零件标签；无标签的零件，与设计确认零件号；记录零件的实际使用数量；记录零件的实际使用数量等。当日完成核对，总结问题，确认次日装车内容。

3. EBOM 核对问题跟踪

每天装车结束后汇总当天的问题清单，并把问题清单发给项目总工、项目主管、各同步工程小组及试制负责人等。请各部门反馈问题原因及改善措施，并将反馈结果汇总后反馈给项目总工、项目主管、各同步工程小组及试制负责人等。

（二）正式生产线上的实车验证

这部分验证工作由制造 BOM 工程师主导，基于制造 BOM 进行验证。制造 BOM 实车验证内容包括：配置、零件、装车数量、供货方式、装配车间、生产线和工位等。制造 BOM 现场核对时，跟车人员必须从头到尾跟踪，根据装车计划，挑选在此阶段所需核对的车型，挑选原则如下。

1）首台装配车辆必须核对。

2）各级别车辆或不同动力匹配的首台车辆必须核对。

3）每个级别中的最高配置（含选装）必须核对。

4）作为基价成本核算的参考车型必须核对。

除此之外，还需要核对在装车过程中发生的工程变更。

第六章
企业级变更管理 ///

第一节　　变更管理业务概述

车企内几乎每天都有变更发生，变更成了产品开发过程中一项基本的业务活动。因此变更管理的重要性对于车企而言是不言而喻的。同时，变更管理长期以来一直是车企乃至整个制造业最为头疼的问题。本章就汽车行业常见的变更管理问题以及对应的解决策略进行探讨。

一、　变更是如何发生的？

上面讲到，变更在车企内几乎每天都会发生，那么，什么情况下会发生变更呢？

首先，从零部件设计来看，零部件设计是一个过程，不是一项一蹴而就的工作。比较复杂的零部件，从概念设计到最终的工程冻结往往需要几个月的时间，这期间出于不同的业务目的会进行多次发布。例如针对供应商，零部件数模一般有三个阶段的发布，即可以作为寻源定点依据的首次发布、可以开软模的第二次发布，以及可以开硬模的第三次发布。零部件一旦开模，则有实物上的成本发生。因此部分车企在开软模发布之后就需要将零部件的变更纳入工程变更管理范畴。从开软模到开硬模之间对数模的调整都需要通过工程变更流程控制。在这种情况下，可以看作随着零部件设计成熟度的演进而发生的工程变更。

其次，零部件设计完成、工程发布乃至量产之后，由于各种原因，还会需要对零部件设计方案进行调整。原因包括质量缺陷、因成本要求而进行的设计改进、法规要求和性能改进等。由于各个业务领域已经基于原零部件展开相关的业务活动，甚至是量产活动，原零部件的改变势必会影响到这些正在开展的业务，因此需要通过工程变更来协调各方落实零部件的相关变更工作。

第三，产品配置变化导致的工程变更。由于市场需求或者是处于成本考虑，在整车开发过程中往往会出现需要改车型配置的情形。车型配置变化的影响面通常比较广，可能涉及零部件本身的变化、数模及图样的变化以及 BOM 的变化等。同时，很多业务，如整车的成本管理工作，是基于车型配置进行的。因此配置的变化需要纳入工程变更管理范畴。

二、 不同阶段的变更管理模式

从变更发生的频率来看，一般而言，整车开发早期变更发生的频率非常高，随着设计的成熟，发生变更的频率逐渐递减。整车一旦量产，原则上发生变更的频率应该非常低。而从变更发生的成本来看，随着整车开发进入一定阶段，各个业务领域参与程度也越来越深。当一个变更发生时，影响面自然也越来越大，发生变更的成本也越来越高。因此，变更发生的阶段越靠后，产生的成本越高。

正是由于早期和后期，变更发生的频率以及因变更而产生的成本有明显的差异，因此一般车企会对不同阶段的变更采取不同的管控策略。在整车开发早期变更发生频繁的情况下，如果采取过于严格的变更管理流程，显然会大大降低设计效率。因此很多车企会在设计早期不进行变更控制，而只是到了一定的成熟度之后才采用变更流程。

同样是采用变更控制，不同阶段的变更通常也不宜千篇一律进行处理。比如整车量产前项目内的变更的影响和造成的成本就远比量产后小，因此变更流程也应该比量产后更为简洁高效才符合这一阶段的管理特点。就零部件开发成熟度而言，如果开软模就纳入变更管理范畴，那么开软模之后的变更与开硬模之后的变更所造成的成本显然不能相提并论，因此很多车企会以此为分界点来区分不同阶段零部件的变更流程。

三、 车企变更管理所面临的主要挑战

变更管理一直是车企非常棘手的管理问题，其问题或者难点主要体现在以下九方面。

（一）变更数量多，耗费人力多

在车企甚至整个制造行业，变更是一个"永恒"的抱怨主题。真实的情况确实是，企业每天都有大量的设计人员、工艺人员以及采购、物流等方面的工程师在忙于处理变更。车企每个月变更数量达到数百甚至数千的规模。而每张变更单往往需

要从研发到采购、制造工程、物流等一系列人员参与。更值得一提的是，在我国车企中，由于主动进行方案创新或降成本而进行的变更占比很小，而由于各种问题不得不进行的变更所占比例非常大。这意味着，变更是返工，是巨大的浪费。部分管理者所谓的"我们没有时间一次把东西做对，但我们有足够的时间把东西改对"既是对这一现状的写照，也是对这一现状的无奈。

从丰田精益化思想来看，变更就是彻头彻尾非常严重的"浪费"，会导致车型开发成本的增加、开发周期的延长；同时，是对不完美方案的迁就，是对方案的"打补丁"，其结果也势必是不完美的方案。因此，丰田追求将变更扼杀在产品研发的早期，追求在产品数据发布之后的"零变更"。

（二）需要协调方多，协调不到位

一个工程变更发生，特别是量产后的变更，影响面几乎是整个价值链。因此对于要不要变更、如何变更，包括是不是产生新的零件号、如何处理库存、如何进行生产切换等问题，都需要协调价值链上相关人员才能够做出正确的决定。典型的需要沟通的环节包括：需要协调关联项目组，如该零部件被另外一个车型项目借用，则该零部件的变更需要通知该项目组相关的设计工程师一起参与变更方案的评审，决定变更是否适应该车型项目；需要协调采购部门与供应商沟通，进行技术和成本方面的评估；需要通知制造工厂进行工艺方面的评估；需要通知生产物流部门进行库存和生产切换方面的评估；需要通知售后维修部门进行售后备件的评估，等等。正是由于需要协调的方面很多，过程繁琐复杂，很多企业在进行变更沟通、协调时会漏掉某些环节，从而造成零部件该换号而没有换号等常见的变更问题。

对于某些商用车企业，存在两级研发组织，即一级研发组织负责平台车型的开发，二级研发组织负责商改车的开发。在这种组织模式下，变更管理的协调尤其困难，问题尤其突出。

（三）评审流于形式，流程长，效率低下

正是由于涉及的部门多，参与到流程中的人员多，因此流程非常长。一般一个变更单快则两三周，慢则几个月甚至一年以上。变更关系重大，因此必须慎重，这是无可辩驳的。但问题是，由于各种原因（比如变更前期的方案不细致等），变更的评审往往流于形式，经过冗长的流程之后，问题仍然层出不穷。例如某家车企甚至出现研发部门下发的变更单，每年有数百甚至上千张在制造厂积压、不执行的情况。这种评审的轻率和无谓的浪费是十分惊人的。

（四）流程与数据"两层皮"

流程与数据的衔接也经常是企业的一个痛点。我们经常可以看到，变更流程"完美"地走完了，但 BOM 数据仍然发错。流程归流程、数据归数据，这互不搭界的"两层皮"现象经常会导致数据不一致的情况发生，同时也引发多个业务部门对于数据状态没有及时更新的抱怨。

（五）变更全过程一致性难以保证，过程跟踪困难

变更从发起到最终在生产现场执行，周期长，经过的业务环节非常多，并且与多个 IT 系统相关，很多车企缺乏对这一全过程的跟踪。典型的问题包括：第一，由于变更方案定义过粗，导致变更实施的内容与评审通过的变更内容不相符，这一问题不仅导致变更方案与变更执行不一致，而且使得变更评审失去意义；第二，由于车企在信息流打通方面存在壁垒，上游的工程变更落实到下游的制造 BOM、售后服务 BOM 等业务时，往往靠手工将上游变更的内容"翻译"到下游，这就导致变更从研发阶段到制造、售后阶段在执行时有可能不一致；第三，断点的规划与执行本身是一个非常复杂的问题，是一个多部门协同的工作，断点单与变更单之间的衔接也是问题频发的环节；第四，变更单与变更单往往存在依赖关系，如两个变更单必须同步生效等，车企通常因为缺乏技术手段，使得本来存在依赖关系的变更单在实施时脱节。

（六）变更管理的规范性不足，造成出错、返工和低效等一系列问题

变更的规范性包括人员职责、流程、表单规范、业务规则等。在部分车企，这些规范体系远未建立起来，因此造成日常业务运作中的各种混乱与低效。如人员职责方面，变更管理工程师的岗位在很多车企还处于缺失状态；流程方面，还缺乏一整套对于变更的合理的分类方式，以使不同类型的变更按照合适的流程推进；表单规范方面，缺乏相应的规范性检查；业务规则方面包括变更的一些基础性原则、变更会议的原则等，在制订和执行上都存在很多问题。

（七）部分类型的变更游离在变更管理体系之外

车企全业务链运作有很多类型的变更。对于没有建立完整变更管理体系的车企，部分重要的变更往往游离在变更管理的流程规范或系统管理之外。最典型的是生产现场的临时变更。由于是临时紧急的物料替换，很多车企不将这种类型的变更纳入系统管理，这就导致制造 BOM 只是一个理论上的 BOM，与生产实际脱节严重。另一方面，由于是临时紧急变更，在流程效率上往往成为优先考虑因素，因此比一般

的工程变更更省事，从而导致临时变更扩大化、泛化，成为绕过正式变更体系的后门。

产品配置变更是另外一个严重缺失管理的环节。部分车企配置化管理比较薄弱，在各个环节的应用还只是停留在文件层面的初步应用，因此对其变更管理相应的规范还不完善，与全配置化管理的要求存在较大差距。

其他变更还包括颜色方案的变更、控制器软件的变更等，很多车企还没有将它们纳入正式的变更管理体系。

（八）跨企业的变更协调问题突出

汽车行业是一个复杂的产业链或生态圈。主机厂所发生的工程变更有一部分需要零部件供应商来落实，零部件厂发生的工程变更也会影响到主机厂。因此在工程变更业务中，主机厂与供应商之间的沟通、协调也是非常重要的一环。在这个环节中，常见的问题包括发布信息的渠道不统一（研发、采购）、信息传递缺失、沟通不及时等。

从某车企实际发生的一个例子可以看到，这种沟通一旦产生问题，后果是多么严重。该车企的某家供应商提前停止了旧件原材料订购，导致无法按订单交付旧件以满足计划切换时间要求。幸运的是，经工程部门确认可以提前使用新件。但因新旧件存在价格差异（新件贵 0.5 美元），该车企最终向供应商索赔 130 万元。假设该车企无法提前使用新件，那么对于主机厂和供应商造成的后果将更为严重。

（九）由于变更导致同步工程工作难以展开

在整车开发过程中，存在着大量的同步工程工作。这些活动都依赖研发数据开展工作。当工程变更频繁，并且这些变更又不能以高效的方式传递到相关业务部门，并体现在这些业务部门开展工作所依赖的研发数据上时，同步工程工作就难以实质性展开。

第二节　企业级变更管理总体框架

从车企典型的变更问题来看，需要从业务体系和系统辅助两方面入手才能解决好这些问题。所谓业务体系，就是需要从企业全价值链的角度梳理，制订一个适合本企业的变更管理规范，这些规范包括变更的提出、变更方案的评审、各业务领域的参与、会议组织形式、审批流程、考核指标等方面。业务体系的建立，使得各业务单位如何参与到变更流程中来变得有章可循，从而形成一种协同合作的、高效的工作环境。而从变更管理信息化建设角度来讲，以我们在多家整车厂的实施经验来看，有两点是至关重要的。其一，必须要形成一个对变更管理的重要环境进行总体控制的一体化平台，基于此平台形成变更管理的闭环。其二，就信息化而言，只实现流程的电子化价值有限，而需要将变更流程与变更的内容（零部件、BOM、配置数据等）进行紧密集成，即采用变更流程与变更数据的紧耦合模式。

本节就以上内容进行探讨。

一、企业级变更业务架构

在探讨企业级 BOM 形态时，我们之所以将早期 BOM、工程 BOM、制造 BOM、KDBOM、售后服务 BOM 五种形态的 BOM 定义为企业级 BOM 管理范畴，最根本的原因在于这五种形态的 BOM 都是针对量产车进行定义的。量产车是可重复生产的车型，针对量产车的定义是重复可使用的资源，这也是 BOM 发挥最大价值的原因。

对产品进行定义的核心要素包括配置、BOM 和变更三个部分。规划配置、早期 BOM 代表了在整车开发策划和概念阶段的产品定义；工程配置、早期 BOM 和工程 BOM 代表了在整车开发工程设计阶段的产品定义；生产配置、P/MBOM 代表了在生产准备和生产阶段的产品定义；销售配置、SBOM 代表了在销售和售后阶段的产品定义。从静态角度来看，各个阶段的配置代表了车型的功能构成，各个阶段的 BOM 代表了车型的物料构成，这两个方面的内容共同构成了完整的产品定义。但车型开发过程不是静态的，而是动态的，每天都有变化。因此要表达这种每天都在变化着的动态的产品定义，就必须考虑变更的要素。所谓企业级变更管理，就是管理量产车型各个阶段或各个业务领域的变更，构成一个针对量产车型的全价值链的变更管理体系。这一体系包含以下几个方面的内容。

（一）面向产品战略的变更

面向产品战略的变更是指针对项目主计划，车型及其配置、整车技术参数、法规要求、制造地点、产量、物料成本、市场及售后策略等产品战略的变更。从产品定义的角度来看，这种类型的变更主要体现在车型配置的变更。市场需求以及公司经营策略的调整，都会导致对车型规划配置进行相应调整。但很多工作，如成本分析工作等都已经基于规划配置开展，因此当规划配置表变更时，需要有机制通知到相关方，使之采取相应的变更措施。因此，在很多车企车型配置的变更一般会比其他类型的变更更早启动正式变更管理模式。规划端的调整势必导致研发、生产、销售领域的相应调整，即需要通过正式变更管理模式管控工程配置、生产配置、销售配置这一全过程。

（二）面向产品设计的变更

上文在探讨为什么会发生变更时提到过，设计阶段的演进、产品质量问题、降成本要求、优化设计要求以及配置的改变等，都会导致原设计方案的改变。采购、供应商等都已经基于原设计方案开展工作，因此当发生变更时，需要通过正式的设计变更来管控这一过程。

车型工程 BOM 的变更、零部件数模及图样的变更、零部件颜色方案的变更、控制器软件功能配置的变更等，都属于面向产品设计的变更。

（三）面向生产制造的变更

面向生产制造的变更根据不同的业务情况又可以分为以下三种类型。

第一类是面向一般制造基地/工厂的工艺及物流等方面的变更，包括制造 BOM、工艺流程、操作指导书、检验指导书、物料拉动方式以及其他物流相关要素的变更。

第二类是临时变更。所谓临时变更，是指针对临时性零件及材料替换、零件回用、放宽技术要求偏差使用的变更。这类变更虽然涉及研发部门，需要研发部门进行变更的确认，但为了追求效率，往往通过直接改制造 BOM 的方式实现。

第三类变更是针对 KD 工厂的变更。对于 KD 件，需要在国内进行包装设计、装箱发运到海外 KD 工厂，针对 KD 件的包装方案、物流方案发生的变更以及 KD 件本身的定义发生的变更等，都属于这一类型的变更。

（四）面向售后服务的变更

在售后服务业务中，基于客户需求以及企业自身备件盈利要求，将针对开发的车型定义维修策略，落实到工程技术层面，即需要在整车开发过程中定义哪些件可以作为备件，包括总成下的拆分件以及自制备件等。备件的定义直接影响到是否能够及时进行售后件的采购、备货等流程，因此也需要对变更进行严格管控。同时，备件的电子图册目录也是售后维修领域一块重要业务，其变更也按售后变更的方式进行管理。

上述四类变更覆盖了针对量产车的各价值链的变更管理。虽然这四类变更按照业务领域进行划分，但这四类变更并非相互孤立，而是相互渗透、相互关联的。每一种变更都与多个业务领域存在千丝万缕的联系。如面向产品的工程变更，变更方案的评审就牵涉到几乎所有业务领域（研发、采购、财务、制造工程、工厂和物流等）；如面向生产制造的变更，其中委托外协、临时变更、KD 件拆分等业务就与研发密切相关；如面向售后服务业务的变更，备件定义不仅与研发直接相关，而且与工艺可行性直接相关，备件拆分、自制备件的定义往往是售后、研发、工艺等业务部门合作的结果。另外，制造变更的断点将影响到售后服务变更的断点。对于面向产品战略的产品变更则更是一个涉及产品规划、市场销售、研发等多部门的业务。企业级变更管理体系的构建就是针对这四类变更进行组织、流程、规范性的定义。

二、 基于企业级 BOM 管理平台的变更管理框架

企业级 BOM 平台本质上是一个针对量产车型各个阶段的产品定义平台，因此是将车型配置管理、BOM 管理（早期、工程、制造、KD 和售后五大形态的 BOM）与变更管理高度集成的管理平台。企业级变更管理，即上文所探讨的四种类型的变更管理是企业级 BOM 管理平台的核心要素之一。基于企业级 BOM 管理平台的变更管理框架可表述如图 6 - 1 所示。

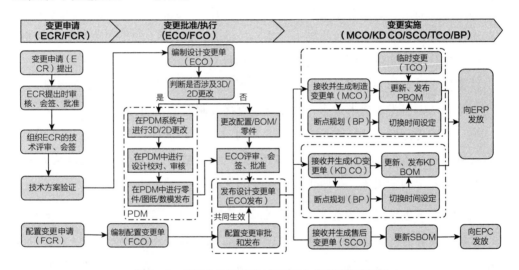

图 6 -1　基于企业级 BOM 管理平台的变更管理框架

在图 6 - 1 中，将变更划分为三个阶段。

第一阶段为变更申请阶段。这一阶段主要是针对变更申请进行评估，以确定变更是否需要执行。一般企业以工程变更申请（Engineering Change Request，ECR）来代表变更申请流程或者变更申请单据。

变更申请通常情况下由问题触发。这些问题包括车型开发项目组内部提出的设计改进、生产提出的现场质量问题、售后提出的售后维修问题等。不是所有的问题都需要通过工程变更解决，一般通过一定的评审流程才提升成为 ECR（即需要通过

工程变更解决的问题)。

ECR 阶段，需要制定详细的变更方案，并针对方案进行评审和验证，通过之后才能进入变更的执行阶段。

对于面向产品战略的变更，即产品配置变更，因为影响面比一般的工程变更更大，因此部分车企专门有针对这种类型的变更申请流程和相关术语，如通用汽车体系的变更申请/决策通知（Change Request/Decision Notice，CR/DN）就是专门针对产品配置变更的流程。本书为了统一术语规范，将这种类型的变更申请命名为特征变更申请（Feature Change Request，FCR）。

第二阶段为变更批准/执行阶段。这个阶段主要是进行变更数据的组织、批准与发布，管理这一过程的流程或者变更单据为工程变更单（Engineering Change Order，ECO）。

产品数据包括 BOM，零部件数模、图样，零部件颜色方案，软件功能配置以及车型配置表等。这些都是工程变更单进行变更内容管理的要素。由于这些产品数据可能存在于不同的应用系统，因此需要在不同系统中与变更单产生关联。典型的如零部件的数模、图样都是在 PDM/PLM 系统中管理，因此涉及数模和图样的更改，都是从企业级 BOM 系统中发送工程变更单，在 PDM/PLM 系统中完成数模和图样的关联并进行发布。

同样，针对产品配置变更，与之相对应的术语定义为配置变更单（Feature Change Order，FCO）。产品配置变更通常情况下通过零部件以及 BOM 的变更来实现，配置变更单与这些零部件、BOM 工程变更单之间存在共同生效的关系。这种关系需要在企业级 BOM 管理平台中进行跟踪。

第三阶段为变更实施阶段。这一阶段主要是工程变更在各个业务领域的落地，主要包括以下五方面。

1）在制造领域的实施：工程变更单发布之后，制造领域通过制造变更单（Manufacturing Change Order，MCO）来承接。制造 BOM 关于原辅料的更改，路线、工位的更改，库位的更改等，都通过制造变更单进行发布。

2）在 KD 领域的实施：工程变更单发布之后，海外事业部负责 KD 业务的相关业务单位接收工程变更单，并通过 KD 变更单（KD Change Order，KDCO）来承接。KD 件的定义、KD 件包装方案、物流方案的更改等，都通过 KD 变更单进行发布。

3）在售后领域的实施：工程变更单发布之后，售后业务领域通过售后变更单（Services Change Order，SCO）来承接。售后备件技术定义、备件采购路线、备件电子图册等的更改都通过售后变更单进行发布。

4）除此之外，还有使用临时变更单（Temporary Change Order，TCO）来处理生产现场的临时紧急更改。

5）断点管理：断点（Break Point，BP）是管理变更在生产现场进行物料切换的流程和单据。制造变更和临时变更都需要管理断点，并且 KD、售后等领域都需要参考制造断点进行本业务领域内部的断点规划与跟踪。

三、 变更的全业务链跟踪与闭环管理

（一）工程变更正式发布后各业务部门的工作

前面关于变更的四种类型及变更的三个阶段大体探讨了变更管理的主要环节。但变更所涉及的内容远远不止于此。特别是在工程变更正式发布之后，各个业务部门还有许多工作要做，下面对这些工作略加阐述。

首先是工程部门。工程部门在工程更改批准之后，需要发布零部件数模、图样，然后发起零部件样件试装申请，开始零部件样件试装业务过程。在收到工厂现场制造工程的样件试装制造认可以及工厂现场质量工程的样件试装质量认可之后，工程部门进行新零件工程签署（Engineering Sign-off，ESO）认可。新零件工程签署完成之后，工程部门随即发起零部件试生产申请。一直到更改最终完成，工程部门需要组织供应商质量工程师（Supplier Quality Engineer，SQE）、制造工程师以及现场质量工程师进行新零件实物状态和生产状态确认，制订断点并确认新零件到货状态。

其次是采购部门。采购部门在工程更改批准之后，需要通知、监督供应商实施零部件更改；分别在工程部门发起零部件样件试装申请和零部件试生产申请之后，采购相应的样件和试生产件；最终在供应商质量工程师完成零部件生产件批准（Production Part Approval Process，PPAP）认可之后，签署新零部件采购合同。

接下来是供应商质量工程师。不同体系，这部分职能归属的部门不同。美系车企这部分职能一般与采购业务合并，供应商质量工程师岗位在采购部门。美系以外（如德系车企）则多设置在质量部门。在工程更改批准之后，供应商质量工程师需要启动产品质量先期策划（Advanced Product Quality Planning，APQP）流程，与工程部门以及供应商一起制定 APQP 计划，并按照 APQP 计划监督执行，开展 APQP 流程所要求的各项认可活动，直到最终的 PPAP 认可结束。

制造工程部门则需要根据发布的工程变更进行工艺文件更新和工装制造等工作。工厂现场制造工程师则需要开展样件试装的实施、样件制造认可、试生产实施以及试生产制造认可等方面工作。

工厂现场质量工程师则负责样件质量认可和试生产质量认可等方面工作。

生产物流部门则需要制订断点控制计划，安排新零件试生产活动，并启动断点切换管理，直到新老零件最终完成生产切换。

（二）闭环管理的企业级 BOM 平台应做好的关键事项

从以上可知，一个零部件发生工程变更，业务涉及面非常广，需要多个业务部门开展多方面的工作。这些工作既包括信息流层面的，如数模、图样发布，工程变更单发布、工艺文件更新与发布等，也包括实物层面的工作，如零部件采购，样件、生产试装件到货，样件试装、试生产等。变更管理整个过程中，包括问题分析、变更申请、变更单的组织、变更数据的发布、零部件采购、交样、试装以及切换等过程，并不都是在企业级 BOM 系统中管理，部分环节分别落在不同的业务系统中进行管理。如数模和图样的发布一般在 PDM/PLM 系统中进行管理；变更的新零件 APQP 过程在专门的采购业务系统（美系车企）或者零部件质量系统中进行管理；断点的实际执行在 ERP/MES 系统中进行管理的比较多。工程变更发布之后，各业务部门需要落实的工作甚至在办公自动化（Office Automation，OA）系统中进行跟踪。那么，如何理解企业级 BOM 平台作为一个变更管理的总控平台，对变更进行闭环管理呢？我们认为，作为变更全过程闭环管理的企业级 BOM 平台应该做好以下关键事项。

1）确保变更执行与变更申请的内容一致。部分车企，最后组织在变更单中进行更改的内容（零部件等）与当初经过批准的变更申请内容不一致。这导致的问题非常明显，比如变更申请阶段各种审批的意义变得十分有限；同时，不仅变更申请阶段的各种评估失去意义，而且容易误导相关参与部门的后续工作，而对真正变更的内容评估不足。造成这些问题的原因主要在于：变更申请阶段的方案不够细致，或者缺乏结构化规范，导致变更执行单的内容与变更申请单的内容无法进行直接的关联。企业级 BOM 管理平台必须将变更申请单与变更执行单之间建立紧密关联，确保二者之间的内容是一致的。

2）工程变更单统一在企业级 BOM 系统中产生。正如上面所谈到的，变更流程中的部分环节分布在不同系统中，为了保证跨系统变更的一致性，必须保证工程变更单在一个系统（企业级 BOM 系统）中产生，其他系统以该变更单号为依据开展工作，特别是与数据发布相关的工作。典型的如数模、图样的发布，这些工作在 PDM/PLM 中开展，企业级 BOM 系统中产生变更单号，通过系统集成方式发送到 PDM/PLM 系统。PDM/PLM 系统接收到变更单号才能进行数模、图样发布，并且将结果信息同步到企业级 BOM 系统，BOM 系统接收到 PDM/PLM 系统的变更单发布信息，再同步必要的其他变更内容（如 BOM 方面的变更等），对工程变更单进行最终发布。这样才能确保同一变更单不同变更内容的同步性。

3）确保工程变更单与工程变更单之间的关联关系。通常由于设计专业不同等原因，一个复杂问题的解决也许通过几个变更单来执行。那么这几个变更单之间存在必须同时生效的关系，即配套更改的关系。企业级 BOM 管理平台应该能够对变更单之间的关系进行定义与跟踪，确保这些关系能够在后续执行中得到保证。

4）工程变更与下游变更一体化管理。工程变更发布之后，下游各个业务部门有相应的变更数据需要组织、发布，包括制造领域制造 BOM 的变更及发布；海外 KD 领域 KDBOM 的变更及发布；售后服务领域售后服务 BOM、电子图册的变更及发布等。如涉及配置变更，销售领域的销售配置表也需要随之进行变更与发布。工程变更发布之后，需要基于企业级 BOM 平台自动、无遗漏地传递到这些领域。这样才能确保工程变更在这些领域得到贯彻。

5）变更与断点同步。变更最终落地实际上是通过断点来落实的，即每个变更项最终在生产现场是在哪个日期，甚至哪个生产序列进行新老零件切换。每个变更单拆分成多少断点单，各个断点单的执行情况如何，代表了这个变更单的实际执行情况。它们之间的关系必须在同一系统平台（企业级 BOM 平台）进行统一跟踪。同样，基于同一系统进行统一跟踪也不代表断点的所有环节都必须在该系统中进行管理。通常情况下，基于变更单进行断点规划在企业级 BOM 系统中，即断点单在 BOM 系统中产生，通过系统集成发送到 ERP 系统。在 ERP/MES 中针对该断点进行实际切换管理，并将实际切换时间通过该断点单号反馈回企业级 BOM 系统，从而对制造 BOM 的生效性发挥作用。断点单的关闭才是变更的真正结束。

做到了以上五点，那么可以说企业级 BOM 实现了对变更的全过程闭环管理。

（三）跨业务系统的全变更场景

首先，通过问题管理系统集中管理各业务领域、不同阶段提出的问题，包括项目内部的问题、生产现场的质量问题、售后问题等。对这些问题进行评估，当需要通过工程变更方式解决时，在企业级 BOM 系统中发起工程变更申请。当然，若不是问题导致的工程变更，如技术创新、降成本等要求导致的工程变更，则直接在企业级 BOM 系统中发起工程变更申请。

制订变更方案，并经过评估、必要的验证之后，批准工程变更申请。

工程变更申请批准之后，设计人员在企业级 BOM 系统中组织工程变更单。工程变更单可能包括零部件、BOM 等的更改。

当涉及零部件设计更改（数模、图样）时，将变更单发送到 PDM/PLM 系统。设计人员以此变更单号为依据，在 PDM/PLM 系统中发布新的数模、图样，并将变更单状态、零部件状态反馈回企业级 BOM 系统。

企业级 BOM 系统同时组织 BOM 的变更、各种变更同步关系等，并在接收到 PDM/PLM 系统中的变更状态同步后，进行工程变更单发布。

工程变更发布之后，采购在采购业务系统中根据样件试制申请或者试生产申请进行样件、试生产件的采购工作，并最终签署新零件合同。

当该工程变更影响到试制时，在试制业务系统中进行相应的试制 BOM 更新以及相关零部件状态、到货时间确认。

各业务领域基于企业级 BOM 系统接收工程变更单，进行制造 BOM、KDBOM、售后服务 BOM 以及销售配置表的相应变更和发布工作。

研发、物流等业务部门基于企业级 BOM 系统进行断点规划，将变更信息及相应的 BOM 发送到 ERP。

实际切换时，由物流工程师跟踪、反馈断点时间/生产序列号到 ERP/MES，并通过系统集成方式将断点信息反馈回企业级 BOM 系统，并关闭断点。变更全过程结束。

四、 变更与 BOM 的紧耦合： 从变更的视角看 BOM 语义

变更流程不能控制变更数据，即变更与 BOM 数据"两层皮"的问题，是导致 BOM 数据一致性差、可信度低、可用性差的根本原因。从企业级变更的角度来讲，必须保证变更流程在各个环节直接驱动变更数据（BOM）状态的变化，即实现变更与 BOM 之间的紧耦合管理。在传统模式下，BOM 数据表达了某车型下包含哪些零部件；变更单的变更内容（BOM 变更）则定义了在车型产品上应该采用/取消或者更改什么零件。在 BOM 上的某条 BOM 行与在变更单中的某个更改动作实际上是两条不同的数据，如图 6-2 所示。

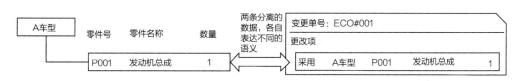

图 6-2　BOM 与变更单数据分离。

图 6-2 中，BOM 和变更单的语义可分别表达如下。

BOM 行语义：A 车型有零件号为 P001 的零部件，名称为发动机总成，数量为

1。这一语义偏向静态含义，定义了车型"有"哪些内容。

变更单中变更项语义：A 车型采用零件号为 P001 的零部件，名称为发动机总成，数量为 1。这一语义偏向动态含义，定义了"采用"这一动作。

但车型 BOM 上所发生的历史是非常重要的，因为在整车开发过程中，每一天都有设计工作在推进，反映在 BOM 上，则是每天都有可能发生变化。不同时刻 BOM 是不同的，是动态变化的。这就引起我们在设计 BOM 底层架构时的思索：BOM 是否应该从语义上就定义为动态的呢？

图 6 - 3 所示表达了这种动态的语义。

A车型		零件号	零件名称	数量	配置条件
	采用	P001	发动机总成	1	F01&F02
	采用	P002	驾驶室座椅总成	1	F03
	采用	P003	螺栓	4	
	更改	P002	驾驶室座椅总成	1	F04（配置条件由F03变为F04）
	取消	P003	螺栓	4	

图 6 - 3　BOM 的动态语意

图 6 - 3 所表达的 BOM 信息可对应到以下业务场景。

1）A 车型采用 P001、P002、P003 这三个零部件，构成了车型 BOM，并对这一 BOM 进行了发布。

2）发布之后，发现 P002 的配置条件因各种原因，需要由 F03 更改成 F04，因此需要对 P002 这条 BOM 行进行更改。

3）发布之后，由于各种原因，需要取消 P003，因此在 BOM 上取消 P003。

显而易见，上述语义不仅表达了车型下包含什么零部件，而且表达了车型什么时候采用了什么零部件、取消了什么零部件、变更了什么零部件。如果按照这种语义组织 BOM，那么 BOM 的历史是自然体现在 BOM 上的。车型下包含哪些零部件（这一静态语义）只不过是在某一时刻 BOM 动态模型的一个"截面"罢了。

采用这一动态语义最大的好处是：BOM 的含义与变更达到了高度的一致。如果我们将从无到有也理解成为一种广义的变更的话，BOM 的构建过程、发布过程实际上是一系列变更的叠加。变更单或者是发布单（BOM 初始构建）只不过是使这些 BOM 行进行确认、批准、生效的手段。基于这一语义理解，BOM 系统的设计就可以统一 BOM 行与变更项之间的定义为图 6 - 4 所示的模型。

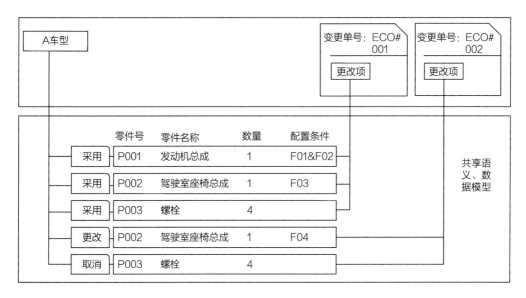

图 6 -4　统一 BOM 行与变更项

变更单通过流程进行发布并生效，因而有状态以及生效时间。这种状态、生效时间实际上是变更单中变更项（变更内容）的状态及生效时间。由于 BOM 与变更内容采用同一语义、同一数据定义，BOM 自然有了状态控制、生效时间定义。这样，随着变更流程的推进，BOM 状态可以保持与变更单同步；同时，随着变更单生效，BOM 产生了时间序列。某车型的 BOM 是发生在这一车型上所有零部件采用关系变更的集合，整车开发过程中 BOM 的应用是取这一动态集合中某一时刻的结果，是取这个动态时间序列上某一点的数据。

从变更的视角看待 BOM 的语义，使得车型 BOM 与变更单指向相同的数据成为合乎逻辑的、顺理成章的设计。车型 BOM 上的 BOM 行与变更单的变更项（变更内容）只不过是相同数据的不同表达形式，只不过是同一数据在不同地方的引用。这样，变更表单、变更流程彻底与 BOM 数据联系起来，形成紧耦合关系，确保了BOM 数据与变更的同步。

第三节　工程变更的组织、流程及评价指标

工程变更管理是车企针对整车开发过程中方案变更的正式控制手段。企业实施工程变更的目的有以下四个。

1）通过工程变更，执行产品变更决议指令，实现产品变更目标。产品变更即

由于市场需求、车企技术规划等方面的因素而导致的产品配置变更。产品配置变更一般影响面比较大，由公司决策层做出决定之后，发出产品配置更改通知，通过工程变更落实配置表、零部件以及 BOM 方面的变更。

2）控制和批准变更对各项涉及企业盈利目标的各项经过确认的成本/费用目标的影响。这些成本/费用目标包括整车物料成本目标、零件模具费用目标、零件开发费用目标、零件制造投资目标等。

3）工程零件清单发布后，保证清单的完整性和准确性。工程零件清单以 EBOM 的方式发布，主要服务于成本、采购、制造工程、售后等业务领域。在整车开发到一定阶段，这些业务领域的工作依据工程零件清单已经实质性展开。此时，对这一清单发生的更改就会对这些领域的工作产生较大影响，因此需要通过工程变更进行管控。

4）控制零部件定点后产生的方案变化，实现零部件发布版本的管理。零部件定点后，供应商已经大量介入，包括部分成本已经发生。这时如发生方案改变，则需要及时通知供应商进行相应的技术评估及成本评估。

从上述目的可以看出，正是因为变更涉及业务领域多、影响面大，因此有必要通过工程变更这一正式方式管理变更方案从制订、批准到执行的整个过程，控制变更时间。

一、工程变更启动时点

由于工程变更是一种非常正式的控制手段，其流程都会比较长，需要进行严格、谨慎的评估、评审工作，以确保变更的严肃性。显而易见，工程变更管理将导致设计效率下降。特别是在早期阶段，有大量设计变更发生时，如果都采用工程变更流程进行控制，势必会导致设计人员都忙于跑流程而影响到产品设计本身。因此，工程变更不是越早启动越好，而是要根据企业自身情况决定，使高质量数据控制、高质量设计结果与设计效率达到平衡。一般而言，体系化越强、整车开发流程越完善且遵守越到位的企业，越有机会在比较早的阶段启动工程变更管理。反之，体系化很弱、管理比较混乱的企业，如果在较早阶段引入工程变更管理，则可能导致日常业务都无法运转的"一管就死"的状况。

关于工程变更启动时点，车企一般有两种做法。

第一种做法，以整车开发某个节点为依据进行划分。如我国某法系合资品牌车企即是在概念批准之后正式启动工程变更管理的；某自主品牌车企则是在概念批准之后两个月启动工程变更管理。为什么选择概念批准这个时点呢？主要是在这个时点，定点工作已经开始，且面向软模的数模已经发布；同时架构件的方案和 EBOM

都较完整，成本和投资目标已确定，有必要对其面向软模的数据发布及其方案和费用成本的变化进行发布/变更管理。

第二种做法，以零部件成熟度为依据进行划分。如我国某德系合资品牌车企、某自主品牌车企，基本都是以面向硬模的数模发布为时点，在此之后实施工程变更管理。对于这种方式，什么时候启动正式的工程变更与整车开发流程节点无关，而只与零部件本身的成熟度相关。

相比较而言，第一种方式更有利于同步工程相关工作的开展，有利于面向硬模的数模发布前产品数据和图样版本控制，可提高数模最终发布质量。而对于第二种方式，则由于数模最终发布之前（面向硬模发布），其变更都在设计之内控制，流程比较快，但同时也造成数模发布质量不高的问题。并且，设计部门更多关注正式发布后的工程变更，较容易放松对零件已经定点但未正式发布的工程变更的控制。

二、 工程变更流程

工程变更的大体处理过程可分为变更申请、变更审批、变更处理、变更实施四个阶段来看。

在变更申请阶段，主要是针对问题制订方案，并进行产品开发小组（Product Development Team，PDT）评审。PDT 是一个由多业务领域协同参与的开发团队。工程变更单是设计发布工程师与 PDT 小组充分讨论，并获得一致意见后记录下来的产品设计或修改方案。该方案包含改进方案、价格信息和预计实施时间计划等。一般引起整车物料成本、模具费用、开发费用变化和制造投资任何一项成本变化的变更，重大技术方案变更以及数模/图样的正式发布和升版，都必须按工程变更处理。

PDT 活动以及 PDT 决议对于工程变更管理的质量十分重要，因此要确保 PDT 活动的充分性、有效性。为了做到这一点，业务上需要做到以下几点。

1）各级领导充分重视：各级领导要充分重视 PDT 活动的机制及其有效性，各部门在其中各司其职。只有每个基层 PDT 的活动有效开展，才能提升解决问题的速度和工程变更的审批速度。

2）快速响应问题：设计发布工程师对售后、质保、制造体系反应的相关问题，应该快速反应，积极组织 PDT 活动。

3）各业务领域互相配合：PDT 会议纪要上的签字，代表部门意见。因此，工程部门和下游部门的专业主管或高级经理要组织内部会议，审核 PDT 方案，指导 PDT 工作；对 PDT 会议纪要有疑问应及时向设计发布工程师提出，不要等工程变更单流转到本部门才提出问题。

4）建立问题升级机制：对于某项变更是否需要走工程变更流程，在 PDT 内不能达成一致时，必须通过升级流程达成一致。达不成一致的情况下不填写工程变更单，这样可以确保工程变更单的严肃性。例如，升级路径可设置为：若在 PDT 内不能达成一致，则需要提升到负责开发系统策略的系统同步管理组；在这一层级不能达成一致，则上升到负责集成和平衡产品与工艺的整车和工艺集成审查组；若问题仍不能得到解决，则可上升至车型平台组，乃至公司运营管理委员会。

若经过 PDT 决策要走正式工程变更流程，则由设计发布工程师填写变更单，组织变更数据。变更管理工程师负责对变更单的规范性进行检查，并组织变更评审会。

变更评审会原则上每周定期召开，项目总工根据项目实际情况、工程变更频次、数量等因素确定变更评审会议召开的形式。通常，车企会有工程支持部或技术管理部专门负责变更评审会议的组织以及工程变更管理和推进工作。产品项目经理作为工程变更的批准者参加变更评审会议。计划与物流、制造工程、采购、质量、财务、售后等部门都需要参加。

我国很多车企都有变更评审会，但多数效果不理想。主要体现在：其他部门参与的实质性不够，开会效率低，难以决策。考察在这方面做得好的企业，有以下两点值得借鉴。

首先，通过协调人制度解决其他业务领域参与度不够的问题。各业务部门为什么很难真正参与到变更评审会呢？究其原因，每个变更单可能负责人不同，针对每个变更单识别哪些人来开会就比较困难。另外，不是每个变更单都会影响到所有业务领域，比如某些零件非备件，或变更后不影响备件的互换性等，售后部门参与变更评审会就会觉得与自己关联不大，因而降低了参与度。如果统一设定部门协调人，每次变更评审会都由各部门专门的变更协调人来参加，则能够解决这一问题。

其次，关于评审会的效率问题。一个高效率的决策的基础是需要有高质量的变更方案。所谓高质量的变更方案，是指在变更评审阶段，方案要足够细致。很多车企在变更评审阶段方案不够细致，这不但会导致评审流于形式，不能真正识别问题，而且还会导致变更的执行与变更评审内容不一致。有了高质量的变更方案，需要在召开变更评审会之前两三天发给各业务部门协调人，由协调人组织业务部门在其内部讨论与确认。开会时，协调人应当代表部门当场确认相关问题。

车企一般会以变更影响的成本为依据决定相应变更流程以及评审会级别。如变更所引起的单件物料成本超过一定额度，或引起的整车成本超过一定额度，将由更高级别的变更评审会来评审。有些车企将这种更高级别的变更评审会命名为联合更改委员会。有的车企也会将这种级别的变更评审会与公司的工程例会合并，即作为工程例会的重要议题之一，在工程例会上讨论、决策重大工程变更。

工程更改单经过批准之后，需要按照批准的更改单更新投资、成本目标，并且组织配置数据、BOM数据、零部件数据（数模、图样等）的发布。

在实施阶段，对于预试生产前的工程变更，应通知供应商实施。对于预试生产后的工程变更，则根据需要，还要进行试装认可、试批量认可、预批量认可以及断点规划与跟踪等。

三、 工程变更中的零件号问题

针对某个零件的变更，要不要更换零件号，这是工程变更中一个非常典型的问题，是变更评审中各业务领域需要重点关注的问题。

就PDM/PLM的思路而言，关于变更要不要换号，总结了"3F原则"，即在Form（外观形状）、Fit（安装、装配）以及Function（功能）不变的情况下，不需要换号；否则，必须换号。但这一原则在实际应用中有很多局限性，这是因为，第一，没有考虑物流、财务结算、售后等方面的要求；第二，也没有考虑零部件所处的阶段。

对于研发，零件号+版本已经可以满足几乎所有需求，但下游的业务并不是按照版本来识别、区分的，比如库存。研发与下游管理的差异有其合理性，因为研发更多体现在数据层面，按照版本管理是一种简洁有效的方式；但下游的管理体现在实物层面，版本管理必然带来低效、管理成本浪费等问题。因此，对零件号的管理要求，更多的是从生产、物流、售后、财务结算等方面提出的。

基于这种差别，关于变更中零件是否要换号的问题，一般企业根据零件所处的阶段区别对待，如图6-5所示。

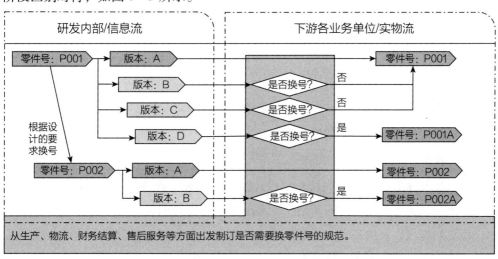

图6-5 关于变更中零部件换号的处理

在实际操作中，车企一般以 PPAP 为分界点。PPAP 前零件状态由零件版本控制，零件号不变。零件状态确认由设计发布工程师负责。PPAP 后若发生变更，且属于以下情况的，则需要申请新零件号。

1）属于初始发布的新设计的零件。

2）设计更改且影响到零件外观、功能、安装（3F 原则），此种情况如果在 PDM/PLM 中进行了区分、换号，则等同于第一条（新零件初始发布）。

3）有车辆识别码（Vehicle Indentification Number，VIN）断点要求的零件，即需要按照整车生产系列号进行断点跟踪的零件。

4）有制造日期断点要求的零件。

5）对于有相关零件需要一起同步实施断点更改的零件。

6）对于库存零件的使用要求不是"用完为止"的零件更改。

7）有追溯性要求的零件更改。

8）新老状态零件不能互换、不能混线生产的更改。

9）对于有明确财务结算要求的零件。

总体而言，变更要不要换号是一个比较复杂的问题，没有一个放之四海而皆准的原则。在某些情况下，要不要换号是一种管理复杂度和管理成本的平衡。举个例子来说，仪表板总成在某些车企为委托外协合件。委托外协合件因为有财务结算要求，因此需要有零件号。仪表板总成下有很多子件（并且可能带有配置关系），是不是总成下每个子件发生变更，仪表板总成都要换号呢？原则上是需要的，因为子件变了，财务结算需要以不同的价格结算。这样就会导致非常多的零件号，产生了巨大的管理成本。为了解决这一问题，企业制定了一整套规范，比如变更成本在一定额度之内的，采用按照月度统一给委托外协合件供应商补差的方式进行结算。这样就有效地减少了仪表板总成零件号。

四、 工程变更的评价指标

为工程变更设定关键评价指标，是企业进行持续变更改进的方法。

从总体项目管控（特别是成本管控）的角度，可以考虑以下指标。

1. 变更总费用

在项目开发前期设定本项目总的设计变更费用额，作为项目的 KPI 进行管控。一般在上一个车型变更费用的基础上，考虑新车型项目的改进目标，设定新车型项目的变更总费用，并由各专业分析达成路径以及各专业的目标分解，由成本部门监察执行。这个指标有利于促使研发将产品一次设计对。

2．总体设计变更率

该指标也是在项目前期制定的一个项目的 KPI 管控目标，计算方法是总的设计变更数除以总供货状态零件数。例如 100 个供货级别零件有一个零件发生了 3 次设计变更，一个发生了 1 次设计变更，那么总体设计变更率为 4%。

3．价值变更率

统计导致涨价的设计变更数量的比例，这个指标也是由成本部门来监控。

除此之外，以下方面也是经常被用到的评价指标。

4．按变更类型、原因对变更进行统计

变更类型或原因包括新需求、设计改进、降成本要求、质量问题等。按照这个维度进行变更统计有利于评价企业创造价值的变更与应该避免的变更所占比例，从而有针对性地采取减少变更的措施。

5．按阶段统计变更

变更发生的阶段越早，变更的成本越低。在设计的早期阶段，特别是在定点之前，发生变更几乎不涉及实物上的成本，因此变更的成本相对比较低。软模阶段发生变更可能导致软模费用的浪费。硬模阶段的损失则更大。量产阶段的变更不仅有可能导致模具费用，而且有可能产生成本浪费。而售后阶段的变更则成本更高。按照阶段统计变更数量，有利于分析、评价前期的工作，特别是协同工作是否做到位、是否有改进措施将变更尽量提前等方面。

6．变更所耗时间

统计变更在每个主责部门停留的时间。这是一个变更单的执行效率指标，以促进各业务部门高效处理变更。

7．当前在处理变更单数量

这一指标反映了企业日常工作中处理变更数量的多少。

8．变更投入统计

统计在单个变更单上的"人天"投入。

9．由变更导致的变更

企业常常出现由于实施一个设计变更而引起新的设计变更的情况，如本次设计变更没有彻底解决问题，或是关联性考虑不足，导致引发新问题等。这种类型的变更在企业中是需要尽量避免的，是一种纯粹的浪费。统计这种变更有利于总结经验教训、沉淀知识、形成设计规范。

10. 一次通过率

统计没有发生变更的零件比例。这个比例越高越好，直接反映了一次设计对的比率。

11. 虚拟验证率

统计通过虚拟验证所驱动的变更与通过试制等实物环节驱动的变更的比率。这一比率也是越高越好，因为虚拟验证通过数字化手段将问题尽早解决，降低了成本。

第四节　　下游业务单位对于工程变更的承接

下游的业务单位包括工艺、制造、采购、生产、物流、销售和售后等环节。以下分别对这几个业务领域进行简要说明。

一、工艺及制造

工程变更发布之后，对于工艺及制造工程等业务部门，需要根据发布的工程变更单进行相应的工艺文件的更改、路线/工位（体现在制造 BOM 上）等的更改工作。在部分车企有专门的工艺更改单或者工艺发布单来管理这部分的内容变更与发布。本书为了简便起见，将与制造 BOM 相关内容（包括工艺信息等）的变更及发布的管理流程统称为制造变更。

显而易见，制造变更可能来自两种途径，一是由工程变更驱动的制造变更；二是在没有发生工程变更的情况下也会存在工艺信息的调整、制造 BOM 的调整等情况，在这种情况下，也需要制造变更进行管控。

工程变更发布即意味着发生在工程 BOM 上的变更已经生效。前面讨论过，工程变更单内容必须自动、无遗漏地传递到制造 BOM。此时，体现在制造 BOM 上的这些变更信息（可能涉及 BOM 行的变化、BOM 属性的变化等）从工艺、制造的角度可能还要进一步处理，比如重新定义工艺路线、工位等，甚至要进行工位拆分、添加原辅材料等影响 BOM 结构的内容。直到这些内容调整到位，从制造 BOM 的角度来看才可以算得上变更生效。

上述第一种制造变更单正是承接工程变更单发布的内容，并且开展后续工艺制造相关工作以及工作内容发布的工具。企业级 BOM 平台就是要保证这两种变更紧密集成，从而确保研发到制造的一体化运作。

上述第二种制造变更实际上也会对工程变更的承接有影响，因为第二种变更往往也会影响制造 BOM 的内容，也有其独立的生效性。这样，在考虑工程变更承接时，制造 BOM 实际上是处于非常复杂的状态，既有来自工程 BOM 上的内容，也有来自工艺、制造领域的内容，且中间发生了很多变更。这使得制造 BOM 的生效管理非常复杂。

还有一种类型的变更也会使制造 BOM 本身的生效管理以及工程到制造的衔接变得更为复杂，这种变更即临时变更。如本章第二节所述，所谓临时变更是指针对临时性零件及材料替换、零件回用、放宽技术要求等使用的变更。这类变更有两个特点，一是因为要解决现场问题，所以要求快速；二是其生效性可能发生在一个很短的时间。由于难以管理，很多车企不将这种变更体现在制造 BOM 上。从制造 BOM 反映生产的准确性来看，这种变更是需要管理的。

部分车企将部分合件的功能放在制造环节。这种情况下，当工程变更发布时，就需要针对影响到的合件进行变更分析，在必要时需要产生新的合件号。

如颜色件在制造 BOM 上体现，那么上游内外饰风格的变更、零部件颜色方案的变更或工程 BOM 上本色件的变更都会影响到颜色件。当影响到颜色件的工程变更发布时，还需要针对颜色件进行分析，必要时产生新的颜色件号。

综合上述制造 BOM 本身的变更、临时变更、合件变更、颜色件变更等情况，可见工程变更发布到制造 BOM 的承接过程是一个十分复杂的过程。这也体现了企业级 BOM 作为一个跨业务领域的系统平台的重要性。

二、 采购、 生产及物流

在工程变更过程中，采购需要大量参与，包括前期阶段与供应商就变更成本进行沟通以及正式的商务报价等过程。工程变更正式发布之后，采购需要将正式的工程变更传递给供应商。对于主机厂，完整的工程变更单通常有部分信息是对供应商保密的，因此采购需要基于工程变更单选择相关的内容打包成面向供应商的工程变更发布单。供应商质量工程师则需要辅助、监督供应商开展各种工程变更的支持活动。

物流工程师一般负责断点管理（部分车企制造 BOM 都是由物流工程师统一管理的）。断点即工程变更在生产现场开始实施的时间点。所谓断点管理或断点控制，是指一个工程变更产生后，原来的零部件或原来的工艺停止使用的"切换点"如何定义、如何控制。

1. 实施策略

断点的定义与变更单的实施策略有关。变更单对零件和工艺进行变更时，需要考虑变更的影响以及库存等情况，通常有以下实施策略。

1）立即实施：当某个关键零部件的质量问题导致产品发生重大缺陷，为了不让影响面扩大，一般要求立即实施变更。严重时不仅要处理仓库及现场的缺陷零件，甚至需要将已售出车辆召回进行零件更换。

2）用完为止：为了避免旧件浪费，一般变更需要消耗掉库存再进行切换。

3）择日变更：将某个具体日期作为变更生效的指标。

4）累计生产数量：有些以进口套件（KD 件）方式生产的产品，为了有效控制 KD 件与本地件的相关设计变更，以产品的累积数量为控制变更生效的指标。

2. 断点控制方式

根据实施变更的不同策略，断点控制也有不同的方式，一般存在以下几种方式。

1）即时断点法：变更一旦发布生效，原来的设计立即被废止，按照原来设计制造出来、已经在仓库中的物品全部不能继续使用。旧件要立刻切换到新件。

2）库存断点法：变更一经发布，按照原来设计而生产的零部件可以继续使用，直到使用完为止。

3）固定数量断点法：由原来设计而生产的零件不是用完为止，而是适当保留一定库存量备用。当库存量达到保留量时，实施断点切换。

4）固定时间断点法：当变更发布生效时，不管库存量多少，确定一个固定的切换时间，在此时间之前采用旧件，时间一到则采用新件。

5）弹性时限断点法：在规划断点时，根据实际情况将各种因素考虑进去再决定切换时间，即只是设定一个窗口时间，保留相当的弹性，尽量使断点时间更为合理。

工程变更单发布之后，通过制造变更单完成相应的工艺、制造 BOM 方面的变更发布。这时就需要开始按照上述变更实施策略以及断点控制方法规划断点。为了确保断点与变更单的一致性，断点所控制的数据必须来自于变更单的变更项，即断点单与变更点指向相同的变更数据。这样，断点的状态、切换时间就能够直接作用在制造 BOM，控制制造 BOM 上每个零部件的生产生效状态。断点关闭，工程变更才宣告正式结束。因此可以看到，工程变更单、制造变更单、断点分别代表了研发领域变更的生效、工艺制造领域变更的生效以及生产现场变更的生效，形成了紧密集成的、环环相扣的闭环。

三、销售及售后领域

如第五章所述，销售配置基于销售策略以及工程配置产生。销售领域对工程变更的承接主要是针对工程配置表发生的变更进行承接，以便相应地调整销售配置并发布新的销售配置表。工程配置表可能发生配置的调整，也有可能发生配置规则的调整。无论何种变更，都必须通过变更单准确传递到销售配置表，这样才能够做到前端销售点单的内容与后端研发的内容是匹配的。

就售后业务领域而言，售后服务 BOM 是基于工程 BOM 产生的，与制造 BOM 的产生方式类似。因此，在工程变更的承接方面也与工艺制造领域的承接方式类似，即通过专门的售后服务变更单来承接上游的工程变更，同时实现本业务领域（售后服务领域）相关变更（包括售后服务 BOM、备件电子图册等）控制与发布。

第五节　如何持续改进变更管理

本节继续探讨企业应该如何优化变更管理。

一、规范的流程体系

如前所述，从变更全流程来看，无论是问题分析、变更申请、工程变更单评审及批准、制造变更执行，还是最后的断点管理，都涉及多个业务领域的协作，因此必须建立起规范的流程体系来保障整个变更过程多业务领域的有效参与及过程受控。如变更申请、变更单审批过程中涉及的业务领域包括研发、成本、工艺制造、采购、供应商以及售后等，如图 6-6 所示。

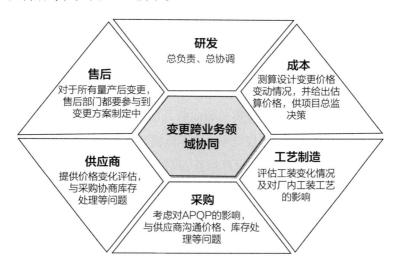

图 6-6　跨业务领域的变更管理

研发作为变更的总负责、总协调部门，负责工程变更的提出、变更方案的制订，并负责变更方案评审的组织。成本部门需要根据变更方案进行成本估算，以此作为变更决策的依据。工艺制造部门需要评估工程变更对工装变化情况以及对厂内工装工艺的影响。采购部门需要及时联系供应商沟通价格，并在后续过程中协同、督促供应商开展对工程变更的支持工作。供应商需要根据主机厂的更改要求评估价格变化，并提供必要的技术支持乃至最终实施相关零部件变更。售后部门需要评估工程变更对售后维修的影响，包括从售后的角度分析变更替换关系、提出有没有零件号换号问题等。一个车企的变更流程体系，就是要对上述各部门的工作进行详细的定义。

需要特别指出的是，建立规范的流程体系并不是要建立冗长的审批流程。好的流程体系是明确业务中参与各方何时做何工作、相互依赖关系如何、怎样协作等。建立规范的流程体系并非为了追责，更不是通过流程来相互指责、相互推诿。冗长的审批、过度且形式化的评审只是官僚主义，不仅发现不了问题，提高不了变更质量，反而把一种低效的、消极的工作方式与工作态度固化了。

从以往车企实践经验来看，好的变更流程体系具有以下特征。

1）以变更成本的维度划分变更流程：因为成本对车型盈利目标有直接影响，在车型开发过程中绝对是一个重要的考虑因素，所以从成本的维度划分变更流程显然有其合理性。但一般车企却很难执行，原因在于要么变更方案过于粗放，难以评估成本；要么车企本身成本管理体系没有建立起来，成本本身是粗放式管理，这样，在变更申请阶段对成本的评估参照性不强，因而难以成为变更流程划分的依据。

2）变更流程体系应该充分考虑变更影响方，让各方充分参与到变更中来，特别是在变更的早期阶段。然而，我们可以看到，部分车企变更主要局限在研发端，直到工程变更单发布，下游各方才实质性参与，这其实是体系规范的缺失。

3）有明确的升级机制。正是由于变更影响面广、参与方多，很多时候难以达成一致是正常现象。因此，需要有明确的问题升级机制，确保在一定范围内不能达成一致时，能够迅速上升到更高层级来决策，以提高效率。

4）通过流程体系来确保变更的严肃性。对于一个流程体系而言，特别是工程变更这种经常发生且影响重大的业务，严肃性远比灵活性重要。如前文提到的某些车企，在方案没有达成一致的情况下，不允许提正式的工程变更单等业务规范，就是为了保证变更单一旦产生就应具备的严肃性。过度的灵活性看似效率高，其实效率是非常低的，是缺乏体系化的表现。

二、 各司其职的组织架构

工程变更需要各方积极参与，前面谈了很多上下游业务领域的参与，甚至包括跨企业的参与（供应商的参与）。但事实上，即使是在研发领域，参与方以及各方的职责都比较复杂，需要从组织架构上进行明确。图6-7所示就是一个典型的例子。

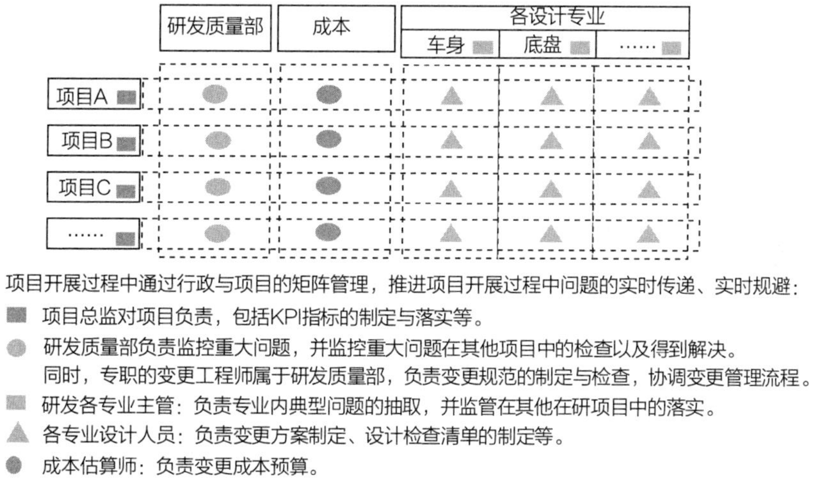

项目开展过程中通过行政与项目的矩阵管理，推进项目开展过程中问题的实时传递、实时规避：

▪ 项目总监对项目负责，包括KPI指标的制定与落实等。

● 研发质量部负责监控重大问题，并监控重大问题在其他项目中的检查以及得到解决。
同时，专职的变更工程师属于研发质量部，负责变更规范的制定与检查，协调变更管理流程。

▪ 研发各专业主管：负责专业内典型问题的抽取，并监管在其他在研项目中的落实。

▲ 各专业设计人员：负责变更方案制定、设计检查清单的制定等。

● 成本估算师：负责变更成本预算。

图6-7 各业务部门参与变更示例

车企一般采用矩阵式组织架构，职能部门和项目组织交叉运作。一般职能部门负责相关资源提供、专业培养、本部门知识沉淀、本部门内跨项目协调等相关工作；而项目组织则对项目负责，包括项目关键考核指标的制订与落实、方案决策、项目中重大问题的处理等。具体到变更管理体系而言，变更的成本目标、变更方案的制订、变更成本估算、变更评审与批准都属于项目管理的范畴；而职能部门则负责专业内典型问题的抽取、变更经验教训沉淀，形成预防性的检查清单等工作。

一般而言，好的组织架构具有以下特征。

1）具有较强的项目组织特征，对项目总负责人（如项目总监或产品经理）有比较大的授权（如制定成本KPI的权利等）。

2）职能比较齐全：如有专职的变更管理工程师负责规范的制订以及监督规范的执行等工作，有专职的成本估算师负责成本估算等。

3）集成的团队：项目不是单兵作战，也不是流水线工作模式，而是并行的团队工作模式。因此，组织架构应该鼓励跨专业、跨业务领域的团队协作。

三、 设计控制工作前移

变更的成本极其高昂，因此，企业应该想方设法避免变更。比如丰田公司就一直追求所谓的"零"变更，将"零"变更作为公司精益化研发的重要因素。为什么要追求"零"变更呢？丰田公司认为：变更会导致开发周期延长、成本增加；变更会导致产品质量不"完美"，因为变更是在"打补丁"，得到的是一个将就的方案，而不是一个"完美"的方案；变更是公司一种严重的浪费行为……为了贯彻"零"变更理念，丰田公司采取了一系列措施，其中包括以下三方面。

1）多方案并行工程策略。多方案并行工程是针对单方案迭代的设计方法而言的。在车企都是用单方案进行迭代改进时，丰田公司在车型开发中尊奉的是多方案并行工程的设计思想。所谓多方案并行工程，是指在最初开始设计时即设计出多套方案，经过跨部门（特别是作为同步工程的生产工程师）反复"研讨"（Kentou）、激烈碰撞之后，遴选出最终方案的过程。这一过程保证了设计方案的"杰出"，消除了绝大多数后续变更的隐患。在多方案并行工程中，丰田公司流程并不注重单个零件设计的快速完成，而是关注设计完成之前零件设计方案在系统中的影响，即注重零件设计完成之前的系统兼容性。这是该公司工程变更数量极低的关键因素之一。

2）强调同步工程师的作用，并赋予了同步工程师一系列的权限——最重要的同步工程师是作为制造领域全职代表的生产工程师。只有优秀的生产工程师才能被指派到模块开发团队中充当同步工程师。同步工程师介入时点非常早（不论是车型开发还是变更），在研讨（Kentou）的早期阶段就开始介入。同步工程师作为首席制造工程师，在带领大家开发产品的整个流程中，全权负责特定的一系列零件。这一做法有利于消除传统产品开发中由于部门之间的壁垒而导致的交接问题及浪费。同步工程师对实现投资和可变成本目标负责，包括零件成本和工装成本等。这是成功实现精益制造的开端。

3）大力推行标准化。标准都是经验和经过验证的事实的总结，而不是标准化部门的空想。工程检查清单在该公司的设计活动、同步工程活动中起到了极其重要的作用，是标准化的重要组成部分。工程检查清单是资深工程师经验教训的总结，实际上是一个知识库，起到知识传承的作用。并且这些工程检查清单会嵌入到设计、协同平台中，成为工程师日常工作的一部分。

我国车企很难做到丰田公司这样的精益化研发。但设计控制工作前移却是部分车企目前正在开展的工作，以提高"一次设计对"的比率。图 6-8 所示是某车企在这方面的实践。

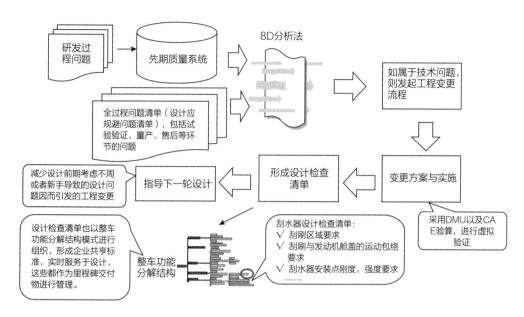

图6-8 设计控制工作前移

图6-8中，将问题管理、变更管理与知识管理融为一体，通过标准化的8D分析法对问题进行充分分析，在落实成为工程变更单时，同时根据问题分析形成设计检查清单。设计检查清单依托企业标准整车功能分解结构进行管理，便于检索，以方便指导下一轮设计，或者指导新设计工程师开展设计工作。8D分析法是汽车行业一种标准的分析问题的方法，一般将分析问题的过程分解为成立改善小组、描述问题、实施即确认暂时性对策、原因分析及验证真因、选定及确认长期改善行动对策、改善问题并确认最终效果、预防再发生及标准化以及肯定小组贡献八个标准步骤。

该车企正是通过问题分析并标准化成为知识和设计规范，从而尽可能在早期阶段避免问题的产生，从源头上减少设计变更的发生。

四、 高效的变更评审机制

变更流程的效率一直是很多车企头痛的问题，其关键在变更评审的质量和效率上。需要达到高质量、高效率的变更评审，以下两点是基础。

1) 变更方案的高质量：变更方案如果定义过粗，各业务领域的影响识别不全面、不准确，变更的成本也难以估算，实际上很难起到评审的效果，这一点不言而喻。

2) 建立高效率的变更评审会议机制：最高效的沟通是面对面的沟通，特别是涉及多方且针对一个复杂问题的时候。因为只有这样，才能最大可能地确保信息对称。一个高效的企业，系统中的流程只是记录各方一致认同的结果，而在此之前，流程各方已经达成了一致。而一个低效的企业，会利用电子审批流程来吵架，将线下的吵架线上化。这是毫无意义的。

五、 建立变更 KPI 评价体系

建立变更 KPI 评价体系的意义在于：便于企业分析当前变更管理的健康状况，分析哪些地方可以改善，因而采取对症下药的措施进行改善。基于这个目的，变更 KPI 评价体系应该是：

1）不同阶段重点不同。企业在持续改进，不同发展阶段主要矛盾不同，因而必须设定与之相应的 KPI 指标来解决问题。

2）设定了 KPI 之后，应该有相应的获得该 KPI 评价的客观数据支撑。KPI 不是越多越好，定义了 KPI 却无法用客观数据来支持 KPI 评价，只会削弱整个 KPI 评价体系。

第七章
企业级 BOM 在各业务领域的应用 ///

一、 车辆投产过程中经常遇到的问题

整车开发过程中，从工程样车开始就进入了实物造车阶段，再经历预试生产、试生产等阶段，最后进入量产。进入实物造车阶段，最重要的是需要筹措生产该辆车的所有物料。一辆车是不是能够按照计划的投产日期投产，往往取决于该车辆1500～3000 个的零部件是否准备完成。在这个过程中，通常会产生很多问题，典型的问题包括以下三方面。

（一）投产日期难以控制

整车开发项目非常复杂，其复杂性在于每个零部件开发都不是一件简单的事情，都是以一个项目的方式在运作。因此，一个车型的投产控制完全取决于该车型所涉及的几百甚至上千个零部件（新开发的装车零部件）开发项目，其开发的进度以及质量都将直接决定车型投产日期。

首先，由于不同零部件对整车开发阶段的影响不同，同时，不同零部件由于复杂程度不同，开发周期也不同，不可能对几百甚至上千个零部件开发项目按照整齐划一的方式进行管理。每个零部件项目从零部件的技术规格的确定、商务过程到 APQP 的正式启动、交样、PPAP 认可等过程，都是一套复杂的管理过程。就整车开发角度而言，只能规定整车开发的哪些节点零部件必须要达到什么状态，比如量产前要达到100% 的 PPAP 认可，但各个零部件什么时候达到什么状态则是在整车开发项目计划指导之下各个零部件开发项目的事情。其次，零部件开发项目涉及的参与方较多，从提供零部件技术规格要求的研发工程师，到负责零部件寻源定点的采购工程师，再到负

责零部件质量的质量工程师，最后到负责零部件最终落实的物流工程师等都参与其中，而这些工程师工作的每一个环节，几乎都要与零部件供应商进行大量的沟通。零部件供应商作为零部件开发与制造的主体，同样涉及研发、质量、制造等相关环节人员的参与。第三，变更对于零部件开发项目的影响也特别大。我们知道，在整车开发项目中，变更是常有的事情。但这些设计变更往往会直接影响到零部件开发的计划，如果没有很好的管理手段，那么整车的投产必然受到较大影响。

正是由于整车开发过程中零部件数量大，新零部件开发项目多，在缺乏有效管理机制下，将会导致零部件开发的进度和质量严重影响整车投产计划。这是车企普遍存在的问题。

（二）部门之间数据传递不准确

整车开发项目是多个部门协作的结果，上游业务部门产生的数据服务于下游业务部门，形成下游业务部门开展工作的基础。道理非常简单，但由于项目执行过程中涉及的零件多、数据多，要做到这些数据在产生部门和需求部门之间准确传递并不容易。

在这些车型项目数据中，首当其冲的是项目需要跟踪的零件清单。上面谈到，车型项目的投产很大程度上取决于该车型下各零件（特别是装车专用件）的准备状态。因此，各个业务部门需要围绕这一零件清单开展工作，包括计划制订和状态检查等。研发部门、采购部门、供应商质量部门及物流部门等不同的部门都需要有这份清单。但由于工程变更可能时刻发生，这份清单是动态变化的。各个业务部门往往都有一份清单，但不同业务部门所拥有的清单由于来源、产生方式和跟踪方式的不同而最终不尽相同。这就产生了信息不对称，从而有可能在整个车型项目执行过程中产生沟通问题以及计划的延误或工作的浪费等。

零部件技术规格要求文件和数模、图样等数据及版本在研发、采购、供应商以及其他相关部门的传递也经常出问题。一个零部件从最初的概念到达到量产状态，经历过多次发布，是一个不断变更、不断成熟的过程。采购作为研发和供应商的中间环节，其报价以及商务过程都要依赖这些信息进行，从最初的定厂定价到最终量产，需要及时跟踪这些变化确保主机厂的利益。另外，由于零部件在开发过程中不论是技术规格文件还是数模、图样等设计文件，都会产生多个版本，供应商提供的样件或正式量产件对应的技术规格文件及数模、图样分别是什么版本代表了这个零部件准确的技术状态。这个技术状态的准确传递以及与实物的对应也是比较突出的问题。

此外，零部件价格信息的传递也困难重重。价格信息是财务进行成本核算的基础，但由于零部件价格信息往往分散在各采购员手中，不能及时准确地传递到需求部门，造成成本分析和财务核算等工作的困难与滞后也是非常普遍的问题。

总之，在整车开发过程中，特别是在工程发布之后，整车开发的绝大多数活动都是围绕着这个车型的零部件清单展开的，每个零部件都有大量的数据在不同的业务部门产生、被不同的业务部门使用。这些数据往往因为过于分散、缺乏统一管理及合理分享机制而导致难以满足使用部门的要求，造成工作的延误甚至导致严重的质量问题。

（三）部门之间的工作协调困难

零部件开发是一个多部门协作的过程，每个业务部门负责零部件不同方面的工作，但这些工作的结果又会对其他业务部门的工作产生影响。当上游业务部门的工作状态不能及时反馈到下游业务部门时，计划的执行就变得非常困难。那么，从整车开发角度而言，围绕着零部件会产生哪些工作呢？

当确定零部件被采用到车型项目时，首先要确定零部件的开发策略。所谓开发策略，即指零部件是沿用、新开发还是沿用修改。这是以设计工程师、BOM 工程师为主导的活动。在此基础上，基于公司的工艺制造资源、供应商资源确定零件的自制、外购策略以及采购级别。通过这两个活动，基本锁定了零件在项目中是否需要跟踪以及以何种方式进行跟踪。

对于设计而言，负责零部件技术规格要求开发及零部件软模、硬模状态发布等。这些活动的状态，直接决定了采购工程师和供应商的相关活动。

采购工程师接到采购需求之后，进行潜在供应商选择、招投标、询报价以及定厂定价等活动。采购需求除了依赖于研发给出的零部件技术规格要求之外，还需要质量工程师提供的质量规格要求，以及市场等部门提供的产品预测作为零部件报价产量计算的依据。而采购工作，特别是定厂定价工作，又是能否启动零部件开发的基础。

对于零部件质量工程师，负责的是整个 APQP 过程，从 APQP 启动到 PPAP 认可，中间有十多个重要节点需要跟踪，各种供应商交付件需要确认、各种认可流程需要评审、批准。这些活动直接决定该零部件是否可以用于装车。

样车试制过程中，对于同一个零件，在不同时候试制，需要确认零件的状态，根据状态确定是否需要替代件，以及零件/替代件的到货时间等。

零件在各阶段交样、试装直到量产的过程，都需要物流工程师做大量工作。

不仅如此，上述各个部门开展各项活动的任何时刻，都有可能发生变更。各个业务部门更是需要知道有哪些变更发生了、处于什么状态，以便采取相应的措施。

上述的这些工作相互影响、相互牵制，使得相关业务部门需要以一种相当简明的方式了解到其他业务部门的工作状态，这样，各工作任务才能得以比较顺利的推进，而不至于由于信息不对称而相互等待，影响整个计划的执行。但现实状况往往不尽人意，部门之间严重缺乏沟通，导致各种活动无法顺利进行，部门之间相互抱怨、相互扯皮的事情时有发生。

以上三方面仅仅是对非常典型、非常突出的普遍性问题进行了大致描述。实践中，相信还有更多类似的问题。很多车企都是带着这些问题日复一日痛苦地运转。

既然整车开发过程围绕着零部件存在着大量的跨业务部门沟通、协调问题，并且这些问题都直接影响到了整车投产的时间以及质量，那么就应该建立起以一种以零部件为核心的协同机制，致力于解决这些问题。在这种背景下，零件俱乐部的方案被提了出来。

二、 汽车行业中的零件俱乐部

根据词典的定义，俱乐部是指进行社会交际、文化娱乐等活动的团体和场所。汽车行业借用俱乐部这个词来表达一种基于零件的跨部门的协作工作模式，可谓非常形象。我们可以从俱乐部的词典释义中抽出三个关键词来谈谈零件俱乐部的含义：交际、团体、场所。交际强调的是人与人之间的交流，俱乐部是将一群有着相同兴趣、爱好或者有着相同目的的人组织在一起进行交流。零件俱乐部就是将一群面向整车投产的人组织在一起，充分沟通当前各项业务的状况，充分了解对方的工作状态，以达到对整个项目状况的充分掌握，避免由于信息不对称而导致的进度、质量问题。团体，代表了一定的组织，尽管这个组织可能是虚拟的、松散的。零件俱乐部同样如此，是将跨部门的人员组成一个临时的虚拟团队，定期举行活动（同步零部件项目状态的会议）。场所，即一个共同活动的、固定的地方。对于零件俱乐部而言，就是有一个零件俱乐部管理平台，大家基于这个平台进行信息同步、信息获取。

从上述描述可知，汽车行业的零件俱乐部实质上是一种项目管理的方式。

（一）整车开发项目管理

项目管理的概念、管理的内容以及管理方式等都是大家熟知的知识，整车开发流程在汽车行业也非常成熟，在此不针对这些内容展开讨论。这里仅就零件俱乐部相关的整车开发项目计划管理略做说明。

首先谈谈整车开发项目计划的层次。整车开发是一项复杂的、技术密集型的工作，需要一整套基于整车开发流程的、科学的计划来指导各项工作的推进。整车开发项目计划的复杂性在于：首先，整车开发周期长，通常需要两三年时间；其次，整车开发涉及产品策划、市场、产品研发、采购、工艺制造、生产物流和销售售后等各个业务领域上千人，以及几百家外部零部件供应商参与。这么长的周期、这么多人员参与，决定了整车开发计划不是简单的、一开始就可以定义清楚的，而是一个层层分解的计划。一般而言，整车开发计划按照分解层级可分为战略计划、一级计划、二级计划、三级计划等不同层级。战略计划主要是从宏观层面制订项目整合管理计划；一级计划则主要侧重在造型开发计划、产品技术开发计划、产品性能开发与验证计划、产品工艺工装开发计划、产品试制与生产计划以及产品质量计划等；二级计划则是指白车身系统集成开发计划、底盘系统集成开发计划、内外饰系统集成开发计划和电子电器系统集成开发计划等；三级计划是一般落实到零件层级的开发计划。可以看出，整车开发计划层层分解，最终靠零部件来落地。离开零部件，整个计划都无法实现。特别是落实到各业务部门，比如采购部门和零部件开发质量部门，更是以零部件为核心来制订采购寻源定点计划以及 APQP 计划。从不同层级的计划来看，我们可以看到，越宏观的计划，跟踪、同步越容易；越到零部件层级的计划，由于数量庞杂、动态性较强，越不容易跟踪。

接下来我们来看一下整车开发不同阶段项目管理是否表现出不同的管理侧重点。

从整车开发过程来看，有一个明显的分界点，使得整车开发相关活动的管理方式有明显的不同。这个分界点就是零部件的开模。在零部件开模之前，可以说没有实物发生，整车开发的主要交付件还停留在电子交付物层面；但零部件开模后则涉及较大的成本投入，因此开模之后的管控方式涉及更多人员之间的沟通、协作，需要更严格。从项目管理的角度来讲，前段的产品研发、设计过程更侧重于对电子交付物的管理，采用 PDM/PLM 平台作为项目管理平台是非常合适的。但一旦整车开发进入某个时点，即设计基本达到一定的成熟度，从零部件而言进入开模（特别是开硬模），从整车而言进入工程发布之后，那么项目管理的侧重点就不能以电子交付物为主，而是要以零部件实物为主线进行跨业务领域的全面跟踪。同时，当项目管理转入以零部件实物为主线进行管理时，PDM/PLM 平台就显得力不从心了。这就是在整车厂比较少看到一个项目管理平台可以管理从产品策划到量产全过程的原因。

综合以上分析可以得到一个结论：整车开发项目管理最终需要落实到零部件管理层面；同时，设计达到一定成熟度之后，特别是工程发布之后，以零部件实物为主线的跨部门协同成为项目管理最核心、难度最大的内容，需要有与这个阶段的管理特征非常贴合的项目管理方式。

汽车行业零件俱乐部正是基于这样的背景、需求而产生的，是为了解决特别是整车开发进入工程发布之后各业务部门围绕零部件的诸多沟通、协作问题而建立起来的一整套组织形式以及系统平台，以达到尽可能消除信息不对称、以一种高效的模式推进整车投产的目的。

（二）零件俱乐部的组织及运作模式

整车开发一般采用项目组织和专业组织相结合的矩阵式管理模式。零件俱乐部的组织模式采用的也是这种矩阵模式，以便在各司其职的前提下，进行跨部门之间的充分协作。典型的零件俱乐部组织架构如图 7－1 所示。

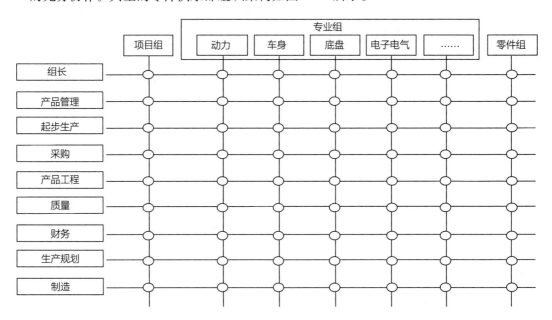

图 7－1　典型的零件俱乐部组织架构

每个车型开发项目都有一套组织结构。一般车企，特别是日系车企、德系车企，对于产品经理都会有比较大的授权。各专业组的组长由产品经理进行指定，各专业组组长及若干组员加入整车开发项目组。在具体的业务运行中，产品经理与各专业组长进行定期沟通，各专业组长也会与组员进行定期沟通，解决专业组内部的问题。

同样，对于零件组也有相应的组长。这一角色一般由采购、物流部门的人员担任。

产品管理部门是一个直接向公司执行委员会汇报的部门，一般主导新车型项目开发，负责车型项目的定义、总体协调、计划的制订以及监控等工作。工程样车、试生产和量产等环节都是产品管理部门需要重点跟踪的计划节点。

　　某些车企会设立专门的起步生产部门，以负责车型项目从起步生产到量产后三个月这一阶段的项目管理工作，其具体工作包括试生产/起步生产等计划编制、工作平台搭建、跟踪项目状态、协调产品工程、物流、生产制造等各部门工作，解决相关问题等。但这个部门一般只负责这一阶段的工作，整个车型全生命周期的管理还是由产品管理部门负责。在车型项目起步生产之前，起步生产部门不参与零件俱乐部的相关活动中，只有当产品管理部门将权限移交至起步生产部门之后，起步生产部门才取代产品管理部门的角色，领导、协调项目专业组成员，跟踪汇报项目的进度状态，并且根据状况进行计划调整。

　　采购部门主要负责车型项目外购专用件的采购。在整车开发定点环节，采购部门需要提供零件定点计划及实际定点实践、定点供应商等信息，并在定点之后，对项目零件进行跟踪。

　　零件定点之后，采购部门将组织产品工程、质保和供应商等各方召开零件项目启动会议（美系车企一般叫 APQP 启动会议），在会上确定供应商零件开发各重要节点计划，包括各阶段交样计划时间等。产品工程、质保以及供应商等都需要按照这个计划执行，并反馈相应信息到零件俱乐部。如产品工程负责反馈实际的 OTS 交样时间，质保部门负责反馈实际的首批样件送样时间等。

　　在图 7-1 所示组织架构中，还有一个与零件俱乐部关系非常密切的部门就是生产物流部门。这个部门通常负责零件俱乐部的相关组织协调工作。车型工程 BOM 发布之后，并不是工程 BOM 上所有零部件都要进入零件俱乐部进行跟踪，而只是与装车以及物流密切相关的零部件以及部分散件需要跟踪。在某些车企，由生产物流部门协调产品工程、采购等部门一起基于工程 BOM 制定车型项目零件清单。

　　零件俱乐部一般由生产物流部门定期（例如每周）组织俱乐部成员召开零件俱乐部会议，针对项目零件清单，研讨零件清单的变化、协商制订新零件的时间计划、跟踪其他零部件的计划进度、识别/分析影响项目进度的相关问题、对问题任务分配任务责任部门或责任人、确认相关零件偏差等。在零件俱乐部会议召开之后，各个部门的专业负责人将相关问题/任务带回各自部门，推进责任工程师对相关任务/问题的解决，以确保各零部件相关工作按时完成，进而确保项目的整体进度。

三、 零件俱乐部与 BOM 的关系

　　前面论及零件俱乐部与 BOM 的关系，谈到零件俱乐部是基于 BOM 的应用。在此对这个话题稍微展开进行说明。

　　由前面的论述可知，零件俱乐部对于车型项目管理有两个关键部分：第一部分

是确定哪些零部件要纳入零件俱乐部进行跟踪；第二部分是针对这些零部件要管理哪些活动、哪些状态。

一个车型项目在为投产进行准备时，要跟踪哪些零部件呢？显然不是设计部门所涉及的零件都要进行跟踪，即并非工程 BOM 上的所有零部件都需要进行跟踪。比如一般供货级别以下的零部件因为是随着总成进入 BOM 的，如没有特殊要求（如二级供货等要求），则是不需要进行跟踪的。也就是说，零件俱乐部所跟踪的车型项目零件清单与工程 BOM 并不等价，而只是工程 BOM 中的装车件以及其他物流跟踪件。这份零件清单是在工程 BOM 的基础上，由物流、采购、产品工程等业务部门一起决定的一份在车型项目投产过程中需要跟踪的零件清单。在整车开发过程中，每天都有可能发生设计变更。这些设计变更首先发生在工程 BOM 上，然后由工程 BOM 准确地传递到零件俱乐部跟踪的零部件清单。

BOM 作为一种特殊的产品主数据，负责的是对产品开发各阶段进行准确的产品定义，但并不管理具体的业务。零部件要管理哪些活动、哪些状态，则由各个业务部门具体的业务来驱动。比如零部件在采购业务领域，由寻源定点等一系列流程决定其活动与状态；在供应商质量业务领域，由 APQP 一系列流程决定其活动与状态等。这些都是具体的业务。因此，零件俱乐部的第二部分关键信息，即零部件要管理哪些活动以及哪些状态，则是通过零件项目管理的方式进行跟踪，而不是通过产品主数据进行跟踪，这是很显然的道理。这也是一般不直接基于 BOM 开展零件俱乐部相关活动，或者不直接在 BOM 系统中管理零件俱乐部相关内容的原因。

从以上 BOM 应用方式的讨论，可以对以下两方面内容有更深体会。

第一是 BOM 的扁平化问题。汽车行业为什么会提倡 BOM 扁平化？为什么工程 BOM 以面向制造的工程发布方式构建最为高效？从零件俱乐部的应用我们可以清楚地看出，扁平化的、面向制造的工程发布方式的工程 BOM 与零件俱乐部所跟踪的车型项目零件清单的匹配度最高，二者之间的一致性最容易保证，特别是在大量变更发生的情况下，其优势越发明显。反之，如果工程 BOM 是层级非常深的结构，其中夹杂大量各个业务部门所不关注的内容，则这种运作方式的效率将明显降低。

第二是合件，特别是委托外协合件的职责问题，即合件到底应该是在研发端就定义好，还是放到后面制造端来定义。在我国车企，这也是一个经常争论不休的问题。根据零件俱乐部零件清单产生方式很容易看到，如果工程 BOM 上不体现这些合件，那么，在产生车型项目零件清单时，需要从另外的途径将这些合件补充进来。这样，整个运营的效率也将受到影响，特别是在大量设计变更发生的情况下。

第二节　全生命周期成本管理

成本管理对车企的重要性是不言而喻的。一方面，汽车市场是一个充分竞争的市场，处于一定竞争区间的车型，价格无疑对于车型的竞争力有着巨大影响，促使车企必须通过控制成本达到在有竞争力的价格前提之下的产品盈利。另一方面，原材料、劳动力成本在不断上涨，如何保证在原材料、劳动力成本上涨的情况下产品价格的竞争力以及盈利水平，对车企是一个巨大挑战。然而，这两方面还仅仅是传统的成本方面的压力。除此之外，在我国汽车行业的转型阶段，车企还面临着更大挑战，概括起来，包括以下三方面。

首先，中国汽车市场将更为开放。2018 年放开合资车企的中外方股比、允许外方独资等政策就是市场更为开放的具体措施。更为开放意味着市场竞争更为激烈，国外有着成熟成本管理体系的竞争者将更为直接地参与到这个市场上来。过去在国家外贸政策保护之下，不大关注成本而能够盈利，甚至活得很好的日子将一去不返。

其次，对于我国蓬勃发展的新能源车企而言，国家补贴政策大大降低了整车单车成本的压力。也就意味着，在庞大的新能源产业链中，在一开始就是从一个成本的舒适区切入的。但自古由俭入奢易、由奢入俭难，当补贴政策退坡时，如何使单车成本的降幅达到国家补贴的每辆车上万甚至几万的水平，将是一个巨大的挑战。

再次，从长远来看，在车企面向智能制造、大规模个性化定制这种业务模式下，由于订单的动态性非常强，靠库存驱动的大批量生产的成本优势不复存在。

我国车企过去在成本管理方面主要是后期的成本核算方面的管理，对策划阶段和设计阶段的管理还远远不够。在此强调全生命周期成本管理，主要是强调在产品策划阶段和产品设计阶段的成本管理。

在整车成本管理过程中，大量环节需要用到 BOM 数据。因此，成本管理也是 BOM 的一个重要的应用。本节将从目前我国车企在成本管理方面面临的困境及其原因分析、面向成本的设计、成本管理和 BOM 的关系等方面进行简要论述。

一、车企成本管理面临的困境

虽然意识到了成本管理的重要性，但我国车企在成本管理上一直存在许多痛点。具体表现在：在车型开发前期，进行目标成本制订以及零部件成本估算比较困难，缺乏权威性；成本管理偏于后期核算，比较缺乏前期策划及分析工作；量产实际成本与规划阶段的目标成本偏差较大；与成本密切相关的产品设计工程师、成本分析人员、财务人员、采购人员之间协作不紧密，难以围绕如何降成本形成一个良性的工作模式；成本观念难以融入工程师的日常工作中，设计工程师对于成本的概念还比较薄弱；零部件产品的功能价值与成本时有错位，过度的功能或者性能设计造成的成本浪费难以识别；设计变更发生时难以准确评估成本；缺少降成本手段，主要采用逼迫供应商降价这样简单粗暴的手段，带来较多质量及其他方面的问题；成本核算与跟踪手工作业较多，工作效率低下，缺乏透明度等。

以上这些现象，归根结底可以归纳为两方面的根本问题，即缺乏成建制的成本分析专业团队、专业人才的问题以及缺乏成本分析所必要的支撑数据的问题。

（一）缺乏成建制的成本分析专业团队和专业人才

早在 20 世纪 40 年代，国外一些大型制造公司就已经开始考虑产品价值与成本的关系，针对产品进行价值管理。但就成本管理而言，仍然是阶段化的，缺乏产品全生命周期统一考虑。如财务部门对于产品成本的核算、采购部门在招投标过程中对成本的分析以及所采取的降成本措施等，从团队、业务之间的衔接等来看，缺乏相对独立的、统一的考虑。自 20 世纪 90 年代开始，随着对成本的理解进一步深入，特别是认识到控制成本的关键在产品概念、设计阶段，国际大车企开始从产品全生周期的角度对成本进行分析、管理，并且成立独立的、贯穿产品全过程的成本工程部门，以确保成本分析的专业性、权威性。

成本工程是在产品概念、研发阶段即介入，针对产品进行设计、工艺等方面的优化，在设计早期就将成本作为产品的一个重要参数加以考虑，从而保证产品在上市之后的盈利能力。要达到有效控制成本的目的，成本人员就必须充分参与到整车开发过程中。如福特汽车公司著名的四人小组工作模式，即设计工程师、成本估算师、采购员、研发财务控制人员四个角色密切配合，共同管理好产品功能、成本、质量之间的平衡，就是一种非常典型、有效的工作模式。在这种模式下，专业的成本估算师非常重要。在早期策划阶段，成本估算师起到协助预算控制人员制订合理预算、提供产品成本参考数据，并协助产品小组制订合理成本目标的作用；在寻源定点阶段，成本估算师起到输出成本估算数据以指导寻源定点工作、协助采购员分析供应商报价及商务谈判等作用；在生产准备阶段，成本估算师参与到设计变更评估工作中来，对设计变更进行成本估算，指导价格变更工作；在量产成本改善阶段，成本估算师协助采购员分析降成本空间及降成本机会，参与其他成本改善工作，如对标车型拆解工作等。

从成本估算师的这些工作可以看出，成本估算师所需要的专业技能是多方面的，绝不是算算账那么简单。首先，成本估算师需要汽车工程专业知识，懂汽车设计；其次，制造工艺也是影响成本的关键要素，因此成本估算师也需要懂制造工艺方面的知识；第三，每个零件的成本都可以按照原材料、加工工艺、物流费用以及各种成本分摊等进行成本分解，成本估算师必须有成本结构方面的知识才能对成本进行深入分析。同时，因为成本的范畴既跨专业也跨学科，成本估算师还需要拥有较强的跨部门协调能力，积极有效地深入了解客户需求，协调产品工程、采购、质量等各部门的工作，推动成本优化工作的高效展开。正因如此，国外许多车企都是具有非常丰富的产品设计经验的设计师，经过工艺制造、采购、成本方面的培训，或实际工作历练，最后转而成为成本估算师。

相对于国际车企 20 世纪 90 年代就已经开始的成本工程，国内车企则刚刚起步。成本工程的概念还远未普及、达到深入人心的程度。专业团队和一套成体系的运作模式则是目前我国车企成本管理的最大短板。由于缺乏真正能够胜任成本分析工作的成本估算师，成本分析的专业性、中立性和权威性都大打折扣，往往目标的制订者和成本优化的执行者混为一体，出现既充当裁判员又充当运动员的情况。成本的相关工作仍然散落在财务和采购等业务部门，缺乏全过程考虑，并且偏向事后统计。

（二）缺乏成本分析所必要的支撑数据

对整车进行成本管理，首先需要的是 BOM 数据。特别是在整车开发的早期以及设计阶段，零部件目标成本分解、成本估算以及成本目标在各系统、子系统、模块以及零部件层面的达成，都需要一份质量相对较高的 BOM 数据支持。很多车企由于各方面的原因，BOM 产生的时点比较晚，质量也不高，往往难以满足成本分析的要求。特别是在车型开发早期以及设计阶段，当变更发生时，由于缺乏有效的手段将变更准确、高效地传递到成本等相关人员手中，BOM 的可用性大大降低，也会影响到成本管理、成本分析工作的展开。

成本分析的另一大支撑数据是成本基础数据。这些成本基础数据包括以下四个方面。

1）原材料的成本信息：如各种铸件、板材、管材、型材以及塑胶件等的成本信息。

2）机器设备信息：包括机器设备小时费率等与成本计算密切相关的信息。

3）加工工艺成本信息：如注塑、压铸、锻造、机加工、各种装配、热处理、表面处理、检验等工艺成本信息。

4）劳动力工资水平、地区经济指标、物流指标、运输成本等。

这些基础数据的来源，一方面可以依赖于第三方提供，另一方面也来源于企业自身的积累。目前我国还缺乏第三方提供的适合于我国企业可应用的成本基础数据，因此企业自身对这些数据的积累就显得特别重要。

二、 建立与车型正向开发相匹配的成本管理模式

车型正向开发强调在产品开发早期做好成本策划工作，以及伴随着整车开发过程不断做好成本确认、成本控制以及成本改善工作。

（一）成本策划及目标成本制订

谈到成本策划，首先需要对目标成本管理方法进行简要说明。众所周知，在汽车行业，丰田汽车在精益化生产和产品精益化研发等方面都具有引领行业的先进理念和实践，在成本管理领域也不例外。目标成本管理方法正是丰田汽车在其不断实践基础上总结而成的一套对企业盈利以及成本管理具有战略意义的方法。

为什么说具有战略意义呢？对于一个研发型企业，尤其处于汽车行业这样一个成熟的市场，不能由汽车产品的成本决定其竞争区间，而应该是由产品的竞争定位来决定其成本。这就决定了汽车行业不能按照产品成本加盈利进行产品定价，而应该反过来，根据产品的竞争定位决定具有竞争力的价格，在此基础上减去公司期望的盈利，得到整车产品的目标成本。

"目标"这个词就表达了它不是自然而然、什么都不做就可以达到的，而是要采取一定的措施、方法，不断追求才能逼近。而产品本身就决定了其成本构成（原材料、工艺等都直接与产品相关），因此一定要在产品形成之前就要考虑如何达到成本目标，要将成本作为一个设计参数贯彻到设计工程师的日常工作中，从而将事后反馈模式转变成为事前反馈模式。

制订整车成本目标是成本策划的起点。如上所述，通过价格引导整车目标成本的制订，形成自上而下的对整车各子系统、模块和零部件进行成本分解的重要输入。当然，正如本章第一节所述，要将整车成本目标分解下去，BOM 也是必要的、关键的输入信息。

落实到零部件上的成本目标是否合理，这是一个需要反复探讨、评估的过程。对于重要零部件、对成本影响较大的零部件，一般需要引入一些概念设计的方法、工具以有效评估成本。如部分车企采用的"概念设计分析表"（Design Concept Sheet，DCS）以协助进行面向成本的设计工作。在这种方法中，首先需要在需求的

基础上，针对参考原型考虑新零部件/子系统在哪些方面会有变化。这些变化的层面包括尺寸、性能、功能、材料和集成接口等。确定了这些变更项之后，基于变更类别进行成本评估，从而得到较为准确的预估成本。在这个评估过程中，参考车型成本、企业内部的成本基础数据库以及外部对标车型的成本都是重要的输入。

上文提到，成本管理涉及产品设计、成本估算、财务、采购等业务部门，甚至涉及供应商。采用概念设计分析表的好处是使得这一成本分析过程可视化，便于这些部门之间的交流、探讨。同时，经过这样的过程，零部件的技术规格定义才会比较完善，从而为采购需求包的定义提供了高质量的输入。

（二）成本持续评估与确认

零部件的目标成本作为一种成本约束，指导零部件的设计及采购。以下就采购业务进行讨论。

上面说到，零部件概念设计之后，即形成零部件技术规格，用于采购需求包的定义。采购业务部门基于采购需求包形成零部件具体采购任务，进行潜在供应商选择、评估，并进行询报价工作。在此过程中，成本分析人员需要通过一定的方法进行成本分析，帮助采购员在询报价过程和采购谈判过程中对于零部件成本有相对客观的评估。成本分析方法有多种，其中比较准确的是零部件零基准成本分析法。零基准成本分析法是一种自底而上的方法，按照零部件结构、各道加工工艺以及其他相关信息进行各项成本评估，最终得到零部件的成本。在此过程中，企业的成本基础数据库将起到重要作用。

寻源定点过程中，成本分析正向支持采购报价分析以及最终的定厂定价。同时，这个过程也是对零部件目标成本的反馈、调整、确认过程。当存在偏差时，需要及时采取措施（包括修改设计、采用有针对性的采购策略等），以确保整车目标成本得到保证。

对于一个整车开发项目，需要采购的零部件数量非常之多，不同的零部件寻源定点的进度不同，因此在整车开发的某个时刻，往往既存在一些零部件还没有定点价格，又存在一些零部件已经完成寻源定点并且有定点价格的状况。而此时此刻，对于整车或者某个子系统的成本估算就要考虑整车或者子系统下面不同零部件的状态，如对于已经完成寻源定点的零部件，就需要将定点价格考虑进来，以分析这个时刻在零部件层面、子系统层面、整车层面的成本是否超出目标。

（三）控制工程变更导致的整车成本增加

零部件从寻源定点到最终量产，一般还有一段比较长的时间。在此过程中，将可能有工程变更发生。特别是当变更发生较多时，有可能使得最终的成本超出目标。

我国部分车企为了更好地控制整车开发过程中的成本，对标日本和欧美等车企，由车型项目总监在整车开发之初就制定变更总成本指标，用以控制后续变更导致的成本上升。变更总成本指标将分解到各专业，以考核、限制后续变更。

每个工程变更，都需要考虑对成本的影响，包括对单件成本的影响和对整车成本的影响。管理比较规范的车企，一般都以对成本的影响程度来决定走什么级别的变更流程。如影响单件成本在 5 元人民币以上或者影响整车投资成本在 10 万元人民币以上的是一套变更审批流程，在此之下的是另外一套变更流程。要执行上述策略，一个前提条件是变更的成本评估要相对准确，否则这种流程规范的可执行性就比较差。

工程变更需要与供应商进行沟通，确认成本变化，并通过价格变更流程更新零部件成本台账。

（四）成本的持续优化

量产之后即面临着成本改善的课题。与新车型开发项目类似，首先制定整车总体降成本指标，然后将这些指标分解下去。

量产之后到成本改善一般有两条路径：第一，通过采购年降流程实现降成本目标；第二，通过工程变更实现降成本目标。

第一个途径主要是通过采购与供应商谈判，实现量产之后由于生产稳定以及规模效益而带来的每年一定的零部件成本降幅。这是汽车行业的一个普遍做法。但需要注意的是，年降的做法必须建立在健康稳定的、持续生产达到一定规模的基础之上，建立在对成本的理性分析的基础上；否则，将会严重影响供应链生态。

第二个途径是主动从产品出发寻找降成本的机会，通过工程变更来实现满足功能、性能需求以及质量要求前提下的成本改善。这个过程与成本控制阶段的工程变更处理类似。

三、 支持面向成本设计的成本模型

整车开发过程的成本管理涉及估算成本、目标成本、供应商报价以及实际成本等几个概念。这几个成本概念之间的关系可表述如图 7 - 2 所示。

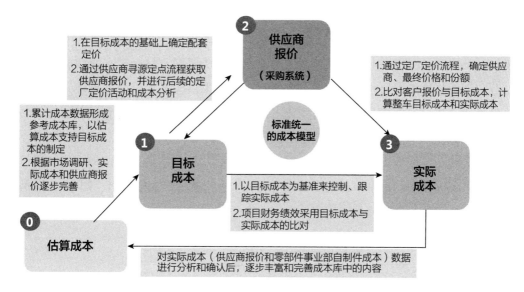

图 7 - 2　各成本概念之间的关系

　　估算成本，顾名思义，就是通过一定的估算方法而得到的零部件成本。如上文所说的零基准成本估算就是汽车行业一种非常普遍、典型的成本估算方式。估算成本可以用于自底而上帮助分配合理的目标成本，可以用于帮助采购员进行供应商报价分析等。

　　目标成本则是为了满足产品盈利要求而对整车、系统、子系统、零部件设定的成本目标。如前文所述，目标成本自顶向下进行分配，但落实到零部件层面，必须有成本估算师基于中立、专业的成本估算的基础上才能制定合理的目标成本。确定了零部件目标成本，后续对实际成本的跟踪、控制必须基于目标成本进行；采购定厂定价也需要依据目标成本；项目的财务绩效以及采购业务绩效都需要基于目标成本与实际成本的比对才具有应有的客观性。

　　在询报价过程中，供应商需要根据自身的情况对报价零部件进行成本评估并针对主机厂报价。主机厂则需要针对多家供应商多轮次的报价进行比对分析和商务谈判。

　　定厂定价流程确定了供应商及合同价格，形成零部件成本台账，此即图 7 - 2 所示的实际成本。后续的成本改善都基于实际成本进行，通过价格变更等流程驱动，形成新的零部件成本台账。零部件实际成本同时对车企的成本基础数据库起到一个修正、丰富的作用。

　　综上所述，这几个成本概念之间存在着千丝万缕、非常密切的联系。而这些密切关系的建立依赖于一个重要条件，那就是不论是估算成本、目标成本、供应商报价还是实际成本，其成本分解的维度和成本分解要素是一致的，即需要采用统一的成本明细分解模式，才能够真正支持成本策划、成本确认、成本跟踪、成本改善相关的各项工作。试想一下，如果估算成本的成本构成要素与目标成本的构成要素不一致，那么估算成本如何指导目标成本制订呢？如果供应商报价又是另外一套成本分解模式，如何将供应商报价与估算成本进行比对找出成本差异进行分析呢？因此，统一、标准化成本模型对于面向成本的设计非常关键。

所谓统一、标准化成本模型，就是要统一上述几种成本的明细结构，以便在整车开发的不同阶段，都可以以同样的维度对成本进行统计、比较分析。图 7 - 3 所示表达了一个汽车行业的典型的成本模型。

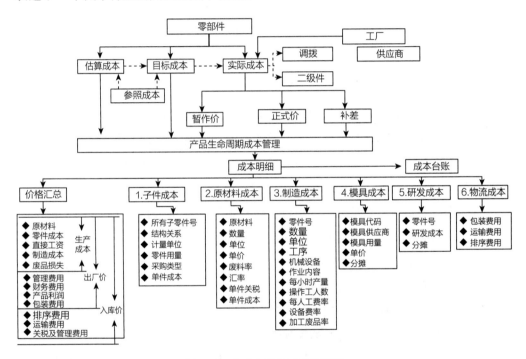

图 7 - 3　汽车行业典型成本模型

在这个成本模型中，实际成本（定点成本）需要结合采购业务进行成本管理，因此成本模型需要反映采购业务特征，包括以下几方面。

1）不同工厂、不同供应商的考虑：同一零部件不同供应商供货，会存在价格差异；供货到不同的制造工厂，由于存在物流费用的差异，也会导致价格方面的差异。因此，对于实际成本而言，从成本模型上需要支持同一零部件针对不同工厂、不同供应商的成本管理。

2）采购策略的考虑：采购业务中，由于各种原因，比如利用主机厂的规模效益降低成本等，对各种二级供应商对零部件有可能采取一些特殊的供货策略，如可由主机厂直接购买送货到一级供应商，或者与二级供应商直接谈判，签订主机厂、一级供应商、二级供应商三方协议等。不同的采购策略将影响到上面总成零部件的成本管理方式。

3）采购业务中往往存在价格一时定不下来而采用暂作价的情况。在这种业务场景中，暂作价与最后的正式价格都需要管理，并且需要进行价格补差处理。成本模型需要支持这一业务场景。

4）同一零部件，采用成本改善措施（如采购年降）等因素，导致在不同时间成本不同。因此，成本模型需要考虑成本的有效时间区域，建立起时间轴上的成本跟踪机制。

上文提到，估算成本、目标成本、实际成本以及供应商报价都需要采用统一的成本明细分解模式。成本明细分解大致包含以下要素。

1）下级子件的成本：零部件本身由一些零件装配而成，这些零部件也有可能是采购件（一级零部件厂商的外购件）或者自制件。

2）原材料成本：制造零部件所用到的原材料，包括板材、涂料和型材等费用。

3）制造成本：加工该零部件的各道工序所占的机器设备费用和人工工时费用等。

4）模具成本：零部件需要开模，模具费用通常很高，需要分摊到零件成本中。

5）研发成本：分摊到零件上的研发费用。

6）物流成本：包装和运输等成本。

四、 全生命周期成本管理与 BOM 的关系

对于整车开发过程的成本管理，无论是在早期的成本策划、设计阶段的成本评估以及量产阶段的成本核算，都需要 BOM 支持。特别是在整车开发早期阶段，之所以 BOM 需要很早构建并发布，很大部分原因是成本、重量分析等的需要。可以说，对于整车成本管理的全过程，体现了对各阶段 BOM 的深入应用。

全生命周期成本管理与 BOM 的关系可以表达如图 7-4 所示。

在产品规划阶段，需要制定整车成本目标，并逐级分解到以下子系统、零部件层级。这是一个自顶向下的目标分解过程和自底向上的成本估算过程的结合。而在研发、试制阶段，伴随着设计以及采购工作的逐步展开，是一个零部件成本目标的不断平衡、确认的过程，需要从整车的角度不断检验各级成本是否在目标范围之内。这就需要有一个从整车角度专门用于成本分析的结构，这就是成本 BOM。

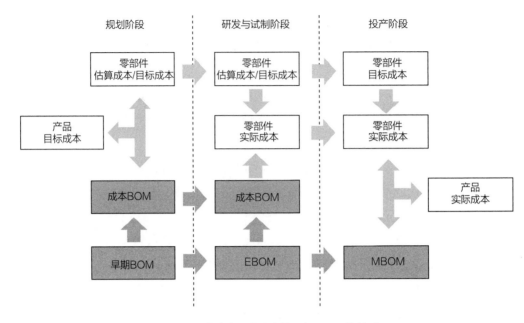

图 7 -4　全生命周期成本管理与 BOM 的关系

　　首先，成本 BOM 必须反映此刻产品的研发状态，这样才能确保此刻对于成本的分析是基于当前的方案。这就要求成本 BOM 与该阶段的 BOM（即早期 BOM 和工程 BOM）同步。当设计有调整而发生变更时，需要通过成本 BOM 及时准确地传递到成本分析相关人员。因此，成本 BOM 一般基于早期 BOM 构建，并随着整车开发的推进，与早期 BOM 和工程 BOM 保持同步。

　　但同时，成本 BOM 与早期 BOM、工程 BOM 又存在一定差异。其中一个显而易见的差异是成本 BOM 所关注的车型与早期 BOM 和工程 BOM 所管理的车型往往是不同的。早期 BOM 和工程 BOM 所管理的车型是面向量产的所有车型及其配置，而成本分析只会抽取其中的典型车型和典型配置进行考虑。成本 BOM 是为整车的成本分析服务的，因此在 BOM 的层级上，可能需要根据成本的统计维度划分一定的层级，这些层级可能并不体现在早期 BOM/工程 BOM 上。

　　总之，成本 BOM 是基于早期 BOM 和工程 BOM 的一种面向整车成本分析的应用，是全生命周期成本管理中极为重要的支撑数据。

　　后续到投产阶段，成本管理重点在成本核算以及对于零部件的成本改善。成本核算一般可以在 ERP 中基于制造 BOM 进行，这是一套非常成熟的方案，在此不再赘述。

第三节　BOM 对新车型开发采购业务的支持

整车厂的采购业务可以分为新车型开发过程中的采购业务以及采购执行。新车型开发过程中的采购业务主要是指先期采购项目管理、寻源定点、采购持续降成本等业务，采购执行则是指采购订单的执行以及收货、发票等一系列事务型业务。本章所讨论的采购业务，专指新车型开发过程中的采购业务。采购执行环节的业务相对比较成熟、固化，并且基本落在 ERP 范畴，因此不在此探讨。

一、新车型开发采购业务概述

新车型开发采购业务是一个以采购为主、同时涉及多个业务部门一起参与的工作。涉及的其他主要的业务部门及业务方包括产品研发、业务规划、零部件质量、供应商以及生产物流等。本节从五条业务主线对整车厂的采购业务进行简要说明。

（一）先期采购项目管理

一个新车型开发项目涉及一两千个零部件要进行采购。且由于涉及的部门多、任务多，部门之间的协作多，因此需要一整套完整的项目管理去规划、跟踪从采购策略到寻源定点执行、零部件开发、采购降成本过程以及试生产全过程。具体说，先期采购项目管理覆盖的业务包括以下内容。

首先，在整车开发项目开始时，需要进行项目先期研究及规划。工作内容包括物料成本预算、模具投资、参考成本及年度价格下降估算、采购策略制订以及报价产量评估等工作，并根据整车开发总进度编制采购的分进度。在这些准备工作的基础上召开包括项目管理、采购、供应商质量和产品工程等各业务部门参加的项目采购启动会议。

采购准备阶段，采购项目管理的工作包括与产品工程沟通确定采购需求包预计发放日期并跟踪发放进度；与生产物流沟通明确包装要求并确保体现在采购需求包中；与供应商质量工程师沟通并确认对供应商的质量要求；确定工程图样等技术文件的预计发放日期并跟踪产品工程落实情况；跟踪、评估产品工程发放采购需求包情况。

在零部件寻源定点阶段，采购项目管理需要制订并跟踪从采购需求包发放到潜在供应商筛选、潜在供应商技术及质量评估、招投标及供应商报价、定点定价全过程的计划；同时需要统计采购成本，包括模具成本，监控采购执行情况；代表采购部门汇总信息并在质量阀上汇报。

在零部件开发阶段，制订零部件开发节点要求，包括时间要求和交付要求，与产品工程、供应商质量以及供应商达成一致，形成完整的零部件开发计划；跟踪零部件开发计划的执行，包括参加相关会议，跟踪各种交付件状态，核查、督促交样，识别、跟踪主要问题和风险，进行供应商质量风险评估与跟踪，及时向采购领导和车型平台领导汇报，协助提出解决方案和后备方案等。

在预试生产阶段，采购项目管理需要与供应商质量工程师、采购工程师以及产品工程师共同讨论、确定减货清单，并得到相关领导批准，提交生产物流执行；跟踪交样情况汇总；了解检具完成情况；跟踪主要问题、及时报警并督促解决；负责质量阀汇报。

在生产件认可阶段，采购项目管理需要提前了解 PPAP 预计完成日期，重点跟踪高风险零部件；跟踪 PPAP 实际完成情况及主要问题和风险；统计 PPAP 等级；负责质量阀汇报。

在试生产阶段及生产阶段，采购项目管理主要负责问题跟踪、报警及督促解决；进行产能调查与统计分析；进行项目经验教训总结；负责质量阀汇报。

（二）寻源定点管理

采购项目管理制订寻源定点计划并发放到产品工程和采购等相关业务单位。产品工程基于寻源定点计划进行采购需求包的准备，并将经过确认的采购需求发放到采购部门。采购部门接到采购需求包，开始寻源定点工作。

采购工程师在收到采购需求包后，检查采购需求包是否完整，并填写潜在供应商清单报批。在符合相似零件定点条件下，可沿用现有供应商，不需要再走一遍供应商清单流程。所谓相似零件定点，是指这几个条件同时满足：第一，零件与参考零件相似，且参考零件已经定点；第二，主模具不需要重大变动；第三，零件价格不高于参考零件价格；第四，新增模具费用不超过一定金额（如 1 万元）。对于某些体系的车企，潜在供应商清单是根据一定的条件强制加到采购需求包上的，比如以前定点过并且能够提供这种品类零部件的核心供应商一定作为潜在供应商。这两种方式各有利弊，都有主流整车厂案例。

完成潜在供应商报批流程之后，采购工程师制作报价请求（Request for Quotation，RFQ）包，根据该报价零件的具体适用车型填写准确的报价产量。RFQ 经过内部确认后，由采购工程师提交给潜在供应商。潜在供应商基于 RFQ 进行报价。

采购工程师获得潜在供应商的报价之后，进行价格分析，并开始准备价格谈判。一般报价有多轮次（如三轮次），经过多轮次报价以及价格分析、商务谈判，最终将 RFQ 提交决策。决策的方式有多种，典型的有联合采购委员会制度，即由采购部门、研发部门以及质量部门的领导等组成采购定点决策委员会，对定点零件进行定厂、定价决策。

定厂定价完成之后，即形成采购合同。

整车项目零部件寻源定点进度不一，有的很早完成定点，有的定点时点较晚，各定点进度不一。同时，从定点完成到量产也有一个过程，在这个过程中，设计变更在不断发生。因此，采购工程师需要跟踪这些设计变更，以及时与供应商进行价格沟通。

（三）采购成本管理

经过寻源定点过程直到定厂定价之后，即确定了零部件的供应商及供货价格，并形成零部件成本台账。由于针对同一零部件不同供应商供货价格可能不同，针对不同工厂物流费用等也有差异，并且不同时间段价格也有差异，因此零部件台账是基于供应商、工厂建立，并且有多个生效时间段。合同基于台账产生。

零部件成本台账产生之后，如有变更，通过价格变更流程驱动零部件成本台账更新。价格变更流程一般由供应商发起，主机厂采购工程师接收到供应商发起的价格变更申请之后，启动内部流程进行审批。价格变更申请的依据主要包括：工程变更的实施、外汇汇率的变化、原材料价格的变更、二级零件状态的更改、零件包装、运输发生较大变更、关税及税收等政府行为导致的成本变化、模具成本分摊结束导致的成本下降、年降要求，以及其他方面的因素导致的零部件成本明显变化。

成本的持续改善是采购成本管理的一个重要内容，特别是量产之后的成本改善。车企一般基于车型提出降成本目标，将车型降成本目标分解到各专业、零部件，从而采取相应的降成本措施。措施主要有两方面，第一是基于满足功能、性能的前提下，通过修改设计降低材料成本、工艺成本等，这方面的措施主要通过工程变更实施；第二主要是商务层面的，即通过年降来逐步降低车型成本。

关于成本管理，在上一章已有较为详尽的论述，不再赘述。

（四）零部件开发过程及质量管理

零部件开发过程及质量管理，对于主机厂，是对供应商产品开发的主要节点进行跟踪，对要交付给主机厂的交付件进行管理，对开发过程进行风险与问题管理；

对于供应商，则是一个完整的新产品开发过程。不同车系零部件开发过程及质量管理的方式有所不同。一般美系车企这部分业务放在采购部，采用的是典型的 APQP 流程。而德系车企则有所不同，这项业务主体在质量部门。下面以美系车企的 APQP 为例稍做说明。

APQP 从宏观层面，可以分为以下六个步骤。

第一步为定点前活动。在采购工程师主导的 RFQ 流程中，需要供应商质量工程师提供相关的质量要求，并进行潜在供应商质量评估，从供应商质量层面提出定点推荐。需要制订初始进度表、过程流程图、过程失效模式及影响分析（Process Failure Mode and Effects Analysis，PFMEA）及控制计划书。

第二步为 APQP 项目定义与计划。零部件完成定点之后，供应商质量工程师开始策划、召开 APQP 启动会议。供应商进行进度表、问题清单、过程流程图、PFMEA、控制计划等的更新。对研讨会进行规划，并组织对初始设计、量具、工装设备的评审。

第三步为产品设计与开发。供应商质量工程师参与设计评审和研讨会，对检具与工装进行概念评审，对过程流程图等进行评审。

第四步为过程设计。在这个阶段，供应商质量工程师参加设计评审、检具与工装设计评审，指导过程流程图、PFMEA、控制计划等的更新，进行风险评估。

第五步为产品与过程验证。在这个阶段，供应商质量工程师进行先期 PPAP 和工装现场评审，对 PPAP 进行评审和状态确定，进行按节拍生产。

第六步为反馈、评估与纠正措施。在这个阶段，供应商需要更新控制计划，总结经验教训，更新 DFMEA/PFMEA 等交付件，完成 APQP。

（五）全生命周期供应商管理

全生命周期供应商管理，顾名思义，是对供应商进行全程、全方位的管理。从潜在供应商的注册、认证开始，到寻源定点过程、供应商质量规划、供应商培育、生产准备认可，到供应商风险管理、供应商的全面评估与绩效管理，到根据供应商重要程度以及主机厂的采购策略而进行的供应商分级管理等一系列过程。

进行供应商全生命周期管理的目的在于，对供应商形成 360 度全景视图，主要包括对供应商技术能力、商务合作、质量问题以及交付能力等方面客观、综合的评估。

二、先期采购业务的典型痛点

（一）规划性比较差，同时过程难以跟踪管控

整车开发涉及上千乃至数千个外购件，这些外购件需要根据整车开发项目时间

节点制订相应的寻源定点计划，以及零部件开发与质量管理计划。采购项目管理就是专门对这些外购件进行先期规划的工作，包括正式寻源定点之前的零部件技术规格、质量要求、报价产量估计等活动的规划，确定潜在供应商、询报价、定厂定价及生成合同等一系列寻源定点的活动规划，启动零部件开发、OTS 交样及 PPAP 等一系列零部件开发活动等规划等。针对每个零件可以看出，从需求规格发布到最终完成寻源定点活动，都有大量的工作要做，且过程繁琐复杂，协同的业务方多。而针对一个新车型项目，则需要管理上千甚至更多这样的零部件。在这个过程中，很多零部件往往会出现意外情况，从而影响整车量产计划。

正是由于零部件多、每个零部件要跟踪的活动多，并且会直接影响到整车量产时间，因此基于车型项目尽早开始进行采购先期规划就显得特别重要。但这一过程却不是想象中那么简单，因为在整车开发早期，很多因素充满不确定性，从而导致车型产品本身处于不断变化之中。作为负责整个车型项目采购先期规划的采购部门，需要动态跟踪这些变化和变更情况。在这个过程中，信息往往是不通畅的，经常由于信息的割裂而造成大量的返工。

在整车开发阶段，这种信息的割裂程度到底如何呢？我们可以通过一个看似匪夷所思，但却实实在在发生在某整车厂的一个案例：采购部门向研发部门要某个车型项目的 BOM 开展采购项目管理和寻源定点工作，研发部门提供了一版"BOM 数据"，采购部门的工作据此展开。但两个月之后，采购部门再次拿到研发部门提供的 BOM 时，发现与上次的 BOM 完全不同（注意：这种不同不是一小部分由于变更而导致的调整），因此，两个月的采购工作基本白做。为什么会这样呢？原来两个月前研发部门给采购部门提供的那版"BOM 数据"并不是该车型项目的 BOM，而只是研发部门提供给采购部门需要采购部门确认按照这个形式提供 BOM 是否合适的样本数据。这个案例在实际工作中不会经常发生，但现实中采购与研发、物流、质保、供应商等部门之间的沟通情况远比此案例更复杂。因沟通而产生的信息不一致问题，导致上千个外购件进行先期规划难上加难。

同时，对于一个零部件，各阶段的工作分别落在不同的业务部门。如零部件的技术规格等工作主要在研发部门；零部件的寻源定点工作主要在采购部门；零部件的开发过程跟踪及质量管理，对于美系车企一般落在采购部门的供应商质量管理部门，而对于其他体系的车企，则更多地落在质量部门，或者分散在质量、研发等部门。这些活动往往因为缺乏一根管理总线，管理层很难看到某个零部件的信息全貌，更谈不上针对整个车型项目下所有零部件进行实时、全貌的掌控了。

（二）采购成本分析困难

外购件成本占据整车物料成本的绝大部分。正如前面成本分析章节所谈到的成本问题，在采购领域将变得十分突出。

首先是成本明细数据问题。车企对成本管理往往偏于粗犷式管理，缺少对零部件的成本明细分解数据。即使有，也存在各种零部件分解维度不一致，或者大量数据分散在各业务人员手里，共享性、准确性、可信度较低等，因而难以形成采购成本分析所需要的基础数据。

其次，目标成本管理也存在较大问题。由于与成本相关各方在研发阶段介入得不充分，导致制定的目标成本其权威性和可操作性都较低，对采购成本管控及成本分析的指导性不够。同时，目标成本也很难落实到工程师的日常工作中去，从而导致目标成本失控。

在量产后，原材料价格波动、汇率波动、模具分摊对采购价格的影响难以量化，使得量产后持续降低成本过程十分复杂。

采购绩效考核是与采购成本分析紧密相关的。正是由于采购成本分析难以做到客观、有效，采购绩效考核同样也难以做到客观、有效。

（三）寻源定点过程中的问题

首先，采购工程师的工作十分繁重。但这些工作很大一部分时间花在了文件资料的准备上。据统计，采购工程师在寻源定点过程中花在产品变更和招投标文件上的时间占到50%。采购工程师无法从这种繁重的日常工作中解脱出来，进行更有价值的工作是寻源定点过程的首要问题。

其次，缺少一整套高效、公平的寻源定点决策机制。我国合资车企情况相对较好，一般采取联合采购委员会制度，即以采购为主，联合工程、质量等业务部门进行联合决策。而对于很多自主品牌车企，流程的规范程度、透明程度以及决策机制则要薄弱得多。粗犷式管理、野蛮式谈判和粗暴式决策在寻源定点过程中依旧是一种非常普遍的现象。

三、 BOM 对采购业务的支持

探讨 BOM 对采购业务的支持之前，首先有必要探讨一下新车型 BOM 一般是如何产生的。

在新车型项目开始时，一般由 BOM 工程师与车型项目经理根据车型的功能特性等要素选定参考车型，以参考车型 BOM 作为初始输入，在此基础上构建新车型

BOM。接下来新车型 BOM 的构建过程主要有三个业务部门参与，即研发、制造和采购部门。研发部门主要考虑的是对整车功能清单的满足、平台化件的考虑、零部件开发策略的考虑（沿用、沿用修改或全新开发）；而制造和采购部门则是根据主机厂的制造资源、制造能力以及供应商的能力确定供货级别。制造和采购的介入，使得 BOM 从一开始就是面向物流、面向规划搭建的最高效的 BOM。因此，从 BOM 的构建来看，BOM 本身就是研发、制造、采购协作的结果。制造、采购部门对 BOM 构建的介入，决定了 BOM 的质量和基于 BOM 所开展的工作效率。

采购部门之所以应重度参与到 BOM 业务中，是因为这么做是有"回报"的。

首先，在新车型项目开始阶段，需要进行先期采购项目管理。上文中已经谈及了采购项目管理的重要性及难度。先期采购项目管理第一件事就是要获得新车型项目的外购件清单，在此基础上制订各零部件的技术规格发布计划、寻源定点计划以及零部件开发计划。外购件清单就是基于 BOM、根据零部件来源得到的。

当然，对于车型开发比较早的阶段，如果企业规范化做得比较好，形成了稳定的整车分解结构，先期采购项目管理是可以基于这个结构进行规划的。但即使如此，在整车开发的某个时点也仍然会落实到 BOM、零部件上来。

上文说到，在车型开发过程中，特别是车型开发早期阶段，车型产品是处于不断变化之中的。这种变化，无论是早期阶段非正式工程变更还是后期的正式工程变更，都需要准确体现在 BOM 上。因此，外购件清单只要基于 BOM 产生，并以一定的方式进行同步，变更也就能够及时传递到采购部门。在早期阶段，比较高效的方式是对 BOM 以商定的频率进行定期发布，采购业务部门可以定期获得更新的采购件清单，同时可从清单上看出与上次接收到的采购清单的差异。在正式工程变更控制阶段，采购业务部门除了能够接收到采购件清单之外，还可以及时接到工程更改单，获得工程更改单的详细信息。

由于企业级 BOM 是变更的总控平台，所有产品变更、设计变更等都在企业级 BOM 平台上发起、跟踪。因此，某些车企会基于企业级 BOM 平台向采购等业务部门提供变更看板。变更看板的好处是：由于车型开发过程中变更频繁，因此每个变更单状态的变化如果都发通知给相关人员，那么整个过程十分繁琐；同时，如果每天接收到大量变更通知，对变更的真正关注程度将下降。而变更看板提供了一个全面、动态反映变更状态的地方，需要的人可以进行关注。

其次，BOM 是一个各方协同工作的工具。采购业务涉及面较广，采购、研发、质量、物流、供应商等不同的业务方需要基于一致的信息来工作，而这一点在现实工作中往往不易做到。举例来说，车企经常有这样一种现象：一个零部件，技术规格文件由主机厂出，三维数模由主机厂出，二维图样由供应商出。在这个过程中，经常会产生变更，包括技术规格文件的更改、三维数模的更改和二维图样的更改，并且这三者的更改不一定同步，例如，数模升版了，而二维图样不见得需要升版。在量产之前，这些变更往往都不变号，也就是说采用同样的零件号，但会出现针对不同的技术规格的文件版本、数模版本和图样版本。采购与供应商进行成本确认与价格谈判、供应商交样、物流工程师收货时，都需要准确地知道该零部件的技术规格、数模、图样版本的准确对应关系。在现实工作中，这些往往容易产生差错。BOM 能够提供帮助的地方是，可以通过企业级 BOM 系统管理零部件状态，由技术文件版本、数模版本、图样版本三者共同决定一个状态码，体现在零部件上。研发、采购、SQE、物流和供应商等各方的沟通可以基于零件号 + 状态码进行。

BOM 作为一条信息主线，可以将零部件的供应商信息传递到需要的业务部门和业务系统。因此，在很多车企，BOM 上是携带零部件供应商信息的。如果企业已经有采购系统，则可以通过 BOM 系统与采购系统集成获取供应商信息，否则需要采购工程师将供应商信息维护到 BOM 系统。

最后，采购工程师发招投标文件给供应商时，需要指定零部件的报价产量。报价产量一般根据对未来几年不同车型的销售、生产预测以及该零部件在这些车型上的使用数量确定。这个计算过程也需要依赖 BOM。

四、 BOM 和采购与成本之间的关系

由这一章 BOM 对采购业务的支持以及上一章 BOM 对成本管理的支持可知，BOM、采购、成本三者之间存在极为密切的关系。成本业务和采购业务都是 BOM 的重要应用业务领域。目标成本分解、车型成本估算、先期采购项目管理等工作都是以 BOM 为基础数据开展的。

如果车企有企业级 BOM 系统集中管理 BOM 数据，有采购业务系统集中管理采购项目管理、寻源定点、采购成本分析等业务，有成本管理系统集中管理目标成本制订以及成本估算等业务，那么这三者之间的关系可表示如图 7-5 所示。

企业级 BOM 系统为成本和采购提供源头车型产品定义数据以及变更数据。成本管理系统接收企业级 BOM 系统发布的车型 BOM，按照成本管理、分析的要求搭建成本 BOM，以成本 BOM 为基础进行目标成本的制订以及成本统计分析工作。而采购业务系统则从企业级 BOM 系统接收的 BOM 数据基础上形成外购件清单，作为采购相关业务流程的输入。当变更发生时，在企业级 BOM 系统中进行申请、发布。发布的变更单通过接口传递到成本管理系统和采购业务系统，更新成本

BOM 和外购件清单。

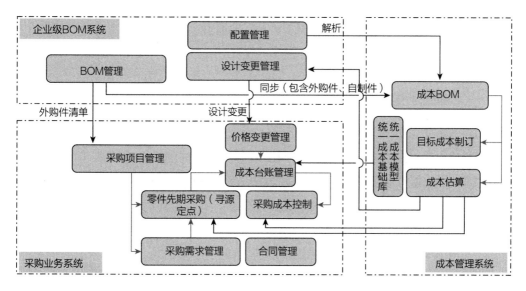

图 7 - 5　企业级 BOM 系统与采购业务系统、成本管理系统之间的关系

那么，对于成本管理而言，为什么还需要构建成本 BOM，而不是直接用从企业级 BOM 系统中传递过来的 BOM 呢？从成本分析的角度来看，往往有其特殊的分析维度，比如按照整车、按照某个子系统等进行统计，甚至要反映某些特殊的中间状态件。根据 BOM 扁平化原则，供各个业务单位共用的 BOM 应该是以反映物流规划要求为核心的扁平结构，而不应该面向成本分解构建 BOM。这样就产生了专门面向成本分解、成本分析而产生的专门的 BOM 结构。同样，在整车功能分解结构比较规范的车企，成本 BOM 可以通过系统辅助方式生成所要求的结构。

图 7 - 5 还强调了统一的成本模型。这主要是针对成本管理业务和采购业务而言的。对于成本管理业务而言，新车型的很多零部件是沿用件，已经完成了寻源定点工作，在采购业务系统中有了成本台账。这些成本台账是进行新车型成本估计的重要输入数据，需要从采购业务系统中集成进来。只有在相同的成本模型下，这些数据才能够方便新车型进行成本分析与统计。另一方面，零部件的估算成本在成本管理系统中产生，对采购寻源定点过程的采购报价分析与商务谈判起到指导性作用，但这种指导性作用只有在成本分析维度与供应商报价的成本分拆维度一致的情况下才能够发挥最大效率。

第四节　BOM 对试制业务的支持

一、试制业务概要

在新车型开发过程中的样车制作阶段，将车身的组成零件根据样车工艺在最短的时间内制作完成，可以在事前检查冲压成型性和图样的不合理因素（尺寸遗漏、标记错误等），能够在早期掌握车身设计阶段设计节点的变更，从而缩短开发周期及节减开发费用。为了可以早期评价设计、实验，制订最短时间内制作样车的方案（样车工艺、工艺改善），开发出可以确保设计部门要求的品质工艺，整车开发流程必须要考虑试制过程。通过样车试制阶段的工作，挖掘出设计图样、零部件结构的不合理之处，并反馈给各设计部门制作出实验部门需要的可以满足评价项目的试制零件及样车，对制造部门的量产性（成型性、可焊接性、装配性）进行事先研讨。

整车开发流程中，一般在四个阶段有样车制作。

（一）动力系统样车

这个阶段的样车主要评价目标：只制作发动机舱，实施验证评价，确认确保干涉／空间；在整车状态下改变发动机舱，评价碰撞性能。该样车制作一般在设计定型前 14 个月进行，样车数一般为 1~3 辆。

动力系统样车制作所需要输入的设计资料包括：发动机及传动系统装配图、发动机舱内的平面布局图样（散热器等冷却系统图样、排气管等排气系统图样）、底盘加强点图样，以及需要改造的零部件清单。基于这些设计输入，试制部门确定类似车型（量产车），确定样车制作台数，编制制造工艺并与零部件厂家协商（采购）。

这一阶段的样车制作，对于零部件开发、样车工艺一般基于以下考虑。

1）发动机舱改造工艺以手工完成（没有特殊要求，不制作模具）。

2）快速试制使用部分零部件：制作不超过 3 辆；不需要零部件耐久性。

3）使用木型，铸造零部件。

（二）底盘系统样车

这个阶段的样车主要评价目标：对底盘系统基本性能、底盘系统所涉及的零部件以及实车耐久性进行评价，并对评价结果进行确认。样车制作时点一般在设计定型前 4 个月，样车数一般为 10~20 辆。

底盘系统样车制作所需要的输入资料主要包括：发动机及传动系统装配图，发动机舱内平面布局图，底盘系统零部件图，不同零部件清单（与量产车），车身、内/外装零部件图样（简易图样）等。基于这些输入材料，试制部门选定类似车型（量产车），编制零部件清单，制造量，研讨评价项目，与采购及供应商协商零部件开发。

这一阶段的样车，对于零部件开发、样车工艺一般基于以下考虑。

1）底盘开发零部件用试造模具制作（因为是影响功能、性能的零部件，可采用量产供应商）。

2）车身用量产车改造制作（必要时部分使用试造模具）。

3）白车身用简易夹具及焊接方式制作。

（三）第一批样车

第一批样车的评价目标一般如下。

1）零部件按各系统评价（开闭零部件，悬架，座椅，刮水器，制动，R/H，NVH 等静态、动态整车信赖性培育及实验）。

2）环境评价（高温、低温）室内/外，或者出口国本地进行培育及评价，安全气囊开发、碰撞性能培育及评价。

3）内/外装功能零部件，感性品质开发评价（标杆车、与标杆车进行比较分析）。

第一批样车制作时点一般为设计定型之后 8 个月，样车数一般为 100~200 辆。

第一批样车试制所需要的设计资料一般包括：设计零部件清单、零部件来源（量产开发厂家等）、所有设计图样、量产零部件开发日程（长周期零部件，这些零件包括车身侧围、开闭件、内/外装饰件、仪表板、保险杠、前照灯等）。基于设计输入，试制部门开展相关样车零部件主要清单制作、样车台数确定、日程确定、评价项目研讨、各零部件制作方案编制、开发零部件制作方案协商、样车检具制作方案构思等工作。

这一阶段的样车，对于零部件开发、样车工艺一般基于以下考虑。

1）用样车模具制作（日程上用量产模具不可能制作的零部件）。

2）制作样车车身焊接夹具。

3）性能、功能性零部件由量产厂家制作（活用简易工序／量产工艺）。

（四）第二批样车

第二批样车的评价目标一般如下。

1）开闭零部件、悬架、座椅、刮水器、制动、R/H， NVH 等各系统规格确认评价。

2）噪声、振动与声振粗糙度（NVH）的最终调试以及自动变速控制单元等数据的调试评价，EM 认证、耐久性等确认评价。

第二批样车制作时点一般为设计定型之后 14 个月，样车数一般为 30～40 辆。

第二批样车制作所需要的设计资料输入包括：设计变更零部件清单、设计变更图样及清单、量产零部件开发日程等。基于设计输入，试制部门开展样车制作方案的具体工作包括：样车零部件主要清单升级、编制变更零部件制作方案、量产模具应用零部件清单（各工位）、构思样车标杆车制作方案等。

这一阶段的样车，对于零部件开发、样车工艺一般基于以下考虑。

1）用量产模具制作：开发日程上不可能制作的用样车模具；量产模具工序中活用半成品。

2）功能、性能零部件由量产厂家制作：使用量产模具产品。

以上是样车试制的一般过程。但整车开发过程会随着以下情况而进行具体调整。

1）根据开发范围可以缩短样车阶段：新平台，车型大改、小改，外购改变。

2）根据车型目标可以变更制作数量：保证期、出口要求等。

3）减少样车制作台数，提高 CAE 分析能力及信赖性。

二、 试制 BOM 的特征

试制、实验的目的是对设计结果进行快速验证，找出设计、工艺及制造相关问题并反馈到相关业务部门，以保证量产质量。试制 BOM 则承载试制过程相关主数据信息，负责试制过程关键信息的组织、传递等。由前文所述的样车试制业务不难总结出，支撑这部分业务的试制 BOM 具有如下典型特征。

（一） 与多种 BOM 形态有平行交叉的特点

在整车开发过程中，在车型开发较早阶段，如规划阶段，涉及很多部门的协作。如果需要把这部分活动以比较小的管理颗粒度管理起来，那么就需要对早期 BOM 进行管理。在设计、工程阶段，需要面向生产准备组织工程 BOM。在这一过程中，直到设计最后的冻结发放以及生产准备阶段，都会发生多轮次的试制。每一次试制基本都基于最新的设计资料进行。因此，试制 BOM 会依赖于早期 BOM、工程 BOM 等 BOM 形态作为其数据来源。

（二） 具有工程、制造相结合的特性

试制 BOM 一方面需要传递最新的设计资料，以保证试制样车反映设计内容，达到试制评价目标的实现，这一部分内容实际上反映了工程 BOM 相关的管理要素和内容；另一方面，试制 BOM 要承载反映样车是怎么做出来的工艺、定点、物流信息，这一部分内容实际上是制造 BOM 相关的管理要素和内容。因此，试制 BOM 是工程 BOM 和制造 BOM 的一个综合体。

（三）具有临时性和动态性

试制过程是快速反应、验证设计的过程，因此试制过程不宜像工程变更那样进行严格控制，否则快速反应的效率就丧失了。同时，试制样车的目的性很明确，要验证哪些内容就关注与此相关的方面，而与此关系不大的方面，如某些零部件不会影响到试制结果，就会采用一些经济的、临时的办法（临时工艺等）。因样车的产量少，并且每辆样车都有可能不同，因此不像量产车那样需要长期进行跟踪，组织方式一般也采用单车方式。

正是基于以上特性，试制 BOM 的形态、组织方式等等都会与工程 BOM、制造 BOM 的管理要求和组织形式存在很大差异。而其管理的内容（下节具体探讨）与试制业务过程紧密相关，因此，一般车企都倾向于将试制 BOM 的管理放在试制业务系统中进行。

三、 试制 BOM 管理的核心要素与具体内容

在探讨试制 BOM 管理的核心要素与具体内容之前，先结合第一节所描述的试制业务探讨一下试制 BOM 的作用和意义。我们先来看图 7－6 所示的样车制作相关的输入、输出以及样车制作的目的。

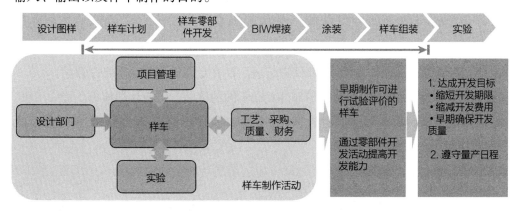

图 7－6　样车制作相关业务概览

在图 7－6 中，样车制作过程在整个整车开发流程中与很多设计、制造相关的活动相关，其活动本身是项目管理的重要内容，也为实验活动的展开提供基础。样车

的试制过程也会涉及工艺、采购、质量、财务等部门方方面面的工作。在这些活动中，试制 BOM 起到如下的作用。

1）驱动样车试制计划与零部件开发相关活动的展开。

2）支持同步工程，提供下游业务展开的信息基础：试制合件的管理、试制工艺过程、试制件的采购管理、试制价格管理、试制要货计划、试制装车清单。

3）围绕试制 BOM 有效组织试制过程相关技术资料，形成对量产车型数据的有效校验，修正、优化 EBOM、MBOM 的组织方式和内容。

基于以上作用，我们总结试制 BOM 管理要素包括以下方面的核心内容。

（一）对试制、实验计划的支持

对试制、实验计划的支持又包括对样车试制计划的支持以及试制、实验零部件开发计划的支持两部分。

业务部门一般根据实验车及白车身要求，基于工程 BOM、试制 BOM 制订样车计划。样车计划的管理要素包括以下方面。

1）管理样车需求。各部门提出样车使用需求（车辆使用目的、数量、使用日期、配置、特殊要求）；样车管理部门收集、整理样车使用需求。

2）管理样车计划。样车管理部门优化样车实验排程，减少样车数量；对每辆样车进行编号；管理样车配置。

3）管理样车试制计划。样车管理部门为每辆样车制订生产计划；按照 BOM 展开装车零部件清单，制订零部件计划；计划执行与跟踪。

零部件试制、实验计划管理的关键要素包括以下方面。

1）试制装车零部件清单维护。管理试制样车零部件清单，包括其更改的状态等。

2）能够基于试制 BOM 对零部件进行通用件、专用件划分和重要度评估。

3）试制 BOM 上不同类型的零部件关联不同的试制、实验计划模板。

4）基于试制 BOM 的零部件进行计划跟踪，包括初始计划时间、当前计划以及实际状况等。

（二）对试制过程的支持

对试制过程的支持包括试制技术状态、试制技术资料的管理以及试制过程的问题反馈等。

试制技术状态、试制技术资料的管理包括以下方面。

1）维护零部件状态，设定不同状态的使用规则。管理不同阶段的零部件，如构想阶段、试制阶段、工程阶段、生产准备阶段、正式投产阶段等；控制零部件的使用规则，如试制 BOM 的零部件需要严格标明状态，只能允许在试制阶段使用，可以引用工程、现生产状态的零部件，但不可逆向阶段采用等。

2）能够建立起与设计、试制数据的关联关系。这些数据包括作为试制输入的设计文件、试制技术/质量要求文件、试制过程中产生的中间文件、其他相关文件、参考资料等。

试制评价与问题反馈的关键需求主要是通过试制 BOM 将试制过程中的问题及解决方案组织在一起，便于形成信息检索机制及知识积累。

（三）对同步工程、下游业务展开的支持

样车试制是一个制造过程，涉及工艺、采购等相关部门。由于样车与量产车制造的目的不同，一般考虑以下原则。

1）样车是为了小批量生产（10～300 辆），应用经济型工艺。

2）与工艺、制造部门协商，使量产零部件最大限度得到应用。

3）建立与采购及量产厂家有效的协调流程。

4）要求功能、性能的零部件要与量产厂家协商经济型的制作方案（工艺、预算），建立技术支援体制来开发零部件。

试制 BOM 在此过程中主要管理或者支持的业务包括以下方面。

1）试制工艺：工艺合件管理以及试制工艺管理，包括在试制 BOM 上维护相关试制工艺信息，如工位、所需要的工装设备等，必要时能够关联相关的试制工艺文档。

2）试制供应商：包括维护零部件来源，维护试制 BOM 上需要进行定点的零部件清单；基于试制 BOM 支持零部件定点，维护定点计划；支持与供应商协同，进行零部件试制、实验计划的沟通；供应商交付件管理，如供应商交样、问题记录等。

3）支持试制成本计算：基于试制 BOM 进行试制车成本核算。

4）试制物流：维护试制件运输、包装等方面信息；能够有库存管理集成（零件号与库位的关系）。

从以上试制 BOM 所涉及的管理要素、管理内容以及业务的运作关系来看，试制 BOM 与试制业务（包括试制样车计划、试制件供货、物流等）结合得非常紧密，与工程 BOM、制造 BOM 等管理一整套可供各业务重复使用的数据不同，其主数据的特性表现得要弱得多，而更偏向于交易型数据。因此，如果像工程 BOM 或者制造 BOM 那样管理试制 BOM，反而容易造成试制 BOM 与试制业务的割裂。正因如此，我们建议试制 BOM 放在试制业务系统中进行管理。

四、 试制 BOM 构建

试制 BOM 与上下游业务的关系如图 7-7 所示。

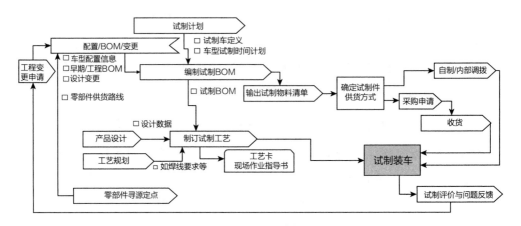

图 7-7　试制 BOM 与上下游业务的关系

如前所述，试制样车计划以及车型产品的配置、BOM、变更等都是制作试制 BOM 的重要输入信息。试制 BOM 来源于早期 BOM 或者工程 BOM。通过试制样车配置，从早期 BOM 或者工程 BOM 解析出试制样车 BOM 之后，需要跟设计就每个零部件状态进行确认，形成试制样车 BOM。试制样车一般在研发的试制工厂制作，因此与量产车的工艺往往不同。工艺部门需要基于试制 BOM 以及产品设计给出的相应设计数据进行试制工艺制订，形成工艺卡片以支持试制装车。同样的道理，试制装车时，零部件的供货方式可能与量产车不同，包括来自外部供应商、主机厂自制，或者来自企业内部不同的零部件事业部（内部调拨），基于试制物料清单确定供货方式，并根据不同供货方式进行备货，以开展试制装车工作。同时，在试制装车过程中发现问题，如涉及设计变更，将通过正式的设计变更流程驱动工程 BOM 的更改。

（一）试制车型定义与样车试制计划

谈到样车试制或者试制 BOM，首先需要讨论的一个问题，就是试制车型的定义。

整车开发进入到试制阶段，各业务部门将基于各种实验需求提出样车使用要求，包括车辆使用的目的、数量、使用日期、车辆配置、特殊要求等。这些样车使用要求往往基于一项或多项实验需求提出，因此需要整合到一定配置的车型上去。样车管理部门则负责收集、整合样车使用要求，对样车实验进行排程，尽量减少样车数量，在此基础上确定最终需要制作的样车，并管理其配置。

通过以上过程完成试制车型定义（确定样车及其配置，并为每辆样车进行编码）之后，样车管理部门为每辆样车制订生产计划，形成车型试制计划。

（二）初始试制 BOM 的形成

试制 BOM 根据不同的阶段，可能来源于早期 BOM 或工程 BOM。以下为简便起见，我们主要描述设计定型之后的试制样车情况，即试制 BOM 来源于工程 BOM 的情况。

我们知道，工程 BOM 一般以配置化超级 BOM 模式进行组织。那么，来自于工程 BOM 的试制 BOM 以什么方式进行组织呢？车企在实践中有两种做法。

第一种做法是单车 BOM 模式。这种模式理解起来比较容易，即每一辆试制样车单独维护一份试制 BOM。在这种模式下，根据超级 BOM 的原理，初始试制 BOM 只要根据试制车型的配置（车型特征清单）对相应的工程 BOM（超级 BOM）进行解析即可得到。

第二种做法是超级 BOM 模式，即试制 BOM 也是按照超级 BOM 的模式进行组织的。由于试制车型不等于量产车型，因此作为支持试制车型装车的试制 BOM 也不同于支持量产车型的工程 BOM，尽管它们都是超级 BOM。初始试制 BOM 来源于工程 BOM，是工程 BOM 这个超级 BOM 的一部分，是其子集。这个子集是如何得出的？只需要将要组成一个超级 BOM 的试制车型的配置（特征清单）综合起来，形成能够代表所有车型配置合集的特征清单即可。根据超级 BOM 解析原理，基于这个合并的车型特征清单对工程 BOM（超级 BOM）进行解析，就得到这一批试制样车的初始试制 BOM（一个小的超级 BOM）。具体到每辆试制车的试制 BOM，则只需要基于该辆试制样车的特征清单对这一批试制样车的试制 BOM（小的超级 BOM）进行解析而动态得到。

以上两种模式各有优缺点。对于第一种模式，逻辑简单，理解起来容易些；但缺点是基于每辆试制样车进行试制 BOM 的维护，存在较多重复维护的工作，工作量比较大。对于第二种模式，逻辑比较复杂，好处是维护的数据量最小，尤其是当上游的工程 BOM 发生设计变更时，将变更同步到试制 BOM 的工作比第一种模式要方便得多。但第二种模式对车型试制计划要求很高，当计划性不好、计划的质量不高时，车型试制计划不断处于变化之中，并且试制样车的配置变化也非常大，往往导致花了很多力气形成的试制 BOM（小的超级 BOM）需要重新基于工程 BOM 进行初始化。

（三）试制 BOM 的形成

之所以叫初始试制 BOM，是因为这个时候形成的试制 BOM 完全来自于工程 BOM，其状态同工程 BOM 状态是一样的。但这个状态并不一定能够支持试制装车。因为这个 BOM 上的零部件可能处于不同的状态：有的零部件可能处于能够装车的状态，而有的则需要用手工件、快速件、软模件、硬模件等不同状态的零部件来装车。这些状态都需要与设计工程师进行确认，即需要基于初始试制 BOM，就每个零部件跟相应的设计工程师确认其状态，并管理不同状态的到货时间。这样，试制样车在不同时间进行样车生产时，就能够准确对应到不同状态的零部件。

确认了零部件状态的 BOM 才能真正支持试制装车。

第五节　汽车行业颜色件管理

一、　颜色件管理业务概要

汽车，尤其对于乘用车，除了性能、功能外，美观也是一个很重要的用户需求。整车厂一般都会通过多种内外饰风格的设计来达到满足市场多样化需求的目的。特别是对于个性化定制业务模式，因为车身颜色的变化不会导致性能等方面的变化，相对而言可定制化的程度更高。但即便如此，问题也不那么简单。整车上部分零部件，其颜色方案将受到整车内外饰风格的影响。如前保险杠总成，针对不同的外饰风格，可能需要涂装成不同的颜色。这样，针对不同内外饰风格的车型，其 BOM 实际上是不一样的。比如某车企，仅仅增加几种外饰风格和内饰风格，车型数量就会增加 900 多种乃至上千种。这些功能、性能相同的车型在进行生产时，所需要筹措的物料清单存在很大差异。这个差异是由与内外饰风格密切相关的那部分零部件的颜色方案决定的。因此，汽车行业产生了颜色件的概念。

那么什么是颜色件呢？显然不是带颜色的零部件就是颜色件，因为每个零部件都带有颜色，不存在"无色"的零部件。那些喷涂的颜色方案与内外饰风格密切相关的零部件，或者说，喷涂什么颜色取决于车型内饰或者外饰风格的那部分零部件才能叫颜色件。因此，颜色件是相对于内外饰风格的多样性而言的。如果车企只生产一种外饰/内饰风格的车型，那就谈不上颜色件这个概念了。同时，还需要注意的一点是，当内外饰风格发生变化时，同一功能位置的零部件除了颜色方案发生变化外，材料、结构等也发生了变化，如车身装饰条，黑色外饰上使用黑色塑料，白色外饰上使用金属镀铬，对于这种情况，在设计时就是采用两个不同的零部件号来表达（而不是设计同一个零部件喷涂不同的颜色），因此不属于颜色件的范畴。

与颜色件相对应的是本色件的概念。本色件在不同的车企有不同的叫法，比如某些车企叫"白皮件"。本色件是指还没有喷涂车漆的颜色件。为什么有本色件的叫法呢？因为对于零部件的功能、性能设计或者零部件与其他零部件的装配关系而言，是不需要考虑零部件颜色的。如果设计人员在设计阶段就要按照不同颜色方案分别考虑颜色件的设计，不但没有必要，而且会增加很多工作量，造成因数据不一致、设计不能重用而带来的浪费。因此，对于颜色件而言，在设计阶段，设计工程师只需要考虑本色件以及本色件的颜色方案，在后续的采购、生产物流等阶段，才需要真正考虑本色件与相应颜色方案所构成的颜色件。颜色件编号一般是在本色件编号基础上加上几位颜色代码构成。比如前保险杠总成本色件编号为 P001，前保险杠总成有三种颜色方案，分别为红（颜色代码为 R01）、白（颜色代码为 W01）、蓝（颜色代码为 B01），那么，由此三种颜色方案产生三个前保险杠总成颜色件，其编码分别为 P001 - R01（红色前保险杠总成）、P001 - W02（白色前保险杠总成）、P001 - B03（蓝色前保险杠总成）。由此可见，本色件与颜色件的关系是一对多的关系。一个本色件有多个颜色方案，因此对应多个颜色件。多个颜色件共享本色件的零部件设计信息。

二、 颜色件在 BOM 上的管理方式

从设计角度来看，在设计阶段，只需要考虑本色件，颜色件甚至都不需要体现在工程 BOM 上。但从生产物流角度来看，不同内外饰风格的车型 BOM 清单将会有差异，这种差异主要体现在颜色件上。可见颜色件也是需要作为 BOM 的重要内容管理到 BOM 中的，否则在生产准备过程中，无法确保不同颜色件能够按照所生产的整车订单的要求准备到位；在生产现场也无法保证颜色件正确地匹配给相应的整车订单。

一般而言，颜色件在 BOM 上的管理主要有三种方式，即传统的基于 BOM 直接维护颜色件、基于零部件维护颜色方案以及基于颜色区域维护颜色方案。

（一）基于 BOM 直接维护颜色件

传统的做法是将颜色件直接维护到 BOM 上。具体方式包括以下内容。

首先，需要建立零部件颜色代码库，针对各种零部件颜色方案进行编码化管理。

像普通零件号一样，颜色件也需要申请。与普通零件号申请不同的是，颜色件零件号申请时，需要指定其本色件零件号，并指定颜色方案，即从颜色代码库中选择要生成的颜色件所对应的颜色代码。本色件零件号及颜色代码由一定的规则生成颜色件零件号。颜色件生成时即与本色件建立了关联关系，能够自动继承本色件上的设计信息。

其次，基于车型 BOM 维护颜色件。这个与其他普通零部件被添加到 BOM 上并没有太大区别，不再赘述。

有的车企为了满足采购等业务部门的需求，需要在工程 BOM 上体现颜色件。采用这种方式进行颜色件管理显然有不少弊端。如零部件颜色方案的确定时点往往比较晚，如果将颜色件直接维护在工程 BOM 上，则要么使得工程 BOM 的最终发布时点推迟，要么在工程 BOM 发布之后还会因为零部件颜色方案的调整而产生大量的变更（针对工程 BOM 的变更）。

此外，这种传统的管理模式工作量较大，本色件发生设计变更时，本色件、颜色件变更同步也比较困难。正是由于上述弊端，很多车企在积极探索、寻求更好的颜色件管理方案。

（二）基于零部件维护颜色方案

上述传统方式工作量较大，因此可以考虑间接建立颜色件与 BOM 关系的方法。为了更好地说明这种方式，我们需要了解几个层面的数据之间的关系。

首先是车型和零部件之间的关系。从前面章节可知，BOM 即表达车型与零部件的关系。在配置化模式下，超级 BOM 表达的是多样化的车型与数量庞大的零部件之间的关系，这个关系有一个中间纽带，即配置项（特征值）。从 BOM 定义角度来看，对于不同的颜色件，如果能够定义车型与本色件的关系则是一种最为简洁的模式。如前保险杠总成，在同一车型系列下有两个总成件，分别用在高配车型和低配车型，其本色件零件号分别为 P001 和 P002，这样，针对该车系的超级 BOM，可以定义表 7 - 1 所示的 BOM 行。

表 7 - 1　定义 BOM 行

车系	零件号	数量	零件名称	配置条件
车系 A	P001	1	前保险杠总成	&F1（高配）
车系 A	P002	1	前保险杠总成	&F2（低配）

其次是本色件和颜色件的关系。本色件和颜色件是通过颜色方案这一纽带进行关联的。如有红（颜色代码 R01）、白（颜色代码 W01）、蓝（颜色代码 B01）三种

颜色的前保险杠，则对于 P001 和 P002，分别有三种颜色方案与其对应，从而每个本色件可以产生三个颜色件、共六个前保险杠总成颜色件，即用在高配车上的 P001-R01、P001-W01、P001-B01 用用于低配车上的 P002-R01、P002-W01、P002-B01。

显然，利用以上两层数据关系，是可以通过系统自动将颜色件带入到 BOM 中去的，示例见表 7 – 2。

表 7 – 2   系统自动将颜色件带入到 BOM 中示例

车系	零件号	数量	零件名称	配置条件
车系 A	P001-R01	1	前保险杠总成	&F1（高配）
车系 A	P001-W01	1	前保险杠总成	&F1（高配）
车系 A	P001-B01	1	前保险杠总成	&F1（高配）
车系 A	P002-R01	1	前保险杠总成	&F2（低配）
车系 A	P002-W01	1	前保险杠总成	&F2（低配）
车系 A	P002-B01	1	前保险杠总成	&F2（低配）

但以上关系还存在一个问题，即对一款具体的车而言，如何区分到底是用哪个颜色件？比如某款车属于车系 A 下的高配车，那么根据超级 BOM 的解析原理，能够同时解析出 P001-R01、P001-W02、P001-B01 三个颜色件。而一款具体的车是不可能同时含有红、白、蓝三种颜色的前保险杠。因而上述通过车型与本色件的关系以及本色件与颜色件的关系建立起来的超级 BOM 显然还缺少信息。这个信息就是颜色方案与车型之间的关系。由前述整车内外饰风格与颜色件的关系我们知道，是内外饰风格决定了颜色方案。前保险杠属于外饰件，假设车身外饰风格有三种：中国红（用 CR1 代表）、珍珠白（用 PW1 代表）、海洋蓝（用 SB1 代表），外饰颜色是中国红的车型采用红色前保险杠，外饰颜色是珍珠白的车型采用白色前保险杠，外饰颜色是海洋蓝的车型采用蓝色前保险杠。这样，这个超级 BOM 可以表述见表 7 – 3。

表 7 – 3   超级 BOM

车系	零件号	数量	零件名称	配置条件
车系 A	P001-R01	1	前保险杠总成	&F1（高配）&CR1
车系 A	P001-W01	1	前保险杠总成	&F1（高配）&PB1
车系 A	P001-B01	1	前保险杠总成	&F1（高配）&SB1
车系 A	P002-R01	1	前保险杠总成	&F2（低配）&CR1
车系 A	P002-W01	1	前保险杠总成	&F2（低配）&PB1
车系 A	P002-B01	1	前保险杠总成	&F2（低配）&SB1

在以上超级 BOM 中，根据超级 BOM 的解析原理，给定一款车（即给定了是低配还是高配以及外饰风格），就可以解析出唯一的前保险杠总成零件号。如某款车属于高配的中国红车身颜色，那么用的前保险杠总成件号为 P001-R01；如为低配的珍珠白，那么用的前保险杠总成件号为 P002-W01。

显然，如果在 BOM 系统中维护了内外饰风格与零部件颜色方案之间的关系，上述颜色件的配置条件是可以由系统自动生成的。这也就是说，如果我们基于本色件维护了 BOM，同时维护了本色件颜色方案、颜色方案与内外饰风格之间的关系，颜色件的 BOM 是完全可以自动生成，而不需要人工维护。

与以上传统方式相比，这种方式不需要基于 BOM 手工维护颜色件，减少了工作量。同时，这种关系建立起了一种颜色件与 BOM 的松耦合关系，一定程度上可以保持颜色方案和 BOM 的变更相对独立，变更管理效率更高。

（三）基于颜色区域维护颜色方案

上述第二种方式比第一种方式改进不少。但考虑到在不同平台、车系下（不同超级 BOM 范围内），相同功能的零部件、相同的颜色方案，其本色件零件号有可能不同，因而需要针对不同的本色件零件号分别维护相同的颜色方案，这其中显然存在可优化的地方。基于颜色区域的颜色件管理方式正好解决了这一问题。

基于颜色区域维护颜色件的方式，其原理与方式二基本一致，区别在于本色件与颜色方案不是直接建立关系，而是通过颜色区域码建立关系。简而言之，就是先规范整车所有与内外饰颜色相关的区域，并进行编码。本色件在产生时，就需要指定其所属的颜色区域及相应的颜色区域码。颜色方案基于颜色区域进行维护。这样，本色件就通过颜色区域码建立起与颜色方案之间的关系；根据本色件的颜色区域码以及颜色区域码所维护的颜色方案即可产生颜色件。

划分颜色区域并规范为颜色区域码并不仅仅是为了方便在 BOM 上管理颜色件，更根本的出发点乃在于形成这一整套颜色区域规范，使新车型开发过程中对于内外饰颜色的设计更为规范、重用度更高。

下面我们将基于颜色区域方案对颜色件管理做详细讨论。

三、基于颜色区域的颜色件管理

车型颜色管理涉及的活动及业务部门如图 7－8 所示。

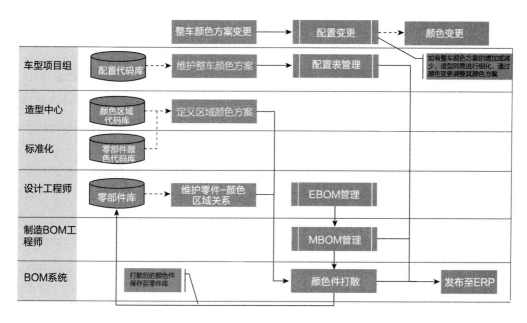

图 7-8　车型颜色管理涉及的业务

　　车型颜色管理包括三个层面的内容，即整车颜色方案管理、区域颜色方案管理以及颜色件管理。在图 7-8 中，车型开发项目组负责整车颜色方案管理相关工作。整车颜色管理就是管理内外饰风格以及内外饰风格与车型之间的关系。一种典型的管理模式是将整车颜色管理与配置管理结合起来，将整车颜色当作一种特殊的配置项进行管理。具体而言，可以将外饰风格定义为一个特征族，而不同的外饰风格，如简约白、中国红等定义为该特征族下的特征值；将内饰风格定义为一个特征族，如黑/灰内饰、黑/黄内饰等定义为该特征族下的特征值。有了这些特征族、特征值定义后，就可基于配置表定义内外饰风格与车型之间的关系。这样，整车颜色管理就与车型配置管理完全统一起来。

　　颜色区域的定义一般由造型中心负责，包括三部分的工作。第一部分是基础规范性质的工作，即对整车进行颜色区域划分，并针对颜色区域进行编码。企业范围内所有车型开发都需要遵照这套规范执行。第二部分的工作是针对颜色区域形成颜色方案库。如前文所举例子，前保险杠区域有红色、白色、蓝色三种颜色方案，则这三种颜色方案都属于前保险杠区域的颜色方案库的内容。这个库是随着车型项目的开发而不断丰富。第三部分的工作是，在新车型开发时，基于颜色区域的颜色方案库定义针对该车型项目的颜色方案，如某车型项目只采用红色及蓝色两种颜色方案，则只需要将这两种颜色方案与该车型项目建立关联。在此基础上，再进行颜色方案与内外饰风格的匹配，如红色方案用于中国红外饰风格的车型上。

区域颜色的定义示例见表 7 - 4。

表 7 - 4　区域颜色定义示例

颜色区域代码	C/ID	区域名称	描述
E1100	E	前保险杠	……
E1100	E	后保险杠	……
E1120	E	左右翼子板	……
E1200	E	后视镜	……
……	……	……	……
I5100	I	上仪表板	……
I5110	I	下仪表板	……
I5120	I	中控饰条	……
I5200	I	座椅	……
……	……	……	……

最后是颜色件管理。设计工程师申请新零件时，如果是颜色件，在申请本色件零件号时，需要指定是内饰颜色件还是外饰颜色件，并指定相应的颜色区域码。如申请前保险杠总成件号（如零件号为 P001），则属于外饰颜色件（E），同时指定其颜色区域码为 E1100。

对于特定的车型项目，如前所述，已经定义了该车型项目在各颜色区域所采用的颜色方案，如针对 E1100 区域，采用红色（如颜色代码为 R01）与白色（如颜色代码为 W01）两种，那么对于该车型项目，前保险杠总成 P001 可形成两个颜色件：P001-R01 及 P001-W01。

从 BOM 管理角度来看，BOM 上体现 P001 这个本色件。当需要形成颜色件 BOM时，系统根据 BOM 下每个本色件的颜色区域码找到在该车型项目下相应的颜色方案，形成相应的颜色件，并且根据本色件的配置条件以及颜色方案与车型内外饰风格的关系自动生成颜色件的配置条件。

以上过程逻辑与基于零部件维护颜色方案的逻辑相同。可以看出，由于增加了颜色区域这个管理机制，与基于零部件维护颜色方案相比，颜色管理更为独立，与BOM 形成了一种更为松耦合的管理模式。这不仅降低了维护难度，而且更加符合颜色管理的业务特性。

在以上方案中，整车颜色（内外饰风格）的变更、颜色区域所对应的颜色方案的变更、本色件的变更等都会导致 BOM 上颜色件的变更。整车颜色如果纳入配置管理范畴，这部分变更可通过配置变更单驱动更改；本色件的变更由一般设计变更单驱动；颜色区域所对应的颜色方案的变更则需要专门的颜色变更单驱动更改。在具体实施时，需要将这三者结合起来考虑，落实到颜色件本身的变更及断点上。

第六节　基于车型配置的控制单元软件管理

一、　控制单元软件管理中的典型问题

汽车产品发展过程中，电子控制单元（Electronic Control Unit，ECU）的数量和复杂度一直呈上升趋势。当前的新能源汽车技术、车联网技术、自动驾驶技术更加剧了这一进程。为了适应这一发展，汽车电子架构甚至产生了根本性的改变。而软件则是这些电子控制单元的关键部分。据统计，以车联网车载电子控制单元为例，目前每辆车的 ECU 数量达到 130～160 个，甚至更多，软件代码超过 1 亿行。而自动驾驶车辆上的代码行数可达 3 亿。正因如此，很多车企正把软件当成汽车产品重要的竞争力。"软件定义汽车"这一观点也随着人工智能技术在自动驾驶领域的应用而被提出。但汽车产品不同于一般的消费产品，安全性非常重要。数量如此庞大，并且日益复杂的软件应用到汽车产品，必须保证汽车产品本身的安全性。同时，软件的特性是技术发展快、迭代快，如何在保证安全的情况下实现软件快速迭代发展，是一个十分具有挑战性的问题。具体地说，如何管理好车型与控制单元软件之间的关系，以确保生产上不会出现软件刷写错误、售后维修上可以准确追踪，是汽车行业当前一个十分棘手的问题。这些问题主要体现在以下几方面。

首先，控制单元软件升级快、版本多，并且与控制单元硬件的变更往往不同步。因此，如何准确管理、精确追溯软件版本成为一个难题。当前车企普遍缺少专业的软件管理平台，部分车企软件代码在 PDM 中管理，开发过程及测试过程的管控、软件源代码的管理、软件发布管理都没有形成很好的规范。

其次，控制单元硬件与软件版本的匹配关系管理也经常会出问题。由于控制单元软件变化频繁，如果体现在控制单元硬件图样上，则会导致图样需要随着软件版本升级而不断变化。这样，通过图样来确保硬件、软件的一致性并不是一个很好的方式。而从整车 BOM 层面上看，控制单元硬件作为零部件定义在 BOM 上，而软件在很多车企则往往没有作为零部件进行管理，因而也没有纳入 BOM 管理的内容。这样从整车角度就比较难以快速高效地获取硬件与软件之间的匹配关系。

第三，软件与硬件一样，也存在着跨车型复用的需求。与硬件相比，更为复杂

的是，不同配置的车型采用的是同一套控制单元软件，但软件所启用的功能则是随车型配置而异的。这样，管理就很复杂。过去，车企都是将车型配置与软件版本的关系手工记录在一张 A0 图纸上，输出给生产进行软件刷写，这样做不仅工作量大，需要不断重新填写、打印这张 A0 图纸（因为频繁的软件升级版本、硬件变更等原因），而且极容易出错。

最后，变更管理更是难题。控制单元硬件发生变更、软件升级、车型配置发生变更、软件配置发生变更等都会导致整车软件清单及相关软件配置代码变更，变更过程难以跟踪，变更一致性难以保证，断点切换混乱。

二、 控制单元软件管理业务全景图

控制单元软件管理包括软件的开发管理、软件功能配置码管理以及软件刷写三部分业务，如图 7-9 所示。

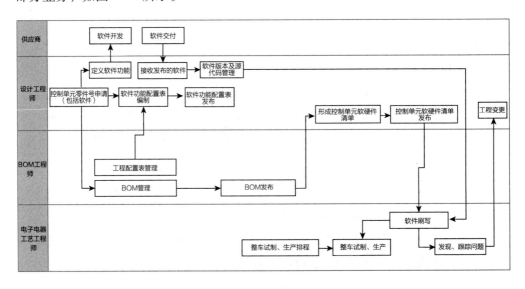

图 7-9 控制单元软件管理所包含的业务

（一）软件开发管理

控制单元一般由供应商供货。作为主机厂，需要对控制单元软件进行全程管理，包括软件功能需求定义、接收供应商发布的软件以及软件版本及源代码管理。

电子电器设计工程师负责对软件功能需求进行定义，提供给控制单元供应商。供应商根据软件功能需求进行软件设计、代码开发以及测试，通过测试之后交付给主机厂。

主机厂接收供应商发布的软件，进行相关验证工作。

当软件功能需求发生变化时，由主机厂提出变更，供应商实施变更，并对软件进行升级、发布，形成新的软件版本。主机厂接收发布的软件，进行版本管理。

这个过程产生的主要是软件功能需求以及软件源代码。考虑到软件设计的专业性，建议通过专业的软件管理平台进行管控。

（二）软件功能配置码管理

设想一种情形，当一个控制单元软件只针对一款具体车型（所有配置都确定了的车），或者虽然针对多款具体车型，但软件无论代码还是刷写过程都没有区别，那么只需要将软件与车型建立关联即可。但这种软件管理方式的效率无疑是较低的。如果针对多种配置的车型，刷写相同的软件，通过对软件进行配置化管理，由不同车型配置决定软件在刷写时开启何种功能，这样可以大大降低软件数量，提高软件的通用性。事实上，很多车企正是采用这种方式来管理软件。例如，对于车身控制单元软件，有前照灯清洗功能和无前照灯清洗功能的车型开启的软件功能不同；有天窗和无天窗的车型开启的功能也不同，等等。这就需要管理软件的功能与车辆配置之间的关系。软件功能通过一个或多个字节来代表，每个字节有从 0 到 7 共 8 位，每位代表一个功能或者多个功能的组合，如第一位 0 代表无前照灯清洗功能，1 代表有前照灯清洗功能等。这样，通过多个字节就可以代表非常丰富的软件功能。软件通过字节与配置之间建立的这种关系即为软件功能配置表。软件功能配置表决定了软件能实现什么功能，以及在什么配置下实现哪些功能，这些无疑是非常重要的数据，因此需要有正式的发布流程进行发布。

上述软件功能配置表只是从软件本身的角度定义了软件的功能，与车型没有直接关系。整车生产时，需要知道具体配置的车型所涉及的控制单元硬件、软件清单，以及每个软件在这种配置的车型上开启的功能。软件功能配置表上每个字节的每一位代表了特定配置，如上面的例子，第一位 0 代表无前照灯清洗功能，1 代表有前照灯清洗功能，那么当某车型有前照灯清洗功能时，相应字节的相应码位为 1，当某车型无前照灯清洗功能时，相应字节的相应码位为 0，这样就形成了该特定配置的车型针对这个控制单元软件的每个字节、每个码位的取值。将这个二进制取值字节转换成十六进制，则形成了该软件针对该配置车型的一个功能配置码，该码代表了该软件在该配置车型上需要开启的功能。软件刷写时需要按照该功能配置码进行刷写，因此对于整车而言，需要管理好各控制单元软件功能配置码，形成一张控制单元硬件、软件以及软件功能配置码清单。

（三）软件刷写

软件刷写时，根据生产订单获取订单对应的车型信息，获取相应的控制单元硬件、软件清单，以及每个软件针对该车型（特定的配置清单）的功能配置码、每个软件要刷写的软件源文件。这些都是软件在车型上能够正确刷写的重要输入。因此，如何保证这些输入都正确十分关键。这个正确包含多方面的内容，包括硬件与软件匹配关系正确、软件版本正确、软件源代码正确、软件功能配置码正确等。这些环节的任何一个环节出差错、任何一个信息不一致，都将导致刷写的软件出错。

三、 基于超级 BOM 管理软件

第二章关于软件业务的讨论中讲道，软件开发有专门的软件平台进行管理，软件刷写也有专门的管理平台，而软件配置以及软件功能配置码则与 BOM 密切相关。下面就基于超级 BOM 进行软件管理的模式进行探讨。

（一） 将软件作为零件进行管理的方式

基于 BOM 进行软件管理，首先需要将软件作为零件进行管理。不过这是一种特殊的零件，与一般零件的区别在于：不仅要管理软件本身，还需要基于 BOM 管理软件与硬件的关系，以及软件功能配置码等内容。

控制单元包括控制单元硬件和软件两部分。一般车企，当软件作为零件管理时，在软件和硬件上面还会定义一个控制单元总成件。这样做的好处，是在 BOM 上能够建立起硬件和软件的直接关系；但缺点也非常明显，即软件变更非常频繁，硬件也会有变更发生，无论硬件还是软件，任何一个发生变更都会导致控制单元总成件需要变号。在这种模式下，将会产生大量的控制单元总成件号。因此，比较好的模式是采用软件、硬件分离式管理，即软件和硬件分别作为独立的零部件定义在 BOM 上，通过控制单元组建立软件、硬件之间的关系，这就避免产生大量总成件号的问题。

（二） 软件的配置化管理模式

在本书第五章我们详细探讨了车型配置管理。在整车开发的各个阶段，都涉及车型配置管理。策划阶段是定义新车型需求阶段，通过规划配置表定义新车型市场需求。市场需求经过技术分解，形成工程配置表。工程配置表表达的是车型与配置项（即特征族、特征值）之间的关系。在生产阶段，需要对车型配置进行投产生效管理，因而产生生产配置表。销售阶段则基于销售策略和销售配置定义销售车型以及销售车型的可选配置，成为销售定价和销售点单的基础。建立全配置体系就是要建立起一整套基于配置的整车研发、生产、销售管理模式。这个体系的建立，其中一个很重要的因素就是要建立全企业统一的配置资源管理，需要对配置项（配置特征族、特征值）进行编码化、规范化管理。

软件配置表建立了软件功能与车型配置之间的关系。而软件的配置化管理，就是在上述全配置体系基础上，将软件配置表中的配置项按照工程配置表的方式管理起来，即将软件功能相关的配置项抽象成为配置特征族和特征值，并进行编码化管理。代表软件功能的各字节的以及各字节的每一位都有相关特征值或特征值的逻辑组合相对应，这样，只要知道刷写该软件的车型与软件相关的特征值清单，就可以通过软件配置表中各字节的每一位与特征值的关系得到每一位的值，从而得到每个字节的值。这一逻辑类似于通过车型特征清单进行超级 BOM 解析，只不过区别在于对超级 BOM 的解析是针对 BOM 上的每个零部件，基于零部件使用条件进行解析；而软件则是基于软件配置表中的每个字节中的每一位与配置特征值之间的关系进行解析。

建立起软件的配置化模式使得软件可以面向车型平台或者车型系列进行设计，而不是按照单个车型进行设计，这带来的效率提升是不言而喻的。

那么软件配置表中的特征族和特征值与工程配置表是什么关系呢？首先，这两者有一部分是重合的，比如不带天窗和带天窗，会影响软件配置表，同时这也是工程配置表中的配置项。但还有部分甚至大部分是软件特有的、比一般车型配置项更细的配置项。如果这些配置项都纳入工程配置进行管理，将使得工程配置表的管理过于复杂，同时也会因为软件配置的调整而不断调整，影响很多与软件无关的业务，这显然是不太合适的。因此，在进行软件配置管理时，建议建立一个专属于软件的基础配置库，将那些不能被工程配置所覆盖的特征单独管理起来。这样，软件配置表既要与工程配置表建立关联，也要与软件基础配置库建立关联。

（三）软件超级 BOM

经过上述探讨，我们对软件超级 BOM 的认识就比较清晰了。

首先，将软件作为零件进行定义，每个软件都有零件号，以零件号的方式体现在 BOM 上。当 BOM 按照车型平台或车型系列组织称作超级 BOM 时，软件与其他零部件一样，将随着车型配置不同而有多种变型设计，因此有多个软件零件号。例如，不同基础车型对应的车身控制单元软件可以不同。这种关系通过超级 BOM 的零件使用条件（或叫配置条件）来表达。

除了软件本身的配置关系之外，还有第二层配置关系，即同一个软件零件号，针对不同配置的车型，其所开启的软件功能是不同的。这层配置关系则是靠软件功能配置码来表达。而软件功能配置码则是通过车型与软件相关的特征清单对软件配置表进行解析的结果。

基于这种管理模式，软件功能配置码是通过特征清单解析出来的，即软件功能配置码不再需要维护，而是通过 BOM 系统自动、动态计算出来，这就有效地解决了基于不同车型管理十分繁杂的软件功能配置码所带来的工作量大、容易出错的问题。

第七节　产品模块化设计与 BOM 管理

模块化是很多车企追求的目标，尤其是商用车企，因为定制客户较多，为了交付周期、成本等考虑，不得不认真考虑产品设计的模块化问题。模块化的意义显而易见，那么，模块化与 BOM 的关系是什么？BOM 如何支持模块化或者模块化如何在 BOM 上体现？这些都是目前我国车企常常容易产生困惑的问题。本章试图对这些问题进行分析探讨。

一、模块化概述

当客户有特殊要求时，如果从零开始满足这种要求，必然是从产品设计到产品交付，全部为客户进行"量身定制"。我国商用车企大量的特殊订单正是这种情形。在这种情形下，显然满足订单的代价是极其高昂的。一方面，很显然，企业难以盈利；另一方面，因为设计、制造都围绕着该订单转，正常的产品研发规范难以建立起来，研发体系常常被打破。这些都会严重影响企业的竞争力。应对之策是大规模定制，即通过某种方式使得定制化需求能够以某种规模化、批量化进行满足。这看似是一对矛盾，大规模定制业务模式就是要通过某种方法在这中间取得平衡。

产品如何以最低的成本、最高的效率响应多样化的用户需求，这是大规模定制业务模式下必须解决的问题；否则，必然会导致企业产品交付周期长、成本超出市场能够接受的范围，最终惨遭淘汰。而产品的模块化设计无疑是解决这一问题的有效途径。所谓模块化设计，就是通过一个个模块之间的组合形成满足用户需要的产品。产品的实现过程，就像搭积木一样：选择不同的积木，形成不同组合的产品，以满足多样化的用户需求。可见，模块化正是在"大规模"和"定制"这一对矛盾体中间取得平衡的一种方法。

如果每当有用户需求时，都采用新的零部件去响应，那么企业无疑会产生大量的零件号。因此，模块化的一个重要目标就是要减少零部件数量。如何减少零部件数量？通用化无疑是一个方法。但通用化同时也抹杀了个性化，而大规模定制恰恰是要满足个性化需求，即要重视这种差异化、体现这种差异化，通过最小化的差异组合来满足用户需求。模块就是能够满足一定功能的单元。如果这个单元能够被定义、被划分得相对独立，那么当这个模块发生变化时，显然对其他零件的影响就小，需要新设计的零件就会少。

但作为一个产品，其上每个模块都会与产品存在某种关系，某个模块需要以一定的方式与产品连接起来，从而才能够形成一个整体。这种连接方式称为接口。容易想到，当模块发生变化，如果接口也随之而变，产品上与接口相衔接的部分也随之发生变化，那么变化的零部件就会非常多。因此，显而易见，要使得模块能够相对独立，接口必须标准化。即模块在响应不同用户需求而发生变更时，如果接口不变，那么模块以外的部分就不需要变化，不需要产生新的零件号来响应这一变化。这样就可以将零件的影响缩小到模块以内，从而达到零件数量最小化的目的。

计算机可以算是模块化最好的产品，因此以计算机上的鼠标为例对上述讨论做进一步说明。鼠标的功能比较独立、完整，因此我们可以认为鼠标是一个模块。用户对鼠标的需求可能各式各样，比如对外观、造型等，这驱动我们设计多种鼠标样式出来。这无疑会产生多个新的零部件。假设我们不对鼠标与计算机的连接模式进行标准化，那么我们每设计一种新的鼠标，就可能产生一种新的接口方式，从而导致计算机机箱发生变化，因而机箱也需要采用新的零件号。显然，这对于计算机而言是非常可笑的事情。

对于模块化做得非常好的计算机，这似乎都是顺理成章的事情。但对于汽车产品而言，则要复杂得多，需要从系列化产品的角度进行总体设计。

汽车产品零部件非常多，划分成多少模块、每个模块考虑的要素是什么，这些都是非常复杂的问题。模块的形成要考虑哪方面要素，即哪些因素驱动我们将某些功能的零部件作为一个模块来考虑，针对这个问题，瑞典生产工程研究所（Swedish Institute of Production Engineering Research）及瑞典皇家理工学院（KTH Royal Institute of Technology）经过大量的案例研究，将之归结为模块驱动因子。*Controlling Design Variants*：*Modular Product Platforms*（*Anna Ericsson*、*Gunnar Erixon* 著）一书对此进行了详细定义。根据这本书的定义，模块驱动因子包括以下方面的内容。

（一）产品开发与设计驱动

首先是沿用原有设计。针对部分零部件或者子系统，在产品平台的生命周期中，设计变更的可能性比较低，这样的零部件因而可以沿用到下一代产品。对客户感知度比较低的零部件，意味着这些零部件与客户的喜好没有直接联系，更应该作为沿用件来考虑。

另外，有些零部件可能随着技术的发展而变化，比如新材料的采用等。因此追随技术发展也是模块化的一个驱动因素。

最后，企业为了更好地满足市场需求，或是出于降成本的要求，会计划性地推出新产品，这些新产品也会涉及零部件的变更。比如车企每年会推出新车型，往往改变的内容都相当固定，因此可以基于这个维度抽取出一些模块。

（二）产品变型驱动

产品变型驱动的模块化包括不同技术规格和创造产品风格两个部分。

针对用户的不同需求，如果能够设计一系列不同规格的功能模块去满足，显然将给企业带来巨大的收益。比如新能源汽车的电池，则通过不同的电量等技术规格要素满足不同的要求。零部件设计的系列化、接口设计的标准化能够极大地推动产品的模块化设计。

另外，产品的某些零部件会受到流行趋势的影响，影响到产品风格。比如汽车造型相关的外饰、内饰件，包括内外饰颜色件，就是影响汽车产品风格的零部件。这些也是驱动构成模块的重要因素。

（三）生产方面的驱动

生产方面的驱动主要体现在两方面，一是零部件共用，二是加工工艺。

零部件在不同车型上应用得越广泛、越多，由于规模经济效应，零部件的质量和经济效益越能够得到保证。一个新零件不仅会产生很大的研发生产成本，而且需要采购、物流等各方面的额外工作（相比于直接借用另一个车型上的零件）。这样的零部件，可以考虑按照模块化方法进行设计。

工艺方面的考虑则是为了提高生产效率，将某些特殊加工工艺的零部件组合在一起形成模块。

（四）品质方面的驱动

对某些特别容易出质量问题或者出现质量问题损失较大的零部件，应在生产环节安排特别的质量检测，以迅速反馈问题、修正问题，这将产生巨大的质量改善效益。出于这种对质量的特别关注要求，可将这些零部件或组合按照模块进行组织。

（五）采购方面的驱动

对于某些非核心技术要素，为了降低生产组织的复杂性、提高生产效率，可以考虑由某些专业的供应商直接形成模块供货。这种模式在汽车行业非常普遍，即委托外办合件模式，模块的生产、质量控制完全交给供应商负责。

（六）售后服务方面的驱动

售后服务方面主要有三个驱动因素。

一是从易于维修与更换的角度考虑的模块化。快速响应售后维修服务要求通常是获得客户满意的重要因素。零部件之间由于装配关系等，维修更换都存在一定的关联性。考虑到这些维修特性和维修快速性、维修质量等要求，通常会将零部件组合起来，形成维修包。

二是从提升产品性能的角度考虑的模块化。所谓提升产品性能，是指留给用户未来可以通过升级、扩充等手段提升产品性能甚至扩充新功能的机会。典型的例子如计算机内存。

三是从易于回收的角度考虑的模块化。汽车产品是一个对环境影响非常大的产品，因此受环保法规限制较多。很多零部件由于含有各种影响环境的金属元素，需要进行回收。为了能够促进产品的回收程度，每个模块内部使用不同材料的数量应该有所限制。容易对环境造成有害影响或是易于回收的材料，应该被独立用于某几个特定的模块内，这样就可以简化产品拆解、回收以及处理流程。

二、模块化设计与大规模个性化定制

前面谈到，模块化设计是解决规模化和个性化这一对矛盾的有效途径。通过将零件集约成为模块，形成一个个相对独立能够满足一定用户需求的单元，这样，在用户需求发生变化时，可以通过模块内部的变型设计或模块的组合实现对用户需求的满足，这样，零部件的数量就压缩到最低限度。下面就模块化对大规模个性化定制的促进作用略加讨论。

（一）销售定价

目前部分商用车企在实践中往往将用户需求与模块对应起来，当用户选择某个选装时，与此选装相关的零部件（或者说主要零部件）往往以模块的方式组合在一起。这给定价带来了一定的便利性。但选装配置项与零部件的关系往往比较错综复杂，即用户选定某个选装配置时，到底影响到哪些零部件并非是一个直接对应关系。那么这就给选择该选装应该如何定价带来了一定的麻烦。这个时候，通常需要一些辅助手段帮助财务进行定价。而如果采用模块化，则有机会使得选装配置与模块之间建立一种比较直接的关系，至少，可以比选装配置与零部件之间的关系更为简洁。通过模块打包，也更为直接地获知影响到哪些主要零部件，从而容易进行成本和定价计算。

（二）前端用户点单

在自由选配模式下，前端用户点单将是一个非常重要的环节。这个环节是用户需求最直接的表达环节。模块化设计可以将用户需求与模块功能建立更直接的关系，从而使得用户点单更为直接。用户的特殊要求也容易对应到模块，从而为模块的变型设计提供直接输入。因此，模块化设计更有利于用户与企业之间的交互。

（三）生产物流

为了满足用户的个性化需求，如果产品不进行模块化考虑，那么新零部件的数量会非常巨大，这无疑会给生产物流带来极大挑战，物料筹措也会是一个巨大的问题。模块化将最大限度将用户需求和需求变化所引起的新零部件增加控制在一个合理、可控的范围，使得生产物流的效率得到一定程度的保证。

（四）成本

大规模个性化定制所要解决的最核心的问题就是成本和效率问题。而模块化是通过搭积木方式形成多样化的产品组合以满足多样化的市场需求，其所带来的成本效益是显而易见的。

三、 模块化与全配置 BOM 管理

模块化与 BOM 的关系一直是很多车企纠缠不清的话题。我们对此略做讨论。

首先，模块定义了边界关系和平台依附关系，模块之间既相互独立，同时又存在着易于管理的关联关系；模块既可以独立进行研发、实验、采购、制造，又能根据其相互之间的关系进行产品协同开发。因此，产品的模块化是一种设计理念，其本身浸透于产品开发过程之中，是一个持续优化、不断寻求最合适结果的过程。这种追求是由从平衡降低生产复杂度、提升复用、降低成本、缩短对客户需求响应的时间等关系到提升企业核心竞争力的目标驱动的，并需要体现在日常工程师的工作中去。模块内部设计的参数化、系列化以及外部接口的标准化等工作对于产品模块化至关重要。因此，模块化不仅仅是一个针对产品数据（这里的产品数据是指广义的产品数据，包括 BOM 和数模等）的重新组织过程。仅仅对产品数据进行重新组织，而不从设计源头上改变设计思路，既无助于产品的模块化，也无助于降低产品及生产的复杂度、提高复用、降低成本等。更为糟糕的是，可能由于增加了"模块化"的考虑而使得产品数据的组织更混乱、上下游之间的贯通性更差，这种适得其反的例子在我国整车厂也是司空见惯的。

其次，先进的 BOM 管理体系可以起到促进产品模块化设计的作用。前文讨论的是不能单从 BOM 的角度来考虑模块化，但这并不代表模块化与 BOM 没有关系。如

果产品模块化设计在企业进行推进时，没有好的 BOM 管理体系做支撑，落地也会比较困难。因为模块的引入，必然会涉及零部件如何组织的问题，与 BOM 密切相关。

以下就模块化与 BOM 的关系略做说明。

（一）模块化设计与配置管理

车型的功能，或者说是用户的需求，通常通过车型配置项或特征来表达，而用户的需求落实到技术方案，在模块化设计场景下表现为模块。因此模块与配置项存在直接关系。例如，一辆车是否有扬声器、车窗升降方式、门锁控制方式、后视镜控制方式、是否有阅读灯等都是车辆的功能，也都是用户能够看得见摸得着的需求。但上述每一项功能都会涉及车辆内部的线束这一用户看不见的零部件。如果将扬声器、车窗、门锁、后视镜、阅读灯都分开考虑，这样将需要很多线束，这使得供货、装配都变得非常复杂。如果基于模块化设计，我们可以将扬声器、车窗、门锁、后视镜、阅读灯所需要的线束进行统一考虑，即将这几种线束定义为一个模块（车门线束模块），在充分分析各种车型功能组合要求的情况下，将车门线束模块固化成数量有限的几种组合模式来满足各种车型功能组合的要求，这将大大降低生产和售后的复杂度以及由此带来的成本。显而易见，这个车门线束模块与扬声器、车窗升降方式、门锁控制方式、后视镜控制方式、阅读灯等车辆配置项有直接关系。这些配置项的组合决定了模块的组合。

线束的例子在车企中非常典型。就上面的例子而言，设计人员往往不知道到底要定义多少模块级总成件号。一个很好的 BOM 管理体系应该能够帮助设计人员解决这个问题。由前面我们对于全配置关系管理的讨论可知，是否有扬声器、车窗升降方式、门锁控制方式、后视镜控制方式、阅读灯开关等都作为特征定义在配置表中，并且与车型之间定义了标配选配关系。我们只需要指定这些配置项与车门线束模块有关（当然，车门线束模块还与其他因素有关，比如车身型式、左右舵位等），就可以根据配置表的车型配置情况自动计算出这些特征所有可能的组合。设计人员根据实际需要的组合情况在这一组合集下选择所需要的组合即可。

由此可见，进行模块规划，首先要管理好车型配置。

（二）模块化设计与超级 BOM

模块化设计就是将产品按照模块的方式来实现，即模块构成了最终产品。而每个模块又有一系列的零部件构成。前面章节阐述 BOM 架构时谈到，BOM 就是管理数目繁多的零部件（特别是供货级别零部件）与多样化的产品之间的关系。因此，模块的引入，必然对 BOM 架构产生一定影响。BOM 架构必须要考虑模块以何种方式体现在 BOM 上。在探讨这个问题之前，我们先来看另外一个与之密切相关的问题，即单一产品 BOM 和超级 BOM 与模块化设计的关系。

Controlling Design Variants：Modular Product Platforms 一书对产品架构与模块化的关系做了说明。这本书将产品架构分为三个层级，即产品系列层级、产品层级和零部件层级；并指出在这三个层级上应用降低产品复杂度的方法，所取得的效果依次大约是 100:10:1，也就是说，一个好的设计，用在越高的产品层级上，通常能够获得越大的潜在效益。

产品的模块化设计，显然要基于产品系列开展才能取得好的效果。孤立地对单一产品本身谈不上产品组合管理，也就无从谈起模块化要求。

前面有关 BOM 架构及全配置管理章节，我们谈到 BOM 的组织模式有单一产品组织 BOM 和超级 BOM 两种。在单一产品 BOM 组织形式下，该产品的 BOM 与其他产品的 BOM 是完全不相关的，即使两种产品相似度非常高，甚至有 90% 以上的共用件也彼此独立。而超级 BOM 则是将一系列产品组织在一个大的 BOM "房间"，在这个 "房间" 里定义了这个产品集合的所有零部件。单个产品的 BOM 通过配置关系，从这个 "房间" 里动态产生。

从上述两种 BOM 组织方式来看，显然，按照单一产品组织 BOM 的方式与模块化的思路是不太相符的，或者说达不到最好的效果。一个简单的逻辑推理是，模块基于产品系列进行规划、定义，却要以一个一个相对独立的产品为单位重复、冗余地体现在多个 BOM 上，其效率显然是较低的，且数据一致性难以保证，反而会影响模块规划的质量。而超级 BOM 则不存在这样的问题，因为超级 BOM 的构建单元与模块化设计考虑的单元是一致的。

（三）模块在超级 BOM 上的体现形式

前面章节关于 BOM 架构探讨时，我们谈到供货级别零部件为 BOM 的核心，因为这一层级零部件对于所有业务领域都是有意义的，尤其对于采购以及生产物流，更是其业务的最基本运作单元。正因如此，BOM 的核心信息在这一层级进行管理无疑是最为高效、最为灵活的。那么当模块被引入时，又该如何考虑呢？

为了探讨这一问题，我们需要分开来看几种不同类型的模块。

首先来探讨一种最为理想的模块类型，那就是从设计到采购再到组装均一致的模块，即采购、组装都是在模块级别进行。比如上面讲到的车门线束，就完全可以定义为这种类型的模块。对于这种类型的模块，模块本身就体现为一个供货级别的总成件。从研发到采购再到制造物流，都以该总成件为单元工作，不存在研发到下游之后需要在模块以下的层级考虑供货问题。对于这种类型的模块，直接作为 BOM 的总成件进行定义，与我们上面说到的超级 BOM 架构原则是一致的。

其次，既然存在从研发到采购再到物流都一致的模块，那么也会存在只是在研发环节作为模块定义，但下游不能够以模块进行采购和物流管理的模块。在这种情况下，模块当然可以作为 BOM 的一个单独的层级直接定义在 BOM 上，并且配置关系往往需要作用在模块层级。需要注意的是，这个层级只是体现在工程 BOM 上，到了制造BOM 或是采购 BOM 时，模块层级往往就显得多余，对业务的支持效率不大高。这种组织模式的弊端是显而易见的，零部件层级的冗余定义还在其次，最关键的是面向下游业务单位应用时，如何去掉模块层级并进行供货级别零部件的合并。若不合并，那么下游 BOM 形态将重复出现各模块下零部件 BOM 行，给工位定义等都带来一些麻烦。若合并，则麻烦更大，一是需要转换，逻辑复杂且可操作性低；更为重要的是，当上游模块发生变更或者换号时，下游 BOM 形态如何对应这种变更就显得特别麻烦。

因此，对于上述情形，合并和不合并都不是理想的方案。有没有更高效一些的方法呢？我们知道，什么零部件必须作为 BOM 行进行定义主要是由物流规划的要求决定的。如果没有这方面的要求，那么这些零部件就完全可以不必作为 BOM 行体现。既然这种类型的模块只是从设计出发的一种定义，而在采购、物流层面都不是基于这一层级开展工作的，那么模块号本身是不具备采购、物料需求计算、入出库等管理要求的，因此其作为 BOM 行进行定义的必要性是值得怀疑的。如果在工程BOM 上定义模块组，并且作为属性信息维护到 BOM 上，而不是体现为一个模块层级，这样既可以满足模块化的管理要求，又不会带来 BOM 组织上的问题。

第三种模块即委托外协合件模块。这种模块的组织方式往往被认为是从生产制造的角度产生的模块，很多车企在研发数据上并不体现。这种模块的定义方式在本书第六章中有详细探讨，此处不再赘述。

以上是三种典型的模块场景，可以概括为四种模块在超级 BOM 上的定义方式。而其他类型的模块则可参照这三种场景、四种方式加以考虑。四种方式总结如下。

1）模块体现为总成件。模块贯通研发、采购、生产物流，因此可以作为供货级别总成件进行定义。

2）模块直接作为 BOM 层级进行定义。模块只体现在研发端，并且直接作为一个层级定义在工程 BOM 上。下游 BOM 形态需要转化得到。

3）模块与 BOM 弱关联模式。模块只体现在研发端，不作为一个层级定义在工程 BOM 上，而只作为 BOM 行属性体现。

4）模块与 BOM 的松耦合关系（委托外协合件模式）。通过指定与模块相关的配置项，系统自动计算所有模块可能性，由设计人员指定需要阐述的模块，系统自动生成配置关系及模块子结构。

四、 先进的 BOM 管理体系对产品模块化设计的促进作用

由上面的论述可知，模块化与配置管理、BOM 管理存在密切关系。一个好的 BOM 管理体系无疑对模块化的落地有十分积极的意义。

图 7 - 10 表达了模块化与配置管理、BOM 管理之间的关系。

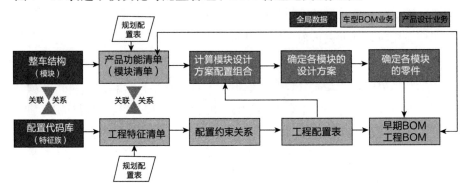

图 7 - 10　模块化与配置管理、 BOM 管理之间的关系

图 7 - 10 中的各种管理对象已经在本书第五章及第六章中有详尽阐述，在此不再赘述。下面主要说明在全配置管理体系和全价值链 BOM 管理体系之下，如何帮助企业更好地进行模块化规划。

一个管理水平较高的车企，通常都会对本企业的车型产品功能分解结构形成固定规范。这种规范本身包含模块划分思想。同时，为了更好地进行配置管理，可以在整车结构规范层级形成与车型配置项之间的关系。整车结构规范以及全局配置代码库都不是针对具体车型进行定义的，因此这种关系一旦形成，可以应用于所有车型。

在车型开发早期阶段，BOM 工程师根据车型规划配置表定义车型功能清单。这个功能清单进一步体现了要开发的车型为了满足市场需求而应该具备的模块。

同时，基于规划配置表形成车型工程特征清单，在此基础上定义配置约束关系，形成工程配置表。

进行模块规划时，车型功能清单与车型工程特征清单可以建立关联。这种关联就决定了哪些特征与哪些模块相关，或者说，模块会影响到哪些工程特征。在产品模块化设计时，BOM 系统可以基于工程配置表以及模块与特征的关系计算所有可能的组合。并且这种可能的组合是在满足配置约束关系条件下的有效组合。设计工程师基于这些有效组合以及其他考虑因素做进一步筛选，最终确定模块设计方案。最后，针对每种选择的方案，定义模块的下级零部件。而 BOM 则是根据车型功能清单、工程配置表以及模块下级零部件的定义进行创建，并不断丰富。

第八章
基于企业级 BOM 的系统集成架构 ////

第一节　　业务应用系统集成概述

在信息化比较完善的车企，每个业务领域都需要一整套完善的系统支持这个业务领域的运作。例如研发领域，是通过 PDM/PLM 支持设计工作的开展；工艺领域，是通过工艺管理平台支持工艺验证以及工艺设计工作的；而采购业务领域的供应商管理、采购项目管理、寻源定点管理、采购降成本管理以及零部件开发及质量管理等业务，则由采购业务系统支持；生产控制、质量跟踪、采购订单、物料拉动及零部件物流、财务结算等业务，则有 ERP/MES/LES 等系统支持；营销领域的经销商管理、销售订单管理、客户点单管理等业务，则由 CRM/DMS 及销售点单系统支持；而售后服务业务领域则有提供对售后维修电子图册编制进行支持的售后服务系统等。这些应用系统在各自的业务领域内都发挥着极其重要的作用。

但一个现代化的车企，仅有这些业务领域内强大的系统支持本业务领域的运作还不够，还要使这些应用系统连接起来，达到跨价值链整体效率的提高。要做到这一点，比构建单个业务领域复杂的应用系统难度还大。实践也表明，我国自主品牌车企过去在这一点上做得不尽人意，特别是前面章节所谈到的研发与生产的对接，更是问题多多。研发数据走不出研发部门更是一个司空见惯的现象。

制约车企信息系统集成化水平的主要因素体现在两个方面：车企的体系化水平和车企的信息化规划能力。

（一）车企体系化水平对信息系统集成的制约

汽车工业是一个十分庞大、复杂的系统工程，一个车型的开发生产涉及成千上万工程师的协同协作。如何使得这么多人员能够高效协作，这就涉及体系化。

体系是指一定范围内或者同类的事物按照一定的秩序和联系组合而成的整体。

体系化则是使事物成为体系的过程。对企业来说，体系化就是使企业在无序和有序之间寻求平衡，局部之间相互协调，相互促进，相互补充，相互强化，产生强大的组织力。

就汽车工业而言，做到体系化并不容易。且不说整个车型开发过程，仅一个局部都十分复杂。比如数模的发布，因为涉及模具投资等，所以是一个十分慎重的过程。这里涉及设计工程师、CAE 工程师、工艺工程师等不同专业领域的工程师，他们之间各自基于什么状态的信息、如何开展工作，如何提供信息的反馈直到保证数模的正确发布，这需要一整套的工作机制。再比如供应商零部件开发过程管理，对主机厂要管控哪些节点？在不同节点需要提供哪些交付件？交付件如何评审？整个零部件开发过程中项目管理人员、设计人员、采购工程师、质量工程师以及供应商各自该承担什么工作、相互之间如何协作？这些都需要制定一整套规范来确保这一过程是受控的，这就是在供应商零部件开发过程管理方面的体系化工作。

车型开发过程的体系化就是要将这一过程中不同专业、不同业务领域，甚至不同法人实体的员工之间割裂的、分散运作的、互不协同的工作整合起来，形成一个环环相扣的、有依赖关系的、信息对称的、责任明确的"网络化"工作链。有了体系化，才能保证整车开发过程中所涉及的成千上万人员在任何时点都能够知道自己该干什么事情、如何配合别人的工作。因此不难看出，体系化是使业务达到集成状态的手段，只有体系化，才能够从根本上打破工作中的本位主义、部门之间"老死不相往来"、不同业务领域管理颗粒度差异悬殊等局面，使组织效率最大化。

在第一、第二章的论述中，我们提到业务集成是系统集成的前提。如果两块业务本身没有达到集成的状态，那么覆盖这两块业务的信息系统之间就很难达到有价值的集成。最典型的如工程变更管理，研发端按照每个变更单进行管理，但在采购端，部分企业则不一定按照每个变更单与供应商进行价格谈判，而是采用比较粗放式的方法与供应商进行价格变更、结算（如变更单积累到一定程度再进行商务处理）。那么这个时候，对于工程变更业务而言，在研发业务领域和采购业务领域不是集成的，因此对于采购系统而言，进行工程变更的同步就比较困难，同时也没有太大价值。反之，如果对于每个工程变更，在影响成本的情况下，都需要驱动零部件台账的变化，那么这个业务是集成的，因此上游的工程变更管理系统与采购业务系统集成就是一个自然的事情，且集成的价值也大。

因此，体系化保证整车开发业务是集成的、均衡运作的，这也就为各业务领域的应用系统之间的集成提供了极为便利的条件。反之，如果企业缺乏体系化，各业务零散而不完整、独立运作、管理颗粒度不平衡、信息不对称，那么追求应用系统之间的集成便是无根之木、无源之水，最终只能是缘木求鱼。

（二）车企信息化规划能力对信息系统集成的制约

在车企中经常会看到这样的现象，同样一个数据（比如车型数据或者供应商数据），在很多系统中都出现，但相互不关联，即便是同一条数据，也有可能在不同的系统中有不同的编码、名称等；某些系统十分庞杂，什么工作都沾一点边，但都不深入；有些系统功能非常多，但能够用起来的、真正发挥业务价值的不多；有些关键的业务环节缺乏业务系统的支持……这些现象都是缺乏信息化规划的表现。

上面讲到，整车开发过程是一个十分庞杂的系统工程，因此支撑起这个庞杂的系统工程的信息系统自然也不是一个简单的事情，需要进行系统性的规划，形成与业务体系相匹配的信息化体系。信息化规划能够帮助车企做好以下三件事。

1. 应用系统定位明确

系统定位明确的好处是将系统的复杂度控制在可控的范围内，发挥系统的优势为业务服务。我们知道，当系统达到一定的复杂度之后，每增加一分内容，可能会增加十分的难度，特别是当增加的部分与系统核心内容不在相同维度时（如系统核心是管理主数据，但增加的部分涉及交易型数据的管理等），因为这个时候复杂度是呈指数上升的。界定好系统边界，并且确定好系统与系统之间的关系，能够大大降低这种复杂度，从而避免由于复杂度的上升而导致的系统可维护性、可操作性以及应对未来业务变化的灵活性的降低。

2. 优化信息流

缺乏规划的信息系统建设往往从局部出发，缺乏全局视角。信息在哪些系统产生、在哪些环节被哪些系统应用往往缺乏整体性分析，从而导致各业务领域各自为政、各搞一套。良好的信息化规划应该对支撑车企业务的信息流进行全面梳理，并确定关键信息的源头系统以及各使用系统，从而确保信息不会因为重复产生而导致信息不一致。

3. 促进业务体系化

信息化规划一般有两种途径：业务引领和信息化引领。所谓业务引领，就是首先对业务进行变革、优化，然后通过信息化规划制定一整套与优化的业务相匹配的信息系统建设路径图。所谓信息化引领，是指通过信息化规划项目发现业务改进点，带动业务进行变革，即从 IT 的角度推动业务进行优化。上述两种途径中，无论哪种途径，信息化本身都不只是一个 IT 问题，而是一定与业务本身的变革和优化密切相关的。这种业务的变革和优化，本质上是使车企管理更为体系化的过程。

由以上分析可知，当缺乏信息化规划时，车企的应用系统往往杂乱、零散、不成体系；特别是信息流不够清晰、在系统内部形成固有模式、在系统之间难以流转时，系统之间的集成自然是一件十分困难的事情。

总结上述内容可以看出，业务的体系化使得业务本身是集成的，而且信息流是贯通的，因此应用系统之间的集成本身不会成为问题。然而，如果业务本身不集成，或者信息流本身是断裂的，就会造成系统之间集成困难，例如前面所讨论过的 PDM/PLM 与 ERP 的集成问题就是典型。我国车企乃至整个制造业，这两者的集成普遍不理想，就是因为在 PDM/PLM 的输出与 ERP 的输入之间缺少业务环节的介入（即业务本身不是集成的），使得信息流本身是断裂的，这样，系统集成也无从谈起。

第二节　基于企业级 BOM 的信息系统集成框架

企业级 BOM 作为一块完整的业务，渗透到各个业务领域；同时，BOM 作为跨价值链的信息索引，与各业务领域的关键应用系统都存在千丝万缕的联系。本节从整体上描述企业级 BOM 平台与各关键应用系统之间的集成关系以及与 BOM 相关的主数据信息流之间的关系。

一、　企业级 BOM 平台带来的系统集成架构的改变

在没有独立的企业级 BOM 平台的情况下，各应用系统对于 BOM 的定义、管理和 BOM 的应用的区分并不明显。有的系统既是 BOM 的定义者和管理者，同时又是 BOM 的应用者，典型的如 PDM/PLM 系统和 ERP 系统。在这种情况下，系统集成也通常是在这些应用系统之间建立起错综复杂的接口关系，通过系统接口来传递 BOM 信息。

（一）无独立的企业级 BOM 平台下的集成架构存在的典型问题

1. BOM 信息各自为政，一致性难以保证

BOM 数据是随着整车开发过程而不断演进的，同时，工程变更每天都在发生，对于不同阶段的 BOM 都会产生影响。当核心的 BOM 数据在不同的系统中产生并进行跨系统传递时，分别处在不同系统中的不同形态的 BOM 缺乏统一的变更控制，必然导致数据不一致问题发生。

2. 难以完全满足业务要求

每个业务应用系统都有其侧重点，在业务应用系统中定义、管理 BOM，其管理方式必然会受到该系统的制约，特别是 BOM 架构、配置化定义方式等。每个业务应用系统都有一套自己的做法，必然导致业务应用系统之间 BOM 对接困难，特别是当这种对接涉及 BOM 形态转换时，对很多企业而言，集成就变成一件不可能的事情。典型的如 PDM/PLM 与 ERP 之间的直接对接。

（二）企业级 BOM 系统平台下集成架构的好处

企业级 BOM 系统针对关键形态的 BOM 在其定义、管理以及使用方面均进行了有效区分。企业级 BOM 系统作为早期 BOM、工程 BOM、制造 BOM、售后服务BOM、KD BOM 等关键 BOM 形态的定义者和管理者，在变更频繁的情况下确保各个形态的 BOM 之间的一致性管理，同时确保 BOM 数据与配置数据的一致性。而其他业务领域的关键应用系统，则是 BOM 的使用者。如 PDM/PLM 系统，是零部件主数据、配置主数据乃至早期 BOM 和工程 BOM 的使用者；ERP 系统则是制造 BOM 的使用者；采购业务系统是早期 BOM/工程 BOM 的使用者（通过早期 BOM/工程 BOM导出项目采购清单）；工艺系统是工程 BOM 的使用者；售后服务系统是 SBOM 的使用者，等等。在这种情况下，车型主数据、零部件主数据、配置主数据以及变更围绕着 BOM 这条信息主线进行组织，统一定义，统一管控，并按照使用系统的要求将车型、配置、变更、零部件、BOM 数据发送到各 BOM 的使用系统，形成一个以企业级 BOM 平台为核心的集成架构。这种集成架构的转变可以简单表述如图 8－1所示。

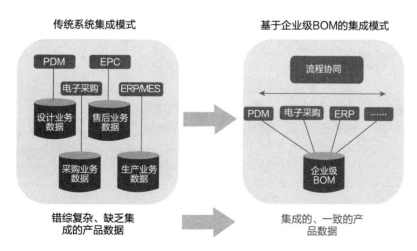

图 8－1　传统集成模式与基于企业级 BOM 集成模式

这个集成架构带来的好处如下。

1. BOM 数据源头单一，信息流清晰明确

企业级 BOM 系统是 BOM 的构建者和管理者，是各 BOM 使用系统 BOM 数据的唯一来源。

2. 数据的一致性能够得到最好的保障

企业级 BOM 是 BOM、配置和变更高度集成的系统，确保了三者之间信息的同步。这些信息传递到其他 BOM 的使用系统时，比较容易保障传输的数据的完整性以及状态的准确性。

3. 降低了接口乃至各应用系统的复杂性

关键 BOM 形态的 BOM 架构、与配置的关系、与变更的关系统一在企业级 BOM 系统中定义和管理，其他应用系统只需要按照该应用系统对 BOM 的使用要求接收 BOM 数据，从而有效避免了 BOM 在多个系统中定义、通过集成接口进行转化的复杂性。

二、 基于企业级 BOM 的集成架构说明

企业级 BOM 将各业务领域涉及跨业务领域协同的信息通过 BOM 这一信息主线集中承载，从而使得企业级 BOM 在整个企业的应用系统集成架构中处于中心或者是顶层位置。图 8-2 所示表达了这种关系（表达系统之间的主要信息流）。

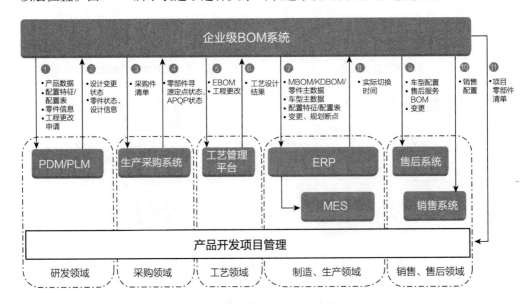

图 8-2　基于企业级 BOM 的集成架构

研发领域主要是与 PDM/PLM 系统之间的集成。总体场景：车型配置数据以企业级 BOM 为源头，在企业级 BOM 系统中维护，并视 PDM/PLM 的需要向 PDM/PLM 系统传递；BOM 和零部件数据以企业级 BOM 为源头，新零部件号统一在企业级 BOM 系统中申请，并通过系统集成发送到 PDM/PLM 系统；变更以企业级 BOM 系统作为总控系统，变更申请在企业级 BOM 系统中得到批准之后，对于数模、图样等的更改，则通过企业级 BOM 系统发送过来的变更进行数模、图样的发布；PDM 是设计信息的源头，零部件的设计属性、零部件与数模及图样的关系、数模/图样的状态等信息通过系统集成传递到企业级 BOM 系统。

采购领域主要针对先期采购进行管理的生产采购业务系统进行集成。车企的采购项目管理以及零部件的寻源定点过程一般都通过专门的生产采购系统管理。在整车开发的早期阶段即开始新车型项目的寻源定点规划，这项业务依赖于采购能够在这个时点获得新车型项目的外购件清单。企业级 BOM 构建早期 BOM/工程 BOM，基于早期 BOM/工程 BOM 得到新车型项目的外购件清单，并通过系统集成发送到生产采购系统。生产采购系统接收到新车型项目外购件清单，开始采购项目管理以及零部件的寻源定点工作，并将其他业务领域所关注的零部件寻源定点状态反馈到 BOM 系统。在美系车企，零部件开发过程管理也在生产采购系统中进行，因此重要的 APQP 状态也将通过系统集成传递到企业级 BOM 系统。

工艺领域主要针对工艺管理平台进行集成。工艺系统一般包括两种类型，一类为侧重于面向工艺验证的系统，如各种三维工艺验证平台；另一类为面向量产的工艺设计与管理系统。对于这两类系统，因为侧重的业务场景不同、功能不同，所以集成的需求也不同。第一类通常要求与设计的互动较多，实时性要求较高，并且更主要的是与 CAD 数据的同质化程度高，因此其数据来源多来自 CAD/PDM/PLM 系统。第二类面向量产，因此对于工程变更的承接以及工艺信息的发布管控比较严格。这一类的工艺平台输入信息也非常多样化，既有来自 PDM 的数模和图样、CAD 结构信息，也有来自 BOM 系统的工程 BOM 及工程变更信息。特别对于总装工艺，工艺平台可以基于 BOM 系统传递过去的 EBOM 进行路线规划、工位定义，并将结果发布到 BOM 系统。

制造、生产领域主要是与 ERP 系统进行集成。正如本书第二章所述，企业级 BOM 一个很重要的作用就是架起 PDM/PLM 与 ERP 之间的桥梁，实现研发与制造的贯通，因此 BOM 系统与 ERP 系统的集成，可以说是所有集成关系中最重要的集成。企业级 BOM 系统将直接为 ERP 提供物料、制造 BOM、车型配置、变更以及规划的断点。在制造、生产领域的另一个重要系统是 MES 系统。一般情况下，从业务流及信息流角度来讲，MES 接收从 ERP 中传递过来的物料及 BOM 数据是一个合理的方案。但部分企业由于各种原因，也有从 BOM 系统中接收车型配置乃至 BOM 信息的。

销售领域主要是与销售系统进行集成。企业级 BOM 中完成销售配置定义，为销售平台提供统一的销售主数据支持。销售平台的销售定价数据来源于企业级 BOM 中的销售配置，基于销售配置表中的销售车型以及客户选配项进行产品定价；销售平台的客户点单所需的销售主数据也来源于销售配置表中的销售车型及销售选配，并结合销售定价的结果为客户点单的车型提供报价。

售后服务领域主要是与售后服务系统的集成。售后服务系统接收企业级 BOM 系统的售后服务 BOM 及售后服务变更信息，基于售后服务 BOM 进行电子图册编制。

车企项目管理系统比较特别。在研发阶段进行的研发项目管理与后端侧重点在采购、生产、物流等方面的项目管理差异非常大，因此少有车企采用一套相关管理平台管理整车开发全过程的案例。一般在研发阶段主要是针对研发活动以及研发交付物进行管理，并且这些交付物通常都是数模、图样等电子交付物，因此这个阶段的项目管理通常采用 PDM/PLM 的项目管理方式进行管理。在此阶段之外，则侧重于基于零部件进行管理。一个车型开发项目涉及上千乃至几千个零部件，整车是否能够准时量产（Start of Production，SOP）取决于这些零部件的开发计划、APQP 计划是否能够按时完成、达到量产所需要的状态。因此这种类型的项目管理必须基于整车所需要跟踪的零部件清单展开。这一零部件清单可以由 BOM 系统产生，并传递到项目管理平台。

下面第三～第六节分别对研发、制造、销售、售后领域的系统集成思路进行探讨。采购领域的应用系统集成已在第七章中集中讨论，故不再赘述。

第三节　　研发领域系统集成思路

研发领域最关键的业务系统是 PDM/PLM 系统。本节围绕企业级 BOM 与 PDM/PLM 系统的关系探讨二者集成的思路。

一、企业级 BOM 与 PDM/PLM 系统的定位

在探讨集成思路之前，我们首先需要对这两个系统进行清晰的定位，以界定两个系统各自的边界和主要作用。

在前面的章节中，我们花了大量篇幅探讨独立 BOM 的必要性、PDM/PLM 系统

的特点等内容，这些探讨都有利于我们更好地理解汽车行业中两个系统的定位，如图 8 - 3 所示。

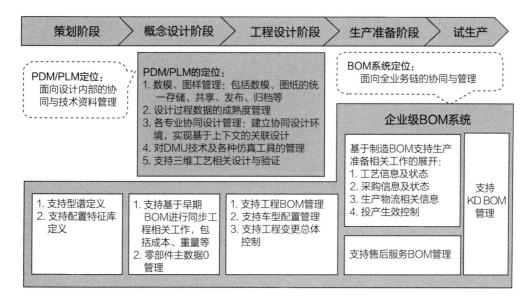

图 8 -3　企业级 BOM 系统与 PDM/PLM 系统的定位

汽车行业多年的实践表明，PDM/PLM 目前更偏向于研发内部的管理，特别是在 DMU 技术、关联设计等技术极大发展及大量应用，都是依托 PDM/PLM 技术发展的结果。在汽车企业整个 IT 蓝图中，PDM/PLM 将最大化发挥其优势，帮助车企构建完整的协同设计平台，主要包括以下方面。

1）数模、图样的管理。数模、图样是车型研发最关键的交付物，是 PDM/PLM 平台管理的核心内容。通过 PDM/PLM 平台，为企业构建统一的电子数据仓库，实现对数模、图样文档的集中存储、发布以及变更管理。

2）设计过程数据的成熟度管理。设计过程涉及跨专业的协同、CAD/CAE 乃至工艺验证之间的协同操作、零部件设计与供应商等交互工作，等等，都需要零部件数据在完成最终设计之前共享。设计成熟度就是为了确保这种共享、协同而采取的对零部件数据（数模、图样等）的管控方式。如在某些车企，数模初始是为了与供应商交流、供寻源定点使用的；第二个成熟度状态是零部件可以开软模的标志；第三个成熟度状态是零部件可以开硬模的标志等。通过 PDM/PLM 平台，对数模、图样等设计交付物进行成熟度管理，通过一定的流程驱动数模、图样等设计交付物成熟度状态的变化，从而驱动相关业务工作的开展。

3）形成协同设计环境：汽车产品设计涉及机械、电子、软件等多学科交叉以及底盘、车身、电子电器、动力系统等多专业领域的协同。不同学科采用的设计、验证工具不同，不同专业领域之间存在着千丝万缕的关联。PDM/PLM 平台通过对不同学科的工具软件进行集成，达到一体化设计的目的；同时，通过上下文关联设计建立起不同专业之间的协同工作模式。

4）DMU：DMU 技术对于产品设计非常重要，能够起到提前发现问题、减少实物样车等作用。因此，在国外很多企业，DMU 验证是设计的日常工作；而国内制造业也将 DMU 作为产品开发关键节点的重要评审内容。对 DMU 的管理是 PDM/PLM 重中之重的管理内容。

5）三维工艺验证与设计：基于三维数据进行工艺性审查、数字化工厂规划、工位设置等在车企的应用也越来越广泛。PDM/PLM 平台通过 CAD 工具、工艺验证工具的集成，实现两者信息和流程的贯通。

而企业级 BOM 则是通过对配置、BOM 以及变更的集成、一体化管理，形成贯穿整车开发各阶段对车型的定义，并以此为信息索引，形成全价值链上下游之间充分的业务协同。这种协同包括市场与规划、研发的协同，研发与采购、成本等的协同，研发与制造、物流的协同，研发与售后的协同，以及生产准备各环节的协同等。

二、 企业级 BOM 与 PDM/PLM 系统集成场景

我们基于新车型开发过程来探讨企业级 BOM 系统与 PDM/PLM 系统究竟在哪些业务上相互有关联，从而确定系统上哪些地方需要集成。

车型开发中，首先要根据市场需求、市场车型对标情况以及车企自身技术发展规划确定新车型的关键规格参数和配置。在此基础上，选出参考车型构建新车型配置表、搭建初始 BOM。车型配置表、初始 BOM 搭建等工作都在企业级 BOM 系统中进行。同时，从车型设计角度考虑，需要搭建 CAD 结构以满足前期研究或者正式零部件设计等工作对数模的组织要求；需要对 DMU 进行规划，需要从企业级 BOM 系统获得配置主数据，在 PDM/PLM 系统中考虑面向 DMU 要求建立车型配置关系。

基于参考车型构建初始 BOM 过程中，需要确定各零部件开发策略，即确定哪些零部件为沿用件、哪些零部件为沿用修改件、哪些零部件为全新开发件。确定为沿用修改或者全新开发的零部件，需要申请新的零件号。申请零件号的流程一般在企业级 BOM 系统中管理，同时与 PDM/PLM 系统同步。同时在 PDM/PLM 系统中开展零部件设计相关工作，包括零部件数模、图样相关工作以及数模、图样在 PDM/PLM 系统中与零部件进行关联等。

BOM 搭建与维护中一个非常关键的内容是确定零部件的用法，即确定零部件与车型的采用关系。零部件用法通过零部件配置条件来表达。BOM 的发布实际上就是

对零部件用法的发布。早期发布主要是使依赖 BOM 开展的业务能够尽早开展起来，比如先期采购项目管理、成本管理等业务。

随着设计工作的展开，零部件设计日臻完善，设计信息也日益丰富，这些信息在 PDM/PLM 系统中产生并发布，并且需要同步回 BOM 系统。这些信息包括零部件所对应的数模、图样编号及版本等信息。零部件成熟度一般通过数模的成熟度体现，并且通过 PDM/PLM 系统相关发布流程驱动，同步回 BOM 系统。

在新车型开发过程中，两个系统之间的信息交互如图 8-4 所示。

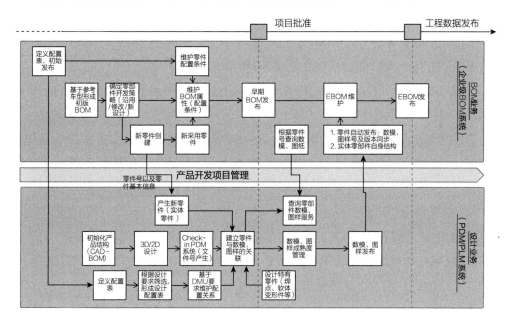

图 8-4　新车型开发过程中两个系统的交互方式

工程变更场景下，两个系统之间也有非常多的交互。

首先，按照企业级 BOM 的管理思路，变更的发起都在企业级 BOM 系统中进行。变更的内容可能包含多方面，包括配置表的变更、零部件本身（设计到数模、图样）的变更、BOM 的变更（零部件采用、取消关系）等。配置表的变更、BOM 的变更等都直接在企业级 BOM 系统中处理，包括变更数据的组织、审核、发布等。涉及数模、图样的变更，变更单在批准之后需要发送到 PDM/PLM 系统中，在 PDM/PLM 系统中通过此变更单对新的数模、图样进行发布，发布之后，同步回企业级 BOM 系统。

在新车型开发以及工程变更两种场景下，企业级 BOM 与 PDM/PLM 系统之间的集成思路可归纳如下。

1）配置主数据。配置主数据以企业级 BOM 为源头，在企业级 BOM 系统中产生，发送到 PDM/PLM 系统。与 PDM/PLM 系统相关的配置主数据主要是指特征族/特征值以及工程配置表。需要注意的是，PDM/PLM 中所定义的特征族/特征值以及配置表不一定与企业级 BOM 系统中的定义完全相同，可能会因为 DMU 的要求而定义一些特殊的配置项，并且企业级 BOM 系统中的配置项也不一定都与 DMU 相关。因此，PDM/PLM 一般会基于企业级 BOM 传递来的配置主数据定义 DMU 所需要的配置表。

2）零部件数据。零部件号一般在企业级 BOM 系统中产生，同步到 PDM/PLM系统中。但需要注意的是，在设计过程中，有些零部件只是在研发内部使用，比如代表多方案的临时零件号、软体件（变形件）号等，这些零部件号一般只在 PDM/PLM 系统中产生，不需要传递到企业级 BOM 系统。

3）BOM 数据。早期 BOM、工程 BOM 在企业级 BOM 系统中构建并发布，CAD结构在 PDM/PLM 系统中搭建。二者之间通过采用共同的零部件而产生关联。一般车企为了保证企业级 BOM 系统的早期/工程 BOM 与 PDM/PLM 系统中的 CAD 结构对零部件采用关系（主要是指供货级别零部件）一致，一般开发比对报表进行比对。

4）变更数据。变更在企业级 BOM 系统中发起，涉及数模、图样相关的变更通过系统集成发送到 PDM/PLM，作为 PDM/PLM 系统进行数模、图样发布的依据。PDM/PLM 系统中完成数模、图样发布之后，需要将零部件状态、变更状态、数模号/版本、图纸号/版本以及其他设计信息反馈回企业级 BOM 系统。

第四节　　制造领域系统集成思路

制造领域涉及的系统包括工艺平台、ERP 系统、MES 系统等，但其中最关键、难度最大的集成为企业级 BOM 与 ERP 系统之间的集成。因此本节主要针对企业级BOM 与 ERP 之间的集成进行探讨。

在企业级 BOM 架构下，企业级 BOM 系统是 BOM 数据的构建、管理系统，车型、零部件（物料）、配置等主数据在 BOM 系统中产生，变更管理由企业级 BOM进行端到端管理；ERP 系统则是 BOM 的应用系统，应用 BOM 主数据开展物料需求、生产计划、财务结算等。

一、 企业级 BOM 与 ERP 系统之间的业务流关系

企业级 BOM 作为 BOM 的构建与管理系统，与 ERP 直接相关的流程包括配置数据的初始发布、车型制造 BOM 的初始发布、配置数据变更发布、车型制造 BOM 变更发布、紧急/强制切换发布五大流程。这五大流程都是 BOM 的管理流程。从 ERP 的角度来看，包括产品定价流程、订单生产流程、中长期预测流程、成本核算流程、高级排程优化（Advanced Planner and Optimizer，APO）流程五大 BOM 应用流程依赖于上游企业级 BOM 系统的 BOM 数据。企业级 BOM 系统与 ERP 系统之间的业务流关系如图 8-5 所示。为简明起见，对于两个系统集成方案影响不大的流程，如物料主数据发布流程没有在图中体现。

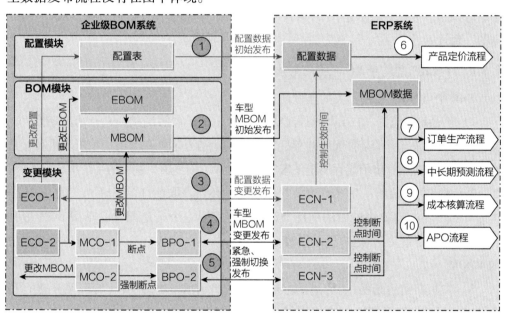

图 8-5　企业级 BOM 系统与 ERP 系统之间的业务流关系

（一）企业级 BOM 系统中与 ERP 直接相关的 BOM 管理流程

作为为 ERP 直接提供源头数据的五大 BOM 管理流程简述如下。

1）配置数据初始发布流程。配置数据包括工程配置数据、生产配置数据及销售配置数据，反映了产品规划、设计、生产准备、销售等在整车开发流程中协同工作的成果。该流程是将各方确认的配置数据进行发布，以便相关业务能够基于发布的配置数据开展工作。

2）车型制造 BOM 初始发布流程。MBOM 承载由 EBOM 传递来的工程信息以及工艺路线、工位等制造信息，作为后续安排生产及物料拉动的制造主数据。MBOM

数据经过投产生效控制之后进行正式发布，触发下游的相关业务流程。

3）配置数据变更发布流程。产品配置发生变更将影响成本、定价等因素，因此，将通过变更流程进行驱动，以确保相关业务单位准确获取变更内容，并在各自业务领域进行相应调整。企业级 BOM 系统中产品配置发生变更时，将调整工程配置、生产配置以及销售配置，并通过变更发布流程传递到下游相关业务单位和系统。

4）车型制造 BOM 变更发布流程。涉及对 BOM 数据的更改，包括工程信息的更改及制造信息的更改，在企业级 BOM 系统中都会通过相应的变更流程进行驱动，并通过变更单发布通知到下游 BOM 的应用单位。

5）紧急、强制切换发布流程。发生紧急变更或强制切换时，一般需要在 MBOM 上进行紧急更改并快速发布。这一流程有两种做法，一种做法是直接在 ERP 中进行调整；另一种做法是在 BOM 系统中进行调整，然后发布到 ERP。从 BOM 数据的一致性管控角度来看，第二种做法优于第一种做法。

（二）ERP 系统中 BOM 的应用流程

ERP 中与 BOM 直接相关的流程简述如下。

1）产品定价流程。在 ERP 销售模块中，可以基于产品配置项进行销售定价，以支持销售点单中选择的某种配置的车型价格计算。销售定价基于销售配置表进行，是销售配置表的应用。定价流程属于销售领域，将在下一节销售领域的系统集成中谈到。

2）生产订单流程。生产订单要安排生产，必须获取该订单车辆相应的 BOM 数据。有的车企在 ERP 中的做法是每个订单行都需要一个确定配置的车型 BOM 数据（而不是一个订单）。当用户提出修改订单配置时，在 ERP 中需要重新获取相应配置的 MBOM。

3）中长期预测流程。中长期预测一般都基于车型的配置项（特征值）进行预测，据此设定配置项的比例进行零部件毛需求计划。ERP 对于这种 BOM 应用有专门的计算方法，需要基于超级 BOM 展开。

4）成本核算流程。基于 MBOM 核算车辆成本。

5）APO 流程。在 ERP 中进行优化排程，这一工作需要依赖订单及相应的 MBOM 进行。在 SAP 的 APO 模块中，一般是基于超级 BOM 进行这方面的计算。

二、 企业级 BOM 与 ERP 集成的三种模式

企业级 BOM 与 ERP 集成存在以下三种模式。

（一）模式一：传递超级 BOM 到 ERP 系统

在这种模式下，ERP 中存储超级 BOM，具体订单生产时，由 ERP 基于 ERP 中

的超级 BOM 解析订单车型的 BOM 安排生产。这种模式要求从企业级 BOM 系统中传输的数据包括以下五个。

1）车型主数据：包括平台、车型系列、车型等车型数据。在 ERP 中一般作为可配置物料进行管理。

2）配置数据：包括特征族、特征值以及车型的特征清单。

3）零部件（物料）主数据：零部件数据统一从企业级 BOM 系统传递到 ERP 系统，ERP 基于企业级 BOM 系统传来的零部件进行各种物料视图维护。

4）制造 BOM：以超级 BOM 模式传递到 ERP。

5）变更数据：在企业级 BOM 系统中基于变更单规划断点，将断点传递到 ERP 系统。ERP 系统基于实际的切换要求设置断点时间并反馈回企业级 BOM 系统。

该模式的好处如下：

1）企业级 BOM 系统与 ERP 系统两边的 BOM 是对等的，即两边的制造 BOM 组织单元、组织方式完全一致。一致的好处是，变更同步变得简易可行，特别是超级 BOM 上的零部件配置条件发生变更时，ERP 系统只需要从企业级 BOM 系统同步这种配置条件变更即可。

2）有利于 ERP 本身的效率发挥。当 ERP 采用 SAP 方案时，涉及物料需求、APO 等流程，基于超级 BOM 展开计算优于基于单车 BOM。

3）基于超级 BOM 进行集成，数据传输量最小，系统集成效率最高。

正是由于具备以上优势，大多数车企采取这种模式进行集成。

（二）模式二：按整车物料号传递单一车型 BOM 到 ERP 系统

在这种模式下，ERP 中基于整车物料号或类似级别的车型号（如部分车企将除外饰颜色之外其他配置都确定的车型定义为 ERP 的基本车型）存储于 BOM，具体订单在生产时，由订单匹配相应的整车物料号，然后调用该整车物料号对应的 BOM 安排生产。这种模式要求从企业级 BOM 系统中传输的数据包括以下五个。

1）车型主数据：整车物料号一般在企业级 BOM 系统中产生，通过集成传递到 ERP 系统。

2）配置数据：如果产品定价流程在 ERP 系统中，则需要传递销售配置数据到 ERP，否则不需要传递配置数据。

3）零部件（物料）主数据：零部件数据统一从企业级 BOM 系统传递到 ERP 系统，ERP 基于企业级 BOM 系统传来的零部件进行各种物料视图维护。

4）制造 BOM：以基于整车物料号的"单车 BOM"模式传递到 ERP。

5）变更数据：在企业级 BOM 系统中基于变更单规划断点，并管理实际断点时间，将断点传递到 ERP 系统。

这种模式最大的问题是由于 BOM 不对等而导致的变更不对等、同步困难。如在超级 BOM 上某个零件配置条件发生变更，对于变更定义而言是一件非常简单的事情，但这一配置条件的变化可能会导致 ERP 中采用该零件的某些整车物料号需要取消该零件，而另外一些没有采用该零件的整车物料号则需要采用该零件。因此，针对超级 BOM 上一条简单的零部件配置条件的变更，可能导致 ERP 中多个基于整车物料号的 BOM 分别进行 BOM 变更。由超级 BOM 一个配置条件的变更，导致多个单车 BOM 针对零部件新采用或者取消的控制，变更对于企业级 BOM 系统和 ERP 系统而言，显然已经不是一回事。

（三）模式三：按订单传递单一车型 BOM 到 ERP 系统

在这种模式下，ERP 中需要针对订单安排生产时，才从 BOM 系统中按照订单的配置要求解析出相应的 BOM 发送到 ERP 系统。与上面两种模式都是由 BOM 系统主动将 MBOM 主数据推送到 ERP 不同，这种模式是订单拉动模式，即确定了订单之后，将订单车型的配置信息发送到 BOM 系统。BOM 系统接到订单发送 BOM 需求之后，根据订单车型的配置信息解析出该订单车型的 MBOM 传递到 ERP 系统。ERP 系统接收订单车型 BOM 之后，进入订单封闭期，即该订单就是基于传递过来的 MBOM 生产，不再接收变更。

这种模式下系统之间传递以下三个数据。

1）零部件（物料）主数据：零部件数据统一从企业级 BOM 系统传递到 ERP 系统，ERP 基于企业级 BOM 系统传过来的零部件进行各种物料视图维护。

2）订单车型的配置数据：客户或者销售人员在销售系统中点单，形成车型的配置清单，该配置清单传递到企业级 BOM 系统，作为制造 BOM 解析的依据。

3）制造 BOM：以订单车型的配置清单为输入，解析出针对该订单车型的 BOM，并传递到 ERP 中。

该模式是针对订单传递 BOM 的，ERP 系统不会事先存储 BOM。正是由于 BOM 进入 ERP 时订单已经处于封闭期，因此 ERP 中的 BOM 可以完全不考虑上游的工程变更。ERP 中虽然是单车 BOM，但该 BOM 只服务于某个订单的生产，用途明确、单纯，因而使得整个业务过程简单明了。其不足之处是 BOM 数据重复在 BOM 系统和 ERP 系统之间传递，对两个系统的可用性要求提高了。

三、 汽车行业三种主要业务模式分析

汽车行业从大的层面而言，可以简单概括为以下三种生产模式。

（一） 基于销售预测进行计划、大规模生产模式

在这种模式下，市场、销售部门将按照不同时间段进行销售预测，如一年、半年、三个月、两个月、一个月等时间周期预测未来各种车型订单的数量，基于这些预测的数量来进行物料毛需求计划、物料筹措和生产。这种模式虽然一定存在一定程度上预测与实际销售的偏差而造成的整车库存或者某款车供不应求的状况，但总体上可执行程度和效率都较高，因为这种模式为有序的物料筹措提供了基础，较好地保证了物料筹措所需的周期和批量化处理带来的效益。正是因为有这些好处，目前乘用车企基本采用这种模式。

（二） 基于订单的工程（ETO）模式

基于订单的工程模式是一种传统的模式。针对每个客户订单，都需要从产品工程开始进行定制。这样做的代价无疑是非常大的，因为订单的差异化导致无法产生规模效益、成本难以控制。同时，研发人员围着订单转，难以形成成体系的研发力量。在我国商用车领域，特别是客车领域，这种模式相当普遍，在企业整车订单中占的比重相当高。当然，车企为了尽量避免 ETO 模式带来的成本和效率问题，采取了很多改良办法，比如将车型开发分为平台车型开发和订单车型开发两种，平台车型开发不关注个性化需求，对基础车型进行设计；而订单车型开发则是基于平台车型、针对订单的特殊要求进行开发。订单车型只针对订单的特殊要求进行专用件开发，绝大部分零部件还是来自平台车型，这样可以在很大程度上节省订单车型开发的时间与成本。

（三） 大规模个性化定制、自由选配模式

这种模式是当前智能制造所追求的模式，其核心是既要满足多样化的客户需求，同时又要保证规模化效益。在这种模式下，产品组合管理非常重要。主机厂面对客户的多样化需求，不能像模式二那样针对订单进行工程设计，而是要通过已有的配置项组合出符合客户要求的产品。这样使得研发不必围着订单转，更重要的是，由于配置项可以满足不同的订单，其规模效益就得以显现。这一模式给业务带来的核心转变是：销售定价、物料筹措、生产安排等整车企业一系列的经营活动都是由销售订单驱动的，而不是以计划驱动生产、以库存响应订单。

四、 业务模式与集成模式的匹配分析

上文探讨了三种业务模式以及三种 BOM 与 ERP 系统之间的集成模式。下面就哪种业务模式适合采用哪种集成模式进行探讨。

表 8 - 1 描述了针对三种业务模式我们推荐的集成模式。

表 8 - 1　不同业务模式下集成方式分析

业务模式	业务模式要点	推荐的集成模式	好处
模式一：基于销售预测进行计划、大规模生产模式	● 基于销售预测安排生产 ● 生产计划性、稳定性高 ● 规模化生产	模式一：传递超级 BOM 到 ERP 系统	● 有利于在 ERP 中基于超级 BOM 进行零部件毛需求预测 ● 接口数据传输量最小 ● 变更传递效率能够得到保障，有利于 BOM 系统和 ERP 系统 BOM 的一致性 ● 可以弱化整车物料号管理：在从研发到生产都是超级 BOM 模式下，整车物料所起的作用变小
模式二：基于订单的工程（ETO）模式	● 完全按订单要求进行定制 ● 从设计到制造，围绕订单形成一整套产品数据	模式二：按整车物料号传递单一车型 BOM 到 ERP 系统	● 工程 BOM 即由基于平台车型解析的 BOM + 专用件清单构成，本身就是一个单一车型 BOM
模式三：大规模个性化定制、自由选配模式	● 通过产品组合满足用户多样化需求 ● 通过销售订单拉动物料筹措、生产安排	模式三：按订单传递单一车型 BOM 到 ERP 系统	● 在客户点单模式下，车型组合数量巨大。这种模式可以通过订单所选配置直接解析 BOM，避免大量整车物料号的产生 ● 订单、配置、BOM 的时效性比较好管理 ● 变更管理相对比较简单，特别是在 ERP 中，不需要考虑变更各种场景对生产的影响

第五节　销售领域系统集成思路

传统的 BOM 系统与销售的关联并不紧密，因为销售资源的定义不在 BOM 系统。随着销售渠道的多样化以及点单式销售将成为销售模式的主流，销售资源的统一管理、销售资源与产品设计的关联管理将变得更为重要。为了确保销售资源与产品设

计的一致性（特别是配置变更对销售资源的影响），避免点单点出的车型落在设计
范围之外而产生特殊订单，我们建议销售配置基于企业级 BOM 系统进行管理，通过
统一的变更流程来保障工程配置与销售配置的紧密集成。基于工程配置表和销售策
略构建的销售配置表代表了车企对销售资源的定义。通过销售配置表来统一支持销
售定价和销售点单将是未来大规模个性化定制模式下非常重要的环节。在这种场景
下，企业级 BOM 系统就与销售系统有非常复杂的数据集成关系。两个系统之间的信
息流关系如图 8 - 6 所示。

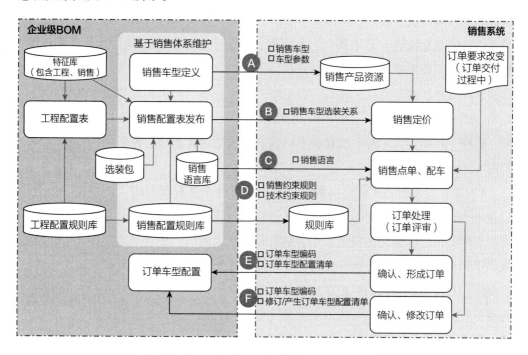

图 8 - 6 企业级 BOM 系统与销售系统之间的集成

如本书第四章所述，在企业级 BOM 系统中管理全局特征库、工程配置表、工程
配置规则库。工程配置表发布之后，市场营销部门基于发布的工程配置表，按照销
售区域、客户群体等要素定义销售车型、构建销售配置表、定义销售选装包等。而
在销售系统中处理的主要是销售定价、销售点单、订单处理等业务。如图 8 - 6 所
示，两个系统之间的信息流主要包括以下六方面。

1）销售车型的集成。企业级 BOM 系统中将对车型进行统一定义，包括平台、
车型系列、工程车型、销售车型等。销售车型可以按照销售的需要基于车型定义进
行组织，但在企业级 BOM 系统中将维护与工程车型之间的对应关系。有了这层关
系，才可以确保销售配置表基于工程配置表进行构建。销售系统中的销售产品资源
即来自于企业级 BOM 系统中的销售车型。

2）销售配置表的集成。销售定价一般在销售系统中进行（某些车企如在 ERP 中实施销售模块，则是在 ERP 系统中进行销售定价）。销售定价基于销售车型以及销售车型的可选配置进行定价。当自由配置项增多时，销售车型定价将变得十分复杂，需要依据被严格管理的销售配置表进行。在这种场景下，销售系统就需要接收从企业级 BOM 系统中发布的销售配置表，而销售配置表的构建、发布以及变更管理等都在企业级 BOM 系统集中管理。

3）销售语言库的集成。工程配置表对于车型、特征的描述都是工程化的语言，这些描述对于市场、客户不见得非常合适。因此，在销售配置表上需要对车型、配置项进行市场化描述，采用客户容易接受的语言。另外，在不同语言地区销售时，统一特征也需要采用本地化语言进行描述，如中文、日文、英文等。这样就需要基于销售区域维护销售语言。那么，对于同一特征，在不同销售配置表中的描述可能是不一样的。销售语言库在企业级 BOM 系统中定义，通过集成接口传递到销售系统，这样，在销售点单时，展现在不同客户面前的销售车型、配置项的描述都是客户的本地化语言。

4）销售规则库的集成。销售配置表不仅要继承工程配置表上的规则，而且可以在不违背工程配置规则的前提下定义销售配置规则。而这两部分规则都需要成为客户点单约束，以确保客户点单车型是符合这些规则的。销售规则库是不是要集成取决于销售点单系统是否能够处理这些规则。在销售点单系统能够处理这些规则的前提下，可以将销售规则库推送到销售点单系统，销售点单系统利用销售规则库进行点单校验。如销售点单系统不能处理这些规则，则有两种模式进行处理。一是在企业级 BOM 系统中按照规则算出所有符合规则的组合，将这些组合推送到销售点单系统。这种模式的好处是前端点单的用户体验不会受规则校验的影响；缺点是组合数量往往非常大，需要很好的算法以及较高的硬件资源支持。二是点单时实时将点单内容发送到企业级 BOM 系统，在企业级 BOM 系统进行规则校验，并将校验结果发送回点单系统进行处理。这种方案的好处是不必将所有组合进行事先计算；但缺点也很明显，它将影响到客户的点单体验。

5）订单车型配置信息集成。在本章第四节探讨 ERP 集成时谈到有三种集成方式，其中第三种方式是基于订单发送订单车型的 BOM 到 ERP。在这种模式下，企业级 BOM 系统需要接收订单车型配置信息。订单车型配置通过客户点单而得到，因此在销售系统中产生。

6）订单修改。在订单处理过程中，如果客户改变订单配置，为了保证客户所选配置受配置规则约束、订单配置经过规则库校验，一般情况下需要重新点单，形成新的订单车型配置清单。

总之，在面向大规模个性化定制的业务场景中，销售领域是最先需要进行变革的业务领域，而这种变革需要企业级 BOM 系统以及新的销售系统来支持，因此这两者的集成将变得越来越重要。

第六节　售后领域系统集成思路

售后领域相关的系统主要是电子零件目录（Electronic Parts Catalog，EPC）系统。比较完备的 EPC 系统覆盖以下三方面的内容。

1）售后备件电子图册管理：包括售后备件数据结构搭建及发布、图册开发与发布等。

2）售后技术文件管理：包括售后维修手册、用户使用手册等的开发和管理。

3）终端应用：主要包括通过网页、移动终端应用等手段展示图册、看图点单和展示售后维修手册和用户使用手册等功能。

在本书第五章中，我们探讨了企业级 BOM 需要管理的 BOM 形态。其中，售后服务 BOM 作为一种重要的 BOM 形态，属于企业级 BOM 管理的范畴。在整车开发流程中，售后备件工程师基于售后服务的需求提出备件要求，进行备件技术定义，包括备件的拆分要求、自制备件要求等。这些内容都基于企业级 BOM 系统进行定义，在发布的工程 BOM 基础上定义出满足售后要求的售后服务 BOM。

从上述 EPC 系统覆盖的内容来看，有两点与售后服务 BOM 密切相关。一是售后备件电子图册的管理。售后备件电子图册针对售后服务 BOM 中的备件进行，因此需要将售后服务 BOM 作为源头数据。二是终端应用，用户需要通过 VIN 码查询具体某辆车的零部件下线状态清单，即需要查询单辆车的档案。这一需求的满足往往不仅是需要知道售后备件信息，而且需要知道该辆车（唯一的 VIN 码所代表的一辆车）的具体配置、生产时间等信息，而这些信息需要在制造执行系统中。因此，查询单台车的单车档案是 EPC、企业级 BOM 以及制造执行系统三个系统共同作用的结果。

综合以上两个需求，企业级 BOM 系统、EPC 系统、制造执行系统之间的集成如图 8 - 7 所示。

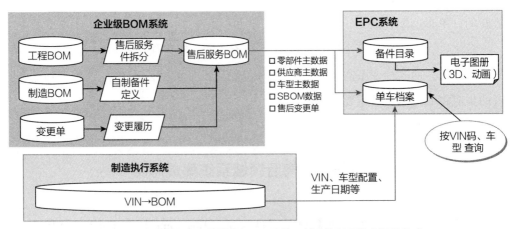

图 8 - 7　企业级 BOM 系统与 EPC 系统及制造执行系统之间的集成

在图 8 - 7 中，EPC 中的车型数据、零部件主数据以及售后服务 BOM 都来自企业级 BOM 系统。EPC 系统基于车型、零部件以及售后服务 BOM 的基础上搭建备件图册目录结构。

企业级 BOM 系统将会同步零部件供应商信息，这部分信息也将视 EPC 的需要传递到 EPC 系统。

企业级 BOM 系统中，售后服务 BOM 的发布与变更受售后变更单控制。售后服务 BOM 发生变更时，通过售后变更单进行发布，变更信息需要同步到 EPC 系统，驱动备件图册更新以及相应的电子图册开发与发布工作。

售后服务 BOM 的变更与发布通过售后变更流程进行管理，并通过售后变更单驱动售后服务 BOM 时间生效性管理。同时，售后服务 BOM 将同步制造 BOM 上的断点信息，以此作为制订售后断点的依据。这样，售后服务 BOM 上每条 BOM 行都按照时间生效进行管理，既反映售后发布的时间生效性，又反映制造的时间生效性，形成完整的变更履历，为在 EPC 中基于 VIN 码查询单车档案打下了基础。EPC 系统接收到制造执行系统中关于指定 VIN 码车辆的配置以及生产时间之后，可以基于 EPC 系统的解析功能解析出相应的单车零部件清单。如果 EPC 系统不具备解析功能，则可将 VIN 信息发回企业级 BOM 系统，通过企业级 BOM 系统解析出相应的零部件清单并返回 EPC 系统。

第七节　基于企业级 BOM 架构下关键主数据信息流

整车开发过程中，有几类主数据贯穿很多业务领域，是各业务领域应用系统都会用到的数据。这些数据包括车型主数据、配置资源主数据、零部件主数据、BOM

主数据、供应商主数据等。本节就这些主数据在各个系统之间的关系进行探讨。

一、车型主数据

车型是车企最关键的资源，对车型进行统一定义，对车型与车型之间的关系（平台、车型系列、工程车型、销售车型等不同层级的车型之间的关系）、车型编码等进行统一管理有利于提高跨部门的沟通效率。因此，在企业级 BOM 解决方案中，需要将车型定义纳入进来。企业级 BOM 系统应该作为车型定义的源头系统，负责对车型型谱的管理，而其他业务系统只是车型的应用系统。这样做的好处，是避免同一车型数据在不同的业务系统中有不同的编码和不同的名称。应用到车型主数据的应用系统包括以下七个。

（一）PDM/PLM 系统

在 PDM/PLM 系统中，需要按照车型进行数模数据的组织，因此需要将车型数据从企业级 BOM 系统传递过去。一般 PDM/PLM 中组织数模数据都是基于比较高层级的车型，比如平台或者车型系列，因此只需要传递这些层级的车型主数据就能够满足要求。

（二）ERP 系统

ERP 需要什么车型主数据视 ERP 具体实施方案而定，分别有以下几种情形。

1）ERP 中存在超级 BOM 的情况。这种情形下，车型型谱上与超级 BOM 组织单元相关的车型层级需要传递到 ERP 系统中，作为 ERP 系统中超级 BOM 的组织单元。在此情况下，如果车企还保留整车物料号的运作模式，那么整车物料号也需要传递到 ERP 系统。整车物料号在企业级 BOM 系统中定义，由计划驱动产生或者由销售点单驱动产生。

2）ERP 中的 BOM 以单车 BOM 存在。在这种情况下，ERP 只需要整车物料号。

3）订单拉动、实时从 BOM 系统解析单车 BOM 到 ERP 模式。这种情况下，一般弱化整车物料号的管理方式，但需要将销售车型传递到 ERP。

当然，以上只是一个概要性的分析，具体每个项目中 ERP 需要应用哪一层级的车型数据与 ERP 中实施的模块密切相关。

（三）销售系统

销售系统中所用到的车型数据主要是销售车型。如前所述，为了保证销售与工程的紧密衔接，销售车型基于企业级 BOM 系统定义，随销售配置表一起发布并释放到销售系统。

（四）采购系统

采购系统中涉及与车型相关的业务包括按照车型进行采购成本统计分析、零部件报价产量预测等。这些车型主数据也应该统一由企业级 BOM 系统传递到采购系统。

（五）工艺平台

工艺平台涉及工艺结构的组织，这些也与车型主数据相关。工艺平台的车型主数据可以从企业级 BOM 平台传递，也可以从 PDM/PLM 系统传递（PDM/PLM 系统中的主数据来源于企业级 BOM 系统），这主要与工艺平台实施的内容以及所选择的工艺平台的类型有关。工艺平台如果以三维工艺验证为主，那么绝大多数与源头数据可以统一通过 PDM/PLM 平台进行集成；如果以量产工艺设计为主，那么更有可能基于企业级 BOM 平台进行集成。

（六）制造执行系统/物流执行系统

这类系统往往是 ERP 的下游系统，因此建议直接从 ERP 获得相关车型主数据。

（七）售后服务系统

售后服务系统（典型的如 EPC 系统）主要需要承接售后服务 BOM、组织备件电子图册，因此需要超级 BOM 组织单元这一层级及以下层级的车型主数据。

二、 配置资源主数据

配置资源主数据即前面提到的特征族、特征值等的分类、统一编码管理。在全配置模式下，配置资源直接决定了 BOM 解析的准确性，因此其产生和发布需要更为规范的管理。企业级 BOM 作为集配置、BOM、变更三者为一体的平台，是配置资源的定义系统。使用这些配置资源的系统包括以下五个。

（一）PDM/PLM 系统

在 PDM/PLM 系统中，DMU 等业务需要基于配置进行，这时就用到配置资源数据。这些配置资源数据需要从企业级 BOM 系统中同步过来。

当然，在 PDM/PLM 中，可能会涉及一些为 DMU 所特殊定义的配置项，这些不会用于量产车型，而只用于 DMU 验证。这种情况下，这些配置资源就可以直接在 PDM/PLM 系统中定义并使用，而没有必要在企业级 BOM 系统中定义（因为其他系统都用不到）。

（二）ERP 系统/制造执行系统

这两个系统在绝大多数情况下出于各种需要，通常需要从企业级 BOM 系统同步配置资源主数据。典型的如 ERP 系统中 BOM 以超级 BOM 存在的情形、以车型及其特征清单来代表一辆唯一配置的车等。

（三）销售系统

销售系统中的销售定价、销售点单、订单处理流程都涉及配置资源，这些配置资源在企业级 BOM 平台中以销售配置资源的方式定义，通过销售配置表的发布与释放流程传递到销售系统。

（四）工艺平台

工艺平台中，工艺卡片等工艺文件可以基于零部件的配置条件进行编制，这样组织工艺文件将具有更高的效率。在这种情况下，配置资源主数据需要由企业级 BOM 平台传递到工艺平台。

（五）售后服务系统

售后服务系统中的备件图册如需要按配置化模式进行管理，那么就需要将配置资源主数据从企业级 BOM 平台传递到售后服务系统。

三、 零部件主数据

零部件统一在企业级 BOM 平台申请编码，供各个应用系统使用。零部件，包括一般意义上的零部件，也包括各种合件、辅料、售后专用件等。应用到零部件的系统比较多，并且无论实施模式如何，这些系统都会需要零部件主数据。这些系统包括 PDM/PLM 系统、成本管理系统、工艺平台、试制系统、采购系统、ERP 系统、制造执行系统/物流执行系统、售后服务系统等。

上述系统除了 PDM/PLM 系统之外，一般而言都不允许产生零部件号。PDM/PLM 系统有一点特别之处，是某些设计临时件、变形件（如软管等在不同车型形状不同，可能影响到几何干涉等，需要用不同零件号来代表不同形状和位置）只在设计内部需要，对于这些零部件号单独在 PDM/PLM 系统中产生效率更高。

四、 BOM 主数据

前面讲过，BOM 主数据在企业级 BOM 平台统一管理，主要包括早期 BOM、工程 BOM、制造 BOM、售后服务 BOM、KDBOM 等几种形态。与 BOM 相关的其他业务系统包括：

1. PDM/PLM 系统

在 BOM 统一由企业级 BOM 平台管理的大框架下，PDM/PLM 系统原则上只需要搭建用于 DMU 以及数模组织需要的 CAD 结构即可。PDM/PLM 系统是 CAD 结构的源头系统，而企业级 BOM 平台则是早期 BOM、工程 BOM 的源头系统，二者之间不存在谁驱动谁的问题，而是平行产生，各自为不同的目的而构建、为不同的对象而服务。当然，二者之间往往需要进行信息同步，以确保两个结构上零部件没有遗漏和错件。

2. 成本管理系统

成本管理系统需要接收早期 BOM、工程 BOM，在此基础上搭建用于成本管理的成本 BOM。成本 BOM 是早期 BOM、工程 BOM 的一种应用。

3. 采购系统

采购系统中的采购项目管理业务需要基于车型项目外购件清单展开。车型项目外购件清单也是早期 BOM、工程 BOM、售后服务 BOM（定义的售后备件也需要采购）的一种应用，即从企业级 BOM 系统中的早期 BOM、工程 BOM、售后服务 BOM 基础上，根据零部件的来源过滤出生产外购件以及售后备件外购件同步到采购业务系统。

4. 试制系统

试制系统需要根据试制车型规划、试制计划，在工程 BOM 的基础上定义试制车零部件清单。

5. 工艺平台

如前所述，工艺平台的三维工艺验证数据一般来自 CAD 结构，而量产工艺设计（特别是总装工艺）所需的 BOM 源头来自于企业级 BOM 平台的工程 BOM。

6. ERP 系统

ERP 系统中需要 BOM 进行零部件需求预测、车型生产等。传送到 ERP 系统的 BOM 包括制造 BOM 和 KDBOM 等。本章 ERP 集成部分对此有详细阐述，此处不赘述。

7. 制造执行系统

制造执行系统如果实施物料拉动功能，则需要有 BOM 数据。一般情况下，制造执行系统的 BOM 数据来自 ERP 系统。

8. 售后维修系统

售后维修系统需要的售后服务 BOM 数据来自于企业级 BOM 系统。

五、 供应商主数据

供应商申请、认证以及寻源定点过程都在采购系统中进行，因此供应商主数据一般在采购系统中统一管理，而其他系统只是供应商主数据的应用系统。这些系统包括：

1. PDM/PLM 系统

整车开发过程需要供应商的大量介入，特别是在设计阶段，需要与设计人员进行大量的技术交流。因此在 PDM/PLM 系统中一般需要有供应商信息。因为所处整车开发时点比较早（相对后面的生产准备而言），所以在 PDM/PLM 系统中的供应商既有可能是正式供应商，也有可能是潜在供应商。

2. 企业级 BOM 系统

一般车企期望通过 BOM 集中传递零部件的采购路线，因此在企业级 BOM 系统中也有供应商信息。这些信息应该从采购系统同步过来。

3. 试制系统

试制系统中涉及试制供应商，需要同步采购系统的供应商信息。

4. ERP 系统、制造执行系统、物流执行系统

这三个系统是生产的关键系统，都需要供应商信息，这些信息都需要从采购业务系统中同步过来。并且这三个系统所涉及的供应商一般都是正式供应商。

5. 售后服务系统

涉及售后备件供应商，因此也需要从采购系统同步供应商信息。

第八节　基于企业级 BOM 架构系统集成小结

在没有企业级 BOM 平台的情况下，我国车企系统之间通常缺乏有效集成，因而业务流、信息流在系统之间是断开的，严重影响了 IT 系统效率的发挥。而企业级 BOM 平台有一个很重要的作用，就是使得这些系统的紧密集成成为可能。

在企业级 BOM 平台下，之所以系统集成变得更为容易，主要有以下四方面因素。

1）企业级 BOM 实施过程实际上是一个标准规范建立、业务流程梳理的过程，特别是涉及大量的跨业务领域的流程和规范的梳理和建立，从而在业务上形成了一个跨业务领域的一体化方案。

2）BOM 通过与配置管理相结合，实现对整车开发各阶段产品的准确定义，形成跨价值链贯通的信息流。在信息流贯通的条件下，系统集成本身不是问题。

3）在企业级 BOM 框架下，集成模式有所转变，由原来的业务系统与业务系统之间的对接变成各业务系统统一与企业级 BOM 系统的对接。

4）企业级 BOM 实施过程既是推动业务创新的过程，也是推动业务领域应用系统升级换代的过程。在这一过程中，不少应用系统得到了优化，定位更为合理，其职责所在的功能也得到了加强，这也是系统之间能够集成或者有集成价值的一个重要方面。

第九章
企业级 BOM 规划、选型与实施 ////

企业级 BOM 涉及的业务面广，不仅涉及多方面的流程和规范，而且涉及这些流程、规范实施之后各业务领域需要进行的相应的业务调整及系统调整。同时，对于已经存在大量量产车型而中途实施企业级 BOM 的车企，还有大量的历史数据需要进行清理、按照新的模式组织。因此企业级 BOM 对于一个车企而言，不是一个一年之内就可以达成的目标，而是一个三至五年的规划。本节就企业级 BOM 规划的一些原则性问题进行探讨。

（一）目标明确、边界清晰

企业级 BOM 的出发点不在解决某个业务领域之内的问题，而重点是解决跨业务领域的问题。并且对于企业级 BOM 建设而言，体系建设是重点，而不是仅仅将手头的工作电子化。基于这些要求，企业级 BOM 的总体目标应该体现以下两个核心内容。

第一，强调跨业务链协同的内容。整车新产品引入流程（New Product Introduction，NPI）中各项同步工程的工作、商品交付（OTD）过程中各业务环节的沟通，乃至 NPI 与 OTD 两大流程的融合，重点都是跨业务链的协同。而企业级 BOM 作为对各阶段产品进行统一定义的平台，为这种跨业务链的协同提供了信息基础。抛开跨价值链的协同而谈企业级 BOM，本身并无太大意义。

第二，企业级 BOM 建设必须从长远着眼，不仅仅解决目前的 BOM 问题，更应该着眼于行业未来发展以及企业自身竞争力，从这个角度出发，建设一整套符合企业长远竞争优势的 BOM 体系，并能够反过来推动业务的创新。

基于总体目标，可再识别、分解出各业务领域的目标。例如，对于同步工程，典型的与 BOM 密切相关的内容包括 NPI 流程中的成本管理和先期采购业务；对于提升一体化管理水平而言，包括从研发到制造、从研发到售后、从研发到销售等各个环节的贯通目标等。

在规划之初，除了目标要清楚之外，对企业级 BOM 的边界也需要划分清楚。一套系统，只有在复杂度适中的情况下，才能发挥其最大效率。这种效率包括系统设计效率、实施效率、业务运行效率，以及未来适应业务变化的可扩展性和可维护性等。BOM 系统是一个数据聚合型系统，大量复杂逻辑交织在一起，是一个十分复杂的系统，因此将本不是企业级 BOM 系统所擅长的业务归属到相应的业务系统去就显得尤为重要。界定企业级 BOM 系统的边界需要把握好以下两方面原则。

首先，企业级 BOM 的定位是建立跨价值链的信息索引。可以将这一信息索引比喻为人体的脊椎，起到信息中枢的作用；也可以将这一信息索引比喻为人体的血液，通过血液将各种养分输送到人体不同的组织器官。但这一信息索引绝对不是发挥某些具体功能的人体器官，比如手、脚、眼睛等（这些发挥具体功能的器官就好比我们不同职能的业务部门）。因此，需要将这些业务部门内部的业务与企业级 BOM 平台区分开来。典型的如采购业务、APQP 业务、成本管理业务、试制业务等，这些都应该有专门的应用系统进行管理，并通过系统集成的方式从企业级 BOM 系统中获取这些应用系统运行所需要的支撑数据。

其次，需要将交易型数据区分开来。交易型数据是指实时的、面向应用的数据，是一个业务操作完成所产生的数据。如每一笔订单数据、按照采购订单收货、物料出入库业务所带来的库存变化、某一辆车下线所消耗的物料等都属于交易型数据。相对交易数据，企业级 BOM 系统所管理的数据则更接近主数据，并且 BOM 这类主数据是在面向量产重复使用时才越能够体现其价值，一次性使用的数据是不必按照BOM 体系的要求进行管理的，比如针对一辆试制车的数据。

（二）规划的完整性

企业级 BOM 构建的是一整套完整的 BOM 管理体系，这套体系的建立对企业的发展有着深远影响，具体说包括以下四方面内容。

1. 全配置管理体系

配置管理是一个贯穿产品开发全过程的业务，反映了产品策划、产品开发、生产准备、销售等过程对产品功能的准确描述。建立全配置管理体系包括建立车型定义规范、全局配置字典规范、规划配置相关流程与规范、工程配置相关流程与规范、生产配置相关流程与规范、销售配置相关流程与规范等方面内容，同时需要在产品工程、生产制造、市场营销等业务部门建立起相应的组织以确保这些规范与流程的执行。

2．零部件管理体系

零部件是构成 BOM 的基础单元，管理 BOM 首先需要把零部件管理好。零部件管理体系主要包括以下方面流程和规范的制定。

1）整车功能结构分解规范：对整车结构进行划分和编码化管理，形成车企一整套标准结构，对零部件功能区域划分、工程数据组织、车型开发项目计划等起到指导作用。

2）零部件功能区域码、功能位置码以及零部件名称/描述的规范。

3）零部件编码规范。

4）零部件申请流程。

5）颜色件管理流程和规范。

3．全价值链 BOM 体系

全价值链 BOM 体系包括以下流程和规范的制定。

1）BOM 架构规范：对超级 BOM 在多大范围进行组织、BOM 的层级等进行规范。

2）与整车开发项目管理相匹配的 BOM 发布计划。

3）早期 BOM 流程、规范、管理内容以及发布方式。

4）工程 BOM 流程、规范、管理内容以及发布方式。

5）制造 BOM 流程、规范、管理内容以及发布方式。

6）售后服务 BOM 流程、规范、管理内容以及发布方式。

7）KDBOM 流程、规范、管理内容以及发布方式。

4．企业级变更管理体系

企业级变更管理体系包括以下流程和规范的制定。

1）变更类型定义。

2）产品变更流程和规范定义。

3）变更申请流程和规范定义。

4）工程变更执行流程和规范定义。

5）制造变更流程和规范定义。

6）售后服务变更流程和规范定义。

7）KD 变更流程和规范定义。

8）断点管理流程和规范定义。

企业级 BOM 规划需要将上述 BOM 管理体系所涉及的业务领域和 IT 系统都考虑

进来，进行整体性考虑。

（三）处理好整体设计与分步骤落地的关系

如前所述，企业级 BOM 涉及车企除人事、后勤部门之外的所有业务部门，覆盖了 NPI 流程和 OTD 流程的各个方面，并且与几乎所有的关键应用系统都有关系，既包括体系建设，又包括系统建设，因此不可能通过一个项目完成，而是通过多个项目、分几年、按阶段推进。

但问题的另一面是，企业级 BOM 是一个数据聚合型系统，逻辑复杂，相互关联很强，需要进行整体性设计，才能够避免后一阶段的实施与前一阶段的实施脱节甚至推翻前一阶段的实施。

为了避免这一问题，较好的做法是，在项目一期需要将整体方案设计包含进来（而不仅仅是第一期的方案）。在整体设计中，重点需要将 BOM 架构、各 BOM 形态之间的转换/承接关系、管理内容、控制方式定义清楚，后续各阶段只是对这些方案的细化，而不是重新考虑。因此，在项目一期阶段，需要将整体设计的时间留得足够长，以确保设计充分。这一点对于传统车企尤其重要。

规划既要避免冒进，又要避免保守，因此在现实例子中，针对 BOM 的冒进和保守都是违反规律的，不科学的。

什么叫冒进呢？比如，有的车企历史很长，BOM 问题一大堆，但期望第一期实施很快可以上线。这种冒进是将 BOM 建设片面理解为上一个 IT 系统，没有意识到首先是对业务的重新梳理和变革。任何业务的变革都有一个重新设计、反复沟通、达成共识的过程，这一过程不是以资源投入多少来决定的。对于传统的、历史较长的车企，企业级 BOM 项目实施不要期望有所谓的快速见效的模式（"QuickWin"模式）。另一种冒进的例子，是期望在一期项目将绝大部分 BOM 形态都覆盖进来，比如工程 BOM、制造 BOM、售后服务 BOM 等。这样做可能效率反而比较低。因为配置化体系、新的 BOM 结构模式是需要经过一段时间沉淀和优化的。比较好的做法是先从研发、制造入手，既解决了最核心、最关键的问题，又通过研发、制造充分验证了新的模式，然后通过二期、三期推广到销售、售后、KD 等领域，能够最低限度降低实施成本、降低对各业务领域的影响。

与冒进相反的是保守。比如有的车企在规划时先不考虑变更管理，或者项目第一期先不考虑配置化模式，以降低项目复杂度。这种规划是不科学的，因为变更管理模式和配置管理模式对 BOM 底层设计有根本性的影响，如果不同步考虑，不但一期起不到效果，而且后续阶段非常可能对前阶段的实施进行颠覆。

总之，企业级 BOM 项目第一期实施至关重要，是建立体系的关键阶段。建立体系相当于盖楼房的打地基。打地基时，既不能因为冒进而期望将所有房子一下全都盖起来，也不能因为畏难而在地基上只是浇灌混凝土，等到第二期再来加钢筋。

（四）关于 BOM 项目时点及阶段规划

BOM 项目在什么时点启动合适？需要具备哪些前提条件？这是很多车企在规划 BOM 项目时提出的典型问题。

BOM 项目复杂、难度大，部分车企认为自身条件薄弱，基础比较差，可以等到以后有条件再考虑实施。这种想法是不切实际的，因为"有条件"那一天永远不会到来。BOM 项目就是建立基础管理规范的项目，如果没有 BOM 项目去梳理和形成这种规范，企业的管理不可能突然"好"起来，而只会一天一天乱下去，最后积重难返，包袱越来越重，从而实施 BOM 项目的难度也会越来越大。因此，总体而言，我们的建议是企业级 BOM 项目越早启动越有利。至于项目实施的条件，比如涉及对人员组织的调整、流程的调整、其他业务领域系统的调整等，都可以在项目实施过程中来解决。这样做的好处是资源集中、目的性较强，同时方案比较容易落地。这是因为，当 BOM 项目没有启动时，项目组织是松散的，公司各业务部门的关注度和参与度不够；同时 BOM 方案如果没有结合详细的系统方案，往往显得空泛而难以理解，难以落地。因此，在项目真正启动之前所做的很多前期研究工作、准备工作往往效率极低，对 BOM 项目的落地所起作用不大。我国车企为 BOM 项目准备好几年的为数不少，基本就是这种情形。

对于新建立的车企，情况更是如此。因为对于新车企，企业级 BOM 平台还有一个更大的使命，那就是肩负起形成体系以整合资源的作用。不同体系背景的人走到一起，工作效率不一定高，时常会因为一件事情而坚持自己的做法。而各种做法本身并无绝对对错之分，关键是大家要有一致的行为方式，这就需要依靠体系达成。体系就是告诉各个业务部门的人员，此时此刻各自要干什么、如何干。新车企最缺乏的就是这一点，因此许多经验丰富的人员在一起反而干不成一件事的现象在新车企尤为突出。企业级 BOM 平台能够帮助新车企迅速沉淀一整套基础体系规范，使得这些从不同体系背景走到一起的人员可以遵循同一套模式工作，避免不必要的体系之争。因此，对于新车企，可以按照业务构建的顺序构建 BOM 平台，比如在最开始研发团队形成时，就可以首先将研发领域密切相关的部分付诸实施，包括工程配置管理、零部件管理、早期 BOM/工程 BOM 管理以及设计变更管理等相关的流程体系建立起来，并落地到企业级 BOM 平台；在工艺制造、生产物流团队形成并开始开展相关业务时，可同步实施制造 BOM；在售后、销售团队形成并开展相关业务时，可同步实施售后服务 BOM 和销售配置。

BOM 项目大体可以划分为以下三个大的阶段。

第一阶段重点在研发和制造领域。这是因为，首先，这符合 NPI 流程的业务顺序；其次，整个全配置化 BOM 管理的基础内容几乎可以通过研发、制造领域的业务得到充分验证，在此基础上再往其他业务领域推进风险较小；第三，研发领域是源头，而生产制造领域则是现实中 BOM 问题最突出的领域。因此，第一阶段将研发和制造领域实现基于企业级 BOM 的业务贯通以及在此主线上的多部门协同协作，无论是对于体系的构建、方案的验证以及现实突出问题的解决都是比较好的选择。

第二阶段可推广到销售和售后服务领域，即在第一阶段的基础上构建销售配置体系，将研发和销售业务贯通起来；基于工程 BOM 构建售后服务 BOM，建立售后备件技术定义管理体系，实现研发与售后业务的贯通。

第三阶段可定位在持续改进以及深入应用方面。由于企业级 BOM 涉及面广，方方面面的内容不可能一步到位做得十分完美，需要有一个磨合、适应再优化的过程。同时，通过第一、第二阶段的实施，全配置管理体系、跨价值链 BOM 体系以及企业级变更管理体系基本建立起来，并且运行达到一定的平稳程度，在此基础上可以推进业务进一步优化以及创新工作。比如，对 NPI 早期的成本管理进行细化、对控制器软件基于配置化进行管理等。这些业务都需要在很好的配置化 BOM 的基础上才能实现更先进的管理模式，可以作为第三阶段深化应用的实施内容。当然，企业如果有海外业务、KD 工厂，也可放在这一阶段实施。

相对后面阶段，BOM 项目在第一阶段的实施有两个难点是其他阶段所不具备的。第一个难点是上面所说的整体设计，对于传统车企一般要花六个月甚至更长的时间。第二个难点是数据梳理和重新组织。BOM 的架构变了，过去所不需要规范化的基础数据（包括配置资源等）现在需要进行完整的梳理和规范，BOM 数据需要按照新的方式进行组织等，这些工作都需要花时间。因此，项目第一阶段至关重要，在时间规划和资源投入方面需要考虑得更为充分。

第二节　企业级 BOM 解决方案选型

从过去的案例来看，企业级 BOM 系统实施不乏失败案例，而选型无疑是关系到项目成败的首要因素。项目投入高（包括资金和人力投入），如果最终失败，无疑对企业是巨大的损失，因此技术路线的选择对于车企企业级 BOM 实施至关重要。

在 BOM 领域，有一种观点认为，只要业务上梳理清楚、业务方案定义好，在哪个系统上实现无所谓。换而言之，什么样的系统都能够使得 BOM 的业务方案落地。这个认识是十分错误的。任何有价值的管理型软件，都蕴含管理思想，没有管理思想的管理软件，价值为零。企业级 BOM 作为贯穿上下游环节的管理平台，其所蕴含的管理思想是第一位的。某些软件虽然具备某些 BOM 管理功能，但其总体设计如果不是从企业级 BOM 的管理思想出发，那么要实施企业级 BOM 系统实际上比从零开始还要难，失败的概率还要大。这是因为，从零开始构建 BOM 系统，束缚少，可以完全按照企业级 BOM 思路开展。事实上大多数国外著名车企其 BOM 系统都是全新构建的（不依赖某种 BOM 管理平台），国内也有个别车企的企业级 BOM 平台是从零开始构建。而基于已有的 BOM 系统进行改造，必然受到多方面的约束，最终将在各种"平衡"下丧失掉企业级 BOM 的应有价值。

一、 企业级 BOM 选型方法

企业级 BOM 选型首先要确定的是技术路线。技术路线包括三种选择，即采用专业的汽车行业的企业级 BOM 解决方案、全新自主开发方案和采用 PDM/PLM 商业软件包方案。目前由于汽车行业的企业级 BOM 解决方案已经成熟，选择全新自主开发技术路线方案的车企比较少，主要还是在采用专业的汽车行业企业级 BOM 方案和PDM/PLM 商业软件包方案之间进行选择。

选择何种技术方案，除了传统的方案交流、系统演示之外，对于企业级 BOM 而言，最主要、最关键的还是两个层面的评估，即基于成功案例的评估和基于概念验证（Proof of Concept，POC）的评估。

（一）基于成功案例的评估

首先来探讨基于成功案例的评估。对于 BOM 选型来说，成功案例无疑是要首先考虑的。因为 BOM 是一门实践的学问，理论上行得通的方案在实践上未必行得通，因此仅仅靠方案讲解是很难做出判断的。而成功案例就是有企业已经这么做了，至少在可操作性方面是没有问题的。基于成功案例的评估要注意以下四方面问题。

1）案例首先要是"成功"的。之所以提出这一条，是强调在评估时需要对案例进行一定的甄别，将成功案例和某企业用到了某个软件区别开来。因此在进行案例评估时，最好能够找机会走访案例用户，与案例用户的业务部门进行交流，基于交流的结果来判断案例是否具有可参考性。

2）案例必须具有全面性。企业级 BOM 的一个很重要的思路是，各个 BOM 形态之间从 BOM 架构、组织形式和控制方式来看，必须具有连续性和一致性；同时，企业级 BOM 强调的是跨业务领域的协同。如果案例本身只是某一个 BOM 形态或者某一个业务领域的应用，则无法验证方案的整体性和一致性。这种案例也许在某个业务领域是成功的，但作为企业级 BOM，它的参考意义不大。

3）注意案例的体系特点。汽车行业经过一百多年的发展，是一个相当成熟的行业，欧美、日本等国的老牌车企各自都根据自己的实践形成了一整套符合自身企业特点的管理流程规范，因而也形成了不同的体系，例如以通用汽车为代表的美系、以大众汽车为代表的德系、以日产和丰田等为代表的日系等。在考察案例时，需要考察案例所基于的管理体系，并判断这种体系是否适合于自己。

4）案例中各参与方的参与角色。部分企业级 BOM 项目，特别是国外车企的 BOM 项目，业务方案设计、系统方案设计及系统定制开发分别由不同的公司负责。如果竞标方在其所提供的案例中同时扮演业务方案设计、系统方案设计和系统定制开发三个角色，那么案例的说服力是比较强的；如果只是担当某个角色，比如仅仅作为定制化、开发资源参与其中，这种案例作为竞标方而言可参考价值就比较低。因为 BOM 项目很复杂，而国内车企自身业务设计能力比较薄弱，如果这三个角色分开，那么风险极高。

（二）基于 POC 的评估

其次来探讨 POC。POC 是 IT 行业一个非常传统的方案选型方法，但过去用在各种类型的方案选型上效果并不理想，加之 POC 对于车企和供应商来讲，投入都较大，因而目前很多企业并不太愿意使用该方法。但我们建议，在企业级 BOM 领域，当不能通过案例完成选型时，POC 仍然是首选的选型评估方法。

考察过去 POC 效果不理想的原因，主要在于 POC 的技术标准难以定义，在没有针对考察的内容形成一整套全面、合理、客观的考察标准之前，POC 确实是一个劳民伤财而难以达到目的的方案。我国车企经过近十年的实践，对企业级 BOM 的整体性认识达到了相当的成熟度，因此具备制定一整套技术标准的条件。

一个完整的 POC 包括 POC 的准备、执行以及评价三部分。

1. POC 的准备

准备阶段最为关键。准备的内容包括以下几个方面。

（1）POC 的目的与目标

一般实施 POC 有可能有多方面的目的，包括：识别方案与车企业务的匹配度以及评估业务需要进行的调整；考察技术方案满足程度；考察供应商实施能力；评估项目正式实施可能遇到的难点问题以及风险点；评估实施需要投入的工作量和成本等。由于目的不同，POC 实施的工作内容、周期、评价标准等都有所不同，首先第一步需要对即将实施的 POC 进行明确的目标设定。

（2）POC 实施方法

在确定 POC 目标之后，需要制订为达成目标所需要的工作内容、工作步骤、关键节点以及关键交付物。POC 目标不同，工作内容会有所不同。例如，如果目标包括识别方案与车企业务的匹配度以及评估业务需要进行的调整，则根据自身业务制订典型的 POC 业务场景这项工作就变得非常重要；如果主要是考察技术方案的满足程度、实施难点以及项目投入等目标，则制订非常详细的考察技术规格这项工作就是关键；如果目标包括考察供应商实施能力，则需要制定供应商能力评估表等。

但无论出于何种目的实施 POC，采用本企业实际的车型数据是非常必要的，因此应该将车型数据的梳理并导入系统作为一项重要的工作内容体现在 POC 方法和 POC 计划中。采用实际的车型数据的好处在于以下方面。首先，这将使 POC 中展示的业务场景更逼真、更接近车企的实际业务，因而也更方便车企业务部门理解方案。其次，对实际车型数据的梳理和导入是对系统能力和实施能力的一次考验。一个团队能够迅速将一套车型数据按照技术方案的要求进行重新组织，并且系统能够快速接收车型数据并基于这些数据开展后续业务工作，本身就反映了实施团队很强的业务咨询能力、系统落地能力以及系统对各种业务环境的适应能力。最后，真实的数据更容易发现问题，更能全面验证方案的匹配性。

（3）POC 组织

POC 组织就是要识别 POC 所涉及的相关方。哪些方需要参与到 POC 过程中来，与 POC 的目的以及 POC 的验证场景有关。一般来说，如果是一个全面的 POC 验证，涉及的关键业务部门包括研发（主要负责工程支持业务的部门以及设计、发布工程师）、工艺/制造（路线规划、工位定义相关工程师）、生产物流（物流工程师）、采购、销售、售后、海外事业等。同时如涉及某些 IT 技术层面的评价，如系统技术架构、系统可扩展性、系统性能等的评价，IT 架构师也是 POC 的重要参与者。

（4）POC 的评价标准制定

这部分工作是最重要、难度最大，也是导致 POC 达不到设定目标和理想效果的最关键因素。

这项工作之所以重要，就是因为它是后续一系列工作展开的依据。没有评价标准，POC 实施过程就变成了没有车企自我主张的、各种方案的肆意发挥。那么到底哪些方面对于企业级 BOM 是重要的？哪些仅仅是一些可有可无锦上添花的东西？哪些甚至有违于企业级 BOM 管理理念？如果这些都无从判断，那么整个 POC 就毫无意义。

这项工作之所以难，就在于要制定一整套客观标准，除了需要对各个业务领域的业务有非常深刻的了解之外，还需要从全局的视角理解企业级 BOM 的理念和管理思路，需要了解行业的最佳实践，同时还要从行业以及公司未来发展的角度提出对 BOM 管理的要求。这四方面工作难度都非常大。这时，单靠车企一方的力量往往不够，恐怕需要借助 BOM 专家的力量。

（5）参与 POC 技术方案/潜在供应商的选定

根据初步选定的技术路线，识别市场上哪些供应商能够提供相应的解决方案。为了保证因为精力过于分散而影响 POC 质量，需要对技术方案/潜在供应商进行初步甄选，将参与 POC 的供应商名单缩小到三家以内比较合适。筛选供应商名单可以通过案例、方案讲解与展示等方法进行。

（6）POC 详细计划制订

在上述步骤基础上，可以制订出 POC 详细的实施计划，包括前期准备工作的时间安排、各家供应商进行系统设置及调整的时间安排、POC 结果展示的时间安排以及 POC 的评价与汇报活动安排。

前期的准备工作主要包括 POC 所需的车型数据的准备以及软硬件环境的准备。

在制订计划时，需要考虑 POC 的策略。POC 完全基于标准功能配置进行，或者允许进行轻量级定制化开发，这是两种不同的策略。第二种策略 POC 的质量更高，评价的可参考性更强，但投入的资源较多，实施的周期较长。在计划制订时需要考虑不同策略而预留相应的时间。

（7）形成 POC 计划文件，正式通知相关参与方

完成上述工作，意味着 POC 完整的规划已经完成。此时需要就规划内容与相关各方，包括潜在供应商进行沟通，听取各方意见进行必要修订。确认之后发出正式通知。

上述 POC 的规划工作完成之后，就可以正式启动 POC 的执行工作，进入 POC 执行阶段。

2. POC 的执行

POC 的执行则主要是技术方案提供方的工作，车企只是配合。配合工作主要包括业务场景、技术标准的说明与答疑，车型数据的梳理及说明、软硬件环境的提供等。

技术方案提供方的工作包括以下六方面。

（1）对业务场景和评价标准的充分理解

这项工作是要充分理解车企的要求，使得 POC 内容目的明确、针对性强，确保 POC 在正确的轨道上。在此基础上，对照评价标准，评估哪些内容是通过标准功能可以满足、哪些需要进行适当配置、哪些通过轻度开发可以满足、哪些需要进行深度定制。

（2）制订详细工作计划

车企的 POC 计划是定义主要时间节点。技术方案提供方需要根据自身情况，在 POC 整体计划下细化自己的 POC 执行计划。

（3）系统定制与配置

参照 POC 评价标准，基于 POC 策略开展各项系统层面的工作，包括适当地开发以满足车企要求、系统功能配置等。

（4）车型数据整理与加载

根据车企提供的数据，按照自身技术方案的要求进行重新组织。在组织过程中可能会发现数据问题，需要与车企方进行沟通、澄清、确认甚至修订，在此基础上形成一整套面向新的业务模式的车型数据，并将这套业务数据加载到 BOM 系统。

（5）业务场景设置

在 BOM 系统中，基于已经定制/配置的系统以及真实的车型数据，按照 POC 的业务场景对 BOM 系统进行设置，将系统中的各功能点（特别是评价标准上的各功能点）串起来，形成一个有业务意义的整体。

（6）测试与修正

对 BOM 系统进行测试，发现问题并进行修正，直到符合自己对 POC 的预期。

3. POC 的评价

最后是 POC 的评价阶段。

POC 的评价方式包括 POC 研讨会、关键业务代表基于系统进行实际操作以及 POC 总结汇报等几种方式。车企可根据自身的需要采用一种或多种方式的组合。

POC 研讨会的方式首先由技术方案提供方基于 POC 系统进行业务场景的讲解，在讲解过程中，就相关问题进行讨论。通过讨论，POC 评估委员会可对方案满足程度进行评估。这种方式一方面考察了系统的满足程度，另一方面也对方案提供方的实施能力进行了考察，是比较常见的方式。

关键业务代表直接基于系统进行实际操作的方式是对系统最全面、深入的验证，因为不仅是功能的可实现性方面的考察，而且是对于业务实际可操作性、系统鲁棒性、系统响应性等的直观考察，并且能够发现由于各种原因（如方案提供方对业务场景的理解偏差等）而被隐蔽的问题。因此，在时间允许的情况下，比较推荐这种方式。

POC 的总结汇报也是评价环节中常有的活动。这个活动主要是对整个 POC 的进程、实施方法、POC 内容以及评估结果进行整体性说明。POC 实际上是一个小型项目，短时间内要做好并不容易。通过汇报可以比较充分地考察方案提供方各方面的能力，包括业务咨询能力、项目管理能力和团队的整体专业水平等。

综上所述，POC 无论对于车企还是技术方案提供方，都需要耗费巨大的人力物力，确实是一个"劳民伤财"的活动。但在方案确实难以分辨、难以取舍的情况下，POC 还是十分必要的。BOM 领域是一个十分专业的领域，BOM 项目的成功和失败关系企业基础体系建设是否能够确立，是"百年基业"的大事。千万避免在对技术方案只是模糊笼统的评估之后，根据技术方案实施方的资质和规模大小等非决定因素进行盲目选择。

综上所述，POC 的成败在于是否有一整套明确的评价标准。那么，针对企业级 BOM 的 POC，技术标准应该如何制定？应该包括哪些方面的内容？制定这些标准细则时，需要注意什么？以下我们就这些问题来进行一些探讨。

二、 技术规格评分框架参考

我们首先来探讨评价体系，即对某项技术要求，按照几个层级来进行评价。建议按照权重、关联度以及实现难易程度等维度来进行定义。

首先是权重。对于每一项技术要求，有重要与否的区别。对于基础性需求、涉及全局性需求以及对业务能力的提升起着关键决定作用的需求，显然比一般操作层面的需求重要得多，因此权重要高得多。例如，要求系统能够支持超级 BOM 模式这一需求就是基础性的、全局性的要素。正是因为在技术需求规格中有这些非常重要的条目，为了拉开与一般要求之间的距离，可以采用百分制/百分数来表达权重，其取值区间可视技术需求规格分解的颗粒度而定。颗粒度越细，取值区间可以越大。比如可以将一项最简单的功能的满足权重设置为 1% 或者 1 分，而将基础性的、全局性的要求设置为 100% 或者 100 分，其他需求规格在中间取值。权重的维度完全从车企自身需求出发，与技术方案无关。

第二个维度为技术要求的关联度。一个系统，各个功能点之间存在关联关系。但这种关联关系有复杂、简单之分。一个功能点与其他功能点关联越多，对系统的影响越大；反之，一个功能点如果相对比较独立，则对全局性的方案影响较小。比如技术规格中强调 BOM 必须按照生效性管理，这个技术要求的关联度就非常高，因为此要求涉及变更单/断点单等的发布与 BOM 的关联、BOM 行生效时间的分割及车型零部件清单的获取方式等。又如新零部件申请这一技术要求对其他模块的影响就很小，只与极少数功能有关（如基于功能区域码/功能位置码的零部件描述库）。关联度可以分三个等级：第一等级为基本无关联或者比较少、比较简单的关联，分值设置为 1；第二等级为中等程度关联，分值设置为 2；第三等级为复杂关联，分值设置为 3。关联度也是从需求本身出发的一个评价维度，在一定程度上与权重有类似之处，只是权重侧重该技术要求本身的重要性，而关联度则侧重对全局的影响。

第三个维度即实现的难易程度。这个维度基于技术要求评估方案的可实现程度，可参考以下六个级别、10 分制进行评分：

第一级别为系统标准功能，同时经过其他项目验证过。这一级别应该是完全满足规格要求，因此可以给满分 10 分。

第二级别为标准功能，但未经过案例验证，可以将分值定为 8 分。

第三级别为非标准功能，但通过系统配置可满足要求，可设定分值为 7 分。

第四级别为通过轻度定制化可实现的功能，可设定分值为 6 分。

第五级别为必须通过重度定制化才可实现的功能，可设定分值为 2 分。

第六级别为无法实现的功能（如受底层架构限制等），可设定分值为 0 分。

针对每一条技术规格，分别给定该技术规格的权重以及关联度等级，然后再针对要评估的方案给出实现难易度评分，最后将三者相乘得到该技术方案针对这条技术规格的最后得分。如一条技术规格为"MBOM 必须按照生效性进行管理"，该技术规格足够重要，因此权重为 100%；如上面所分析，它与很多功能都相关，对全局影响较大，因此关联度等级为 3 分；针对某个技术方案，它是一个标准功能且经过案例验证，难易度得分为 10 分。那么针对这条技术规格，该方案的最终得分是 30 分（100% ×3 ×10）。

三、 制订选型技术规格需要注意的事项

首先，要确定哪些需求需要作为选型的技术规格进行定义。在考虑这个问题时，最重要的是要考虑业务模式的创新，需要考虑在创新的业务模式下的需求。因为车企上马企业级 BOM 项目，最大的目的与价值就是建立良好的体系，使得企业能够向更先进、高效的业务模式变革。如果选型技术规格只是定义当前业务模式下的一些功能需求，那么选出来的方案未必能够满足企业级 BOM 项目立项的初衷以及未来业

务的发展。

在考虑哪些需求作为选型技术规格定义时，需要破除"功能越多越好，有某项功能总比没有好"这种思维模式。正如上面所谈到，每个系统都有其使命与"灵魂"，都蕴含一定的管理理念。服务于不同使命，其蕴含的管理理念是不同的。某些功能是特定管理理念下的产物，在某种具体场景下是合理的甚至是最佳的管理方式，但换一个场景或在不同使命下，就不见得是一个好的方式，甚至是一个阻碍。最典型的例子莫过于零部件的版本管理，在研发领域和三维工艺领域，版本管理是非常好的模式，但作为面向企业进行物料资源规划和跨价值链协同，版本管理则是一种极为低效的模式。

其次，技术规格的颗粒度一定要达到一定程度，不能太粗。太粗便失去了方案评价较为客观的标准，最终变成印象式评价，这就使得 POC 毫无意义。例如，将"支持断点管理"作为一条选型技术规格，就不是一个颗粒度合适的需求规格，因为，"支持断点管理"没有表达出具体的业务要求，各方可以做不同的理解。比如，只要在 BOM 行上可以设置生效时间是不是就应该算"支持断点管理"？我们知道，断点管理远不止这么简单，但只凭这句话，做这样的理解也未尝不可。

四、 选型阶段对技术方案提供方能力的考察

企业级 BOM 的实施，不仅是一个系统的交付问题，更是一个业务体系重构的过程，因此对于实施方的要求是比较高的。在选型评估阶段，对实施方能力的评估也是非常重要的。

一个成功的企业级 BOM 实施团队应该具备以下特质。

（1）跨业务领域的知识和实践经验

企业级 BOM 涉及的领域非常多，几乎覆盖车企除人事、后勤之外的所有业务领域。BOM 上的某一个信息就有可能涉及多个业务部门，如自制、外购决策等。作为实施方，只有对这些业务领域有深入的了解乃至有实践经验，才能协调不同业务部门一起主导制订合理的方案。仅有某一个业务领域的经验不足以主导跨业务领域方案的制订。

（2）专业的咨询能力

专业的咨询能力包括结构化思维、专业的沟通能力及主持研讨会等多方面的能力。缺乏专业的咨询能力，有可能会导致项目中一些重要的决策项迟迟不能推进，或者方案缺乏整体性考虑等问题。

（3）对 BOM 的流程、规范和运作模式等有丰富的经验

如果实施方的工作人员有在良好体系下作为 BOM 工程师工作的经验，将对项目推进十分有益。

（4）技术架构能力

企业级 BOM 系统是数据高度聚合型系统，内部逻辑复杂。技术方案提供方如果缺乏技术架构的设计能力，很可能导致企业级 BOM 系统不能适应未来业务发展所必须具备的技术响应能力。

（5）项目管理能力

企业级 BOM 项目业务参与方多，需要决策的事项多，涉及的周边系统多。这"三多"决定了项目过程中需要很强的项目管理能力。

第三节　企业级 BOM 项目实施

一、项目实施方法

对于车企，特别是传统车企，上马企业级 BOM 系统是一个"伤筋动骨"的过程，必须遵循一定的方法。本节首先就车企普遍适用的实施方法进行探讨，然后再对项目合理的组织架构进行说明，最后针对传统车企和新兴车企在适应方法层面的差异进行探讨。

（一）完整的企业级 BOM 实施全过程

完整的企业级 BOM 实施全过程如图 9-1 所示。

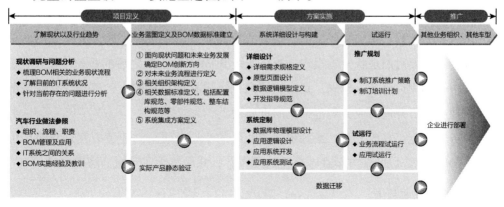

图 9-1　企业级 BOM 实施全过程

整个项目从大的阶段可以分为项目定义、方案实施以及推广三个阶段。

1. 项目定义阶段

项目定义阶段是整个项目最为关键的阶段。这个阶段的主要目标是针对企业的现状以及行业发展趋势，制订出本企业完整的企业级 BOM 蓝图方案。这一阶段主要有四方面的活动。

首先，是要对企业的现状进行调研，了解目前的做法以及可能存在的问题。调研包括业务层面和 IT 层面，但主要集中在业务层面。调研的方式建议按照业务流程分析模式进行。具体而言，首先收集各业务领域 BOM 相关的流程、规范和样例数据，以供实施团队进行预先研究和进一步整理，作为正式访谈的前期准备。正式访谈时，基于整理的现状流程框架了解各个环节的业务输入输出、各业务部门在这些环节的工作模式、目前存在哪些问题及 IT 系统的支持状况等。基于业务流程进行调研，调研的完整性比较容易得到保证，同时，框架性比较强，逻辑清晰，并且有利于蓝图阶段对未来流程的定义。这一活动的主要输出物为现状分析报告。该报告对车企当前的流程进行详细描述，并将识别的问题、对问题的分析以及解决方案建议形成书面报告，作为蓝图设计的重要输入。

其次，汽车行业是一个非常成熟的行业。车企实施企业级 BOM 时，需要对照、参考汽车行业的做法。这个过程是贯穿在现状分析和蓝图定义中的。汽车行业的做法同样也是我们识别 BOM 创新方向和绘制蓝图的重要输入。

接下来是蓝图定义。蓝图定义是项目定义阶段的重点内容。可以说，项目定义阶段的所有活动都是围绕蓝图定义展开的。蓝图定义的内容包括企业级 BOM 架构定义、未来业务流程定义、基础业务规范定义、相应的职能职责定义以及系统集成方案定义等。蓝图定义的输出物是蓝图定义报告，报告中除了对上述企业级 BOM 架构、未来业务流程、基础业务规范、相应的职能职责以及系统集成方案形成书面报告之外，还需要对照现状分析报告分析企业级 BOM 平台上线之后的业务差异点。蓝图定义报告的用途包括：首先，是实施团队系统设计的重要输入；其次，是业务部门进行业务宣贯并进行业务规范细化的重要输入。

业务方案定义完成之后，最好用一款在研的车型按照新的业务方案重新组织配置和 BOM 数据，以验证方案在本企业的可行性，并尽早发现问题、修正方案。

2. 方案实施阶段

方案实施阶段是按照蓝图定义进行方案"落地"的过程，包括系统设计、系统定制、数据梳理与迁移、系统推广方案制订及系统试运行等活动。

系统设计主要是基于未来业务方案，对功能需求规格、系统的数据关系、展示页面等进行设计。这一活动的主要输出物为系统功能规格文档。

系统定制则是基于系统设计输出的功能规格文档进行相应的系统开发、配置等调整工作，并对定制的系统进行测试。这一活动的主要输出物为经过定制化的系统。

同时，在这个过程中，对于车型数据的梳理、校核和重新组织也是一个十分重要的工作。一般车企，车型数据需要经过两到三轮的校核和修正才能作为系统正式运行的数据。

上述工作做好之后，则系统可以进入试运行阶段。一般车企以一款在研车型进行试运行，以验证业务流程和应用系统。在此过程中，需要进一步细化操作层面的业务规范，同时为下一步的推广制订计划。

3. 推广阶段

上述过程以一款车型为基础，验证蓝图方案定义的内容在企业的运行情况。试运行的目的是发现可能的问题并及时调整、修正；同时，试运行过程也使得各业务环节对新的业务运作模式进一步理解、有更深的体会。在此基础上进行积极稳妥的推广。

推广主要从两个层面来考虑：第一个层面是车型的推广，第二个层面是针对其他组织的推广。

对于传统车企，经过多年经营，历史数据量非常庞大。特别是对于商用车，车型数量有可能达到上万种。要将这些车型都按照新的模式进行组织并纳入新的 BOM 系统进行管理，不是一件容易的事情，往往需要几个月甚至几年的时间。

但另一方面，虽然工作量大，但这一推广过程不宜拖太长时间。因为新老两种模式并存时，会增加业务运作的复杂性。其中最典型的问题就是零部件的共用问题，以及由此带来的共用件的变更管理问题，针对不同车型可能要走不同流程、采用不同的系统，以及不同的系统集成方式。

在针对车型进行推广时，需要对车型进行分类。一般分为在研车型、已量产同时还会有变型设计的车型、已量产同时基本没有变型设计的车型以及停产车型。推广的优先级别一般按照上述顺序由高依次降低：最优先的当然是在研车型，其次是已经量产同时还有变型设计的车型。对于已量产同时基本没有变型设计的车型，因为涉及的变更比较少，所以优先级可以放得比较低。而停产车型往往不必考虑迁移到新的系统中。

从数据整理策略来讲，在研车型和量产车型也可以有所区别。在研车型可以以工程 BOM 为基准整理 BOM 数据，而量产车型因为制造 BOM 直接面向量产，因此可以以此为基准整理 BOM 数据，以尽量降低由于数据质量问题而产生量产冲击风险。

有些车企可能存在多研发中心、多制造基地的情况，对其他组织的推广就是指对其他研发中心、制造基地的推广。这种推广原则上是将蓝图定义的方案"平移"到这些业务单位，但推广的过程仍然需要很多投入。首先，整套方案即使完全不做任何调整，要被这些业务单位完全理解并达到可执行的程度，本身就需要投入很多时间。其次，同样存在数据梳理和重新组织的工作。第三，这些业务单位的上下游系统（如 PDM/PLM、ERP 等）可能不尽相同，因此集成方式有可能需要调整。

（二）建立高效的项目运作组织

企业级 BOM 实施涉及的业务领域多，因此一定要重视项目的组织架构。就企业级 BOM 项目的特点而言，我们认为以下几点是需要特别注意、关系到项目成败的要点。

1. 需要建立保证业务部门充分参与的组织架构

在上述方法中，每个阶段都需要业务部门或多或少的参与。其中项目定义阶段以及试运行阶段是需要业务部门全时重点参与的阶段。即使是系统设计和构建阶段，部分活动，包括系统功能规格制订、测试等环节，也是需要业务部门大量参与的。那么，如何才能保证业务部门充分参与呢？从经验来看，有两点是值得借鉴的：其一，建立项目核心组和项目外围组，每个业务领域指定一名资深骨干作为这个领域的组长参与到项目核心组，同时由该组长领导一个三至五人的小组，负责该业务领域的业务方案、业务需求、标准规范、车型数据、业务和系统验证等工作。小组成员是项目的外围组，不一定全都参与，但需要在组长的领导下展开本业务领域的工作。其二，在项目管理层面，除了任命 IT 方的项目经理之外，还需要任命专门的业务方项目经理，负责业务方相关项目工作的推进。

2. 项目管理办公室运作模式的建立

BOM 项目不仅涉及业务领域多，而且可能涉及业务变革也较大，关联的 IT 系统也较多，因此很多事情可能超出 BOM 项目组控制范围，特别是涉及一些关键业务领域的应用系统需要升级、改造时，需要多个项目一起运作，此时，一个强有力的项目管理办公室（Project Management Office，PMO）运作模式就显得非常必要。

3. 建立明确的决策机制

项目过程中涉及大量的业务决策，在实际项目中经常存在对决策不断拖延的情况，直接影响方案的质量以及系统上线时间。因此，一个高效的项目组织，需要明确定义什么问题由哪个层级进行决策、如何升级等。

（三）传统车企与新兴车企在实施方法上的差异

我们先来看传统车企与新兴车企这两者本身存在哪些差异。

首先，传统车企已经形成一整套固化的流程和规范，并且以这套模式运作时间已很长。这些流程和规范必然或多或少制约了方案的制订。而新兴车企则不存在这种制约，因此可以以更为开放的姿态来制订未来的方案。

其次，新兴车企的人员往往来自四面八方，具有不同的体系背景。

第三，传统车企在实施企业级 BOM 系统时，业务领域的应用系统往往已经建成，因此项目实施过程中需要考虑对原来系统的升级等问题，项目实施更为复杂。而新兴车企这些应用系统都还没有开始建设或者刚刚开始建设，没有这方面的制约。

第四，传统车企有大量的历史数据，这不仅给项目实施带来了很大的工作量，而且会或多或少影响方案的制订。而新兴车企完全没有这方面的制约。

总之，传统车企在实施企业级 BOM 时会面临较大的历史包袱和束缚，而新兴车企则没有这方面的制约；新兴车企缺少的是一个完整的体系，告诉来自不同背景的人员如何高效地工作。基于这些不同，在实施企业级 BOM 时，传统车企最好严格按照上述方法开展项目实施。而对于新兴车企，则可以基于上述方法进行灵活定制。

事实上，对于新兴车企，我们建议以"拿来主义"为主，因为汽车行业有许多成熟的做法值得借鉴。来自不同体系的人员往往容易各执己见，但管理无绝对的对错之分，因此争论往往意义不大。所以，新兴车企在蓝图制订阶段，完全可以基于成熟的方案迅速形成自己的体系，以此来整合不同背景的资源。同时，新兴车企一般都要求高节奏，在成熟的方案上进行迭代式开发是满足这一节奏要求的项目实施方法。

当然，新兴车企之所以可以这么做，有一个很重要的前提：基于成熟的、内嵌有汽车行业体系化的做法的方案。如果没有这个前提，那么整个项目可能陷入一团乱麻、无法自拔的状态。

二、 关于 BOM 组织的探讨

（一）大集中式与分散式 BOM 管理组织

我们先来看大集中式与分散式 BOM 管理组织这两者本身存在哪些差异。

在企业级 BOM 实施、推广过程中，BOM 相关的组织可以分为两大类型：大集中式和分散式。

在第一类大集中式组织架构中，负责各阶段 BOM 工作的工程师被集中在一个业务部门，包括早期/工程 BOM、制造 BOM、售后服务 BOM 以及 KDBOM 等，都由该部门进行统一管理。这个部门一般设置在研发业务部门，但也有完全从研发独立出来，另外设置一个专门部门的做法。

第二类分散式组织架构是指各业务领域的 BOM 分散在各业务领域进行管理。一般情况下，研发部门有工程支持部门或技术管理部门（不同车企叫法不同）专门负责早期/工程 BOM 的管理。制造 BOM 则在制造工程或物流部门进行管理。售后服务 BOM 有两种模式，一种是在研发端有售后技术支持部门，专门负责代表售后部门提出售后维修需求，并进行售后备件技术定义、售后服务 BOM 管理；另一种是将这一工作岗位设置在售后服务部门，售后服务 BOM 由售后服务部门管理。KDBOM 一般在海外事业部进行管理。

在以上两类组织架构中，大集中式组织架构相对而言适应于工程 BOM 不是面向制造发布、BOM 扁平化做得不是很好的车企。在这种情形下，工程 BOM 与制造 BOM 在结构上差异很大，需要大量重构。大集中式组织架构的好处是由于各 BOM 形态的管理工程师都在一个业务组织内，协调比较方便，在保证 BOM 一致性方面相对比较容易些。

但由前面的论述可知，早期 BOM/工程 BOM 面向制造发布、构建扁平化结构具有极大优势。在这种情形下，BOM 信息流能够做到在各不同形态的 BOM 之间进行传递，BOM 形态之间的转化与重构工作将大大减少，大集中式的 BOM 组织就显得不那么必要，而分散式的 BOM 组织则刚好可以让各业务领域关注自身的业务内容。以制造 BOM 为例，由制造、物流部门进行管理的优势是比较明显的，这些优势包括以下四点。首先，制造 BOM 的初始创建在制造策略锁定之后，详细的工艺规划和设计在此之后展开。由制造、物流部门管理制造 BOM，更有利于制造 BOM 的创建和业务协同。其次，制造 BOM 在试生产阶段开始实车验证，工艺规划在生产线上的工艺符合性验证等工作以制造部门为主导展开，由制造、物流部门管理制造 BOM，更有利于确保制造 BOM 工艺数据调整等一致性。第三，制造变更单作为制造领域的变更管理手段，不仅包括制造 BOM 的变更与发布，还包括工艺文件等制造数据的变更与发布。将制造 BOM 统一在制造部门管理，有利于制造数据之间的变更协同与同步。最后，物流部门是生产一线部门，负责断点跟踪与实施，而断点实施的结果需要体现在制造 BOM 上。

（二）BOM 工程师的作用

上述无论哪种模式，都需要有一个重要角色的参与，这个角色就是 BOM 工程师。下面就 BOM 工程师这个角色的重要性及其职责进行说明。

我国车企过去很长一段时间对 BOM 工程师重要性的认识不够，他们大多将 BOM 工程师理解为数据录入和数据维护人员。这项工作本身枯燥、需要极大的耐心、承受各种压力，并且不容易看到成绩，因此这项工作在很多人眼中是一项比较"低端"的、非主流业务的（车企主流业务工程师当然是设计师等）、费力不讨好的。之所以形成这种认识，主要与我国整车开发模式有关。

我国汽车工业自 20 世纪 80 年代开始，在很长一段时间内都是合资车企占主导地位。最早的合资车企基本都是国际汽车巨头在中国的制造工厂。从最开始的整车 SKD 组装到后来的 CKD 生产，再到深度国产化，整车产品开发工作基本都由外方主导研发，合资企业一直没有改变汽车制造工厂的本质，缺乏完整的整车研发能力。在这种模式下，BOM 工程师的职责基本上是被动接受、执行上游母公司发布的工程数据以及工程变更，基于本地制造的要求维护制造相关信息。在这种场景下，BOM 管理工作的技术含量不高，BOM 工程师职能弱化在所难免。

20 世纪 90 年代末至 21 世纪初，我国自主品牌车企处于起步阶段，整车研发基本处于逆向开发阶段。BOM 业务从逆向数据开始，第三方设计公司以及主机厂产品研发工程师基于逆向数据开展工程开发。这种模式导致正式的 BOM 数据是在产品开发成熟度达到一定阶段或者数据工程冻结之后，再由研发各专业部门汇总 BOM 数据提交给总布置工程师等进行工程发布。制造部门根据上游交付的工程 BOM 进行制造 BOM 数据重构。在这种开发模式下，各业务部门同步工程的成熟度不高，大量业务串行开展。BOM 业务在这种模式下，并不是一个连续性的工作。BOM 工程师在产品开发中的作用相较于产品工程师等就要小很多。因此，BOM 工程师的重要性并未凸显出来。

但近十年来，我国汽车行业乃至整个制造业都意识到了研发能力是企业的核心竞争力，纷纷开始重视正向研发。从逆向研发走向正向研发模式，对 BOM 管理提出了全新的要求。

首先，BOM 数据不能局限于个别专业层面，不能各自为政，而是需要看成是面向量产的、需要被广泛使用、重复使用的企业级主数据。因此，BOM 的构建需要面向使用部门的要求，而不是构建部门的"我有什么数据就给你什么数据"；BOM 应该是精益化的、准确传递上游信息的载体，而不是"你要的信息我都有"，让使用部门在一堆冗余的、状态不明确的信息中去"挑拣"。BOM 贯穿整车开发全价值链，各价值链环节不应该将只是本领域之内的、容易降低运作效率的、模糊的甚至错误的信息加载到 BOM 主线上。

其次，正向开发在项目策划阶段到工程发布阶段，存在大量的各业务部门的协同、同步工程工作。这些工作包括前期各业务部门共同参与的产品策划、平台架构开发以及先期寻源定点工作等。在汽车行业成熟的实践中，深度的业务协同开发和同步工程是正向开发必不可少的要素，这些要素是车企能够追求有竞争力的产品开发周期、质量、成本目标的关键。这些工作的高效展开需要高质量的 BOM 信息支撑，BOM 数据必须承担起协同开发和同步工程活动中企业级产品数据索引的核心作用。

第三，面向成本的设计要求在早期进行目标成本评估、设计过程中持续进行预计成本与目标成本的比较，以便及时找到降成本空间。在新产品引入阶段的整个成本管理过程都需要动态的 BOM 数据支持。

第四，平台化、模块化开发的特性决定了大量衍生车型的管理需求。这些需求使得按照单一产品管理 BOM 变得越来越不可能。全配置化超级 BOM 模式在 BOM 组织方式以及各业务领域的管理效益将得到彰显。

总之，车企面向正向研发亟待构建一整套能够支持正向研发体系的 BOM 管理体系，这是我国几乎所有自主品牌车企在过去十几年直至今天面临的共同主题。

而在车型开发从逆向向正向转变过程中，BOM 工程师将扮演极其关键的角色。BOM 工程师在应对上述正向开发对 BOM 提出的全新要求层面，起到如下六方面特殊作用。

第一，在提升全价值链总体效率方面发挥作用。BOM 工程师专职负责搭建面向企业全价值链的 BOM 核心数据架构，确保 BOM 核心数据在工程、制造和售后等业务领域的一致性，有效提升企业 BOM 全价值链的管理效率。

第二，在跨系统协同方面发挥重要作用。BOM 工程师牵头整车级跨系统的 BOM 数据协同，确保整车 BOM 数据的完整性和准确性。

第三，在标准化方面，BOM 工程师统一管理产品结构标准、零件名称库和配置特征库，确保基础数据在各研发单元的统一性。

第四，更好地满足下游业务，集中对产品设计下游业务提供 BOM 数据支持，大幅度提高工作效率。

第五，在配置管理方面，集中管理工程 BOM 和工程配置，确保配置和 BOM 数据的一致性，有效降低配置和 BOM 管理与产品设计人员的沟通频次，减轻产品设计人员的工作负荷。

第六，BOM 工程师在数据规划中的关键作用，能更有效地支持产品开发。

总之，BOM 工程师在整车正向开发流程中，扮演了一个车型定义方面"项目经理"的角色，负责 BOM 业务计划的制订、与 BOM 相关用户部门的协调、BOM 产生过程中的监控，以及 BOM 数据的发布等方面的工作，对车企基础规范的形成和全价值链业务运作都发挥着关键的影响力。

（三）在 BOM 流程中各角色的职责定位

BOM 管理其实是 BOM、车型配置以及变更三位一体的管理。因此，在整个 BOM 体系中，有三个角色非常重要，即 BOM 工程师、配置工程师和变更工程师。以下对这三个角色的职责进行简要描述。

首先是 BOM 工程师。按照不同的业务领域，BOM 工程师分为工程 BOM 工程师、制造 BOM 工程师和售后服务 BOM 工程师。

工程 BOM 工程师的工作职责通常包括：产品标准结构的统一管理；零件标准名称库的统一管理；新产品项目功能清单的创建；新零件号申请的审核；BOM 工作计划的编制和发布；早期/EBOM 的组织创建、维护；EBOM 准确性和完整性的组织校验；早期 BOM 和 EBOM 的发布；接收工程变更单，变更 EBOM 以及配置和 EBOM 数据的实车验证等。

制造 BOM 工程师的工作职责通常包括：自制工艺合件号、工艺辅料编号申请；组织工艺路线的分析和确认；工艺辅料的收集和汇总；工艺合件、工艺辅料的配置条件编写；MBOM 的初始创建和发布；接收工程变更单/制造变更单/临时变更单，更改 MBOM；MBOM 数据准确性和完整性的组织校验；MBOM 数据的实车验证以及 MBOM 数据的生产导入等。

售后服务 BOM 工程师的工作职责通常包括：自制备件、售后精品件零件号申请；售后拆分需求的反馈和确认；售后配件市场需求的接收；售后配件技术要求的确认；SBOM 的初始创建和发布；接收工程变更单/售后变更单，更改 SBOM；接收生产断点信息并维护 SBOM；SBOM 数据准确性和完整性的组织校验以及 SBOM 数据的售后、生产导入等工作。

研发、制造和售后业务的 BOM 工程师，三者之间形成虚拟的 BOM 业务小组，由研发端的 EBOM 工程师总体牵头企业级的 BOM 业务。这个设计主要是由研发早期/EBOM 数据的业务作用决定的。

早期/EBOM 数据在前期规划阶段就已经开始创建以支持项目早期阶段平台架构开发、先期定点以及成本目标制订等相关业务活动。并且，早期/EBOM 数据作为工程主数据，是所有下游 BOM 数据的源头，其完整性和准确性直接决定了下游所有 BOM 业务的数据质量。

基于以上原因，EBOM 工程师作为企业级 BOM 业务的总牵头人，既主导 BOM 业务小组的工作，又与制造和售后业务的 BOM 工程师之间进行数据协同，以确保全业务链 BOM 数据的完整性、准确性和一致性。其工作模式简单示意如图 9-2 所示。

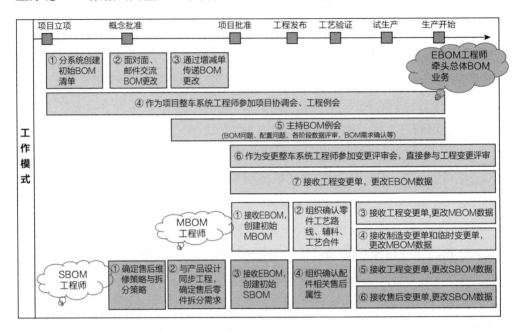

图 9-2　BOM 工程师工作模式

以上 BOM 工程师的工作不是绝对的，尤其是工程 BOM 工程师，在不同车企甚至同一车企不同时期，工程 BOM 工程师与设计人员的分工可能不同。在规范基础比较薄弱的车企，建议 BOM 工程师承担更多的工作，以便新建立的规范在有限的、可控的范围内执行，以保证规范实施的质量。

配置工程师主要承担的工作包括：负责配置管理相关规范的制订和推进；负责特征库的建立、维护与发布；依据规划阶段的配置信息，定义车型工程配置表；负责进行车型配置表维护与发布管理；负责配置表的变更和生效；负责配置规则的规范化；负责基于工程配置表构建生产配置表；负责生产配置表的生效性管理；负责基于工程配置表及销售策略构建销售配置表，以及负责销售配置表的维护与发布等。

配置工程师根据不同业务领域有可能分开成不同的角色，如工程配置工程师、销售配置工程师等。工程配置工程师的岗位一般设在研发部门，而销售配置工程师的岗位一般设在市场部与研发对接的部门（如产品支持科等）。

变更管理工程师的工作内容包括：负责变更管理相关规范的制订及推进；审核设计变更单内容的完整性及是否符合制订的变更规范。负责变更流程中相关审核、批准流程的管理，如根据每个变更单所属的类型、项目等因素决定流程的相关审批人员和通知人员等；变更相关会议的召集和组织；审核变更处理结果；负责变更的发布以及负责变更的关闭等。

三、 项目实施的风险及应对策略

企业级 BOM 实施无论在国际还是国内车企，都不乏失败案例。即使对于成功案例，期间也不乏一波三折的过程。

在项目实施众多风险中，首届一指的、可能直接导致项目失败的风险当数技术选型风险。关于技术选型，在本章前面的章节中已经进行了详细阐述，在此不再赘述。导致这一风险发生的主要原因，无外乎两种认识，第一种认识是只要业务方案定义得清楚，在什么系统中都是可以实现的；第二种认识是找国际大公司保险。规避这种风险最好的方法，其一是看成功案例，其二是进行 POC 验证。除此之外，方案的简单比较、各种炫酷式的方案展示都是徒劳无益的。

同样名列前茅的风险是业务变革风险。企业级 BOM 项目要建立的是一套全新的BOM 体系，对于我国传统自主品牌尤其如此。简单电子化数据维护人员的手工工作是没有意义的，通过企业级 BOM 带来业务模式的转变才是项目的核心价值所在。但这一转变过程中必然会遇到或大或小的阻力。这种阻力如果处置不当，就会成为项目失败或者项目效果大打折扣的因素。应对之策是企业级 BOM 项目一定要一位公司级别的领导来主抓，并且从项目组的角度来看，需要对企业级 BOM 项目的意义从一开始就进行宣贯，争取各业务领域关键决策者有正确的认识。

违背规律对待项目通常也是导致项目过程非常曲折甚至失败的因素。这里的违背规律包括两个层面，其一是不尊重项目实施的规律，其二是违背系统各种专业分工的规律。对于企业级 BOM 这么复杂的项目，各方面落地都需要一定的时间周期，过于压缩周期可能会导致返工。返工不仅影响项目资源投入，而且会打击用户的信心，一定程度上有导致项目失控的风险。BOM 系统是一个非常专业的系统，在实施这一项目时，对系统进行明确定位、对系统边界进行界定非常有必要。不同性质的业务放在一起处理，徒增加了系统的复杂度，而对业务未来的可扩展性以及总体 IT架构的合理性都会产生负面影响。很多人认为，系统中有这块功能项目总比没有强，其实不然。比如把库存这种实时性很强的交易型数据管理到 BOM 系统中，再比如把本来由采购业务系统来覆盖的供应商认证等过程放到 BOM 系统中，等等，这些缺乏规划的功能只会徒占项目资源，未来必然成为"食之无味弃之可惜"的鸡肋。解决这个问题，说到底还是车企和实施方需要建立互信，双方坦诚、理性地分析问题。

总之，项目是在一定周期内、投入一定资源、针对一定范围的内容进行工作，这一基本概念双方需要有共识。

业务部门的参与度也是企业级 BOM 实施中一个普遍问题。参与度不够具体体现在：业务部门没有按照项目要求的时间参与、投入的资源资质不够、项目中频繁更换关键业务代表等。这将会导致问题很晚才暴露、业务推广过程中因理解不到位而增加阻力等情况发生，对车企和实施方都是极大的浪费。应对的策略是组建经各方确认的项目组织架构，设置比较有权威的、执行力强的业务方项目经理角色，各业务领域采用小组长制，由小组长领导该业务领域的其他非核心项目组成员开展本业务领域内的项目工作。

数据梳理、迁移工作存在风险。这个风险是针对传统车企而言的。对于传统车企，存在大量历史车型数据需要清理、核对和重新组织，工作量大，容易出错。并且一旦出错，有可能影响到现在的生产业务。正因如此，我们建议将车型数据处理作为贯穿项目始终的一项工作内容，从一开始就考虑车型数据要素。在如何对待车型数据的问题上，要注意处理好"一头一尾"的工作。所谓"一头"，是指在开始时，就要用实际的车型数据对制订的业务方案进行验证，以便尽早发现方案的问题，识别方案影响的范围。所谓"一尾"，是指在试点车型数据整理、重新组织完成时，一定要编写一套车型数据整理手册，在手册中详细描述数据收集、清理、校对、重新组织过程中发现的问题以及处理方式。这个手册对于后续车型数据整理将起到极大作用。

系统集成存在风险。企业级 BOM 系统与车企绝大多数关键业务系统都有集成关系，能否与这些系统进行成功集成将影响到企业级 BOM 系统在这些业务领域的应用，因此必须投入足够的关注度。在未来的 BOM 系统集成架构中，与 ERP 的集成和与营销系统的集成将处于重中之重的地位。集成的风险往往来自于这些应用系统本身的局限性。由于这些系统一般先于企业级 BOM 系统构建，存在着各种业务和 IT 技术上与新的企业级 BOM 系统难以匹配的地方，这就需要对这些系统进行升级、改造，往往这个代价是比较大的，有可能需要采取中间方案。这就有可能导致项目延期等风险。应对之策是，一方面，集成方案要尽早制订，一般在项目定义阶段基本就要确定下来，同时，需要充分识别新的 BOM 方案的影响点；另一方面，企业级 BOM 项目需要一个强大的 PMO 来推进。

最后，对于新兴车企，由于这些车企的人员来自不同体系背景，有可能存在在方案制订上不是博采众长，而是形成局部生搬硬套不同体系的做法，最终形成一个缺乏整体体系性的"四不像"方案。这也是我们在前面方法介绍时，为什么强调对新兴车企应该采用快速原型法、充分借鉴系统已经沉淀的体系进行快速实施的原因。

第十章
BOM 常见问题及趋势分析 ///

第一节　　BOM 常见问题

本节就汽车行业的一些典型问题总结一些行业做法。部分问题在本书前面的章节中有所论及，此处再集中进行说明。当然，管理问题没有绝对的对错，任何管理问题的解决方案都是平衡的结果。因此，针对以下问题的应对方法仅作为企业分析自身问题的一些输入和参考。

一、 关于零件号编码

我国车企一般偏向于通过零件编码承载更多的业务信息，也就是零件号采用有意义的编码方式。零件编码携带业务含义，明显的好处是比较直观，用户一看零件号就知道某个零件属于哪个车型项目、所属类别以及分组，甚至可以看出零部件的变更历史等信息。

但带意义的零件编码也有不少弊端。首先，即使零件号编得再复杂，也不可能涵盖零件所有的信息，零件信息在绝大多数情况下还是需要依赖通过零件号查询系统获得。这样，对零件号究竟要包含哪些信息，各业务部门要达成一致还是比较困难的，往往要花费很多工夫去协调。其次，有意义的编码容易带来混淆与信息不一致。零件号所带有的意义，很多时候在编码的那一刻是准确的，但随着时间的推移，当初的意义就可能发生变化，此时这种意义反而会误导用户，典型的如在前面章节中举过的首次使用车型的例子。同时，零件号上所包含的管理信息往往还有相应的属性来管理（比如分组号），因为作为零件号某个号段表达的信息只是有利于人的识别，而不利于在系统中进行统计和分类等管理。这样，同一信息以两种方式同时管理，难免产生这两者之间的不一致。第三，带意义的零件号也不利于平台化设计以及通用化，典型的如零件号带车型或与结构相关的信息时。第四，带意义的零件号不利于新的管理模式的引入。典型的例子如有些车企将零件按照总成分类方法编码，当采用新的功能区域、位置码体系时，就会面临比较尴尬的局面：如果保持原来的零件编码方式，意味着今后设计要按照两套方式并存的方式运作；如果要彻底放弃原来的分组方式而采用新的方式，则意味着零件号编码方式要切换，从而产生新旧零件号不一致问题。

基于对以上问题的考虑，不带含义的流水码是一个简单而有效的方案。毕竟有意义的编码在没有信息化的时代优势体现得比较明显，而在现在企业实现高度信息化的情况下，零件号更应该回归为唯一识别号的作用。

零件编码另一个比较普遍的问题是，零件版本要不要作为零件号的一部分？产生这个问题的根源来自零件在发生设计变更时，在应该换号的情况下没有换号，导致生产、售后方面的很多问题，因此，如果将零件版本作为零件号的一部分似乎可以解决这个问题。这种方案不是我们所建议的，因为这会带来一些其他问题。零件要不要换号，取决于生产、物流、售后等方面的业务要求，将版本作为零件号的一部分，意味着一刀切地将所有变更的情形都规定要换号。这无疑带来管理方面的浪费。例如，某个车企在 ERP 中有超过一半的已经定过点的零件从来没在车上使用过，零件号带版本信息应该是造成这种浪费的主要原因。

二、 关于零件号与物料号

一般的车企零件号就是物料号，二者是一致的。但也有个别车企，零件号和物料号是两个，编码方式都不同。这样做的主要目的是将前端研发与后端生产、物流、售后等业务领域分开考虑。研发阶段在进行设计变更时，可以考虑得较为单纯，按照设计思路，遵循"3F（Function、Fit、Form）"，基于不同车型之间是否具有兼容性或者互换性考虑即可，后续申请物料号时还有机会根据后端的业务要求申请不同的物料号。这种做法的好处是保持了研发端相对轻便，同时也保证了进入 ERP 的零件（申请了物料号之后的零件）都是量产件；但缺点也是非常明显的，采用两套编码，管理的环节多了，一致性也难以保证。因此除非特殊情况，我们不建议采用这种方案。

三、 关于零件号与数模、 图纸号

零件号与数模、图纸号应该采用一个号还是三个不同的号？部分车企，甚至某些著名的国际车企，确实存在采用一个号的案例。

采用一个号有其便利之处，比如三者之间的对应关系天然就已经建立好了。但无论是零件号还是数模、图纸号，其最大的职能无疑是分别对零件、数模、图样进行唯一识别。但在实际情形中，零件号与数模、图样的关系并非完全一一对应，特别是多个零件共用一张图纸（如在图样上通过参数标注不同零件）的情况时有发生。这样就打破了编号作为唯一识别码的基本职能，这是不值得的。

从另一方面来看，在量产中所用到的零部件资源都需要定义到 BOM 上，包括控制器软件。当软件等也作为零件定义到 BOM 上时，我们会发现越来越多的零件没有数模和图样，这样，零件号与数模、图样采用同一个号就更不合适了。

四、 关于一品多点

为了规避单一供应商带来的风险以及引入竞价机制，一个零件多个供应商供货的情况（即一品多点）在车企非常普遍。但这种情况给生产运营带来了相当的复杂性，其中一个普遍的问题是，同一零件不同供应商，到底该用相同的零件号还是不同的零件号？

对于这个问题，首先还是要看互换性。对于具有完全互换性的零件，当然用一个零件号是可以的。这种互换性包括生产的互换性和售后维修的互换性。基于这个考虑，对于一品多点的情况，我们可以进一步分解不同的情形。如果设计由主机厂负责而供应商只是来图加工，那么不同供应商提供的零部件其完全互换性是比较容易得到保证的，这种情况我们叫"白匣子件"。在这种情况下，采用一个零件号是可行的。如果设计由供应商负责，即图样来自供应商，则零部件的互换性（或者说当发生设计变更时的互换性）是难以保证的，这种情况我们叫"黑匣子件"。在这种情况下，不同供应商采用不同零件号是当然的选择。

那么这种一品多点情况在 BOM 上如何表达？一般有两种方案：方案一是将一个零件号作为 BOM 行定义，其他零件号作为该件的替代件定义；方案二是将这些件平行定义在 BOM 上，通过属性来标明这是同一零件不同供应商供货的情况。

但一品多点的处理涉及多个业务系统，特别是 ERP 系统和 MES 系统。在 BOM 系统中进行定义是一件简单的事情，关键还是在 ERP、MES 中的应用（如配额的管理以及具体生产中到底采用哪家供应商供货等）。这就不是 BOM 的范畴，而要靠很好的计划体系来保证了。

五、 关于 BOM 扁平化

很多车企 BOM 层次非常深，也有些车企 BOM 非常扁平。那么哪一种结构比较好呢？这个问题的答案是比较明显的：扁平化 BOM 无疑具有非常大的优势。

我们来分析，为什么 BOM 结构会搭建得这么深？原因无非是设计需要将 BOM 上的零件按照系统、子系统、模块等各个层级或者不同的专业分工进行归类；或者从工艺上需要反映复杂的装配关系或者工艺过程；或者从成本计算、财务统计维度等各方面的要求来考虑。这些考虑因素都是单个业务领域内的，而 BOM 最重要的作用是在整车开发各个阶段，将最准确的车型定义信息高效地传递到不同的业务领域。扁平化 BOM 将车型的零部件信息不多不少地传递到业务用户手中，体现了精益化管理和沟通文化，无疑比看似组织得很好，但各个业务部门需要在一大堆信息中挑选所需要的信息更为简洁高效。

在大规模个性化定制的业务场景下，扁平化 BOM 的优势将加倍显现。

六、 关于超级 BOM

车企之所以要按照超级 BOM 模式组织 BOM 数据，主要是基于以下原因。

1）超级 BOM 模式符合车型开发的业务模式。车型开发不是基于单一车型进行的，而是基于系列车型。

2）BOM 数据组织效率更高。超级 BOM 是将一系列车型的 BOM 数据组织在一个 BOM 下。这一系列车型存在大量共用件，因此不需要按照单个车型重复定义，大大减少了数据冗余。

3）变更同步更容易。相对于单一车型 BOM，当某个零件发生变更时，超级 BOM 只需要在一个 BOM 上定义这种变更即可，而不需要在多个 BOM 上分别管理，减少了出现变更不一致的可能情形，从数据维护上也更为简洁。

4）当车型配置越来越多时，各种配置所形成的车型是一个天文数字。如果每个车型都有一个 BOM，那么 BOM 的维护就将变成不可操作的事情。特别是在目前车企考虑大规模个性化定制的场景下，即使整车物料号都只能按需产生或者干脆取消整车物料号，那么一个整车物料号对应一个 BOM 将变得更不现实。

5）物料需求计划、优化生产排程等需要基于超级 BOM 模式才能获得最大效率。

那么超级 BOM 定义多大合适呢？每个车企需要根据自身的情况进行具体分析。主要考虑四个方面的因素：第一，从有利于设计重用度的角度考虑，超级 BOM 定义得越大越好；第二，从配置的复杂性来看，超级 BOM 越大则配置复杂度越大，对人员的要求也就越高；第三，从生产切换来看，在超级 BOM 范围内进行垂直切换是一个提高生产运营效率的方法，但需要进行库存损失方面的平衡考虑；第四，对于一些已经生产了大量车辆的企业，从单车 BOM 向超级 BOM 转化过程中存在着大量的历史车型数据要重新组织。超级 BOM 越大，车型数据重新组织的复杂度越大。

七、 关于配置层级

配置应该作用在 BOM 上的哪个层级也是大家普遍关心的话题。一般而言，我们建议将配置条件作用在供货级别零部件层级。因为只有作用在这一层级，才能保证配置信息能够不用转换、准确、高效地在不同业务部门、不同 BOM 形态上传递。

当然，如果车企实现了很好的模块化，并且将模块作为一个层级定义在 BOM 上，那么配置条件作用在模块层级是合适的，这既保证了配置信息在各业务领域和各形态 BOM 上的传递（模块是贯穿上下游的），又使得配置条件的维护更为简单。

八、 关于合件管理

合件，典型的如委托外协合件的管理，往往是各车企矛盾比较集中的地方。比较普遍的问题是，合件到底应该由研发来管理，还是由下游的工艺、制造环节来管理？这个问题的答案也比较明确：在研发端进行管理毫无疑问是最为高效的。这样做主要考虑以下两点。首先，合件下面包含哪些子件，即合件是由哪些子件装配起来的，本身就是设计来决定的。发生设计变更时，往往会影响到合件，因此在研发端管理比较方便。其次，在研发端进行管理，可以更好地保证 BOM 在上下游的一致性。合件的定义会带来 BOM 结构的变化，在工程 BOM 上定义、制造 BOM 承接这种结构，保持了工程 BOM 和制造 BOM 结构的一致性；如果只是在制造 BOM 上定义，那么势必导致工程 BOM 结构和制造 BOM 结构产生较大的差异，从而会导致两个 BOM 形态之间的同步以及变更之间的传递更为复杂。

九、 关于辅料管理

在产品上体现的辅料一般都需要在 BOM 上进行管理。由设计决定的辅料，如油液类、胶类等，建议在工程 BOM 上定义；由工艺决定的辅料，如电泳液、磷化液等建议在制造 BOM 上定义。

十、 关于颜色件管理

研发环节大多数时候，只需要关注本色件，因为功能、尺寸和性能等要素本色件就都可以代表。那么颜色件应该在哪个 BOM 上进行维护？什么时点进行维护？

很多车企颜色件是直接手工维护在工程 BOM 上的。这个做法有些弊端，效率不是很高。首先，根据颜色代码一个一个申请颜色件，然后一个一个维护到 BOM 上，还要维护每个颜色件的配置条件，这是一件十分繁琐、同时容易出错的事。其次，颜色方案的发布往往比较晚，颜色件如果维护在工程 BOM 上，容易造成工程 BOM 发布时点晚，或者发布之后有大量的工程变更会发生。

根据我们在多家车企的实施经验，建议颜色件管理方式最好保持与 BOM 的松耦合，即不直接在 BOM 上维护颜色件，而是维护一套与 BOM 相对独立的零部件颜色方案信息，并且管理其发布与变更。当需要颜色件的 BOM 时，由系统自动形成带颜色件的 BOM 视图（包括颜色件的配置条件都由系统根据本色件的配置条件以及颜色方案与内外饰风格的匹配关系自动计算）。当然，这种颜色件与 BOM 的关系最后还是要固化到 BOM 上，并进行发布。为了避免上述问题，建议将这种固化关系放在制造 BOM 上，同时，时间点越靠后越好，以避免由于颜色方案的频繁变化而导致很多作废的颜色件号。

第二节　　BOM 管理趋势分析

一、 BOM 必将成为未来自由选配模式下业务的中枢指挥系统

在基于预测与计划的模式下，生产以及订单的交付基于库存；而在自由选配模式下，如果完全沿袭这种模式，势必造成巨大的浪费，导致这种模式最终运行不下去。因为配置的组合太多，每一个订单的产生都非常有可能落在计划之外。这就要求企业能够在各个环节高效、动态地应对订单需求，对企业的运行效率提出了很高的要求。未来的企业级 BOM 应该能够极大程度支持这种全价值链的高效运作。这一场景体现在以下关键环节。

（一）定价

在传统模式下，由于配置非常固定且有限，车辆的定价往往是基于整车、按照车型打包（配置以固定组合方式打包在销售车型中）的方式定价。这种模式下，单个配置对车辆的成本以及定价的影响不太大，即使单个配置亏本，但在整车层面还是可以盈利的。当选配开放较多时，单个配置对该客户订单是否盈利就有较大影响了，至少有整个订单亏本的较大风险。因此在这种情形下，传统的按照车型打包的比较粗放型的定价模式将不再适用。对选配所对应的装备进行更精准的成本计算就变得非常重要。BOM 需要支持这种精准定价模式。

（二）点单

点单在很多车企已经具备 IT 基础，但从业务上来讲，仍然以基于基础车型的有限配置为主。在自由选配模式下，用户可选的范围大大增加，形成的配置组合更是呈几何级数增长，因而其复杂度与今天的按照基础车型有限配置以固定的路径进行点单不可同日而语。在这一环节，企业级 BOM 将要做到以下三点。

1. 为企业提供统一的、准确的销售资源

自由选配在丰富的销售资源组合的基础上进行，因此在这种业务场景下，如何定义丰富的产品组合、定义可销售资源将是极为重要的事情。

2. 高效支持产品组合的技术相容性匹配

自由选配模式下，并不见得所有的都是绝对"自由"的选择。各种车辆配置项之间存在复杂的关系，这些关系将决定了大量的组合被排除在产品资源和销售资源之外。在配置项非常少且相当固化的情况下，车企一般通过将这些关联的配置项按照主—从关系进行排序，然后通过简单的互斥、相容性规则将某些产品组合排除在外。这样做的局限性在于：首先，针对的场景必须非常简单，而不是自由选配下那么多的配置项以及配置项之间的复杂关系；其次，效率低。不仅车型配置表的维护需要考虑配置项的次序，而且点单也需要按照这种次序进行。一方面，排序本身是个复杂过程，因为规则多时，同一配置项可能出现在不同规则中，需要综合进行排序，尤其是当配置发生变更时，可能会造成全盘重新排序；另一方面，对于点单的用户而言，按照固定顺序进行点单本身不是从用户的习惯和需求出发的一种方式。

企业级 BOM 将通过建立专业的配置规则引擎，高效地支持配置资源之间的相容性匹配，确保提供给客户的选配都是符合技术约束条件的。所谓高效，是指无论是配置表的维护还是点单，都不需要考虑配置资源的顺序，交由配置规则引擎进行处理。

3. 与 PDM/PLM 高度集成，辅助进行设计验证

在自由选配模式下，基于配置的 DMU 验证将进一步加强。DMU 将成为设计工程师的一项日常工作，在设计过程中不断对设计的车型进行最大化验证。同时，在点单过程中，也可通过客户点单形成的配置清单进行 DMU 验证。

（三）订单处理

接到订单后，需要对订单进行迅速评判。对于落在产品设计范围内的订单，需要依据 BOM 迅速判断生产该订单的每个零部件的物流准备状况，包括库存情况

（如果有零部件库存的话）、供应商的响应情况等，从而预测出订单交付时间反馈给用户。对于客户明确提出有特殊要求的订单，则需要基于 BOM 快速定义满足该订单的基础零部件以及专用件，针对专用件展开设计、验证等工作，同时也需要迅速判断基础零部件的物流准备状况，以预测订单的交付时间。

（四）订单生产与交付

按照满足订单所确定的物料清单进行高效的物料筹措，是个性化定制最为关键的环节。在这个环节中，首先要保证 BOM 精益（没有各环节所不需要的信息）、准确无误地在采购、物流等业务部门传递；同时通过广泛的系统集成获取物料的状态信息以及供应商信息等。

在未来自由选配模式下，BOM 系统将扮演一个中枢指挥系统的角色，指导定价、点单、订单处理、订单生产交付等各个环节的工作高效展开。

二、 全配置超级 BOM 将在各业务领域获得极为广泛的应用

构建 BOM 的目的是为了应用。BOM 的价值并非在 BOM 构建的时刻获得，而是在不断深入应用中获得。过去我国车企对待 BOM 一直是比较消极、被动的做法，即不得已而产生、问题发生了去解决，很少利用 BOM 进行深入应用，探索更为高效的管理模式。当前各大车企已经初步建成或者正在构建企业级 BOM 体系，未来将基于这一体系在不同业务领域获得广泛应用。从这个意义上讲，车企投资 BOM 项目，实际上是投资未来的管理模式。

（一）产品配置资源将成为车企最为重要的工程规范语言

所谓产品配置资源，主要指前文提到的特征和特征值。产品的配置资源是定义不同阶段车型最简单的方式，一系列的特征清单构成了对车型的简洁描述。我们始终认为，车企产品配置资源的应用普及程度可以反映一个车企的管理水平。产品配置资源应用越普及，说明该车企管理规范化程度越高，车企管理水平越高；反之，如果产品配置资源只是某些环节的说明信息，说明该车企的管理体系远未建成，基本还停留在碎片化、被动式的管理困境中。企业级 BOM 体系将建成一个统一的、编码化的配置资源库，形成企业最为重要的工程规范。各个业务部门可以将配置资源作为日常沟通的工具，并体现在各业务领域的工作文件中。这些业务部门包括产品规划、市场、产品研发、工艺制造、采购、生产物流、销售售后等。市场和产品规划部门可以通过配置资源定义未来车型需要满足什么样的市场需求、具备哪些功能等；产品研发部门可以通过配置资源定义正在开发的车型的技术要素以及这些要素

之间的关系，并开发相应的零部件以实现；同时，在市场及生产部门根据配置资源进行销售预测和生产计划，以决定在未来一段时间内要生产什么样的车、生产多少辆；不同配置的车型由于在零部件的采用上不同，在工艺、采购、物流层面的执行上有差异；市场营销部门可以通过产品配置资源定义销售车型，市场定价以及销售点单都基于这些销售配置资源展开。当产品配置资源完全应用到这些业务中时，车企中无论是规划工程师、设计工程师、工艺工程师、采购工程师、物流工程师还是工厂工人，都将对配置资源非常熟悉，并且以此作为描述上下游业务输入输出要求和工作内容的作业文件和工作沟通语言。

在以上业务中，最典型的莫过于销售预测和生产计划。为什么要按照车型配置而不是最终车型产品来进行预测呢？因为当配置项达到一定规模之后，其组合出来的最终车型产品的数量是一个天文数字，几乎无法进行处理；而采用配置项进行预测则简单得多，可操作性强得多。为了更清晰地说明这个问题，我们可以看一个简单的例子。假如某车型有 2 款发动机、2 种变速器、6 种车身颜色、4 种内饰风格、2 种座椅以及 3 种天窗方案，那么这些要素可组合出的最终车型产品的数量为

$$2 \times 2 \times 6 \times 4 \times 2 \times 3 = 576$$

也就是说，如果按照最终车型产品进行销售预测，需要考虑 576 种情形。而实际情况中，车型配置要素远不止这些，要考虑的情形远远大于这个数目。且由于是乘数关系，每增加一个配置要素，这个数目就成倍增加。

但如果是基于配置资源进行预测，那么考虑的情形是

$$2 + 2 + 6 + 4 + 2 + 3 = 19$$

即只需要考虑 19 种情形即可，这显然要简单得多。

配置项按照重要度，可以分为组成工程车型的基本配置、重要配置以及一般的配置项、选装选配项。一般按照预测周期，在不同预测阶段对不同配置项进行预测。例如，最开始针对车型大类总量及比例进行预测；两个月预测是针对车型 + 车身型式、动力总成、装备等级等基础配置项进行预测；然后是其他重要配置、一般选装选配乃至颜色，逐步进行预测。

（二）在车型开发项目管理方面的应用

车型开发项目管理，特别是落实到二级计划（各业务部门的计划分解）时，很多时候需要基于零部件进行。比如先期采购计划，对于外购件，需要按照长/中/短不同周期进行采购需求、寻找潜在供应商、招投标、定点定价、APQP 等制订详细计划。

整车开发是否能够达到量产状态,其中很重要的工作在于整车的 2000 多个供货级别的零部件是否都达到了所需的状态。零部件状态比较复杂,是多个业务部门工作的结果。从生产起步阶段到量产,这个过程中围绕着零部件状态有多个部门的工作需要同步。为了更好地协调这种跨部门的工作,车企的做法是基于项目的零部件清单,组织相关业务部门以会议或其他形式针对清单中的每个零部件进行计划、实际状态等的确认,确保信息在不同的业务部门之间是对称的、完整的和准确的。项目零部件清单是该项目所需要跟踪的零部件清单,是 BOM 的一种非常典型的应用。车型开发项目组通过跟踪这个零部件清单,从而跟踪整个车型开发的进度、风险和问题,达到项目管理的目的。前面讲过,车企将这种基于 BOM 产生的项目零部件清单进行多业务部门协调的工作方式称为零部件俱乐部。

(三)在成本管理方面的深入应用

汽车行业对成本非常敏感,这一特性无论是对于现阶段的量产而言还是对于正在追求的、未来的大规模个性化定制而言都是适用的。单一零部件的成本,甚至该零部件的原材料、某道加工工序的成本、投资费用等每一项变化,都会在量产阶段放大很多倍,从而影响到产品的盈利。

业界的研究表明,成本要素的 70%~80% 都已经在研发阶段决定,后期可考虑的降成本空间非常有限。这就是成本管理与分析工作要尽早开始的原因。从整车角度来看,要管理好成本,首先得分析清楚该时刻车型产品的构成,即要考虑哪些零部件。这就对 BOM 提出了要求。业界的实践表明,BOM 形成越早越好,其出发点就是为了满足早期这些工作的高质量开展。在 BOM 的基础上,按照整车成本分析、管理的要求进行成本结构管理,以支持整车目标成本分解、成本预计和成本统计等工作,是 BOM 的又一大应用。

未来 BOM 体系完全按照整车正向开发的体系构建之后,随着规范的逐步固化、人员技能的不断提升以及企业文化的不断形成与沉淀,在整车开发的早期阶段形成高质量的 BOM,并支持后续的面向成本的设计将成为可能。

(四)利用特征组合进行设计辅助的应用

在配置化超级 BOM 的模式下,特征的组合关系往往需要被穷举,当然这种穷举的组合是在一定的配置规则约束之下的有意义的组合。因此,这种穷举的算法是配置化超级 BOM 的最基本的算法,也是用途很广的一种算法。我们在前面讨论的整车物料号的产生、合件(特别是委托外协合件)结构的搭建,其实就是这种算法的典型应用。

这种算法在很多地方可以帮助设计人员进行跟全面、准确、更高效的规划与设计。典型的场景如线束的设计。因为线束受很多配置要素的影响，所以在设计开始时，设计人员往往为要设计多少种线束、申请多少线束号烦恼，漏申请的现象时有发生。而线束配置条件的写法更是令人头疼，写错的概率也非常高。这时，BOM 可以利用影响该线束的所有配置要素穷举各种情形，形成满足各配置约束关系的列表清单供设计人员确认，包括零件号的产生、配置条件的生成都自动化，这无疑为提升设计工作效率以及降低出错率提供了很好的辅助工具。

另一个类似的场景是模块的产生。在同一模块下的子零部件有不同的技术方案，这些技术方案进行组合，将形成多个模块实例。BOM 系统同样可根据这些技术方案所涉及的配置要素自动进行模块组合穷举，并且自动计算每个实例化模块的配置条件。

（五）通过软件的配置化管理支持软件的集中刷写

如今控制器软件在整车中的重要性越来越高，特别是新能源汽车。相比于一般的零部件，控制器软件的变更更加频繁，因此管理难度较高。正是由于这些原因，很多车企目前没有将软件定义在 BOM 上。但是，另外一些车企不但将软件作为 BOM 的一部分进行定义，而且实现完全的配置化管理。

软件作为整车构成的一部分，定义在 BOM 上理所当然。车型是基于系列化进行研发的，对于一般的零部件，至少要考虑在这个车型系列下的通用性，这样效率才会高。软件也是一样的道理，在同一车型系列下，如果能够采用一套软件源代码/可执行文件而针对不同车型开启不同的功能，则管理的效率无疑会比按照每个单一配置的车开发相应的软件要高很多。这就要求软件要管理与车型配置要素相关的配置码。在车企已经建立配置管理体系的前提下，控制器软件的配置化管理就不是难事。实际上，我国部分车企，如一汽奔腾就在其全配置体系的基础上实现了软件的配置化管理，包括在车型系列、平台范围内的共用管理。

同时，对于软件，另一个问题是，由于软件升级快，如果在供应商处完成刷写再到主机厂，很有可能在装车之前软件已经升级了。为了解决这个问题，集中在主机厂生产线上进行软件刷写是一个不错的方案。这就要求主机厂能够对整车上所有的软件有更细致、准确的管理，包括软件版本、软件与硬件的匹配关系、软件配置功能码以及与整车的匹配关系、软件变更管理等。在这种业务场景下，BOM 系统可以发挥很重要的作用：可以根据软件功能与配置关系自动计算软件功能配置码，软件刷写平台根据软件功能配置码开启不同功能。

三、 BOM 智能化方面的展望

BOM 在编制、校验过程中存在着非常细致、繁杂的工作，往往令工程师们叫苦不迭，但目前还没有很好的技术来支持这些工作更为智能化。未来随着人工智能、大数据技术的发展，在以下方面可能将使得 BOM 管理更为智能化。

（一）BOM 初始构建的自动化

前面谈到 BOM 对同步工程的作用时强调 BOM 需要尽早构建。但在产品研发的早期阶段构建 BOM 是一件很痛苦的事情。一般基于一个参照车型，考虑新开发车型的功能要求、平台架构件要求以及基于参照车型的零部件开发策略来进行构建。未来，当这些 BOM 初始构建的要素都进行结构化管理之后，系统应该有机会针对新研发的车型自动产生一个初始的 BOM。并且，系统可以基于不只是参考车型的更大范围内的对历史数据的分析能力，给出比人力更准确、更合理的诸如零部件开发策略等方面的建议。从这个意义上说，系统自动产生的初始 BOM 应该比人工搭建的BOM 具有更高的质量。

（二）CAD 结构与 BOM 的智能化同步

CAD 和 BOM 是两条平行的业务，但存在着数据方面的同步。这种同步目前还缺乏在不牺牲两边的业务需求的前提下实际可操作的方案。未来，如果能够利用新的技术进行 CAD 结构和 BOM 的智能化比较与同步，将对于 CAD 业务与 BOM 业务的更高效协同提供极大帮助。

（三）BOM 的校验

在本书的前面章节中，我们提到了一些 BOM 检验的方式，但这些方式是辅助性的，真正的校验工作还是得靠人工。未来，如果能够根据车型配置与物料的关系进行更大范围内的数据分析，帮助 BOM 工程师进行更进一步的智能化校验，对于BOM 的质量以及 BOM 工程师的工作效率的提升将是一件十分有意义的事情。

（四）智能化的变更分析

在工程变更中存在很多跨业务领域的决策，其中最典型的莫过于要不要换号。要不要换号涉及各个业务领域的不同业务场景的处理。未来 BOM 系统在与各业务系统互联互通的基础上，帮助在变更方案中对诸如零件号是否换号的问题提供分析与建议，从而从系统上反向促成业务的整体性考虑。